2023

中国农垦统计年鉴

CHINA STATE FARMS STATISTICAL YEARBOOK

中华人民共和国农业农村部农垦局
中国农垦经济发展中心
编

中国农业出版社
北京

《2023中国农垦统计年鉴》编辑委员会

2023 ZHONGGUO NONGKEN TONGJI NIANJIAN BIANJI WEIYUANHUI

《2023中国农垦统计年鉴》编辑人员

主　　编：王润雷

副 主 编：武新宇　王　进　程维岐　张若凡　罗菁菁　赵晓旭

编辑人员（按垦区顺序排列）：

杜梦远　李少川　王　伟　张大伟　吕　红　韩　军
艾志刚　王恩利　沈轶敏　端　静　宗四弟　黄　婧
张　丽　余　铭　段恩来　贾　涛　焉　潮　罗超意
湛　欣　李鸿轩　林先杰　彭力稚　熊召军　赵　颖
周　力　次仁琼达　于智勇　张　鹏　杨文智　王　丽
蒋　伟　赵海涛　闫香国　赵云卿　孙志成　姜丹丹

审　　稿：张若凡　罗菁菁　赵晓旭

编者说明

BIANZHE SHUOMING

一、《2023中国农垦统计年鉴》系统收录了全国农垦和各垦区2022年主要统计数据，是一部全面反映全国农垦系统经济和社会发展情况的资料性年刊。

二、本年鉴由农垦经济发展情况、主要经济与社会指标和附录组成，其中主要经济与社会指标分为5部分，即：1.综合情况；2.农业部分；3.工业部分；4.建运服部分；5.固定资产投资、外贸出口及科研情况。

三、本年鉴涉及的历史数据，均以最新出版的本年鉴数据为准；本年鉴中部分数据合计数或相对数由于单位取舍不同而产生的计算误差，均未做机械调整。

四、本年鉴涉及的全国农垦数据均包含西藏垦区数据。

五、符号使用说明：本年鉴各表中的“空格”表示无该项数据；“…”表示数据不足本表最小单位；“#”表示其中的主要项；“—”表示数据不可比。

编　者

2023年8月

目　　录

一、农垦经济发展情况

二、主要经济与社会指标

附录

一

农垦经济发展情况

2022 年全国农垦经济发展统计公报[1]

农业农村部农垦局

2023 年 5 月 19 日

2022 年，全国农垦系统立足新发展阶段，完整、准确、全面贯彻新发展理念，构建新发展格局，深入推进垦区集团化、农场企业化改革，全面提升农垦内生动力、发展活力和整体实力，推动经济高质量发展，农垦经济保持良好发展态势。

一、综合

全年农垦经济实现生产总值[2] 9 568.53 亿元（图 1），比上年增长 3.2%。其中，第一产业增加值 2 228.31 亿元；第二产业增加值 3 902.65 亿元；第三产业增加值 3 437.57 亿元。第一、第二、第三产业增加值占农垦生产总值的比重分别为 23.3%、40.8%和 35.9%。人均生产总值 69 320 元，增长 2.8%；人均可支配收入达 26 302 元，增长 6.1%（图 2）。

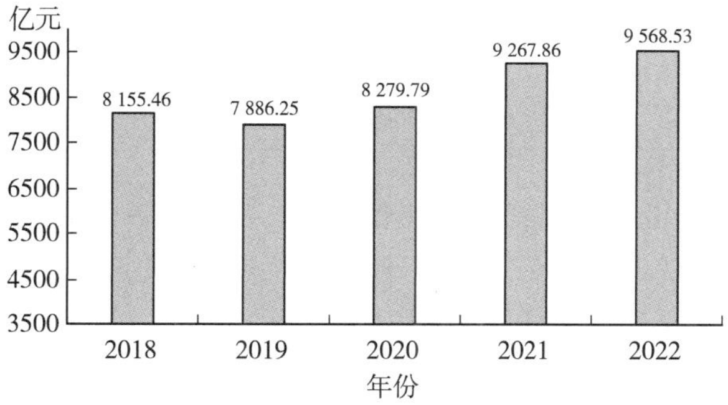

图 1　2018—2022 年农垦生产总值情况

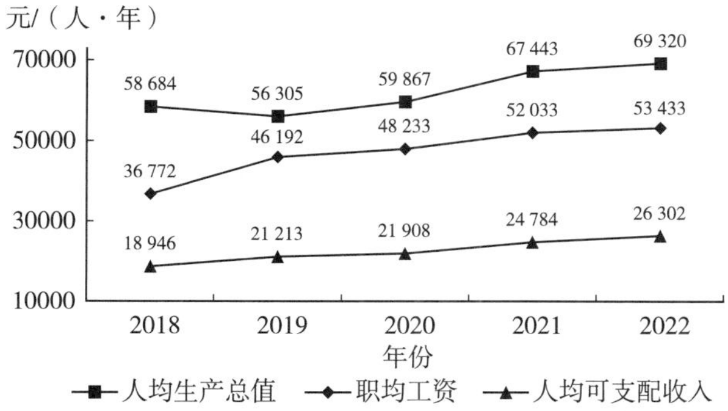

图 2　2018—2022 年农垦人均指标情况

二、农业

全年实现农林牧渔业总产值 4 804.48 亿元，比上年增长 3.7%。其中，农业产值 2 952.09 亿元，林业产值 106.33 亿元，畜牧业产值 1 118.89 亿元，渔业产值 335.13 亿元，农林牧渔专业及辅助性活动产值 292.04 亿元。

全年农作物播种面积 7 161.37 千公顷，比上年增加 165.46 千公顷，增长 2.4%。其中，粮食播种面积 5 108.36 千公顷，增加 117.97 千公顷，增长 2.4%；棉花面积 1 032.30 千公顷，增加 17.52 千公顷，增长 1.7%；油料面积 298.60 千公顷，增加 22.09 千公顷，增长 8.0%；糖料面积 81.46 千公顷，下降 0.2%。

粮食总产量 3 848.58 万吨，比上年减少 27.39 万吨，下降 0.7%（图 3），其中稻谷、玉米产量下降，小麦和大豆产量增长，大豆产量比上年增长 45.0%。主要农产品产量见表 1。

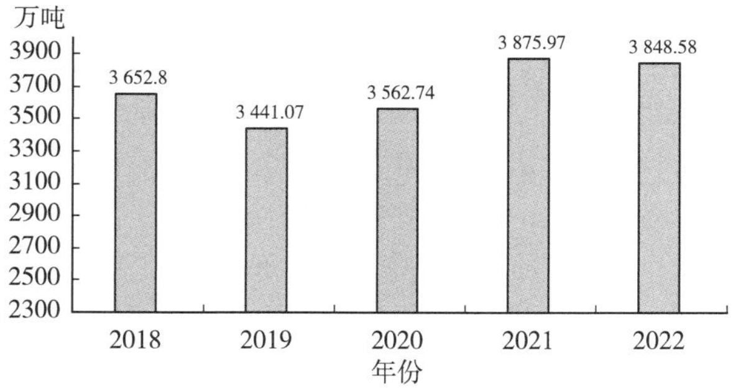

图 3　2018—2022 年农垦粮食总产量

表 1　2022 年主要农产品产量

产品名称	产量（万吨）	比上年增长（%）
粮食	3 848.58	−0.7
其中：稻谷	1 873.72	−2.6

（续）

产品名称	产量（万吨）	比上年增长（%）
小麦	306.24	7.7
玉米	1 259.93	−5.6
大豆	293.55	45.0
棉花	270.68	3.9
油料	75.28	9.6
糖料	598.47	−2.4
水果	825.66	−0.6
茶叶	4.51	3.4

畜牧业占农林牧渔业总产值比重的23.3%，比上年增加1.7个百分点。牲畜年末存栏总数及主要畜产品产量见表2。

表2　2022年牲畜年末存栏数及主要畜产品产量

牲畜种类/畜产品	计量单位	存栏数/产量	比上年增长（%）
大牲畜	万头	387.34	12.3
其中：奶牛	万头	172.36	19.1
猪	万头	1 111.80	11.6
羊	万只	1 117.05	3.0
肉类	万吨	248.26	10.0
牛奶	万吨	570.23	22.1
禽蛋[3]	万吨	45.86	4.1

全年水产品产量180.04万吨，比上年增长1.7%。其中，淡水产品产量136.39万吨，增长1.7%；海水产品产量43.64万吨，增长1.6%。对虾产量6.80万吨，增长16.8%。

年末农业机械总动力3 430.04万千瓦，比上年增长3.7%；大中型拖拉机24.54万台，增长3.1%；小型及手扶拖拉机26.86万台，下降4.2%；联合收获机7.46万台，增长4.8%。

三、工业和建筑业

全年实现工业总产值11 639.14亿元，比上年增长3.1%。产值位居前10名的垦区共实现工业总产值10 635.01亿元，占工业总产值的91.4%；产值100亿元以上的农垦工业行业创产值10 999.82亿元，占工业总产值的94.5%。产值位居前10位的行业分别是农副食品加工业2 321.07亿元、食品制造业1 067.63亿元、非金属矿物制品业865.42亿元、烟草制品业808.59亿元、石油煤炭及其他燃料加工业784.69亿元、有色金属冶炼和压延加工业665.07亿元、化学原料和化学制品制造业601.48亿元、电力热力生产和供应业426.49亿元、医药制造业407.59亿元、纺织业389.90亿元，占工业总产值的71.6%。

主要工业产品产量见表3。

表3　2022年主要工业产品产量

产品名称	计量单位	产量	比上年增长（%）
混配合饲料	万吨	573.98	−10.7
食用植物油	万吨	374.17	25.0
成品糖	万吨	322.47	−7.7
乳制品	万吨	473.87	1.3
其中：液体乳	万吨	457.12	3.6
饮料酒	万千升	188.36	0.6
水泥	万吨	1 542.82	−4.2
发电量	亿千瓦·时	1 131.25	1.2

年末建筑企业2 904个，从业人员32.41万人，全年实现总产值2 887.78亿元；年末固定资产原值230.69亿元；全年施工房屋建筑面积16 750.52万米^2。

四、交通运输业、批发零售餐饮业、其他服务业及出口商品

全年共完成货运量215.85[4]亿吨，客运量2.36亿人，实现营业收入277.57亿元。

年末批发零售业、餐饮业、其他服务业[5]营业单位总数10.66万个，拥有固定资产原值1 072.66亿元，营业用房总面积1 534.57万米^2，从业人员56.66万人，全年完成商品销售额或营业收入8 328.80亿元。

全年外贸出口供货商品总金额[6]126.77亿元，比上年增长1.2%。出口供货商品金额超过5亿元的垦区有4个，其合计金额97.85亿元，占全国农垦出口供货商品总金额的77.2%。

五、科技

年末全系统拥有科研单位120个，职工1.38万人，其中科技人员0.79万人。全年研究与试验发展经费60.05亿元，比上年增长17.9%，其中国家拨款6.79亿元，占比11.3%；企业自筹

52.21 亿元，占比 87.0%，比上年增长 23.6%。

六、固定资产投资

全年固定资产投资总额 4 213.88 亿元，比上年增加 431.32 亿元，增长 11.4%。其中，第一产业投资额 460.14 亿元，占投资总额的 10.9%；第二产业投资额 1 873.49 亿元，占投资总额的 44.5%；第三产业投资额 1 880.25 亿元，占投资总额的 44.6%。当年新增固定资产 1 778.13 亿元。

七、人口、就业和劳动工资

年末农垦系统总人口 1 412.20 万人，比上年增加 6.00 万人，增长 0.4%。

年末从业人员 597.30 万人。其中，第一产业从业人员 295.77 万人，第二产业从业人员 127.06 万人，第三产业从业人员 174.47 万人，分别占从业人员的 49.5%、21.3%和 29.2%。全年从业人员工资总额 1 558.00 亿元。

年末职工 228.50 万人，其中在岗职工 184.29 万人。全年职工工资总额 1 220.96 亿元，职工年平均工资 53 433 元，增长 2.7%；在岗职工年平均工资 57 909 元，增长 4.0%。

八、农业绿色发展

农垦系统深入推进农业品种培优、品质提升、品牌打造和标准化生产，促进农业产业提质增效。全年农垦系统种子生产量 161.14 万吨，比上年增加 38.46 万吨，全年原种生产量 8.08 万吨，良种生产量 152.00 万吨。年末全系统共获得绿色食品、有机食品、农产品地理标志认证 2 180 个，比上年增加 200 个；认证产量 1 817.51 万吨，比上年增加 265.06 万吨；农产品地理标志产品认证面积 822.43 千公顷，占农作物播种面积的 11.5%，比上年增加 454.30 千公顷。农垦系统优势产业基本实现标准化生产全覆盖，绿色食品原料标准化生产基地面积[7]达 592.11 千公顷，其中，主要农作物 586.85 千公顷，水果 4.29 千公顷。2022 年新增 33 个中国农垦品牌，各垦区累计 383 个品牌被纳入《中国农垦品牌目录》，其中，垦区（集团）公共品牌 9 个，企业品牌 150 个，产品品牌 224 个。

注释：

[1] 本公报中的数据均为初步统计数。部分数据因四舍五入，存在总计与分项合计不等的情况。

[2] 生产总值、三次产业及相关行业增加值、人均生产总值、人均可支配收入绝对数和增长速度均按现价计算。

[3] 新疆畜牧修正 2021 年禽蛋产量，修正后为 9 063.77 吨，修正后 2021 年全国农垦禽蛋产量为 44.04 万吨。

[4] 货运量包含新疆生产建设兵团。

[5] 批发零售业、餐饮业、其他服务业数据受湖北垦区统计范围变化影响，当地统计局不再统计 7 人以下规模较小的企业，导致数据变化较大。

[6] 外贸出口供货商品总金额和种子生产量均不包含新疆生产建设兵团。

[7] 广西农垦修正 2021 年绿色食品原料标准化生产基地面积，修正后 2021 年全国绿色食品原料标准化生产基地面积为 600.45 千公顷。

北京农垦2022年经济发展统计公报

北京首农食品集团有限公司

2022年，北京垦区（简称首农食品集团）坚持以习近平新时代中国特色社会主义思想为指导，全面贯彻落实中央、市委、市政府和市国资委（全称国有资产监督管理委员会）决策部署，坚持稳中求进的工作总基调，紧扣“转型提升年”主题，统筹推进疫情防控和经济发展，做好稳增长、调结构、促转型、推改革、防风险、强党建等各项工作，努力克服疫情、行业周期等带来的不利影响，有力稳住了经济的基本盘。

在最新发布的2022年“中国企业500强”榜单中，首农食品集团居第145位；荣列2022年“中国农业企业500强”，居第3位。“首农”品牌价值831.85亿元，居“中国品牌价值500强”第77位，“首农”“三元”“古船”“大红门”累计价值超1 600亿元。

一、综合概述

2022年，是党和国家发展史上具有里程碑意义的一年，也是首农食品集团发展进程中极具挑战、极不平凡的一年。首农食品集团坚持以党的坚强领导高效统筹疫情防控和经济发展，砥砺奋进，聚力攻坚，有力应对超预期因素冲击，坚决稳住经济基本盘，取得来之不易的成果。

这一年，首农食品集团“国企改革三年行动”高质量收官。11个方面72项改革任务全部完成，在市国资委评估考核中被评为优秀，改革案例入选国务院国资委国企改革典型案例。同年，首农食品集团落实市国资委决策部署，兴东方科技加入集团，农业食品主业再添新动能。

这一年，首农食品集团完成兴时尚、京粮电商、裕农公司等企业的重组整合，使企业主业更加聚焦、业务结构更加清晰。其中，19户列入市国资委计划退出名单的企业全部实现退出；被纳入专项治理的重点亏损子企业减少66户，完成率60%；亏损额减亏率达70%以上，超额完成任务。整体亏损面由年内最高点的47%降至年末的24.37%。

2022年首农食品集团生产总值合计130.21亿元，较上年下降25.78%。其中，第一产业增加值14.79亿元，占比11.36%；第二产业增加值42.33亿元，占比32.51%；第三产业增加值73.09亿元，占比56.13%。

2022年年末土地总面积7 722.57公顷。其中，耕地面积1 277.62公顷，占土地总面积16.54%，较上年同期下降18.61%，主要是所属南郊农场依据北京市发改委（全称发展和改革委员会）京发改（核）〔2018〕239号文件批示，长阳镇06、07街区棚户区土地改造项目占用耕地。

2022年年末农垦总人口数5.89万人。其中农场人口1.04万人，农垦年内平均人口5.80万人。年末职工4.81万人，其中在岗职工4.72万人；职工工资总额45.70亿元，其中在岗职工工资总额45.20亿元。

二、产业布局

（一）第一产业

1. 农林牧渔业总产值

2022年首农食品集团实现农林牧渔业总产值80.02亿元。其中，牧业产值50.10亿元，占农林牧渔业总产值的62.61%；农林牧渔服务业产值25.47亿元，占农林牧渔业总产值的31.83%；农业产值3.92亿元，占农林牧渔业总产值的4.90%；林业产值2 737万元；渔业产值2 636万元。农林牧渔业商品总产值53.51亿元。

2. 农作物生产情况

（1）2022年农作物播种面积总计7 180.92公顷，较上年有所增加。谷物播种面积3 385.92公顷，主要为稻谷、小麦、玉米、高粱、豆类等，总产量24 740吨，较上年有所增加。总产量增加的主要原因一是根据集团整体规划部署，2022年将清河农场数据纳入合并范围；二是南郊农场子企业农管中心 2021 年将部分土地种上油菜花以养地，2022 年复耕种小麦、玉米等农作物。蔬菜、瓜类播种面积 167.58 公顷，较上年有所减少，总产量 10 044 吨。播种面积减少的主要原因是 2022 年所属西郊农场的西红柿由土地播种改为无土栽培，故未计入播种面积。其他作物播种面积 3 578.08 公顷，其中青饲料 3 578.08 公顷，较上年有所增加。

(2) 水果年末实有面积 151.73 公顷，较上年基本持平，主要种植苹果、梨、桃、葡萄等。

3. 农牧业生产情况

(1) 2022 年年末，有大牲畜规模化养殖场 39 个，大牲畜 11.02 万头，其中，肉牛 9 926 头，奶牛 10.03 万头；牛奶产量 55.19 万吨。

(2) 2022 年年末，有生猪养殖企业 11 家，年生猪总存栏 43.12 万头，能繁殖的母猪 4.93 万头，猪肉产量 5.20 万吨，较上年猪肉产量有所增加。主要原因是所属二商肉食集团积极面对行业发展困难，不断完善全产业链发展模式，2022 年新增多家养殖基地。

(3) 2022 年年末，有家禽规模化养殖场 20 个，家禽存栏 308.24 万只，禽肉产量 7.91 万吨，较上年有所下降。主要原因是所属首农股份的禽类养殖受新冠疫情影响及公司业务调整。

(4) 2022 年年末，水产品总产量 4 477 吨，全部为海洋鱼类产品。

(二) 第二产业

(1) 工业企业 84 家，全年完成工业总产值 596.02 亿元。其中，农副食品加工企业 38 家，工业总产值 476.53 亿元；食品制造企业 34 家，工业总产值 102.26 亿元；酒、饮料和精制茶制造业企业 3 家，工业总产值 2.83 亿元；医药制造业企业 3 家，工业总产值 1.14 亿元；非金属矿物制品业企业 1 家，工业总产值 2 991.20 万元；专用设备制造业企业 1 家，工业总产值 6.89 亿元；其他制造业企业 3 家，工业总产值 6.04 亿元；水的生产和供应企业 1 家。主要工业产品中以农副食品加工产品为主。

(2) 建筑业企业 1 家，较上年减少 1 家；年末从业人员 50 人，比上年减少 8 人。建筑业总产值 1.84 亿元。

(三) 第三产业

(1) 2022 年年末，有交通运输业企业 4 家，年末从业人员 1 628 人，年末拥有主要运输工具 1 588台，货运量 694 764 吨，客运量 425 万人，营业总收入 3.16 亿元。

(2) 2022 年年末，有批发零售业企业 77 家，年末从业人员 3 897 人，年末营业用房面积 27.64 万米^2，全年实现营业收入 884.66 亿元。

(3) 2022 年年末，有餐饮业企业 6 家，年末从业人员 292 人，年末营业用房面积 4.65 万米^2，全年实现收入总额 9 344 万元。

(4) 2022 年年末，有其他服务业企业 200 家，年末从业人员 11 980 人，营业网点 133 个，年末营业用房面积 135.98 万米^2，全年实现收入总额 204 亿元。

(5) 全年外贸出口供货商品金额 3.78 亿元。其中，畜产品出口 2.51 亿元，占比 66.40%；工业品出口 1.26 亿元，占比 33.33%；农产品 46 万元，占比 0.12%。

三、固定资产投资

2022 年首农食品集团完成固定资产投资总额 44.51 亿元，全年固定资产投资资金来源合计 44.51 亿元，其中，自筹资金 34.88 亿元，占比 78.36%；国内贷款 7.60 亿元，占比 17.07%；其他资金来源 1.70 亿元，占比 3.82%；国家预算内资金 3 353 万元，占比 0.75%。2022 年新增固定资产 37.28 亿元。

投资总额中，用于第一产业的投资为 23.65 亿元，占投资总额的 53.13%；用于第二产业的投资为 13.94 亿元，占投资总额的 31.32%，主要原因是 2022 年二商肉食集团新增屠宰场等项目建设；用于第三产业的投资为 6.92 亿元，占投资总额的 15.55%。

四、科研基本情况

2022 年，首农食品集团拥有科研单位 6 家，职工合计 1 275 人，科技人员 335 人，其中本科及以上学历人员 97 人。科研经费合计 2.84 亿元，其中，企业自筹 2.81 亿元，占比 98.94%；政府拨款 290 万元，占比 1.06%。实验地面积 0.60 公顷。

天津农垦2022年经济发展统计公报

天津食品集团有限公司

2022年，天津食品集团以习近平新时代中国特色社会主义思想为指导，在市委、市政府和市国资两委的正确领导下，以党的建设为统领，统筹推进疫情防控和企业改革发展，攻坚克难、锐意进取，较好地完成疫情防控、推进国企改革、对口帮扶等重点任务。天津食品集团聚焦天津食品产业优势资源，以民需为本，以市场为导向，重点以现代农牧业、食品加工业、商贸物流及房地产业为发展方向，承担全市及周边地区"菜篮子"、肉禽蛋奶、粮油等食品供应，从源头保障食品品质，全力打造"从田间地头到餐桌"，纵贯一、二、三产业的食品全产业链和农工商科一体化的发展新模式，为大众提供健康、优质、安全、放心食品，成为政府信赖、百姓放心、保障有力的民心工程企业。

集团全力打造一批核心骨干企业，现代农牧业以嘉立荷牧业集团、渤海农业集团、津垦牧业公司等为基地，大力发展奶牛、肉羊、生猪、蛋鸡养殖，加快生鲜绿色有机果蔬种植和观光休闲农业建设；食品加工业以海河乳业、二商迎宾、利民调料、桂顺斋等企业为龙头，做优做强海河牛奶、迎宾放心肉、副食调料、桂顺斋糕点、山海关豆制品等主副食品，满足市场需求，扩大市场占有率；商贸物流及房地产业以商贸公司、壳牌石油、农垦房地产等商贸物流企业为核心，拓展农产品贸易，发展冷链物流，加快连锁零售终端建设，进一步做大石油零售业务规模和效益，发挥土地资源优势，做强房地产业。

2022年，集团共有131个经营单位，其中农林牧渔业16个，工业33个，建筑业2个，商业28个，社会服务业及其他行业52个，分布在天津市郊区县和市内各区。2022年，农垦总人口1.05万人，其中职工1.05万人；土地5 719.4公顷，其中耕地2 288.5公顷。2022年，全体干部职工认真按照集团公司的工作思路和具体部署，认真履行岗位职责，在齐心努力下完成了预期经济指标。

一、经济总量情况

2022年天津食品集团资产总额528.8亿元，其中，负债316.3亿元，所有者权益212.5亿元。集团实现生产总值30.7亿元，其中，第一产业5.1亿元，第二产业7.4亿元，第三产业18.2亿元。集团比上年生产总值（39.7亿元）下降22.7%，其中，第一产业比上年的6.5亿元下降21.5%，第二产业比上年的7.1亿元增长4.2%，第三产业比上年的26.1亿元下降30.3%。2022年度天津食品集团累计实现营业收入338.19亿元，比上年同期的319.86亿元增加18.33亿元，增长5.73%，超额完成集团预算325亿元的目标。

二、农牧业生产情况

进一步推进农牧业结构优化调整。农垦年末耕地面积2 288.5公顷，调整种植结构、改善农田水利设施、采用优良品种和先进科学技术、加大农业设施建设投入，使种植业生产得以稳步发展。农作物总播种面积2 617.6公顷（播种面积含流转土地，所以大于农垦年末耕地面积），比上年的2 386.8公顷增加230.8公顷，其中，粮食播种面积2 054.7公顷，比上年的2 187.7公顷减少133公顷。果园面积512.2公顷，比上年的515.5公顷减少3.3公顷；水果总产量578.5吨，比上年的678吨减少99.5吨。

天津食品集团的奶牛业不断发展壮大，奶牛年末存栏4.7万头，比上年（4.1万头）增加0.6万头，其中，成母牛3.7万头，比上年的3.3万头增加0.4万头。全年牛奶总产量24.3万吨，比上年的23.4万吨增加0.9万吨，增长3.8%。

水面养殖面积805.7公顷，比上年的664.9公顷增长21.2%。水产品总产量8 653.6吨，比上年的4 552吨增长90.1%。其中，海水水产品产量2 070.6吨，比上年的106吨增长1 853.4%，淡水水产品产量 6 583 吨，比上年的 4 446 吨增长 48.1%。

三、工业企业情况

2022 年集团实现工业总产值 32.1 亿元。全年工业外贸出口额 7 770 万元，比上年的 12 504.5 万元下降 4 734.5 万元。葡萄酒产量 0.6 万吨，中法合营王朝葡萄酿酒有限公司生产的葡萄酒为全国高品质的全汁高档葡萄酒。为保持葡萄酒生产优势，公司将继续增加投入，为更高、更大的跨越奠定坚实基础。集团乳品加工业在保障产品质量和开发新产品上下功夫，生产的乳制品深受消费者的欢迎，扩大了市场占有率。全年生产乳制品 8.4 万吨，包装业全年完成机制纸及纸板生产 2.6 万吨、塑料包装 0.2 万吨。

四、第三产业情况

集团第三产业实现生产总值 18.2 亿元，比上年的 26.1 亿元减少 7.9 亿元，同比下降 30.3%。作为集团唯一的事业单位，天津市经济贸易学校在扩大招生的同时，不断加强学生思想和品质教育，使学生在德、智、体等方面得到良好的教育，为社会提供素质高、技能强的专业技术人才。天津食品集团旗下的仓储库作为国家粮、肉、糖等物资的储备库，为国家和社会的物资供给提供了保障。

五、固定资产投资与职工收入情况

2022 年集团完成固定资产投资 17.3 亿元。其中，第一产业 6.1 亿元，第二产业 5.0 亿元，第三产业 6.2 亿元。

2022 年年末，集团从业人员 10 474 人。从业人员人均年收入 10.7 万元。

河北农垦2022年经济发展统计公报

河北省农垦局

2022年，河北垦区在农业农村部和省委、省政府的正确领导下，以习近平新时代中国特色社会主义思想为统领，全面贯彻新发展理念，着力发挥农垦在农业现代化建设和经济社会发展全局中的战略支撑、示范引领、辐射带动与强基固本的重要作用，聚焦“四个农业”，深化农垦集团化、企业化改革，推进农垦转型升级发展，实现大基地、大企业、大产业协调共生、高质量发展的新格局，着力打造农业领域航母，推进农垦经济高质量发展。

一、综合

农垦经济平稳增长，经济总量又上新台阶。全年农垦经营规模达615.18亿元，比上年增长5.46%（图1）。其中，第一产业增加值82.29亿元，增长6.88%；第二产业增加值342.51亿元，增长5.75%；第三产业增加值190.38亿元，增长4.33%。居民人均可支配收入26 402元，比上年增长6.82%。

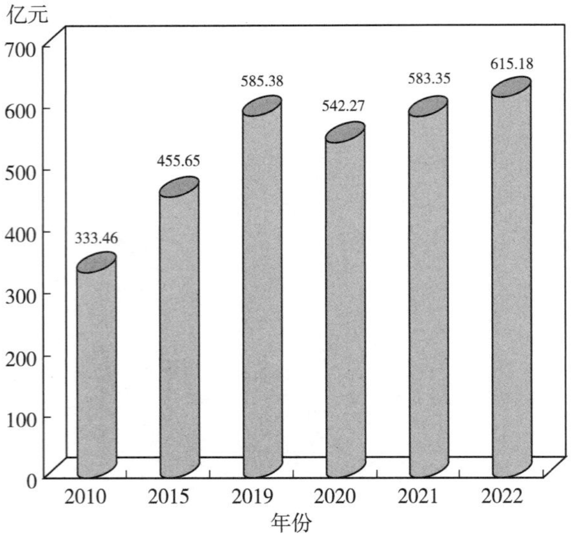

图1 农垦经营规模情况

2022年，各农场发挥自身优势，积极调整产业结构，特色主导产业对经济发展起到龙头拉动作用。一、二、三产业增加值在农垦生产总值中的比重分别为13%、56%、31%。

二、农业

2022年，垦区切实贯彻落实惠农强农政策，加快农业科技推广，加强现代农业建设，农业综合生产能力平稳增强。全年实现农林牧渔业总产值169.89亿元，比上年增长13.45%。其中，种植业产值30.68亿元，比上年增长3.65%；林业产值0.78亿元，与上年基本持平；牧业产值51.76亿元，增长1.45%；渔业产值73.98亿元，增长31.70%；服务业产值12.69亿元，增长4.33%（图2）。

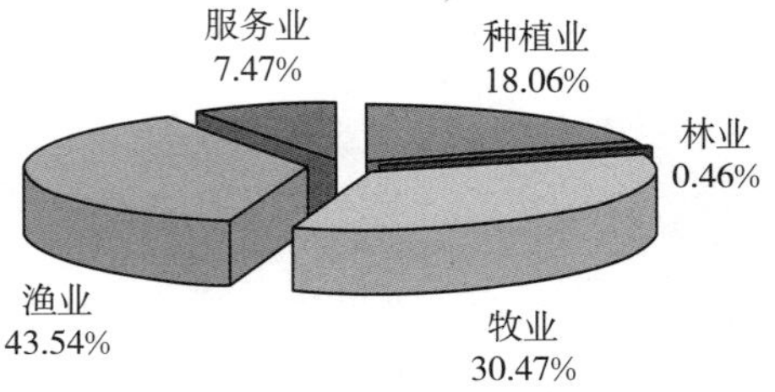

图2 农林牧渔业产值比例结构

全年农作物总播种面积90 708公顷。其中，粮食作物播种面积75 752公顷，比上年减少1 225公顷，下降1.59%，占农作物总播种面积的83.51%；油料面积2 531公顷，与上年基本持平；蔬菜、瓜类面积5 110公顷，比上年增加598公顷，增长13.25%。其他作物5 897公顷，比上年减少586公顷，下降9.04%。

垦区全年农作物种子播种面积2 590公顷，其中，原种播种面积194公顷，良种播种面积2 396公顷。生产量合计14 100吨；加工厂7个，加工厂生产能力16 005吨；种子公司8个；年末从业人员85人，其中技术人员25人；种子质量检验室6个，种子检验人员14人。

2022年粮食总产量672 917吨，比上年减少10 736吨，下降1.57%（表1，图3）。

表 1　主要农产品产量

产品名称	产量（吨）	比上年增长（%）
粮食	672 917	−1.57
其中：稻谷	220 390	−2.97
小麦	57 466	3.31
玉米	137 998	21.28
油料	5 445	81.02
其中：花生	700	7.99
油菜籽	2 939	38.34
棉花	702	247.65
糖料	20 116	27.98
蔬菜、瓜类	238 962	−12.97

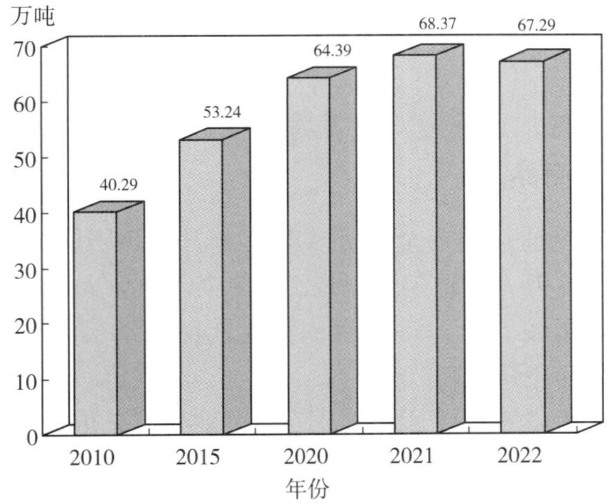

图 3　粮食产量

畜牧业保持健康发展。2022 年年末大牲畜存栏 201 499 头（表 2）。奶牛数量达 161 706 头，比上年增长 0.61%；牛奶总产量 726 819 吨，增加 71 571 吨，比上年增长 10.92%（图 4）。察北、沽源两个农场牛奶产量分别达 283 770 吨和 291 261 吨，占全垦区牛奶总产量的 79.12%。

表 2　牲畜年末存栏数及畜产品产量

牲畜种类/畜产品	计量单位	存栏数/产量	比上年增长（%）
大牲畜（总头数）	头	201 499	2.91
其中：奶牛	头	161 706	0.61
猪（存栏）	头	309 296	3.99
羊（存栏）	只	69 408	5.59
其中：绵羊	只	66 596	5.77
家禽	只	3 112 146	3.91
肉类（总产量）	吨	66 058	−7.58
其中：猪肉	吨	39 575	−8.64
禽肉	吨	19 368	−10.55
牛奶	吨	726 819	10.92
禽蛋	吨	14 275	11.54

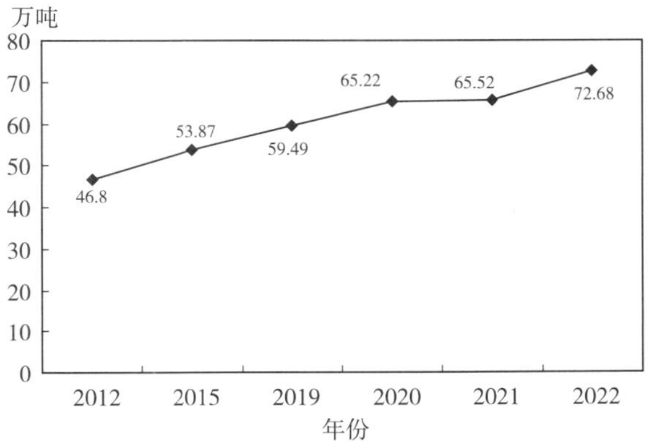

图 4　农垦牛奶产量

水产养殖业保持平稳发展。2022 年年末水产品养殖面积 22 324 公顷，比上年增长 35.12%。其中，淡水 7 701 公顷，海水 14 623 公顷。全年水产品总产量 192 986 吨，比上年增加 18 844 吨，增长 10.82%。其中，淡水产品产量 91 391 吨，下降 2.48 %；海水产品产量 101 595 吨，增长 26.32%。对虾产量 16 285 吨。

全年植树造林面积 2 099 公顷，其中，用材林 104 公顷，经济林 667 公顷，防护林 1 328 公顷。年末林地面积 73 990 公顷。

农业基础设施建设得到加强，农业生产机械化水平进一步提高。年末农业机械总动力 1 023 411 千瓦，比上年增长 2.62%。农用排灌动力机械 12 058台，大中型拖拉机 4 239 台，小型拖拉机 14 669台，联合收获机 826 台。2022 年机播面积 80 841 公顷，占农作物总播种面积的 89.12%，机械收获面积 79 472 公顷，占农作物总播种面积的 87.61%。

三、工业和建筑业

工业保持平稳发展。2022 年工业企业总数为 1 286个，其中规模以上工业企业 297 个；销售产值 1 091.28 亿元，增长 12.92%。乳制品产量

35.58 万吨，比上年增长 11.08%，液体乳产量 32.13 万吨，比上年增长 11.64%（表 3）。

表 3　2022 年主要工业产品产量

产品名称	产量（吨）	比上年增长（%）
原盐	30 300	5.21
大米	345 998	1.17
混、配合饲料	337 463	5.34
乳制品	355 837	11.08
其中：液体乳	321 321	11.64
饮料酒（千升）	4 832	0.25
其中：白酒	4 832	0.25

2022 年实现工业总产值 1 102.46 亿元，比上年增长 21.54%。国有工业总产值 297.59 亿元，增长 20.99%。主要工业产品总产值：农副食品加工业 60.69 亿元，增长 17.48%；食品制造业 43.04 亿元（主要为乳制品制造业），增长 12.61%；纺织业 4.90 亿元，增长 2.92%；纺织服装、服饰业 3.57 亿元，增长 14.33%；家具制造业 86.19 亿元，增长 13.53%；化学原料及化学制品制造业 19.58 亿元，增长 12.51%；金属制品业 38.89 亿元，增长 9.25%；交通运输设备制造业 75.14 亿元，增长 12.77%；石油、煤炭及其他燃料加工业 540.90 亿元，增长 30.15%。

建筑业稳步发展。建筑企业 637 个，年末从业人员 9 481 人。年末固定资产原值 6.04 亿元，全年施工房屋建筑面积 603 977.4 米^2，房屋竣工面积 187 588.5 米^2。

四、固定资产投资

固定资产投资增速较快。固定资产投资对垦区经济持续增长起着较强推动作用。2022 年全垦区完成固定资产投资总额 461.71 亿元，比上年增加 42.80 亿元，增长 10.22%（图 5）。国有固定资产投资 192.96 亿元。

第一产业投资 21.49 亿元，比上年增长 14.51%；第二产业投资 303.17 亿元，比上年增长 6.24%；第三产业投资 137.05 亿元，比上年增长 19.42%。一、二、三产业在固定资产投资中的比重为 5：66：29。

固定资产投资中，国家预算内资金 8.94 亿元，自筹资金 429.26 亿元，其他资金 6.28 亿元。2022 年新增固定资产 192.96 亿元。

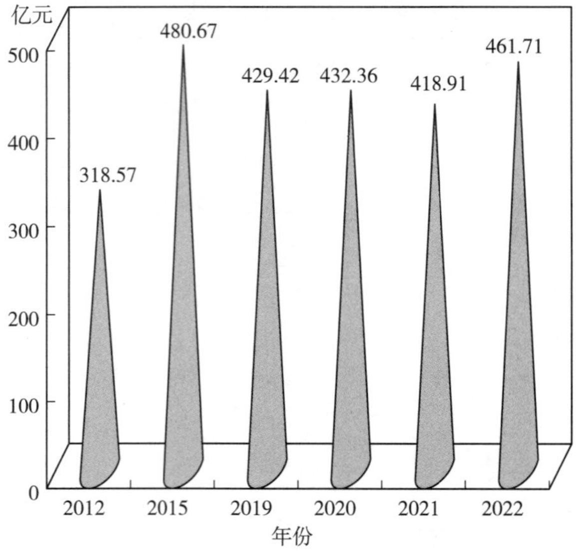

图 5　固定资产投资比较

五、运输业、批发零售贸易业、服务业及出口商品

交通运输业全年完成货运量 31 884 万吨，客运 235 万人次；年末单位 7 077 个，从业人 15 564 人，运输工具 11 579 台；营业总收入 25.05 亿元，比上年下降 5.14%。

批发零售业、餐饮业、服务业年末单位 14 545 个，固定资产原值 36.52 亿元，比上年下降 3.34%，营业用房面积 111.45 万米^2，下降 1.42%；营业总收入 355.53 亿元，比上年下降 21.82%，其中批发零售业 259.75 亿元，比上年下降 27.56%；餐饮业 16.54 亿元，比上年下降 20.09%；服务业 79.25 亿元，比上年增长 5%；批发零售业、餐饮业、服务业营业网点 17 102 个，年末从业人员 5.14 万人。

全年出口商品总金额 29.51 亿元，比上年增长 2.95%。其中，水产品 4 203 万元，下降 12.09%；工业品 290 851 万元，增长 3.21%。

六、科研

2022 年年末，全垦区拥有科研单位 3 个，从业人员 45 人，其中科技人员 33 人。科研经费 6 万元，企业自筹 6 万元，实验地面积 23 公顷。企业科技创新情况：科技人员 823 人，研究与试验发展经费 29 741 万元。

七、人口、职工、收入与社会保障

2022年年末，垦区总人口43.63万人，全垦区从业人员25.61万人。其中，第一产业8.47万人，比上年增长0.2%；第二产业7.42万人，下降0.88%；第三产业9.72万人，增长0.48%。

职工生活水平稳步提高。2022年全垦区实现居民人均可支配收入26 402元，比上年增长6.82%。垦区危房改造工作自2011年开展以来，职工居住条件得到改善，年末职工实有住房面积1 692万米^2，人均住房面积39.18米^2。

八、绿色、有机食品

截至2022年年末，垦区认证了3个绿色食品，其中，种植业2个，含水稻1个、油料1个，已认证的绿色食品产量1 050吨；认证有机食品9个，即水果（梨）1个，已认证有机食品产量385吨；畜牧业8个，均为羊肉。

九、其他

全垦区32个农牧场中，生产总值超过1亿元的有8个。这8个农牧场共有职工6.49万人，耕地72 849公顷。2022年实现生产总值517.72亿元，占垦区生产总值的84.16%。其中，农业总产值72.97亿元，工业总产值289.78亿元，利润总额24.82亿元。生产总值居前3位的是柏各庄农场、中捷农场、芦台农场，生产总值分别为222亿元、96亿元、90亿元。

2022年年末，全垦区拥有大中型工业企业6家，全年完成增加值22.41亿元，销售产值192.38亿元。年末资产总额75.51亿元，固定资产原值38.66亿元，年平均从业人员3 821人，实现利润总额16.28亿元。

龙头企业11家，全年完成总产值202.80亿元，销售产值191.42亿元。完成增加值18.44亿元。年末资产总额134.90亿元，固定资产原值34.57亿元，年平均从业人员3 397人，实现利润总额16.72亿元。

山西农垦2022年经济发展统计公报

山西省农业农村厅农垦与渔业渔政管理局

2022年，山西垦区以习近平新时代中国特色社会主义思想为统领，全面贯彻新发展理念，在农业农村部农垦局的支持下，省委、省政府的正确领导下，深入推进农垦改革，加快现代化农业发展，坚持稳中求进，全力推动高质量发展，求真务实，开拓进取，垦区经济和社会发展运行平稳、持续向好。

一、基本情况

2022年，山西垦区共有国有农场22个，比上年减少1个，分布于9个市。垦区土地总面积22 106.5公顷，其中，耕地面积6 274.52公顷，牧草地面积4 058.88公顷，林地面积7 954.84公顷，其他用地面积1 792.29公顷。

垦区全年实现生产总值5.92亿元。其中，第一产业增加值1.46亿元，比上年下降2.47%；第二产业增加值2.79亿元，比上年下降2.19%；第三产业增加值1.67亿元，比上年下降29.70%。一、二、三产业增加值占生产总值比重为25∶47∶28。

2022年，垦区年末总人口26 928人，农场人口26 283人，从业人员11 569人，其中，第一产业5 194人，第二产业2 345人，第三产业4 030人，从业人员工资总额17 155.5万元。垦区居民人均可支配收入11 660元，与上一年基本持平，年末职工3 186人，其中，在岗职工2 385人。职工工资总额8 929.54万元，职工人均工资收入28 063元，比上年增长5.10%。

二、农业

（一）农林牧渔业总产值

全年实现农林牧渔业总产值29 491.10万元，比上年下降6.98%。其中，农业总产值13 056.37万元，比上年增长0.45%；牧业总产值13 083.53万元，比上年下降14.21%；林业总产值1 332.2万元，比上年下降0.82%；农林牧渔业专业及辅助性活动产值1 995万元，比上年下降4.41%（图1）。

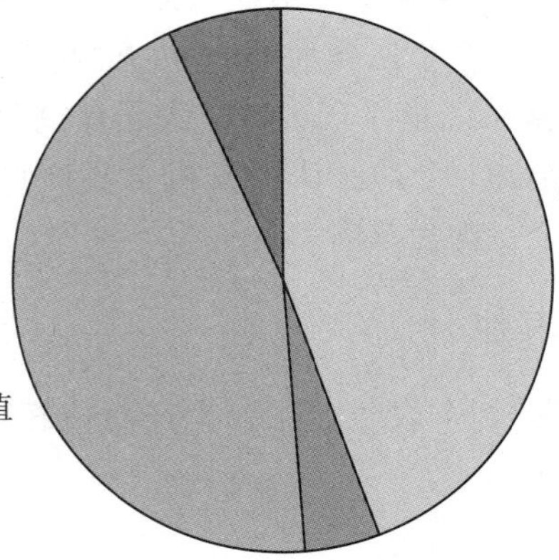

图1　农林牧渔业产值结构比例

（二）种植业

全年农作物种植面积6 499.35公顷，同比增加125.26公顷。其中，粮食种植面积5 331.47公顷，增加203.48公顷，占农作物种植面积的82.0%；油料种植面积34.16公顷，与上年基本持平，占农作物种植面积0.5%；蔬菜种植面积554.32公顷，减少78.41公顷，占农作物种植面积8.5%。

玉米种植面积4 646.14公顷，增加189.42公顷；小麦种植面积307.68公顷，增加23.35公顷；谷子种植面积21.16公顷，减少9公顷；高粱种植面积30.33公顷，与上年基本持平。

全年粮食产量38 411.52吨，比上年增加1 630.33吨，增长4.43%（表1）。其中，夏粮1 667万吨，下降0.35%；秋粮36 369.44吨，增长4.97%。

表 1　2022 年主要农产品产量

产品名称	产量（吨）	比上年增长（%）
粮食	38 411.52	4.43
其中：小麦	1 774.00	5.70
玉米	34 190.44	4.98
谷子	92.00	−12.77
高粱	124.00	18.10
大豆	92.08	−4.16
油料作物	73.00	0

全年完成造林面积 284.8 公顷，比上年下降 13.91%。

（三）畜牧业

年末大牲畜总头数 11 007 头，其中，肉牛 1 740头，奶牛 9 267 头；猪 2 919 头；羊 9 352 头。全年猪、牛、羊、禽肉总产量 2 612.35 吨，比上年下降 4.08%。其中，猪肉产量 551.70 吨，增长 0.25%；牛肉产量 626.65 吨，下降 2.24%；羊肉产量 1 335.50 吨，下降 8.31%；牛奶产量29 930.80 吨，下降 10.32%（表 2）。

表 2　2022 年牲畜年末存栏数及主要畜产品产量

牲畜种类/畜产品	计量单位	存栏数/产量	比上年增长（%）
大牲畜	头	11 007	−18.64
其中：牛	头	11 007	−18.64
猪	头	2 919	−45.99
羊	只	9 352	−29.37
肉类（总产量）	吨	2 612.35	−4.08
其中：牛肉	吨	626.65	−2.24
猪肉	吨	551.70	0.25
羊肉	吨	1 335.50	−8.31
牛奶	吨	29 930.80	−10.32
禽蛋	吨	2 051.49	−0.15

（四）农业机械化、生产投入

2022 年年末，农业生产机械化总动力 29 469 千瓦，同比增长 0.23%。全年实现机械耕地面积 5 442.31公顷，占年末耕地面积（6 274.52 公顷）的 86.74%；2022 年实际机械播种面积 4 721.50 公顷，占农作物播种面积（6 499.35 公顷）的 72.64%；机械收获面积 2 240.78 公顷，增速均快于上年。农场用电量 1 936.48 万千瓦・时，农业用水量 363 万米^3。有效灌溉面积 4 721.28 公顷，同比增长 1.54%，其中节水灌溉面积 123.88 公顷，同比增长 1.65%。机电井 289 眼。

三、工业

2022 年，全年实现工业总产值 33 222.85 万元，比上年下降 0.41%。其中，农副食品加工业 6 365.85万元，同比下降 1.7%；酒、饮料和精制茶制造业 934 万元，同比增长 8.1%；家具制造业 1 200 万元，同比下降 7.55%；化学原料和化学制品制造业 720 万元，与上年持平；非金属制造业 14 090 万元，与上年持平；其他制造业 4 006 万元，与上年持平。

主要工业产品产量：饲料 1.95 万吨，乳制品 207 吨，白酒 65 万千升，家具 595 件，化学农药 260 吨。

四、固定资产投资

全年固定资产投资总额 1 632.42 万元，比上年增长 4.21%，投资构成为：第一产业投资 1 453.71万元，比上年下降 2.28%；占总投资的 89.05%；第二产业 5.16 万元，比上年增长 344.83%；第三产业 173.55 万元，比上年增长 123.30%。

五、运输业、批发零售业、住宿餐饮业、服务业情况

全年共完成货运量 21.14 吨，客运量 5.05 万人，实现营业总收入 590.4 万元。

年末垦区批发零售业、住宿餐饮业、服务业单位 786 个，从业人员 898 人，从业人员劳动报酬 7 184.76万元，年末拥有固定资产原值 6 075.27 万元，全年完成商品销售总额或营业收入 27.66 亿元。

内蒙古农垦2022年经济发展统计公报

内蒙古自治区农牧厅农垦局

2022年，内蒙古农垦以加快推进农垦高质量发展为主题，落实带头扩种大豆油料行动和欠发达国有农牧场巩固提升任务，推进乡村振兴，不断完善思路，强化措施，狠抓落实，农垦经济社会持续稳步发展。

一、综合情况

全年内蒙古垦区实现生产总值152.1亿元。同比增长12.6%。其中，第一产业增加值94亿元；第二产业增加值41.5亿元；第三产业增加值16.6亿元。一、二、三产业增加值占生产总值的比重分别为62%、27%、11%。居民人均可支配收入18 969元，增长5.2%。

二、农业

全年实现农林牧渔业总产值163.4亿元（现行价，下同），同比增长8.4%。其中，农业产值98.8亿元，同比增长12.4%；牧业产值59.5亿元，同比增长2.9%；渔业产值0.4亿元；林业产值1.1亿元。

农作物播种面积681.3千公顷，与上年基本持平。其中，粮食作物播种面积481.5千公顷，同比下降2.8%，占农作物播种面积的71%；油料作物播种面积142.4千公顷，同比增加26.8千公顷，占农作物播种面积的21%。

小麦播种面积109.8千公顷，比上年下降3.7%，占粮食播种面积的23%；玉米播种面积182.6千公顷，比上年减少23千公顷，占粮食播种面积的38%；豆类播种面积132.2千公顷，比上年增加31.0千公顷，占粮食播种面积的27%。

粮食产量268万吨，与上年基本持平。主要农产品产量见表1。

农业生产条件得到进一步改善，综合机械化率为92%。年末机械总动力238.2万千瓦。大中型拖拉机1.6万台，小型及手扶拖拉机4.6万台，联合收割机0.3万台。

表1　2022年主要农产品产量

产品名称	产量（万吨）	比上年增长（%）
粮食	268	基本持平
油料	28.8	28.0
糖料	54.4	−27.9
水果	0.8	8.9

农用化肥施用总量（实物量）27.7万吨。有机肥施用量24.8万吨。测土配方施肥面积75千公顷。

有效灌溉面积259.2千公顷，同比增长9%。节水灌溉面积155.6千公顷，同比增长12.8%。其中，喷灌面积104.8千公顷，滴灌面积40.9千公顷。高标准农田面积207.6千公顷，同比增长17.4%，占耕地面积27.4%，永久性基本农田面积569.6千公顷，占耕地面积75.3%。

年末大小牲畜存栏363万头（只），肉类产量10.2万吨。牛奶产量32.7万吨。禽蛋产量0.8万吨。牲畜年末存栏数及主要产品产量见表2。

表2　2022年牲畜年末存栏数及主要畜产品产量

牲畜种类/畜产品	计量单位	存栏数/产量	比上年增长（%）
大牲畜	万头	72.7	3.2
其中：牛	万头	41.7	−10.4
羊	万只	279	−4.8
猪	万头	10.9	−25.1
肉类（总产量）	万吨	10.2	29.0
其中：牛肉	万吨	2.5	16.0
羊肉	万吨	3.4	持平
猪肉	万吨	1.5	9.2
牛奶	万吨	32.7	−2.8

水产品产量为2 868吨，与上年基本持平，水产品主要来自淡水鱼养殖。

三、工业和建筑业

全年实现工业总产值（现行价）57.8亿元，同比增长4.2%。煤炭开采和洗选业实现产值37.0亿元，农副食品加工业7.2亿元，非金属矿物制品业4.3亿元。主要工业产品产量见表3。

表3 2022年主要工业产品产量

产品名称	计量单位	产量	比上年增长（%）
原煤	万吨	1 501	1.2
小麦粉	万吨	4.7	371.0
饲料	万吨	2.7	12.1
发电量	万千瓦·时	12 931	持平

建筑业年末拥有建筑企业20个，从业人员319人，固定资产原值1 176万元。全年施工房屋建筑面积4 200米^2。

四、交通运输业批发零售业、餐饮业

交通运输业实现营业总收入3.2亿元，同比下降2%。现有主要运输工具1 140台。全年完成客运量67万人，货运量561.6万吨。

批发零售业有营业单位2 343个，增加34个，从业人员5 667人，增加86人，实现销售总额28.4亿元，增长29.2%。年末拥有固定资产原值6.2亿元，营业用房20.7万米^2。

餐饮业有营业单位1 076个，从业人员2 806人，减少36人，营业收入3.02亿元，下降0.8%。年末拥有固定资产原值2.2亿元，营业用房11.4万米^2。

其他服务业有营业单位531个，减少6个，从业人员1 395人，实现营业收入5.7亿元，下降1.5%。年末拥有固定资产原值0.8亿元，营业用房3.9万米^2。

五、科技

拥有科研单位4个，职工65人，其中，科技人员16人。科研经费942万元。其中，政府拨款占经费35%，企业自筹占经费65%。

六、固定资产投资

年末完成固定资产投资47.1亿元，同比增长35%。总投资额中，用于第一产业21.2亿元，占投资总额的45%；第二产业20.3亿元，占投资总额的43%；第三产业5.6亿元，占投资总额的12%。其中，2022年国有固定资产投资总额为40.2亿元，占投资总额的85.4%。资金来源的比例为：国家预算内资金占资金来源36%，自筹资金占资金来源的36%，贷款资金占资金来源的18%，其他资金占资金来源的10%。

七、人口、职工、收入

年末垦区总人口44.1万人，下降0.9%。年末全区农垦社会从业人员16.9万人，减少3 037人，下降1.8%。其中，第一产业14.3万人，第二产业0.7万人，第三产业1.9万人。

八、绿色食品、有机食品生产情况

绿色食品、有机食品、农产品地理标志认证数有42个，已认证的绿色食品、有机食品产量为88.3万吨；农产品地理标志认证面积96.7千公顷，占农作物播种面积的14.2%。其中，绿色食品认证的主要农作物9个，已认证的产量81.6万吨；有机食品认证的主要农作物28个，已认证的产量3.5万吨；绿色食品认证的水果1个，认证的产量2.9万吨。

辽宁农垦2022年经济发展统计公报

辽宁省农业农村厅

2022年，辽宁农垦在农业农村部农垦局的关心支持下，在省委、省政府的正确领导下，深入贯彻党的二十大精神和中央农垦改革发展要求和省委、省政府的工作部署，以习近平新时代中国特色社会主义思想为指导，深化农垦改革发展决策部署，强化发挥农垦国家队作用，继续落实“一衔接两覆盖”政策，巩固拓展脱贫攻坚成果同乡村振兴有效衔接，垦区集团化、农场企业化改革取得进展，为辽宁农业强省建设贡献农垦力量。

一、综合

2022年年末，全省农垦有国有农场（公司）104个，农垦区域性集团（公司）3个，基层统计单位共有107个，与上年度相同。

全年垦区总人口84.09万人，农场人口73.55万人。从业人员38.79万人，其中，第一产业25.36万人，第二产业5.23万人，第三产业8.20万人，各业人员所占比重分别为65：14：21。年末职工17.28万人，其中在岗职工12.22万人，职工工资总额38.21亿元，其中在岗职工工资总额29.90亿元。农垦小城镇39个，与上年相同，小城镇人口35.92万人，占总人口的42.72%，小城镇占地面积1.91万米^2。

土地总面积49.63万公顷，其中耕地16.19万公顷，占土地总面积的32.62%，水田9.49万公顷，占耕地的58.62%；牧草地0.92万公顷，占土地总面积的1.85%；林地7.43万公顷，占14.97%；水面4.58万公顷，占9.23%；园地1.11万公顷，占2.24%；可垦荒地和宜林地0.67万公顷，占1.35%；居民点及工矿用地4.55万公顷，占9.17%，其他14.18万公顷，占28.57%。

全年实现生产总值277.39亿元，比上年下降7.18%，其中，第一产业94.62亿元，比上年下降0.15%；第二产业77.14亿元，比上年下降22.69%；第三产业105.63亿元，比上年增长1.27%。一、二、三产业所占比重为34：28：38。在岗职工人均工资24 469元，比上年增长9.96%，年末居民实有住房面积3 577万米^2，比上年下降0.63%。

固定资产投资额为73.90亿元，比上年下降17.36%，其中国有3.08亿元，占总投资额4%，非国有70.82亿元，占总投资额96%。按工程用途分，第一产业6.77亿元，比上年下降55.96%，第二产业32.02亿元，比上年下降13.06%，第三产业35.11亿元，比上年下降5.67%。一、二、三产业投资比为9：43：48。按资金来源划分，国家预算内资金2.68亿元，比上年增长48.16%，国内贷款0.18亿元，比上年下降62.34%，自筹资金66.05亿元，比上年下降10.32%，其他资金5.00亿元，比上年下降62.97%。

外贸出口供货商品金额1.71亿元，比上年下降2.22%。出口额中，水产品0.70亿元，比上年下降13.28%，工业品1.01亿元，比上年增长7.29%。

实现生产总值超1亿元的农场33个，超1亿元农场实现生产总值252.67亿元，占农垦全省生产总值的91%。

二、农业

全年实现农林牧渔业生产总值191.23亿元，比上年下降3.53%。其中，农业产值95.49亿元，比上年下降5.39%；林业产值2.53亿元，比上年增长0.40%；牧业产值34.59亿元，比上年下降3.32%；渔业产值51.21亿元，比上年下降0.94%；农林牧渔服务业产值7.41亿元，比上年增长1.59%。各业在农业总产值中的比重为50：1：18：27：4。农林牧渔业商品的产值为127亿元，比上年下降1.68%。

粮食总产量128.63万吨，比上年下降2.95%。粮食总产量中谷物合计量127.20万吨，其中，水稻

91.69万吨，占粮食总产量的71.28%，玉米33.48万吨，占粮食总产量的26.03%。大豆0.83万吨，占0.65%，比上年增长56.98%。薯类0.56万吨，油料1.40万吨，糖料445吨，蔬菜、瓜类42.44万吨。农作物播种面积16.02万公顷，比上年增长0.08%，其中，粮食作物播种面积14.62万公顷，比上年增长1.59%，占农作物总播种面积的91.26%。水稻播种面积9.53万公顷，占粮食作物播种面积的65.18%，玉米4.30万公顷，占29.41%，大豆0.32万公顷，占2.19%，比上年增长50.37%。薯类866公顷，油料4 374公顷，糖料7公顷，蔬菜、瓜类8 786公顷。

大牲畜存栏6.20万头，比上年下降1.12%，其中牛5.51万头，比上年增加0.86万头。生猪存栏57.88万头，比上年增长11.91%。羊存栏15.38万只，比上年增长16.66%。家禽存栏907.31万只，比上年下降9.04%。肉类总产量14.53万吨，比上年下降6.39%，其中猪肉5.61万吨，比上年下降3.38%，牛肉1.65万吨，比上年增长10.78%，羊肉0.30万吨，比上年增长10.57%，禽肉6.18万吨，比上年下降0.75%。牛奶产量3.29万吨，比上年增长4.73%。禽蛋3.60万吨，比上年下降4.22%。

水产总产量35.52万吨，比上年下降1.10%。其中，鱼类产量14.77万吨，比上年增长0.94%；虾蟹类产量5.61万吨，比上年下降5.87%；贝类产量12.27万吨，比上年下降0.47%。

水果总产量13.24万吨，比上年增长3.76%。其中，苹果8.66万吨，占水果总产量的65.41%；梨1.36万吨，占10.27%；桃1.49万吨，占11.25%；葡萄0.84万吨；红枣388吨；其他水果8 593吨。水果种植面积0.87万公顷，其中，苹果种植面积0.49万公顷，占水果种植面积的56.32%；梨0.13万公顷，占水果种植面积的14.94%；桃974公顷，占水果种植面积的11.20%；葡萄497.6公顷；红枣5.66公顷；其他水果1 007.4公顷。

植树造林2 671公顷，比上年下降7.10%，其中，用材林572公顷，经济林165公顷，防护林1 933公顷。2022年零星植树6.06万株，年末实有育苗面积121公顷，幼林抚育938公顷，成林抚育1 265公顷。

年末农业机械总动力106.74万千瓦，比上年增长1%，其中，柴油机发动机动力84.49万千瓦，汽油发动机动力4.82万千瓦，电动机动力14.52万千瓦，其他机械动力2.91万千瓦。拥有大中型拖拉机6 135台，比上年增加154台；小型及手扶拖拉机8 610台，比上年增加195台。排灌动力机械1.40万台，联合收获机1 312台，农用飞机24架。2022年实际机耕面积14.09万公顷，占粮食播种面积的96.37%，比上年增长1.37%；2022年实际机播面积13.06万公顷，占粮食播种面积89.33%，比上年增长2.33%；机械收割面积11.23万公顷，占播种面积76.81%，比上年下降3.19%。农业生产用电量5 666万千瓦·时，农业用水量2.81亿吨。农药施用量0.22万吨，农用化肥施用量（折纯量）5.59万吨。生物肥施用量0.61万吨，比上年增长1.08%；有机肥施用量5.29万吨，比上年增长3.04%；农业塑料薄膜使用量3 235吨；有效灌溉面积11.93万公顷；绿色防控技术应用面积0.43万公顷。

绿色食品认证27个，有机食品认证6个，农产品地理标志认证15个。种子基地种子播种面积1 834公顷，种子生产量861吨，全部为良种，其中，水稻30吨，玉米671吨，大豆160吨。

三、工业

全年垦区实现工业总产值220.18亿元，超10亿元的产业为：农副食品加工业77.29亿元，石油、煤炭及其他燃料加工业44.13亿元，其他制造业19.56亿元，有色金属冶炼和压延加工业18.29亿元，化学原料和化学制品制造业12.54亿元。

主要工业产品中，大米32.14万吨，饲料8.72万吨，精制食用植物油3.34万吨，饮料酒5.46万吨，乳制品0.48万吨，服装113万件，水泥53.61万吨，砖6 381万块。

规模以上工业企业108个，比上年减少9个，实现工业总产值181.39亿元，实现主营业务收入195.52亿元，实现利润17.82亿元。

四、建筑、交通运输、批发零售业、餐饮业、服务业

2022年年末，有建筑企业141个，比上年下降18.5%，从业人员0.66万人，固定资产原值4.14亿元，拥有机械设备858台，全年施工房屋建筑面积54.49万米^2，竣工房屋面积35.64万米^2。

运输单位 2 803 个，比上年下降 6.91%，从业人员 5 995 人，固定资产总值 4.30 亿元，主要运输工具 4 470 台，实现营业总收入 8.89 亿元，全年货运量 1 713 万吨。

批发零售业单位 6 296 个，比上年下降 8.49%，从业人员 2.17 万人，从业人员劳动报酬 4.54 亿元，固定资产总值 8.45 亿元，年末营业用房面积 29.81 万米^2，销售额 41.49 亿元。

餐饮业单位 1 209 个，比上年下降 8.34%，从业人员 1.18 万人，从业人员劳动报酬 1.89 亿元，固定资产总值 3.53 亿元，年末营业用房面积 10.01 万米^2，全年营业收入 6.29 亿元。

其他服务业单位 2 436 个，比上年下降 15.09%，从业人员 0.97 万人，从业人员劳动报酬 2.44 亿元，固定资产原值 3.31 亿元，年末营业用房面积 11.48 万米^2，全年营业收入 7.06 亿元。

吉林农垦2022年经济发展统计公报

吉林省农垦局

2022年，吉林垦区齐心协力，有效应对重大疫情冲击、阶段性干旱、低温寡照、严重渍涝等多重不利因素，克服重重困难，按时完成既定目标任务。粮食种植面积稳中有增，在重点完成大豆扩种任务的同时，粮食总产依然保持在15亿斤以上；垦区在职职工人均可支配收入继续高于全省农民人均可支配收入；垦区各项改革任务持续深入，改革成果不断巩固，为吉林农业强省建设贡献了农垦力量。

截至2022年年末，全垦区土地总面积26.80万公顷。其中，耕地面积10.96万公顷，牧草地面积6.56万公顷，林地面积4.73万公顷，水面面积0.38万公顷，园地面积0.14万公顷，居民点及工矿用地1.46万公顷，其他用地面积2.36万公顷。总体保持稳定。

一、主要经济指标

2022年，全垦区一、二、三产业增加值分别为25.10亿元、0.91亿元、2.61亿元，比2021年下降4.88%、19.49%、0.22%。下降的主要原因是受新冠疫情和自然灾害影响，尤其是对第二产业影响较大，部分加工企业开工受阻，不能满负荷生产。全垦区农林牧渔业总产值33.79亿元，农林牧渔业商品产值为26.36亿元。工业总产值4.83亿元。全年固定资产投资总额2 583万元。其中，国有投入1 037万元，占总投资额的40%。一、二、三产业投资额分别为2 163万元、185万元、235万元。在资金投入来源中，国家预算内资金523万元，自筹资金1 433万元，当年新增固定资产1 642万元。

二、第一产业发展情况

全年实现农林牧渔业总产值33.80亿元。其中，农业28.90亿元，牧业4.10亿元，林业与渔业分别为0.24亿元和0.12亿元，辅助性活动0.46亿元。全年农作物播种总面积为10.80万公顷。其中，粮食播种面积10.39万公顷，占农作物总播种面积的96.3%；油料作物播种面积2 731公顷；药材219公顷；蔬菜、瓜果类326公顷；其他作物播种面积542公顷。全年粮食产量76.46万吨。年末大牲畜存栏4.33万头。其中，牛4.09万头（肉牛3.27万头，奶牛0.82万头）。农业机械总动力62.74万千瓦，大中型拖拉机5 042台，小型及手扶拖拉机14 925台。2022年实际机耕面积10.50万公顷，占年末耕地面积的95.8%；实际机播面积10.26万公顷，占年末耕地面积的93.6%；机械收获面积10.15万公顷，占年末耕地面积的92.6%。2022年主要农产品产量见表1，牲畜年末存栏数及主要畜产品产量见表2。

表1　2022年主要农产品产量

产品名称	产量（吨）
粮食	764 648
其中：稻谷	249 915
玉米	490 620
高粱	5 356
大豆	16 662
油料	13 704

表2　2022年牲畜年末存栏数及主要畜产品产量

牧畜种类/畜产品	计量单位	存栏数/产量
大牲畜（总头数）	万头	4.33
其中：牛	万头	4.09
猪（存栏）	万头	4.41
羊（存栏）	万只	17.71
家禽	万只	27.05
肉类（总产量）	吨	10 224
其中：猪肉	吨	3 278
禽肉	吨	3 003
牛肉	吨	1 690
牛奶	吨	8 705
禽蛋	吨	2 620

三、第二产业发展情况

全年实现工业总产值（现价）4.80亿元。农副产品加工业实现产值1.60亿元，非金属矿物制品业实现产值2.10亿元，医药制造业实现产值7 500万元，主要黑色金属冶炼和压延加工业实现产值2 779万元。主要产品产量：加工大米6.29万吨，中成药750吨，水泥57.25万吨。建筑业年末单位13个，固定资产原值737万元，房屋建筑竣工面积6 217米^2，总产值787万元。

四、第三产业发展情况

交通运输业年末单位97个，从业人员181人，固定资产原值1 670万元，年末拥有主要运输工具106辆，全年货运量6.04万吨，营业总收入2 108万元。批发零售业年末单位735个，年末从业人员1 751人，全年从业人员工资总额3 497万元，固定资产原值7 198万元，销售总额7 673万元。餐饮业年末单位117个，年末从业人员410人，全年从业人员工资总额1 162万元，固定资产原值1 992万元，全年营业收入2 148万元。服务业年末单位109个，年末从业人员263人，全年从业人员工资总额577万元，固定资产原值896万元，全年营业收入989万元。

2022年，全垦区在职职工年人均可支配收入总体保持稳定，实现收入23 647.50元，高出全省农民人均可支配收入5 563.50元。

黑龙江农垦2022年经济发展统计公报

北大荒农垦集团有限公司

2022年，北大荒集团以习近平新时代中国特色社会主义思想为指导，深入贯彻落实习近平总书记两次“特指性”重要讲话精神，在省委、省政府、农业农村部和财政部的正确领导下，坚持稳中求进总基调，全面落实“疫情要防住、经济要稳住、发展要安全”的总体要求，迎难而上克服超预期因素冲击，高效统筹疫情防控和改革发展各项工作，经济总体保持“稳中有进、稳中向好”的发展态势，经济发展活力动能不断增强，构建新发展格局，迈出新步伐，高质量发展取得新成效，“国企改革三年行动”全面完成，“三大一航母”建设工程稳步推进。

一、经济发展稳中快进，综合实力显著增强

北大荒集团经营区域土地总面积5.54万平方千米，现有耕地4 681.91万亩*，下辖9个分公司，113个农（牧）场有限公司，706家国有及国有控股的工商运建服及其他法人企业，总人口139万人，从业人员48.2万人。2022年，集团实现企业增加值633.2亿元，按可比价计算，同比增长6.8%；职工家庭人均可支配收入32 234元，比上年增长7.3%；位列“中国企业500强”第156位，连续21年跻身“中国企业500强”。2022年“中国500最具价值品牌”中，黑龙江省上榜品牌14个，其中北大荒集团有9个，“北大荒”品牌位列“中国500最具价值品牌”榜单第42位、“亚洲品牌500强”第75位、“世界品牌500强”第401位。

（一）农业根本夯实巩固，粮食生产“十九连丰”

粮食安全基石稳固。2022年，耕地面积312.1万公顷，比上年增长2.6%，农作物总播种面积306.4万公顷，增长2.5%，粮食作物种植面积达304.5万公顷，增长2.4%，再创历史新高。集团全面提升粮食综合生产能力，落实大豆产能提升工程，种植结构进一步调优。大豆种植92.1万公顷，比上年增加25.7万公顷，完成省政府下达目标任务的115%，水稻、玉米面积分别为151.1万公顷和58.4万公顷，三大作物合计占粮食作物种植面积的比重达99.1%。深入实施“藏粮于地、藏粮于技”战略，构建“四良”现代农业发展模式，持续提升粮食单产水平。水稻单产9 305.3公斤/公顷，比上年提高66公斤/公顷；小麦单产4 545.8公斤/公顷，比上年提高93.8公斤/公顷；玉米单产9 981公斤/公顷，比上年提高310.5公斤/公顷；大豆单产2 742公斤/公顷，比上年提高122.3公斤/公顷。受农作物结构调整影响，粮食作物综合单产比上年减少379.5公斤/公顷，达7 412.3公斤/公顷。粮食总产量225.66亿公斤，为历史第三高点，比上年减少5.9亿公斤，占全国和黑龙江省粮食总产量的3.29%和29.07%，粮食商品量214.38亿公斤，粮食商品率达95.0%，连续12年粮食产量稳定在400亿斤以上，可以满足1.5亿人1年的口粮供应（表1，图1）。自1947年开发建设以来，北大荒集团累计生产粮食10 022亿斤，商品粮累计达8 545亿斤，国家粮食安全“压舱石”作用进一步压实。

表1　2022年主要农产品产量

产品名称	产量（万吨）	比上年增长（%）
粮食	2 256.6	−2.5
其中：水稻	1 406.5	−1.9
小麦	2.4	−44.2
玉米	583.2	−14.9

* 亩为非法定计量单位，1亩≈667米^2。——编者注

（续）

产品名称	产量（万吨）	比上年增长（%）
大豆	252.5	45.2
杂豆	1.5	−53.4
马铃薯（折粮）	4.2	−48.4
油料	0.2	−4.3
亚麻	0.6	−24.4
蔬菜	5.6	−25.5
瓜类	6.0	2.6
饲料作物	53.9	33.2

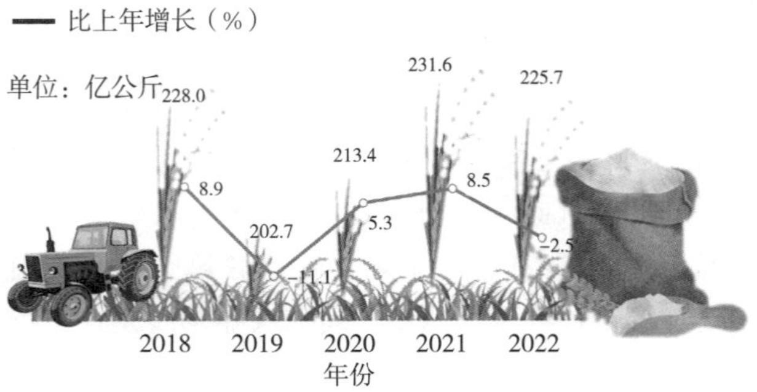

图1　2018—2022年粮食总产量

农业现代化进程不断推进。2022年，集团完成新建高标准农田7.8万公顷，累计建设高标准农田198.3万公顷。现有粮食处理中心407座，种子加工厂44个，水泥晒场4 058.4万米^2，农用飞机场64处。农机装备水平持续提高。主要农作物耕种收综合机械化水平99.7%，农用机械总动力1 364.0万千瓦，比上年增长3.9%。农用大中型拖拉机9.75万台，其中100马力以上拖拉机19 275台，增加778台；机动水稻插秧机9.35万台，与上年持平；联合收获机5.30万台，增长5.5%，农用飞机77架，航化作业面积193.4万公顷，增长0.7%（图2）。

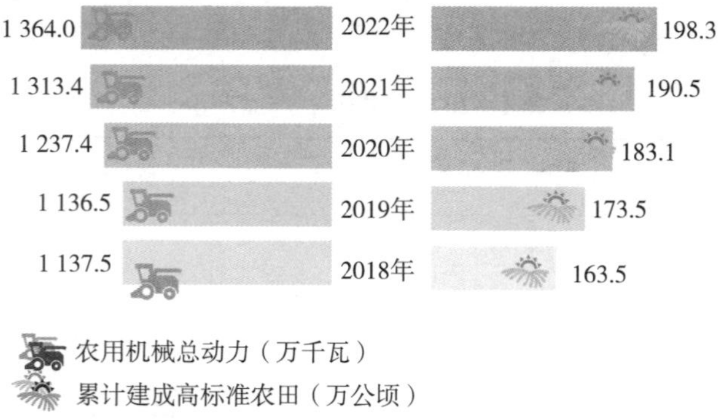

图2　2018—2022年北大荒集团农用机械总动力及高标准农田建设情况

绿色农业扎实落地。大力推进绿色有机认证，集团绿色食品种植面积143万公顷，占农作物总种植面积的46.7%；有机农产品认证总面积22万公顷（不含野生采集），有机作物总产量191.8万吨。绿色食品认证企业135家，产品349个；有机认证企业136家，认证产品484个；全国绿色食品原料标准化生产基地38个，面积57.3万公顷；积极推进16个全域有机农场建设，有机认证面积8万公顷，有机认证证书35张。

畜牧业发展稳步上升。年末垦区“两牛一猪一禽”存栏“两增两降”，黄牛11.2万头，奶牛10.0万头，生猪55.6万头，家禽838.5万只，分别比上年增长15.2%、2.3%、−3.4%和−1.6%；全年出栏肉牛11.4万头、生猪103.3万头、家禽8 150.7万只，分别比上年增长4.0%、23.2%、20.6%；全年肉、蛋、奶产量分别为25.5万吨、2.8万吨和40.1万吨，分别比上年增长2.9%、−0.7%和−1.2%。积极推进以畜禽良种化、养殖设施化、生产规范化、防疫制度化、粪污无害化为主的标准化规模养殖，开展畜禽标准化示范场创建活动，现有部级畜禽标准化示范场8个，其中，奶牛标准化示范场7个，肉鸡1个。继续推进“奶牛单产12吨提升行动”，集团辖区已有4个规模奶牛场年平均单产突破12吨。落实国家粮改饲项目试点面积1.7万公顷，收贮优质饲草料68万吨。推进宝泉岭、红兴隆、牡丹江和九三分公司绿色种养循环农业试点项目，在32个试点农（牧）场实施，遴选出45个第三方经营服务主体，全年完成还田面积2.9万公顷，累计施用有机肥105.1万吨。

林草资源保护和发展统筹推进。2022年造林411公顷，当年林木采伐量17.5万米^3，苗木产量3 402.3万株，林药种植5 553公顷，食用菌生产3 130万袋。林业总产值达8.24亿元。

渔业平稳发展。年末淡水养殖面积2.69万公顷，水产品产量1万吨，比上年增长2.1%。

（二）工业、建筑业平稳运行，总体回暖势头明显

工业经济平稳发展。2022年，集团实现工业增加值50.3亿元，比上年增长3.6%。从行业分类看，制造业增加值46.5亿元，占全部工业增加值的92.4%，其中，食品加工及食品制造业增加值42.2亿元，占比83.9%；电力、热力、燃气及水的生产和供应业增加值 3.8 亿元，占比 7.6%。

产业化经营水平稳步提升。截至 2022 年年末，集团拥有 5 户国家级和 6 户省级农业产业化龙头企业，其中，工业企业 7 户，贸易企业 4 户。2022 年集团粮食加工转化能力达 1 504.6 万吨，处理鲜奶能力 69.2 万吨（表 2）。

表 2　2022 年主要工业产品产量

产品名称	计量单位	产量	比上年增长（%）
小麦粉	万吨	41.4	324.9
大米	万吨	38.0	38.4
精制食用植物油	万吨	139.2	−9.9
豆粕	万吨	558.1	−16.4
淀粉	万吨	7.9	−23.6
乳制品	万吨	28.2	−4.0
其中：乳粉	万吨	3.7	17.7
液体乳	万吨	24.5	−6.5
软饮料	万吨	4.9	3.6
发电量	万千瓦·时	23 171.0	−32.0
热力	百亿千焦	1 394.2	−11.0

工业企业规模逐步提高。2022 年，集团工业企业实现营业总收入 897.5 亿元，比上年增长 25.2%，其中产业化龙头企业实现营业收入 839.6 亿元，比上年增长 32.1%；实现利润总额−3.7 亿元，比上年增亏 0.2 亿元，其中产业化龙头企业实现利润 1.6 亿元，增加 1.0 亿元，增长 213.1%。

建筑业稳步发展。2022 年集团实现建筑业总产值 50 亿元，比上年增长 11.5%，其中，在系统外完成产值 38.9 亿元，比上年增长 157.2%。单位工程施工 482 个，比上年增长 29.6%。其中当年新开工的单位工程施工 165 个，比上年减少 32 个。当年单位工程竣工 67 个，比上年减少 1 个。年内房屋建筑施工面积和竣工面积分别达 238.2 万米^2 和 7.7 万米^2，分别比上年下降 13.7%和比上年增长 54.4%。实现利润总额 1.27 亿元，增长 58.3%，资产总额 97.2 亿元，增长 25.6%。实现税金 1.5 亿元，下降 6.9%。

（三）国内贸易持续增长，积极融入国内循环

贸易规模快速扩大。2022 年，集团商品贸易量达 2 807.1 万吨，比上年增长 19.2%，实现商品贸易额 952.9 亿元，增长 31.4%，其中，粮食销售额 547.3 亿元，增长 42.5%；石油销售额 155.2 亿元，增长 30.7%；化肥销售额 64.5 亿元，增长 35.6%；种子销售额 20.3 亿元，增长 2.8%；其他商品销售额 165.6 亿元，增长 6.6%。实现对外贸易总额 45.0 亿美元，同比下降 5.3%。出口总额 0.6 亿美元，下降 1.7%；进口总额 44.4 亿美元，下降 5.4%。

招商引资和对外合作力度加大。全年签约合作项目 20 余个，引进外部投资约 20 亿元。持续推动高端智能农机装备生产基地项目、航天氢能浩化项目，推进与华大集团、华为集团、大北农集团、中国经济信息社、广州岭南商旅投资集团、广东农垦集团、中国机械工业集团、中国建筑集团、中国检验认证集团等单位的合作。

境外业务稳步开展。2022 年，集团在俄罗斯、澳大利亚、泰国、老挝、美国、新加坡 6 个国家和中国香港地区开展对外合作工作，对外投资主要集中在农业种植、土地租赁、农产品购销、农产品加工、贸易服务等领域。农业种植品种有大豆、玉米、水稻、大麦、小麦、油菜、燕麦 7 种作物，种植面积 3.1 万公顷，粮食产量 8.9 万吨；加工木薯淀粉 5 万吨。

二、产业体系持续优化，发展韧性不断增强

（一）结构调整稳步推进，发展动能持续蓄积

产业结构保持稳定。2022 年，在集团企业增加值中，一产增加值 456.8 亿元，比上年增长 6.4%；二产增加值 56.6 亿元，比上年增长 4.2%；三产增加值 119.8 亿元，比上年增长 9.2%。三次产业结构为 72.1∶8.9∶19.0，其中，第一产业比重上升 0.6 个百分点，第二产业比重下降 0.2 个百分点，第三产业比重上升 0.4 个百分点。

要素配置质效稳步提高。2022 年集团全要素生产率增长率 3.4%（图 3），比“十三五”期间全要素生产率年均（0.9%）高出 2.5 个百分点；全要素生产率贡献率 49.8%，达历史最高，比上年提高 2.2 个百分点，比“十三五”期间全要素生产率贡献率年均（24.5%）高出 25.3 个百分点。集团数字经济增加值占集团企业增加值比重达 16.76%，比上年提高 0.16 个百分点，其中，农业数字经济渗透率达 15.4%，工业数字经济渗透率达 28.41%，服务业数字经济渗透率达 16.3%。

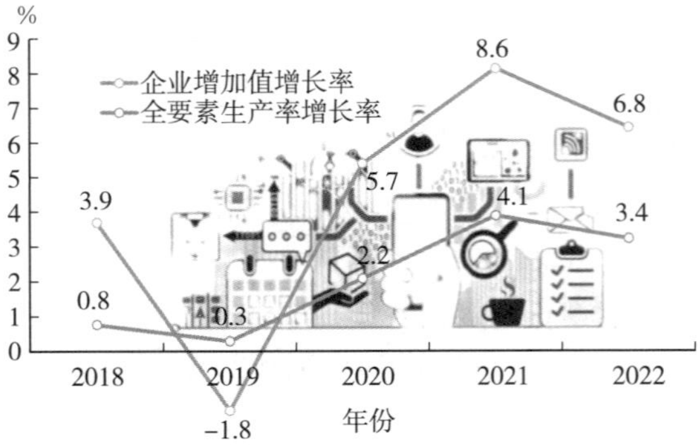

图 3　2018—2022 年企业增加值增长率和全要素生产率增长率情况

固定资产投资持续增长。2022 年，集团完成固定资产投资总额 105.6 亿元，比上年增长 14.6%（图 4）。从产业投向上看，第一产业完成投资 50.9 亿元，增长 15.5%，占 48.2%；第二产业完成投资 12.1 亿元，减少 14.1%，占 11.4%；第三产业完成投资 42.6 亿元，增长 25.5%，占 40.4%。从投资规模上看，500 万元及以上项目完成投资 62.9 亿元，增长 18.1%。宝泉岭分公司产业园区粮食仓储建设项目、三江平原青龙山灌区（农垦区）田间配套工程、北大荒（大湾区）生态产业城、黑龙江农垦建三江粮库有限责任公司粮食现代物流项目等重点亿元投资项目有序落地。

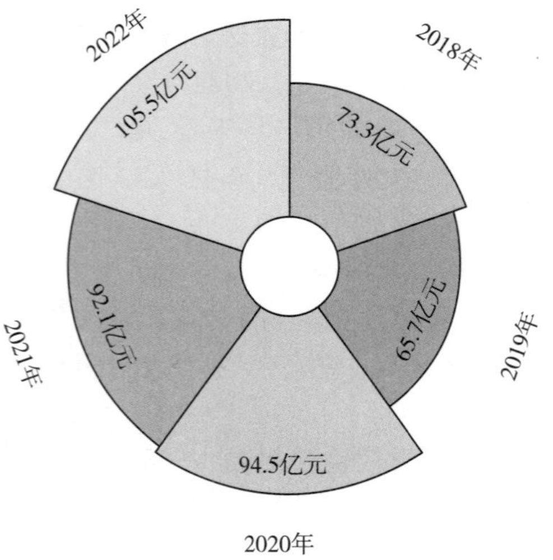

图 4　2018—2022 年固定资产投资完成额

（二）优化农业产供链条，探索现代三大体系

“双控”战略扎实推进。2022 年，集团大力推进农业投入品集团化运营监管的规范化、制度化、标准化水平提升，实现肥料集团化运营 104.94 万吨，种子集团化运营 270.6 万公顷，均实现全年目标的 100%，农药集团化运营 4 473 吨，占垦区农药总需求量的 44.73%。粮食统营推进有力。2022 年粮食经营年度（统计时期为 2021 年 10 月初至 2022 年 9 月末），集团统一销售粮食累计 1 391.5 万吨，粮食统营率达 63.6%，比上一粮食年度提高 41.4 个百分点，其中，销售水稻 768.2 万吨、玉米 503.8 万吨、大豆 105.5 万吨、其他粮食 14.0 万吨。

数字农服不断突破。着力打造“一站式”数字农服平台，提供农业一体化服务，“北大荒农服”App 注册用户已达 55.86 万人，功能涵盖土地承包、农贷助手、阳光保险、农业补贴、农机服务、精准气象、农产品电商、农地托管、投入品运营、成本效益分析 10 大板块，其中土地承包、农贷助手、农业补贴、精准气象、农产品电商实现垦区全覆盖。土地承包合同签订 23.37 万份，累计收费 235.9 亿元，基本农田完成验证 15 万余次。农贷助手累计完成线上农贷业务 1.66 万笔，贷款金额达 43.4 亿元。农机调度完成作业面积 5 440.4 万亩（次）。农业补贴完成线上发放 23.45 亿元，补贴受众达 27 万余人次。

区域农服快速发展。截至 2022 年年底，已在全国粮食生产优势区先后成立区域农业综合服务中心 23 个，区域农业综合服务中心正在全国范围内逐步铺开。2022 年开展农业现代化服务面积 5 270 万亩，带动小农户 350 万户，粮食增产 21.5 亿斤，增收 25.8 亿元，降低生产成本 1.1 亿元，节本增效 26.9 亿元。在农业生产托管过程中，根据当地实际农业生产条件，结合北大荒集团的种植技术，为每块地制定托管方案。全程托管土地与相邻的农民自种土地相比，产量和效益均有明显提升。在黑龙江省内，大豆普遍亩增产 50 斤以上、玉米亩增产 200 斤以上、水稻亩增产 120 斤以上；在黑龙江省外，小麦、玉米亩增产均在 100 斤以上，水稻、青稞亩增产均在 120 斤以上。

（三）营销体系不断强化，树立践行大食物观

持续推进构建大营销格局。全面统筹集团营销资源，推进“181”战略落地实施，加快形成以绿色智慧厨房为引领、产加销协同一体化的大营销格局，截至 2022 年年末，集团销售渠道总数 35 万个，快消品线下各渠道完成销售总收入 152.8 亿元，同比增长 11%；快消品线上电商渠道完成销售总收入 11.3 亿元，增长 20%。绿色智慧厨房加快落地。大力推进“181”战略落地实施，借助北

大荒·第二十二届中国美食节暨第七届中国（哈尔滨）国际西餐文化节，发布北大荒绿色智慧厨房榜单，涵盖8大品类76款产品，建立大米及白酒产品、糯米榜单，制定开展产品力提升行动计划，助力产品榜单的市场影响力和竞争力不断提高。

品牌价值逐年提升。2022年，北大荒集团“北大荒”“九三”“完达山”“丰缘”“建三江”“北国宝泉47度”“垦丰种业”“荒都”“亲民食品”九大品牌携手荣登“中国500最具价值品牌”排行榜，其中“北大荒”品牌价值达1 706.96亿元，2004—2022年，“北大荒”品牌价值增长了95.3倍，稳居中国农业第一品牌；“北大荒”品牌再次荣获“最受尊敬品牌大奖”和“中国品牌年度大奖农业NO.1”，“亲民食品”品牌再次荣获“中国品牌年度大奖有机食品NO.1”。各分公司结合地域特色打造“雁窝岛”“北国寒地”“九合美厨”“查哈阳大米”“十八里香”“和农场”等区域品牌，整合区域产品，聚力打造北大荒集团品牌矩阵。

三、全面贯彻新发展理念，构建优质和谐发展格局

（一）科技创新驱动增强，核心竞争力不断提高

基础设施夯实稳固。截至2022年年末，通信线路总长度约为23 628皮长公里，比上年增长2.3%，其中，光缆线路长度为23 523.5皮长公里，比上年增长2.3%；电缆线路长度为104.5皮长公里，比上年下降0.01%，集团分公司光缆线路敷设普及作业站1 034个，宽带普及作业站978个。互联网出口带宽629G，局用数字程控交换机容量155门，接入网语音设备容量302门，互联网固定宽带接入端口19 761个。其中，xDSL端口34个，LAN端口4 595个，FTTH/O端口15 132个。垦网固定电话用户拥有量180 334户，比上年同期增加1 990户，垦网固定电话普及率达35%；垦网固定宽带用户167 810户，比上年同期增加3 867户，垦网固定宽带普及率达32%。光纤接入占固定宽带用户总数的99%。北大荒云数据中心运行服务能力快速提升，拥有CPU3 910核心、内存20.79T、存储625.52T，承载集团智能协同办公平台、财务管理平台、土地承包管理系统、数字农服平台等多项集团核心管理和生产信息化系统。

研发投入力度加大。全年研究试验与发展经费支出9.7亿元，比上年增长59%，研发投入强度达0.5%，比上年提高0.14个百分点。大力推进黑龙江省第二批“揭榜挂帅”科技攻关项目的实施，开发了作物数字化生长模型、智慧农场开放创新平台、去雄作业无人机管控平台、马铃薯绿色智慧服务平台、遥感应用平台、灾害预测和智能灌溉调度等模型，研发1台智能巡田机器人，创建了人工估产模型。组织实施了水稻、大豆、玉米基因编辑技术，种质资源创新及新品种选育，黑土地保护关键技术研究与集成示范，寒地水稻和玉米秸秆综合利用技术研究与示范等重大科研课题17个。种业振兴有序推进。以突破种源、技术、品种“卡脖子”攻关为核心，以新品种产业化为目标，持续推动种业振兴。2022年，垦丰种业审定作物新品种9个，申请发明专利1项，成为唯一承担水稻强优势和玉米、大豆补短板3项任务的农业农村部“国家农作物种业阵型企业”。八五五农场、赵光农场和尖山农场经申请，重新认定为国家级大豆制种大县，八五三农场经申报成功，认定为国家级水稻制种大县。

数字农业快速发展。2022年，集团共有6个无人化智慧农场先行示范区，全年改装、优化各类无人驾驶农机176台（套），总量达418台（套），完成无人农机作业面积34.04万亩次。启动建设第二批数字农（牧）场试点10个，完成秧田管控、本田管控、自动灌溉软硬件建设，完成标准化格田改造190.5公顷，示范农业生产、经营、管理、服务数字化转型，核心示范面积达27.28万亩，形成一套可复制、可推广的数字农业集成应用解决方案。建设高端智能农机试验示范基地6个，总面积1 183公顷，已更新各类北斗智能终端设备69 199台（套）。推进农业精细化管理，建成农业、水利、畜牧、农机、农情等17套管理系统。以“数字赋能北大荒 万物智联大粮仓”为主题，以数字赋能农业全产业链为核心，亮相第五届数字中国建设峰会以及第四届世界5G大会。

（二）民生保障有力有效，乡村振兴共建共享

人口呈下降趋势。2022年，垦区年末总人口为139.0万人，比上年减少2.3万人，下降1.6%。其中，农场人口116.6万人，占总人口的83.9%。年末垦区户籍人口146.1万人，比上年减少0.8万人。

职工工资水平持续增长。年末从业人员48.2

万人，比上年下降 4.5%，全部在岗职工 23.2 万人，比上年下降 6.1%，其中，农林牧渔业在岗职工 17.1 万人，下降 6.1%。在岗职工平均工资为 45 747 元，比上年增长 8.2%，其中，农林牧渔业在岗职工平均工资 34 344 元，比上年增长 5.3%。

职工群众生活水平稳步提高。职工家庭人均可支配收入增速连续 7 年保持在 6%以上，2022 年达 32 234 元，比上年增长 7.3%（图 5）。其中，工资性收入 7 516 元，增长 7.8%；经营性净收入 16 368元，增长 7.0%；财产性净收入 579 元，增长 9.2%；转移性净收入 7 771 元，增长 6.2%。居民居住条件和环境进一步改善。年末，垦区居民住房面积达 4 799.8 万米^2，人均住房面积 35.6 米^2，增长 3.7%。

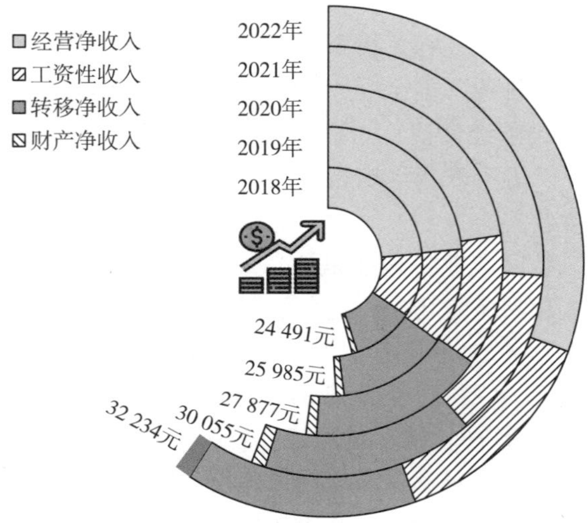

图 5　2018—2022 年职工家庭人均可支配收入变动情况

教育事业健康发展。年末垦区共有职业学校 4 所。其中，高职院校 1 所，在校生 1.77 万人，毕业生 0.62 万人；中等职业学校 3 所，在校生 0.2 万人。幼儿园 106 所。

医疗卫生保障体系不断完善。年末垦区共有医疗机构 123 家，其中，三级甲等医院 4 家，三级乙等医院 3 家，神经精神病防治院 1 家，二级医院 9 家，一级及未定级医疗机构 106 家，开放床位 1.1 万张，全力为职工群众以及属地居民提供优质的常见病、多发病等医疗服务和基本公共卫生服务。

公路交通保障巩固夯实。新开工农村公路项目 7 项 61 公里、危桥改造项目 28 座、生命安全防护工程 1 项，总投资 17 866 万元。结转 2021 年续建国、省道公路建设项目 1 项，农村公路建设项目 7 项、危桥改造项目 10 座，新开工涵改桥项目 19 座 349.9 延米。

社会保障平稳运行。截至 2022 年年末，垦区参加企业基本养老保险 95.4 万人，其中，参保缴费 42.0 万人，离退休人员 53.4 万人，全年养老保险基金支出 178.2 亿元（图 6）；参加机关事业养老保险 1.1 万人，其中参保缴费 0.95 万人，离退休人员 1.4 万人，全年养老保险基金支出 8.9 亿元；参加城乡居民社会养老保险 1.4 万人，其中享受待遇 0.83 万人。参加生育保险 27 万人。参加基本医疗保险 127 万人，其中参加职工医疗保险 75 万人；参加居民医疗保险 52 万人。全年医疗保险基金支出 20.4 亿元。参加失业保险 24.4 万人，全年失业基金支出 10 531.5 万元。参加工伤保险 27 万人，全年工伤保险基金支出 6 716 万元。

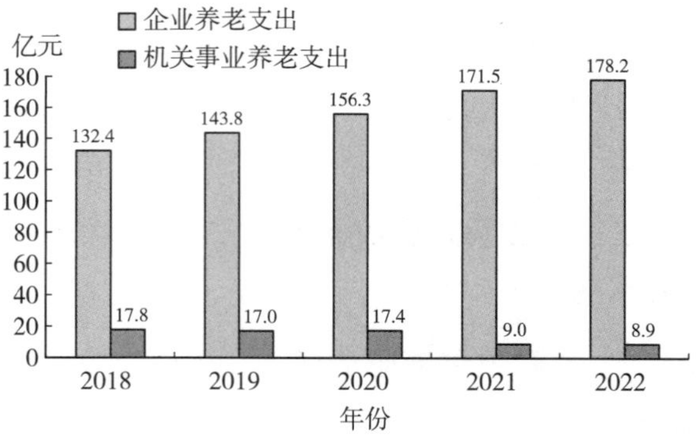

图 6　2018—2022 年垦区企事业养老支出情况

保险事业持续扩张。全年实现保费收入 41.37 亿元，同比增长 5.06%。农业保险保费收入 34.73 亿元，同比增长 8.97 %，其中，种植业保险保费收入 31.19 亿元，同比增长 7.04%，养殖业保险保费收入 3.54 亿元，同比增长 29.48%；财险保费收入 6.64 亿元。种植业保险（含林业险）承保面积 742.7 万公顷，同比增长 7.76%；养殖业保险承保数量 7 027.1 万头（只），同比增长 15.35%。全年赔付金额 22.06 亿元，同比下降 17.41%，其中农业保险赔付金额 17.05 亿元，同比下降 20.64%；受益农户 74.79 万户次。财产保险赔付金额 5.01 亿元，同比下降 4.18%。积极参与“龙江惠民保”项目，承保惠民 58.9 万人，保费破亿元。

（三）资源保护持续加强，生态农业蓬勃发展

资源环境保护成效持续巩固。2022 年年末，垦区共有各级各类自然保护地 17 个，总面积 54.06 万公顷，占垦区土地总面积的 9.8%。持续加强农业生态保护和人居环境治理工作。截至 2022 年，垦区累计建成国家级生态文明建设示范区 1 个，国家级生态局 9 个，国家级生态场 54 个；省级生态文明示范区 1 个，省级生态场 54 个，基本构筑起国家商品粮和农产品生态安全基地。

扎实推进落实黑土地保护。落实“长牙齿”的黑土地保护措施，秸秆还田率达 97.0%，实现绿色农药覆盖 160 万公顷，有机肥施用 28 万公顷。持续夯实水利基础设施，基本建成防洪、除涝、灌溉和水土保持四大水利工程体系，有效灌溉面积 158.3 万公顷，占耕地面积的 51%；完成沟渠改造 883.62 公里，地表水未达效完成整改 7.1 万公顷。

注释：

[1] 集团企业增加值、各产业和行业企业增加值及其构成项目绝对数按现价计算，增长速度按可比价格计算。

[2] 报告数据为初步统计数据，最终数据以《2023 年北大荒农垦集团统计年鉴》为准。

上海农垦2022年经济发展统计公报

光明食品（集团）有限公司

2022年，光明食品集团坚定落实“让上海市民离不开光明”的战略任务，围绕构造“产业＋服务”融合共生生态圈理念，积极构建光明“4＋6＋2”产业和管理体系，实现集团高质量发展，真正做到“新的一天从光明开始”。

一、综合

2022年，光明食品集团全年实现增加值229.0亿元，比上年下降5.8%。其中，第一产业增加值19.5亿元，比上年上升11.4%，占总增加值的8.5%；第二产业增加值111.3亿元，比上年下降3.9%，占总增加值的48.6%，其中，工业增加值108.4亿元，建筑业增加值2.9亿元；第三产业增加值98.2亿元，比上年下降10.6%，占总增加值的42.9%。

2022年，光明食品集团工农业总产值（按现行价计算）446.6亿元，比上年增长0.2%。全年完成工农业出口商品额7.5亿元，比上年下降1.3%。其中，工业出口5.9亿元，比上年增长7.3%；农业出口1.6亿元，比上年下降23.8%。

2022年，光明食品集团固定资产投资完成额39.1亿元，与上年持平。

2022年，光明食品集团年末从业人员8.4万人，比上年下降12.5%。

二、第一产业

2022年，光明食品集团积极应对自然灾害与市场冲击，始终鼓励农业创新，不断优化产业结构，稳步推进农业高质量可持续发展。

2022年完成农业总产值83.6亿元，与上年持平。其中，种植业16.6亿元，比上年下降4.6%；林业0.5亿元，比上年增长25%；畜牧业40.8亿元，比上年增长4.6%；渔业24.8亿元，比上年增长10.2%。

2022年，种植业生产情况：粮食播种面积34 770.9公顷，比上年增长13.5%，粮食总产量25.6万吨，比上年增长6%；蔬菜及食用菌产量23.8万吨，比上年增长3.5%；西甜瓜产量3.1万吨，比上年下降1.8%；鲜切花669.8万枝；盆栽花卉607.9万盆；草坪销售量20.6万米^2。

2022年，畜牧业生产情况：生猪、禽蛋均因受市场影响而有所下降，生奶产量实现较大增长。全年牛奶产量51.5万吨，比上年增长12.9%；生猪上市量62.3万头，比上年下降7.6%；家禽上市量43.6万只，比上年增长4.5%；禽蛋产量0.9万吨，比上年下降25%；肉鸽上市量33.3万羽，与上年持平。

全年水产品产量17.3万吨，比上年下降3.9%，其中，远洋捕捞13.1万吨，淡水养殖4.2万吨。

三、第二产业

2022年，光明食品集团持续聚焦农副食品加工业发展，消费品类多样，顺应新冠疫情后市民消费需求变化，大幅提升了大米和冷冻水产品产量。

2022年，全年完成工业总产值363亿元，与上年基本持平，工业销售产值363.5亿元，比上年下降2.7%，产销率100.1%。大中型企业总产值295亿元，占81%；农副食品加工业、食品制造业和饮料制造业企业总产值344.7亿元，占总产值的95%。

全年工业企业，亿元以上工业产值的主要食品产量见表1。

表1　亿元以上工业产值的主要食品产值

产品名称	计算单位	产量	比上年增长（%）
小麦粉	吨	220 873	−24.1
大米	吨	189 017	18.3
精制食用植物油	吨	57 267	−22.9

（续）

产品名称	计算单位	产量	比上年增长（%）
成品糖	吨	1 596 423	5.2
鲜、冷藏肉	吨	123 410	−7.4
冷冻水产品	吨	10 806	15.5
糖果	吨	29 328	−4.5
乳制品	吨	1 324 605	−3.0
其中：液体乳	吨	1 316 940	−2.2
罐头	吨	62 101	−0.5
其中：畜肉类罐头	吨	40 955	2.5
蜂蜜营养制品	吨	8 961	−11.5
冷冻饮品	吨	20 449	−0.3
饮料酒	千升	77 172	−0.8
软饮料	吨	93 477	−5.1

建筑业生产情况：全年完成建筑业施工产值24亿元；比上年增长51.9%。施工面积1 035万米^2；竣工面积58.4万米^2。

四、第三产业

2022年，新冠疫情对第三产业的影响依旧持续，除出租车营运方面有一定提升外，批发零售业、房地产业等均呈下降趋势。

2022年年末，批发零售贸易业的营业网点有2 221个，比上年下降7%，营业面积43.5万米^2，比上年同期下降6.3%。

营运的出租车辆6 512辆，比上年增长3.6%。

全年房地产销售面积70.6万米^2，比上年下降52.3%；销售额67.6亿元，比上年下降66.2%。

五、固定资产投资

2022年，光明食品集团完成固定资产投资39.1亿元，比上年下降0.2%，其中当年完成投资5 000万元以上项目占25.5%，比上年下降36%。固定资产投资总额中，第一产业12.9亿元，比上年增长103.3%；第二产业13.3亿元，比上年下降18%；第三产业12.9亿元，比上年下降22.3%。一、二、三产业的投资比重分别为33%、34%和33%。2022年新增固定资产33.5亿元。

六、职工和工资

2022年，光明食品集团年末从业人员8.4万人，比上年下降19.2%。其中，第一产业1.0万人，第二产业3.7万人，第三产业3.7万人。一、二、三产业的从业人员比重分别为12%、44%和44%。第三产业中批发和零售业的从业人员2.2万人，占全部从业人员的26.2%。

2022年，从业人员年平均报酬134 277元，比上年增长13.7%。

注释：

[1] 公报中提到的增加值按现行价格计算。

[2] 公报中的统计数据口径是集团控股企业财务合并、事业单位和控股财务不合并的单位。

江苏农垦2022年经济发展统计公报

江苏省农垦集团有限公司

2022年，集团上下全面贯彻习近平新时代中国特色社会主义思想，认真落实省委、省政府决策部署和省国资委工作要求，坚持稳字当头、稳中求进，统筹疫情防控和经济社会发展，有力、有序推进改革发展各项工作，经济运行平稳健康、质态良好。

一、综合

2022年，垦区实现生产总值227.75亿元，比上年增长2.93%。其中，第一产业增加值28.77亿元，比上年增长6.12%；第二产业增加值136.30亿元，比上年下降0.07%；第三产业增加值62.68亿元，比上年增长8.54%。三次产业比重为12.63：59.85：27.52。人均生产总值净增加2 852元，达123 446元，比上年增长2.36%。

集团全年实现营业收入436.84亿元、增长9.07%，利润总额73.12亿元、增长6.88%，净利润65.09亿元、增长11.22%，经济增加值46.19亿元、增长10.56%，净资产收益率13.53%，利润总额和净利润连续5年位居全国农垦首位和省属企业前列。截至2022年年末，集团资产总额649.53亿元（不含土地），资产负债率44.73%，主体信用保持AAA级。

二、现代农业提质增效

稳产保供显担当。集团党委首次与相关单位党组织和部门签订粮食（油料）安全责任状，压实粮食（油料）安全责任，全年粮食总产25.1亿斤，建垦以来小麦平均单产第4次超1 000斤，水稻平均单产第6次超1 200斤。临海分公司郑麦1860高产攻关田经专家实测，亩产1 626.2斤，为全省最高；淮海分公司小麦平均单产1 540斤，创建制单位小麦单产最高纪录。啤酒大麦单产1 102斤，单产、质量均处历史较高水平。油菜单产508斤，较上年增产105斤。圆满完成省委、省政府下达的10万亩玉米大豆带状复合种植重大专项任务，玉米、大豆单产分别为763斤、126斤，其中岗埠分公司的玉米、大豆单产分别达817斤、146斤。大华种业销售各类农作物种子48.07万吨，苏垦米业经营各类粮食147.6万吨、加工稻谷44.3万吨、生产大米30.23万吨，金太阳粮油销售各类食用油30余万吨，东旺公司生产鲜奶4.5万吨，东辛水产公司、金鲤渔业公司鱼虾总产3万吨，东米公司出栏肉鸡1 000万只，新曹玉谷草鸡蛋销量超400吨。

质量管控出实招。苏垦农发获批全国名特优新农产品全程质量控制高质高效试点，为全国第二家、江苏首家整建制获批的企业。苏垦农产品质量安全App控制系统获国家版权局软件著作权登记证书。质量可追溯粮食作物面积超200万亩，完成“欧盟—国标”有机基地续认证3 500亩。落实药肥双减，本部纯氮、农药亩均用量分别同比下降5.52%、2.38%。加强作物收割质量检查，水稻等作物收割损失较常年下降0.2～0.5个百分点。麦芽公司销售高端麦芽4.88万吨，获评2022年度“江苏省省长质量奖”，通过省工业企业质量信用等级AAA审定。

科技创新再突破。5个小麦品种、1个玉米品种通过国家审定，数量创历史新高，其中，华麦11号是大华种业自主选育的首个通过国家审定的优质多抗春性小麦品种，大华1870成为江苏农垦首个通过国家审定的玉米品种。1个水稻品种、2个玉米品种通过江苏省审定，1个小麦品种获植物新品种权。弶港分公司瓜果通过全国“零碳农产品”认证，成为江苏首批通过认证的5家试点企业之一。

主要农产品产量见表1。

表1　主要农产品产量

产品名称	产量（万吨）	比上年增长（%）
稻谷	60.53	－6.47
小麦	53.18	－2.38

牲畜年末存栏总数及主要畜产品产量见表2。

表2　牲畜年末存栏数、出栏数及主要畜产品产量

牲畜种类/畜产品	计量单位	存栏数/产量	比上年增长（%）
肉类（总产量）	万吨	5.0	6.38
其中：猪、牛、羊肉	万吨	0.97	7.78
禽肉	万吨	4.03	6.05
生猪（存栏）	万头	6.73	－0.15
牛（存栏）	万头	1.87	49.60
羊（存栏）	万只	1.52	12.59
家禽（存栏）	万只	289.67	－23.24
肉猪（出栏）	万头	9.88	5.89
禽蛋（产量）	吨	18 102	－17.23
牛奶（产量）	吨	54 461	56.37

三、工业和建筑业

2022年，垦区拥有工业企业307个，其中规模以上60个。全年实现工业总产值（现行价）385.09亿元，比上年增长10.56%。产品销售收入384.94亿元，比上年增长18.68%。

正大天晴荣登中国药品研发综合实力排行榜第2位、中国化药研发实力排行榜第2位。苏垦米业入选全国放心粮油示范工程第十一批示范企业，获评第十一届中国粮油榜“中国十佳粮油优质特色产品”，并荣获“粮安中国突出贡献奖”。

建筑业平稳发展。2022年建筑业实现产值222 482万元，比上年增长4.71%；实现增加值75 321万元，比上年增长1.47%；实现利润总额21 356万元，比上年增长2.4%；上缴税金8 442万元，比上年增长19.39%。

四、第三产业

通宇公司灵活调整营销策略，精准锁定高净值客户，强化商品房销售，制药板块持续加强研发与营销投入，收入、利润均有增长。苏舜公司坚持聚焦主业高质量发展，立足“四个平台”持续发力，全面实施精细化管理，营收同比增长27%，减亏700万元。物管公司构建物业管理、餐饮服务、农副产品贸易三业并行新格局，亿元企业建设稳步推进。工程项目公司发挥专业团队优势，积极推动垦区项目管理水平提高。金属公司克服重重困难，加大应收款回收力度，严格风险管控。兴垦科技公司“育、种、推”一体化现代农业产业园区建设有起色、有突破。

2022年，垦区第三产业完成营业收入159.89亿元，比上年增长1.04%。其中，批发零售贸易业101.32亿元，比上年增长2.85%；餐饮业7.23亿元，比上年增长7.75%；服务业51.34亿元，比上年下降3.19%。

五、固定资产投资

按照省委、省政府决策部署，推动组建省种业集团。着眼江苏农垦未来发展布局，与中粮集团成立合资公司，参与竞拍粮油项目资产。对苏舜公司、和垦新能源公司分别增资3亿元、1.09亿元，支持企业持续健康发展。规范实施苏垦农发收购苏垦麦芽项目，变更苏垦农发募集资金投向，实施百万亩农田改造、大华种业改扩建、苏垦米业改扩建项目。投资公司围绕现代农业主线，参股投资农化、农机项目。

东辛万头奶牛生态牧场被列为江苏省重大项目，实现垦区省重大项目零的突破，首批进口奶牛已进场，数字智慧化牧场项目被列入智慧江苏重点工程。垦区首次获批省级现代农业产业高质量发展示范园，完成建设方案编制。启动江苏农垦现代农业评价指标体系建设和农业信息化系统建设项目。苏垦现代农业研究院科研基地（淮安）项目完成综合研发楼总体规划和设计方案，苏垦农发智慧农业科技园项目有序推进，东辛、白马湖制种基地县建设项目加快实施。制定垦区高标准农田建设10年规划，2020年度新洋高标准农田建设项目入选全省首批高标准农田示范项目。东辛、新曹实施鸡场扩建项目，提升养殖产能。云台农场公司抓住园博园建设契机，合作打造江苏农垦现代农业科技园。通宇公司7个在建项目基本完成目标进度。清能公司建成3个分布式光伏项目，均达到并网发电预期目标。积极推进通途、金象“双转”等项目。

2022年完成固定资产投资42.79亿元，较上年增长12.34%。其中，基本建设投资完成33.94

亿元，占固定资产总投资的79.32%。在整个固定资产投资中，生产性固定资产完成34.76亿元，占整个固定资产总投资的81.23%。

在全部固定投资中，第一产业投资完成7.06亿元，第二产业投资完成9.25亿元，第三产业投资完成26.48亿元，分别占总投资的16.5%、21.62%、61.88%。在全部固定资产投资中，国有固定资产投资完成40.99亿元，占整个固定投资的95.79%。

六、科技

2022年，全垦区共有各级各类科技专业技术人员1 540人。全年投入科研经费428 367万元。

七、人口和职工收入

2022年，全垦区总人口183 129人。其中，农场人口153 995人。全垦区人口出生率3.96‰，人口死亡率9.51‰，人口自然增长率为负5.55‰。2022年，全系统平均社会从业人员79 438人，其中，第一产业17 199人，第二产业31 520人，第三产业30 719人，分别占全部从业人数的21.65%、39.68%、38.67%。职工收入继续提高，2022年全垦区职工全年平均收入105 649元，同口径比上年增长10.88%。2022年垦区农场居民人均纯收入39 742元，同口径比上年增长5.8%。

八、非国有经济

2022年，全垦区非国有增加值714 924万元，比上年下降5.34%，其中，第一产业增加值98 006万元，比上年下降22.36%；第二产业增加值295 467万元，比上年增长1.33%；第三产业增加值321 451万元，比上年下降4.14%。三次产业比重为13.71∶41.33∶44.96。年末非国有经营单位13 931个。其中，私营企业1 104个，个体经济12 824个。从业人员54 099人，其中，第一产业10 424人，第二产业18 678人，第三产业24 997人。从业人员收入总额396 556万元。全年共实现利税246 760万元，其中，利润204 771万元。2022年非国有经济完成固定资产投资额17 957万元。

浙江农垦2022年经济发展统计公报

浙江省国有农场管理总站

2022年，浙江垦区深入贯彻落实中央和省委农垦改革和发展相关文件精神，压实主体责任，强化推进举措，创新体制机制，按照浙江省打造国有农场“四个基地”（即现代农业示范基地、农业科技试验基地、优质农产品生产基地、红色精神传承基地）的要求，聚焦提升农场综合生产能力和农场民生改善，加快推进省级示范性现代国有农场创建，全省国有农场经济社会发展稳中有进，农场社区和谐稳定。坚决贯彻落实厅党组决策部署，以新时代浙江“三农”工作“369”行动为指引，聚焦数字化改革、农业“双强”、共同富裕，突出主责主线，狠抓实绩实效，扎实推进各项中心工作齐头并进。截至2022年年底，创建省级示范性现代国有农场2个、完成欠发达国有农场巩固提升项目3个。

一、基本情况

截至2022年年底，全省共有定点国有农场86个，同比减少1个，原因为国有企业兼并重组撤销退出。列入农垦综合统计目录的国有农场80家，与上年保持一致。土地总面积15 098公顷，总人口3.5万人，年末从业人员2 889人，实现一、二、三产业增加值2.96亿元，其中，第一产业增加值2.02亿元，第二产业增加值0.51亿元；第三产业增加值0.43亿元。

二、第一产业

全年实现农林牧渔业总产值48 993万元，比上年降低8.9%。其中，农业产值18 364万元，林业产值2 070万元，牧业产值21 300万元，渔业产值5 942万元，农林牧渔专业及辅助性活动产值1 318万元。

全年农作物播种面积3 457公顷，同比略增，其中粮食作物播种面积1 191公顷，总产量9 217吨，单产7 737公斤/公顷；蔬菜、瓜果种植面积1 614公顷，产量46 676吨；水果种植面积398公顷，产量5 263吨；茶叶种植面积1 146公顷，产量2 867吨。

全年造林面积235公顷，主要为特种用材林180公顷；年末育苗面积32公顷，幼林抚育面积4公顷；成林辅育面积183公顷。

畜牧业养殖方面，生猪养殖规模有较大幅度下降，年末生猪存栏5.53万头，同比下降17.3%，其中能繁母猪0.46万头。年内出栏15.9万头，猪肉产量1.4万吨。年末家禽8.8万只，禽肉产量192吨。

水产品总产量3 150吨，同比下降11.8%，其中，海水产品产量1 219吨，淡水产品产量1 931吨。

三、工业和第三产业

全年工业总产值1.84亿元，下降10.35%。主要产品包括软饮料292吨、精制茶42吨、家具260件、塑料制品521吨等。

第三产业增加值主要来自租赁和商务服务业及批发零售业等。批发零售、餐饮、服务业全年实现销售总额4 241万元。

四、固定资产投资

全年完成固定资产投资7 898万元，其中85%来源是国有经济单位。第一产业是投资的主要方向，投资达7 830万元，资金主要来源是国家预算内资金及自筹资金。

五、对外经济

全年出口供货商品总金额120万元，主要为茶叶42吨。

六、人民生活和社会保障情况

全省农场居民人均可支配收入达41 250元，比上年略增。年末从业人员2 889人，其中，第一产业 1 867 人，第二产业 427 人，第三产业 595 人，职工平均工资 6.9 万元。

2022 年，浙江垦区以全国“两个先行”试验区建设工作要求为驱动，以示范样板建设为载体，推动国有农场改革发展。一是示范效应逐步显现。聚焦农业“双强”，特别是种业振兴，以示范性现代国有农场建设和欠发达国有农场巩固提升项目为主要抓手，奋力打造“四个基地”。2022 年争取中央乡村振兴衔接资金 943 万元，组织实施欠发达国有农场巩固提升项目 3 个，同步启动创建省级示范性现代国有农场 2 个。全省重点建设国有农场基础设施显著提升，造血功能逐步增强，整体风貌明显改善，特色主导产业加快发展，辐射带动作用进一步显现。二是项目管理持续规范。召开全省国有农场高质量发展现场推进会，组织开展项目实施方案专家论证会和工程创建“回头看”行动，委托会计师事务所开展第三方专项审计。同时加大评价结果应用，进一步完善规范相关程序，切实加强项目调度和指导服务。在中央乡村振兴衔接资金绩效评价考核结果中，浙江省欠发达国有农场巩固提升获评 A 等次。三是安全底线进一步夯实。压紧压实国有农场安全生产责任，开展防汛防台安全生产隐患专项排查，完善农场山塘水库安全生产责任制。2022 年国有农场排查发现隐患点 266 个，下发督促整改函 10 个，逐场逐点全面完成督导整改。

安徽农垦2022年经济发展统计公报

安徽省农垦集团有限公司

2022年是党的二十大召开之年，是“十四五”规划的关键之年，是进入全面建设社会主义现代化国家、向第二个百年奋斗目标进军新征程的重要一年。在省委、省政府和省国资委的正确领导下，农垦集团坚持以习近平新时代中国特色社会主义思想为指导，深入学习贯彻党的二十大精神。面对疫情影响、房地产下行、持续高温干旱等多重不利因素的冲击，集团上下全面落实“疫情要防住、经济要稳住、发展要安全”的重要要求，扛住压力、突破阻力、激发活力，全面落实省委、省政府及省国资委部署，取得了稳中有进位、稳中有新高、稳中有突破的喜人成绩。集团公司实现营业收入57.8亿元、利润总额4.58亿元，均创历史新高，同比分别增长14.23%、10.63%，顺利完成全年目标任务。

一、主要经济指标完成情况

安徽农垦实现生产总值34.93亿元，比上年增长4.9%。其中，第一产业增加值15.75亿元，增长7.26%；第二产业增加值6.14亿元，增长4.64%；第三产业增加值13.04亿元，增长2.50%。农林牧渔业总产值27.29亿元，比上年增长6.95%。其中，农业总产值20.02亿元，比上年增长8.92%；林业产值0.41亿元，比上年增长0.45%；牧业产值2.79亿元，比上年下降12.53%；渔业产值2.71亿元，比上年下降4.05%；农林牧渔业专业及辅助性活动产值1.36亿元，比上年增长90.88%。

二、第一产业主要指标

全年农作物播种面积50 929.23公顷，比上年增长1.91%。其中，稻谷播种面积17 629.07公顷，比上年下降5.11%；小麦播种面积19 680.68公顷，比上年下降0.92%；玉米播种面积1 052.97公顷，比上年增长4.59%；高粱播种面积2 405.45公顷，比上年增长58.47%；大豆播种面积6 656.17公顷，比上年增长12.35%；杂豆播种面积1.88公顷，比上年下降11.74%；薯类播种面积64.97公顷，比上年下降4.39%；花生播种面积136.46公顷，比上年下降37.58%；油菜籽播种面积785.37公顷，比上年增长252.63%；芝麻播种面积28.40公顷，比上年增长56.91%；棉花播种面积31公顷，比上年增长2.55%；蔬菜、瓜果播种面积1 912.49公顷，比上年增长3.13%。药材类播种面积12.07公顷，比上年下降68.51%；其他作物播种面积478.82公顷，比上年下降23.9%。

粮食产量33.14万吨，比上年下降3.64%，主要原因是去除了农场流转及托管土地部分的产量。其中，小麦13.75万吨，比上年下降0.04%；水稻15.93万吨，比上年下降10.04%；大豆1.75万吨，比上年增长10.2%。粮食亩产465.2公斤，比上年下降4.71%。其中，小麦亩产465.6公斤，比上年增长0.88%；水稻602.27公斤，比上年下降5.19%；大豆175.33公斤，比上年下降1.91%。油料产量2 737.59吨，比上年增长121.08%。茶叶产量1.54万吨，比上年增长9.66%。园林水果产量4.26万吨，比上年下降1.84%。

畜牧业、渔业方面，肉类总产量0.93万吨，比上年下降24.43%。其中，猪肉产量0.26万吨，比上年下降55.24%；牛肉产量0.04万吨，比上年增长0.77%；羊肉产量0.03万吨，比上年增长2.02%。禽蛋产量0.5万吨，比上年增长4.5%。水产品产量1.38万吨，比上年下降3.51%。

三、第二产业主要指标

第二产业主要指标数据见表1。

表 1　第二产业主要指标

指标名称	计量单位	2022 年	2021 年	增长率（%）	指标名称	计量单位	2022 年	2021 年	增长率（%）
工业企业数	个	146	149	−2.01	建筑企业数	个	129	127	1.57
工业总产值	亿元	32.72	33.79	−3.17	建筑业总产值	亿元	6.23	11.13	−44.03
其中：国有部分	亿元	5.57	7.16	−22.21	其中：国有部分	亿元	4.47	9.54	−53.14

建筑业数据变化过大的主要原因是承接了土地复垦复建项目和绿化项目，土地复垦复建项目和绿化项目具有施工面积大但产值小的特性。

四、第三产业主要指标

第三产业主要指标数据见表 2。

表 2　第三产业主要指标

指标名称	计量单位	2022 年	2021 年	增长率（%）	指标名称	计量单位	2022 年	2021 年	增长率（%）
交通运输业营业收入	亿元	0.96	0.99	−3.03	交通运输业企业数	个	450	482	−6.64
批发零售业营业收入	亿元	10.61	13.81	−23.17	批发零售业企业数	个	1 725	1 742	−0.98
其中：国有部分	亿元	1.13	0.85	32.94	其中：国有部分	个	5	5	0
餐饮业营业收入	亿元	2.57	2.71	−5.17	餐饮业企业个数	个	519	526	−1.33
其中：国有部分	亿元	0.77	0.92	−16.30	其中：国有部分	个	3	3	0
其他服务业营业收入	亿元	2.23	2.34	−4.70	其他服务业企业数	个	742	770	−3.64
其中：国有部分	亿元	0.93	1.04	−10.58	其中：国有部分	个	10	10	0

批发零售业、住宿餐饮业主动适应市场消费变化，及时调整经营模式，在疫情形势严峻的情况下，仍然实现增长。农产品公司加强营销推广，通过团购、企业合作、增加门店等多种途径积极拓展市场，营收实现突破。皖垦资本运营公司持续优化投资结构，安徽垦建合作发展股权投资基金项目启动实施，实现营业收入 7 530 万元、利润总额 4 195万元，同比分别增长 2.1 %和 7.4%。坚持产业与资本双轮驱动，新增授信额度约 10 亿元，成功发行 10 亿元乡村振兴超短期融资券和中期票据，争取优惠贷款额度 19.5 亿元，有力保障了集团发展的资金需求。

五、固定资产情况

全年固定资产投资总额 6.76 亿元，比上年增长 10.69%。其中，第一产业投资总额 4.34 亿元，比上年下降 4.83%；第二产业投资总额 1.96 亿元，比上年增长 62.72%；第三产业投资总额 0.46，比上年增长 34.35%。

2022 年新增固定资产 3.36 亿元，比上年下降 18.84%。其中国有新增固定资产 2.83 亿元，比上年下降 26.36%。

六、人口及从业人员情况

人口、从业人员主要指标数据见表 3。

表 3　人口、从业人员主要指标

指标名称	计量单位	2022 年	2021 年	增长率（%）	指标名称	计量单位	2022 年	2021 年	增长率（%）
垦区年末总人口	万人	12.52	12.09	3.56	职工年末人数	万人	1.44	1.58	−8.86
年末社会从业人员	万人	4.48	5.05	−11.29	其中：在岗职工人数	万人	1.43	1.56	−8.33
其中：第一产业	万人	2.61	2.78	−6.12	职工工资总额	亿元	9.49	8.95	6.03

（续）

指标名称	计量单位	2022年	2021年	增长率（%）	指标名称	计量单位	2022年	2021年	增长率（%）
第二产业	万人	0.69	1.04	－33.65	其中：在岗职工工资总额	亿元	9.11	7.10	28.31
第三产业	万人	1.18	1.24	－4.84					

七、农垦科研情况

2022年垦区科技人员139人，比上年增长12.1%。研究与试验发展经费0.35亿元，比上年增长28.28%。安徽农垦推行科技强农，逐步建立农业科技投入稳定增长机制。加强与省内外科研机构合作，深入谋划农业科技创新项目，推动解决麦稻周年均衡增产中的茬口衔接、病虫草害绿色防控、抗灾生产等突出问题，促进科技成果转化，助推农业高质量发展。

福建农垦2022年经济发展统计公报

福建省农业农村厅农垦处

2022年，福建省农垦系统按照党中央和省委、省政府以及部局和厅里的工作要求，结合福建农垦实际，发改联动、产业融合、多措并举，垦区发展质量稳步提升，农场职工生活福祉持续增进，各项社会事业全面发展，生态环境质量总体改善。2022年，农垦处主动加压突破，狠抓粮食生产任务，推进改革、发展、稳定3项重点工作（1+3），取得了较好成效，1个典型经验在全国会议上作典型发言，3个经验做法得到农业农村部农垦局刊用推广。

一、综合

全省农垦系统有农场110个。土地总面积80.3千公顷，比上年下降3.01%，耕地面积6.69千公顷，比上年下降3.58%。

全省农垦系统总人口18.86万人，比上年下降1.06%。全垦区完成国民生产总值40.51亿元，同比增长7.4%（未扣除价格因素，下同）（图1）。其中，第一产业增加值13.75亿元，下降2.14%；第二产业增加值17.11亿元，增长20.86%，增幅较大的主要原因为厦门大帽山农场新增就业人员以及漳州程溪农场新增厂房、设备和技改投入；第三产业增加值9.65亿元，增长1.47%。一、二、三产的比例为34∶42∶24，与上年相比，第一产业占比减少较多，第二产业占比显著增加，第三产业占比略有增加（图2）。居民人均可支配收入18 269.23元，同比增长2.91%；住房面积762.09万米²，增长2.48%，人均住房面积40.4米²。

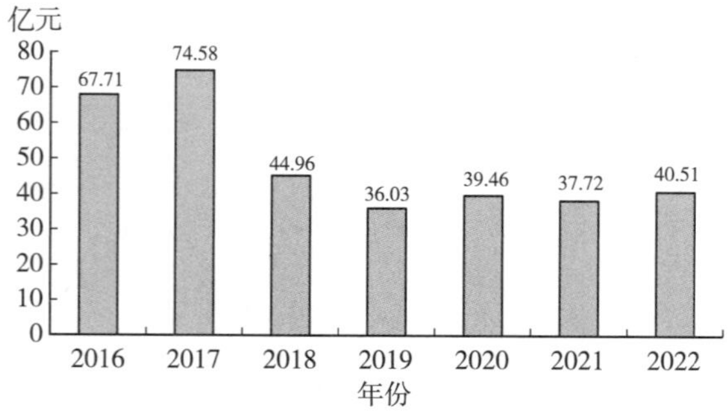

图1　2016—2022年福建垦区生产总值

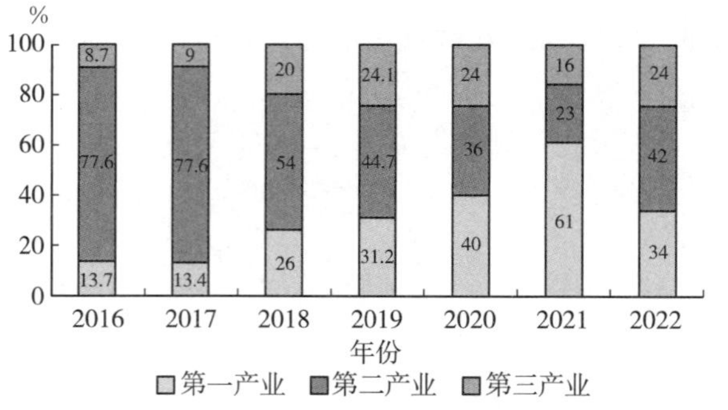

图2　2016—2022年生产总值中三产占比情况

二、农业

农业总产值11.82亿元，比上年增长0.3%。农、林、牧、渔和其他的结构为47∶4∶37∶10∶2。农业产业结构有所改善，需进一步调整优化农业结构，提高农业发展质量和效益。

全年农作物总播种面积12.57千公顷，同比下降1.57%。其中，粮食种植面积6.49千公顷，同比下降0.84%，总产量3.71万吨，同比下降0.37%；油料种植面积0.98千公顷，同比下降4.41%，产量0.25万吨，同比下降6.11%；蔬菜、瓜类种植面积4.27千公顷，同比下降2.11%，产量7.54万吨，同比下降3.42%；茶叶种植面积6.72千公顷，同比增长1.25%，产量0.65万吨，同比增长3.13%；水果种植面积9.12千公顷，同比增长2.7%，产量14.02万吨，同比增长2.61%（表1）。

积极响应福建省生态文明先行示范区建设，切实抓好造林绿化和森林经营工作。全垦区有林地总面积41.91千公顷，同比下降0.38%。森林覆盖率达57.66%。

2022年肉类总产量2.28万吨，同比下降2.32%。其中，猪肉产量1.61万吨，同比下降

5.24%；禽肉产量 0.52 万吨，同比增长 1.66%。蛋类产量 0.42 万吨，同比增长 3.06%。

表 1　2022 年主要农产品播种面积及产量

产品名称	播种面积		产量	
	数量（公顷）	比上年增长（%）	数量（吨）	比上年增长（%）
农作物（总计）	12 569.03	−1.57		
粮食作物	6 493.03	−0.84	37 086.69	−0.37
其中：稻谷	3 992.58	−3.00	27 431.09	−2.20
油料	977.00	−4.41	2 493.52	−6.11
其中：花生	835.62	−5.12	2 279.53	−6.65
蔬菜、瓜类	4 266.25	−2.11	75 390.62	−3.42
茶叶	6 720.83	1.25	6 497.66	3.13
水果	9 120.01	2.70	140 213.37	2.61

渔业生产方面，全年水产品总产量 1.55 万吨，同比增长 0.41%，其中淡水水产品产量 1.46 万吨，占全年总产量 94.19%，比上年同比下降 0.58%。养殖面积 1.19 千公顷，同比增长 18.24%。

受农作物种植面积减少影响，年末全垦区拥有农业机械总动力 3.1 万千瓦，同比下降 0.44%；其中柴油发动机动力 1.80 万千瓦，同比增长 0.33%。全省垦区机耕面积 4.52 千公顷，同比增长 0.38%。农药施用量 567.22 吨，同比下降 0.94%；测土配方施肥面积 208.3 公顷，同比增长 0.48%。

三、第二产业

工业方面，部分比重大的企业实行社企分离，企业和土地归入地方政府统一管理，对总体影响较大。全年工业企业 305 个，总产值 41.05 亿元，同比增长 5.12%。规模以上工业企业全年实现产值 30.13 亿元，占工业总产值的 73.4%，实现利润 1.51 亿元。主要产品产量见表 2。

表 2　2022 年主要工业产品产量

产品名称	计量单位	产量	比上年增长（%）
大米	吨	4 463	−0.38
饮料酒	千升	6 381	6.22
精制茶	吨	4 678.64	1.66
布	万米	1 150	−8.00
皮革鞋靴	万双	558	0
砖	万块	5 353	−28.41
发电量	万千瓦·时	10 032	6.54
自来水生产量	万米^3	189	0.16

四、第三产业

第三产业全年增加值达 9.65 亿元，同比下降 1.47%，占国民生产总值比重达 24%，略有增加。

运输业发展基本与上年持平。全年营业总收入 1.65 亿元，同比下降 0.66%，其中货运及装卸收入 1.46 亿元，同比增长 1.33%。年末拥有主要运输工具 905 台，比上年减少 17 台。

五、市场经济

农林牧渔业商品总产值、外贸出口供货商品金额略有下降。农林牧渔业商品总产值达 25.11 亿元，同比下降 0.74%，外贸出口供货商品金额 0.11 万元，比上年下降 1.14%。

六、农场民生不断改善

（一）抓改革壮实力促发展

组织指导全省 38 家农场实行公司化运作和企业化改制，实现福州、程溪、福安、光泽 4 家农垦集团（公司）有效运行；新增成立永春、柘荣 2 家农垦集团（公司）；筹划组建安溪、武夷山、福鼎 3 家集团（公司）。总结推广了福安、程溪、光泽、永春 4 种集团化、企业化改革模式，增强了农垦改革信心，促进农垦良性发展。2022 年 7 月，福建省经验做法在全国农垦集团化企业化改革座谈会上作典型发言。

（二）抓粮安强产业造亮点

一是稳定粮食生产。指导 51 家国有农场完成粮食播种面积 4.3 万亩，督促其中 13 个有生产任务的农场完成全年 1.6 万亩播种任务。农垦扩种大豆油料面积 2 400 亩。推广轮作套种和复垦复种，实施农垦土地复垦改耕 800 余亩。福建省农垦发挥粮食保障作用的典型做法在农业农村部《农垦情况》刊发。二是培育做优产业。落实“一衔接、两覆盖”政策，完成 8 个农场政策项目对接 9 个，争取资金 2 917.3 万元。发展提升了福安农垦集团、龙海程溪农场 2 家市级龙头企业。把农场打造成乡村振兴平台、稳产保供基地、仓储保鲜物流基地；长泰古农农场、福安坦洋茶场等成为农垦农文旅融合发展的典型。

（三）抓民生增福祉保稳定

下达中央财政衔接资金 1 327 万元扶持 6 家农垦欠发达农场，接续做好 54 户农垦危房改造项目实施工作，农场发展大幅提升。通过采取实地协调、发函督促等措施推动解决 19 家农场在办社会职能改革、土地管理等方面的 21 个问题；督促闽清、政和、漳浦、诏安等农场积极化解重复信访难题，下访一线推动解决政和、松溪等 3 个农场 269 名农场职工的医保、老年生活保障金等问题。抓实农垦安全生产，对 15 座农垦水库实行清单化管理（一库一档），督促隐患排查整治、除险加固和大坝安全鉴定，确保安全稳定。

江西农垦2022年经济发展统计公报

江西省农业农村厅农垦局

2022年，江西垦区坚持以习近平新时代中国特色社会主义思想为指导，深入贯彻落实省委、省政府的决策部署，在农业农村厅党组的坚强领导下，积极促改革、谋发展、惠民生，扎实有序推进农垦各项工作。以深化垦区集团化、农场企业化改革为主线，推进经营管理体系创新；以样板国有农场创建为抓手，推进产业优化升级；以美丽垦区建设为目标，推进人居环境改善，为推动全省农垦现代化不断开创新局面。

一、基本情况

2022年，江西垦区有农垦场156个；年末总人口141.07万人，同比下降0.1%；土地总面积69.27万公顷，同比增长0.51%，其中，耕地面积8.39万公顷，同比下降6.18%（表1）；拥有现代化农业园区24个，占地面积1.02万公顷。

表1　土地总面积情况

指标名称	2022年		2021年	
	面积（公顷）	占土地总面积（%）	面积（公顷）	占土地总面积（%）
土地总面积	692 680.01	—	689 136.64	—
其中：耕地	83 877.06	12.11	78 996.10	11.46
林地	479 882.95	69.28	481 202.03	69.83
水面	30 130.36	4.35	30 132.84	4.37
宜林地	10 301.04	1.49	10 263.83	1.49
可垦荒地面积	6 935.69	1.00	6 957.10	1.01
居民点及工矿用地面积	29 559.19	4.27	29 544.64	4.29

2022年，江西垦区经济稳中有升，全年实现增加值294.62亿元，同比增长1.32%。主要经济指标平稳发展（表2）。

表2　主要经济指标

指标名称	计量单位	2022年	2021年	增长率（%）
生产总值	万元	2 946 218.77	2 907 819.96	1.32
其中：第一产业增加值	万元	376 613.07	373 416.62	0.86
第二产业增加值	万元	1 696 792.85	1 669 861.99	1.61
第三产业增加值	万元	872 812.85	864 541.35	0.96
工农业总产值	万元	8 141 612.12	7 986 969.80	1.94
其中：工业产值	万元	7 785 570.83	7 637 910.03	1.93
农业产值	万元	356 041.29	349 059.77	2.00
全垦区固定资产总投入	万元	2 797 061.00	2 702 000.38	3.52
居民人均可支配收入	元/年	18 001.97	16 378.22	9.91

二、第一产业

2022年受极端高温干旱天气影响，全省农业生产略有下降。粮食作物播种面积10.7万公顷，比上年下降1.78%，产量69.63万吨，比上年下降2.76%。江西农垦扛牢稳粮保供政治责任，带头扩种大豆油料。油料合计播种面积1.39万公顷，比上年增长2.72%，产量3.27万吨，比上年增长7.45%。第一产业中，农作物情况见表3，畜牧业情况见表4，林业情况见表5。

表3　农作物情况

指标名称	播种面积			产量		
	2022年（公顷）	2021年（公顷）	增长率（%）	2022年（吨）	2021年（吨）	增长率（%）
农作物（合计）	137 623.93	139 901.89	−1.63	—	—	—
粮食作物	107 005.36	108 949.85	−1.78	696 352.69	716 122.22	−2.76
其中：稻谷	99 794.50	101 630.55	−1.81	666 225.05	682 334.16	−2.36
油料（合计）	13 867.27	13 500.21	2.72	32 717.66	30 449.54	7.45
棉花	763.31	983.09	−22.36	1 891.69	2 480.84	−23.75
糖料（合计）	279.20	297.86	−6.26	9 239.64	10 299.09	−10.29
烟叶（合计）	86.00	88.00	−2.27	126.90	130.82	−3.00
蔬菜、瓜类	11 665.76	12 068.66	−3.34	230 428.636	242 504.86	−4.98

表4　畜牧业情况

指标名称	计量单位	2022年	2021年	增长率（%）
大牲畜（存栏）	万头	3.20	3.35	−4.48
其中：奶牛	万头	0.17	0.17	0
生猪（出栏）	万头	31.42	33.73	−6.85
生羊（出栏）	万只	1.32	1.94	−31.96
肉类（总产量）	万吨	6.19	6.08	1.81

表5　造林面积情况

指标名称	2022年		2021年	
	面积（公顷）	占当年造林总面积（%）	面积（公顷）	占当年造林总面积（%）
当年造林面积	4 775.91	—	5 025.63	—
其中：用材林	2 469.57	51.71	2 594.79	51.63
经济林	1 542.34	32.29	1 580.03	31.44
防护林	430.70	9.02	515.20	10.25
薪炭林	0	0	0	0
特种用材林	333.30	6.98	335.61	6.68
年末森林面积	475 092.57	—	476 547.07	—
当年幼林抚育面积	11 226.73	—	10 740.48	—

三、第二产业

2022年，江西垦区工业平稳发展。工业企业862家，实现工业产值778.56亿元，同比增长1.93%。其中规模较大的产值5亿元以上的行业有25个，累计完成工业产值756.69亿元，占工业总产值97.2%。其中：纺织服装、服饰业产值228.67亿元，占工业总产值29.37%，比上年增长3.95%；纺织业产值79.26亿元，比上年增长1.59%；非金属矿物制品业产值54.98亿元，比上年下降1.11%；通用设备制造业产值38.37亿元，比上年增长1.75%（表6）。

表6　产值5亿元以上的行业合计

序号	行业	企业（个）	工业产值（现价）（万元）	占工业总产值（%）	工业产值比上年增长（%）
1	纺织服装、服饰业	134	2 286 695.30	29.37	3.95
2	纺织业	48	792 609.50	10.18	1.59
3	非金属矿物制品业	59	549 793.90	7.06	−1.11
4	通用设备制造业	8	383 733.30	4.93	1.75
5	化学原料和化学制品制造业	51	350 931.90	4.51	−1.05
6	计算机、通信和其他电子设备制造业	14	329 997.00	4.24	4.95
7	农副食品加工业	87	319 466.38	4.10	0.70
8	印刷和记录媒介复制业	11	264 003.00	3.39	1.68
9	食品制造业	33	254 171.65	3.26	1.51
10	木材加工和木、竹、藤、棕、草制品业	85	226 926.21	2.91	0.93
11	医药制造业	21	224 364.00	2.88	3.83
12	电气机械和器材制造业	11	196 827.00	2.53	0.01
13	酒、饮料和精制茶制造业	39	180 233.20	2.31	1.83
14	其他制造业	46	138 976.40	1.79	2.10
15	家具制造业	25	129 163.20	1.66	4.57
16	皮革、毛皮、羽毛及其制品和制鞋业	9	121 361.00	1.56	1.25
17	铁路、船舶、航空航天和其他运输设备制造业	2	120 185.00	1.54	0
18	造纸和纸制品业	15	118 033.30	1.52	1.05
19	有色金属冶炼和压延加工业	5	112 110.64	1.44	−0.47
20	文教、工美、体育和娱乐用品制造业	4	104 028.11	1.34	0.99
21	煤炭开采和洗选业	8	86 314.59	1.11	3.47
22	金属制品业	15	77 533.80	1.00	−4.76
23	橡胶和塑料制品业	18	70 708.00	0.91	0.09
24	专用设备制造业	12	66 019.00	0.85	1.62
25	有色金属矿采选业	2	62 700.22	0.81	3.00

主要工业产品产量分别为：原煤78.16万吨，比上年增长3.77%；铁矿石原矿126万吨，比上年增长0.16%；大米19.09万吨，比上年增长1.28%；饮料酒105 640千升，比上年增长0.97%；纱4.59万吨，比上年下降0.55%；机制纸及纸板8.72万吨，比上年增长0.78%；中成药1.69万吨，比上年增长0.11 %；发电量6.21亿千瓦·时，比上年增长0.35%。

四、固定资产投资

2022年，江西垦区共完成固定资产投资总额279.7亿元，比上年增长3.52%。其中，第一产业6.9亿元，占投资总额的2.46%，比上年下降3.48%；第二产业195.8亿元，占投资总额的70.01%，比上年增长4.18%；第三产业77.0亿元，占投资总额的27.53%，比上年增长2.52%。

五、科研基本情况

2022 年，全垦区科研单位 3 个，试验地面积 5.86 公顷，职工合计 177 人，其中科技人员 117 人，占职工的 66.1%，科研经费合计 2 315 万元。

六、从业人员及职工方面

2022 年，江西农垦年末总人口 141.08 万人，年末从业人员 39.27 万人，其中，第一产业从业人员 21.14 万人，第二产业从业人员 12.45 万人，第三产业从业人员 5.68 万人；年末职工 22.17 万人，其中在岗职工 18.94 万人；职工工资总额 48.79 亿元，其中在岗职工工资总额 39.08 亿元。

山东农垦2022年经济发展统计公报

山东省农业农村厅农垦局

2022年，山东农垦认真贯彻落实中央和国家关于农垦改革发展的决策部署，在农业农村部农垦局的关心指导和省委、省政府的坚强领导下，努力克服疫情等不利因素影响，积极履行农业“国家队”职责使命，持续深化农垦改革，努力加快转变经济发展方式，不断推进欠发达农场巩固提升，着力增强农场内生动力和发展活力，垦区经济社会发展取得新成效。

一、综合

山东垦区有国有农场12个，分布于7个市11个县（市、区），全部实行属地管理。其中纳入农垦统计调查范围的国有农场有10个，与上年相同。2022年，垦区土地总面积9 711.88公顷，其中耕地面积5 848.57公顷，包括高标准农田面积1 464.60公顷、永久基本农田2 445.34公顷。年末总人口8 476人，从业人员1 879人，职工2 001人。居民人均可支配收入25 617.3元，较上年增加1 652.6元，增长6.9%。

2022年，垦区经济运行保持平稳。全年实现农林牧渔业总产值16 396.29万元，与上年基本持平；工业总产值218.88万元，增长9.34%；批发零售业及其他服务业保持稳定，其中商品销售收入2 212.60万元，比上年下降5.38%；其他服务业营业收入40万元，比上年增长5.26%；餐饮营业收入395.23万元，比上年减少162.57万元，下降29.14%。

二、农业

农业生产稳中有升。全年垦区农作物播种面积8 128.59公顷，比上年增加497.54公顷，增长6.52%。其中，粮食播种面积7 946.63公顷，比上年增加529.08公顷，增长7.13%。粮食总产量54 111.98吨，增加2 737.73吨，增长5.33%。小麦播种面积3 958.19公顷，比上年增加363.52公顷，增长10.11%；小麦总产量26 433.08吨，增加1 845.83吨，增长7.51%；水稻播种面积528公顷，与上年持平，总产量4 795吨，增长1.37%；玉米播种面积3 358.07公顷，比上年增加385.52公顷，增长12.97%，总产量22 284.17吨，增加1 088.17吨，增长5.13%。大豆播种面积45.93公顷，总产量106.93吨，较上年分别增长26.42%、78.22%。高粱播种面积48.47公顷，总产量290.80吨，较上年分别下降82.11%、51.21%。花生播种面积6.73公顷，总产量25.25吨，较上年分别下降83.98%、77.10%。棉花播种面积5公顷，总产量11.50吨，较上年分别下降70.81%、70.17%。蔬菜、瓜果播种面积125.96公顷，总产量5 031.50吨，比上年分别下降17.94%、33.18%。水果年末实有面积112.33公顷，比上年减少23.97公顷，下降17.59%；水果收获面积109.19公顷，比上年减少16.61公顷，下降13.2%；水果总产量3 456.87吨，比上年增加2 051.47吨，增长145.97%。

畜牧养殖业健康发展。生猪年末存栏3 900头，能繁母猪400头，与上年基本持平。肉类总产量423.19吨，比上年增加36.29吨，增长9.38%。2022年出栏肉猪4 393头，比上年增加375头，增长9.33%。

农机化水平保持稳定。全年拥有农业机械总动力24 812千瓦。有大中型拖拉机186台，小型及手扶拖拉机511台，排灌动力机械739台，联合收获机50台。2022年实际机耕面积5 986.64公顷，比上年增加448.54公顷，增长8.1%；实际机播面积达7 328.21公顷，比上年增加339.81公顷，增长4.86%；机械收割面积7 091.43公顷，比上年增加418.03公顷，增长6.26%。

农药化肥施用量基本持平。农药施用量106.45吨，比上年增加3.02吨，增长2.92%；农用化肥施用总量6 125.95吨，比上年减少52.40

吨，下降0.85%；有机肥施用量370吨，比上年减少7吨，下降1.86%；测土配方施肥面积1 000公顷，比上年增加165公顷，增长19.76%。

节水灌溉面积稳步提高。全年有效灌溉面积4 300.76公顷，比上年增加267公顷，增长6.62%；节水灌溉面积1 307.5公顷，比上年增加314.76公顷，增长31.71%。

三、工业

全年实现工业总产值218.88万元，比上年增加18.7万元，增长9.34%。全年生产原盐2 600吨，比上年增加200吨，增长8.33%。生产饲料2 000吨。

四、批发零售业、餐饮业及其他服务业

2022年年末，垦区有批发零售业单位12个，从业人员36人，全年从业人员报酬175.3万元，营业收入2 212.6万元，比上年减少125.7万元，下降5.38%。餐饮业单位1个，从业人员25人，全年从业人员报酬104.06万元，营业收入395.23万元，比上年减少162.57万元，下降29.14%。其他服务业单位2个，从业人员3人，全年从业人员报酬15万元，营业收入40万元，比上年增加2万元，增长5.26%。

五、农垦科研基本情况

垦区有科研单位1个，职工16人，其中科技人员10人，本科以上3人。全年投入科研经费11.8万元，有实验地面积6.2公顷。

六、固定资产投资

固定资产投资增幅较大。全年固定资产投资总额8 461.81万元，比上年增加6 653.37万元，增长367.91%。其中，第一产业投资额5 159.75万元，比上年增加3 807.31万元，增长281.51%；第三产业投资额3 302.06万元。国有固定资产投资总额1 707.12万元，比上年增加354.68万元，增长26.23%。2022年新增固定资产8 198.81万元，比上年增加6 463.37万元，增长372.43%。

七、从业人员、职工及收入

2022年年末，垦区从业人员总数1 879人。其中，第一产业从业人员1 698人，第二产业从业人员85人，第三产业从业人员96人，分别占从业人员总数的90.4%、4.5%和5.1%。年末职工2 001人，工资总额6 262.04万元；在岗职工1 758人，在岗职工工资总额6 049.34万元。

河南农垦2022年经济发展统计公报

河南省农机农垦发展中心

2022年，河南农垦按照工作部署，进一步深化农垦改革发展成果，继续推进垦区农场集团化、企业化改革，以提高发展质量和效益为中心，求真务实，开拓创新，持续保持垦区经济和社会发展和谐稳定。

一、综合

2022年全年实现生产总值107 602.58万元，其中，第一产业增加值53 330.30万元，较2021年增长5.04%；第二产业增加值35 650.58万元，较2021年增长46.18%；第三产业增加值18 621.70万元，较2021年下降22.25%。第一、第二、第三产业增加值在生产总值中的比重分别为49.6%、33.1%和17.3%。居民人均可支配收入23 200元，职工群众生活水平逐步提高。

二、农业

全年实现农、林、牧、渔业总产值141 393万元，比2021年的131 046万元增加7.9%。其中，农业产值100 775万元，林业产值649万元，牧业产值31 378万元，渔业产值4 439万元，农林牧渔辅助性活动产值4 153万元。

全年农作物播种面积39 485公顷，比2021年的39 317公顷增加168公顷，增长0.43%。其中，粮食播种面积34 791公顷，比2021年的33 924公顷增加867公顷，增长2.56%，占农作物播种面积的88%；蔬菜、瓜类面积966公顷，与2021年持平；油料面积3 649公顷，比2021年的4 270公顷减少621公顷，下降14.5%；棉花面积51.20公顷；药材类面积28.33公顷。

2022年河南农垦的粮食作物产量增幅明显。其中粮食总产量277 884吨，比2021年的241 302吨增加36 582吨，增长15.2%。小麦总产量157 559吨，比2021年的145 664吨增加11 895吨，增长8.2%；玉米总产量104 108吨，比2021年的80 498吨增加23 610吨，增长29.3%；大豆2022年总产量5 445吨，比2021年的4 818吨增加627吨，增长13.0%。主要农产品产量见表1。

表1 主要农产品产量

产品名称	产量（吨）	比上年增长（%）
小麦	157 559	8.2
大豆	5 445	13.0
玉米	104 108	29.3
油料	14 036	−11.4

肉类总产量6 417吨，比2021年的8 149吨减少1 732吨，下降21%，其中猪肉产量5 879吨，比2021年的7 566吨减少1 687吨，下降22%，主要是受生猪市场行情及疫情影响，对生产基础母猪群进行压群缩减，生猪养殖减少；禽肉产量218吨，比2021年的253吨减少35吨；禽蛋产量1 258吨，比2021年的1 387吨减少129吨，下降9%。牲畜年末存栏数及主要畜产品产量见表2。

表2 牲畜年末存栏数、出栏数及主要畜产品产量

牲畜种类/畜产品	计量单位	存栏数/产量	比上年增长（%）
大牲畜（存栏）	万头	0.57	0.17
其中：奶牛	万头	0.47	0.21
猪（存栏）	万头	3.95	−51.40
猪（出栏）	万头	7.50	−21.80
肉类（总产量）	万吨	0.64	−20.90
牛奶	吨	13 532	−2.50

农业生产机械化程度继续提高，年末农业机械总动力26.0万千瓦，比2021年的23.1万千瓦增长12.6%，其中大中型拖拉机921台，比2021年的911台增加10台，增长1.1%；小型及手扶拖拉机5 807台，比2021年的5 848台减少41台，下降0.7%。2022年实际机耕面积22 363公顷，

实际机播面积 31 842 公顷；实际机收面积 33 053 公顷。

三、工业和建筑业

2022 年，垦区工业发展平稳，河南农垦现有工业企业 14 个，全年实现工业总产值 39.7 亿元，比 2021 年的 26.4 亿元增加 13.3 亿元，增长 50.4%。国有及国有控股工业企业总产值 9.6 亿元，占工业总产值的 24.2%。工业总产值前 3 位的行业：酒、饮料和精制茶制造业 22.2 亿元，食品制造业 8.9 亿元，农副食品加工业 5 亿元。

年末建筑企业 3 个，从业人员 333 人，全年实现总产值 2 004 万元；年末固定资产原值 877 万元；全年施工房屋建筑面积 1 900 $米^2$。

四、第三产业

垦区从业人员自主创业积极性和能力提高，经营领域不断拓宽，服务水平进一步提高，疫情影响较大，行业内部进行调整较多。其中，批发零售业单位 181 个，从业人员 866 人，营业收入 26 682 万元；餐饮业单位 30 个，从业人员 222 人，营业收入 5 645 万元；服务业单位 22 个，从业人员 373 人，营业收入 20 481 万元。

五、人口、就业和劳动工资

2022 年年末，总人口 69 481 人，比 2021 年的 70 279 人减少 798 人，下降 1.14%。年末从业人员 35 405 人，其中，第一产业 27 682 人，第二产业 4 246 人，第三产业 3 477 人，分别占年末从业人员总数的 78.2%、12.0%和 9.8%。在岗职工工资总额 5.1 亿元，增长 12.1%，居民人均可支配收入 23 200 元。

湖北农垦2022年经济发展统计公报

湖北省农业农村厅农垦处

2022年，湖北省各级农业农村部门和全省农垦国有农场深入学习贯彻习近平总书记关于“三农”工作重要论述，认真落实党中央、国务院和省委、省政府关于新时期农垦改革发展的决策部署，深入贯彻新发展理念，咬定高质量发展目标，积极应对经济下行压力和夏秋连旱、新冠疫情等的影响，聚焦稳粮扩油和稳产保供、现代农业、农垦改革、巩固拓展脱贫攻坚成果等重点任务，守正创新，踔厉奋发，苦干实干，全力推进农业强省、乡村振兴建设，全省垦区经济运行呈现稳中向好、质效提升态势，经济社会发展取得了新进展、新成效。

一、综合

全省共有65个农垦国有农场。2022年年末，总人口148.36万人，较上年下降0.74%。其中，农场人口130.99万人；年末农垦从业人员95.08万人，其中，第一产业33.04万人，第二产业31.86万人，第三产业30.18万人；年末农垦职工37.20万人。

全省垦区2022年生产总值2 149.46亿元，比上年的2 046.73亿元增加102.74亿元，增长5.02%。其中，第一产业完成增加值144.96亿元，比上年的124.38亿元增长16.6%；第二产业完成增加值1 111.44亿元，比上年的1 099.54亿元增长1.08%；第三产业完成增加值893.06亿元，比上年的822.81亿元增长8.54%。第一产业发展加快，第二产业持续受到疫情影响，第三产业持续发展。

2022年，全省垦区居民人均可支配收入30 854.28元，较上年的28 896.97元增加1 957.31元，增长6.77%；实现工农业总产值3 397.66亿元，比上年的3 349.22亿元增加48.44亿元，同比增长1.45%。

2022年年末，全省垦区拥有国土面积36.90万公顷，比上年37.12万公顷下降0.60%。其中耕地面积14.41万公顷，较上年下降0.23%。

二、农业

2022年，湖北垦区实现农林牧渔业总产值282.15亿元，较上年的261.86亿元增长7.75%。其中，农业产值129.29亿元，渔业产值93.29亿元，牧业产值45.51亿元，林业产值5.51亿元，农林牧渔专业辅助性活动产值8.55亿元，分别较上年增长7.53%、1.97%、4.33%、9.96%。

全年农作物播种总面积23.94万公顷，比上年的23.74万公顷增长0.85%。其中，粮食作物种植面积14.02万公顷，比上年增长0.21%；棉花种植面积0.47万公顷，比上年下降1.93%；油料种植面积2.58万公顷，比上年增长6.16%；蔬菜、瓜类种植面积6.00万公顷，比上年增长3.70%。粮食总产量90.95万吨，比上年下降0.05%；棉花总产量0.58万吨；油料产量10.27万吨（表1）。

表1　2022年主要农产品产量

产品名称	2022年（万吨）	2021年（万吨）	增长率（%）
粮食	90.95	91.00	−0.05
棉花	0.58	0.61	−4.92
油料	10.27	9.74	5.44
肉类	8.83	9.89	−10.72
水产品	52.12	51.54	1.13
水果	16.44	17.51	−6.11
蔬菜	185.91	175.13	6.16

全年肉类总产量8.83万吨，比上年下降10.78%，主要是禽肉产量减少；年内肉猪出栏82.01万头，同比增长24.96%，猪肉产量6.46万吨，较上年增长20.62%。近几年受环保限制和市场因素的双重影响，农场养猪数量持续走低，目前在保供策略的指导下，农场养猪数量有所恢复；禽

蛋总产量4.21万吨，同比下降9.98%；水产品产量达52.12万吨，较上年增长1.12%，产品以淡水鱼和小龙虾以及特种水产养殖品为主。

2022年年末，全省垦区拥有农业机械总动力173.44万千瓦，同比增长0.11%。其中，大中型拖拉机8 631台，同比增长2.24%；小型拖拉机4.6万台；排灌机械2.38万台，较上年略有增长。农业用电量1.42亿千瓦·时，与上年持平；农业用水量60 675万米^3，较上年增长0.57%；农业化肥施用量（折纯量）10.08万吨，同比下降12.48%；2022年机械播种面积8.18万公顷，机械收割面积12.48万公顷。无人机在农业生产中的运用越来越广泛，2022年无人机的数量增长率达140.35%；化肥的使用量逐步减少，有机肥的使用量和施用面积逐步增长，分别增长5.21%和7.59%；节水灌溉面积2.14万公顷，增长率17.14%。这些数据反映高效、生态、低能耗农业在农场得到推广。

三、工业和建筑业

2022年，湖北垦区工业受疫情持续影响，发展缓慢。全省垦区工业企业2 452个，较上年的2 351个工业企业增加了101个，增长4.3%；工业总产值（现价）3 115.51亿元，增长0.91%；工业增加值1 109.87亿元，增长0.94%；从业人员31.85万人，同比下降3.98%。受疫情因素影响，企业减员明显，企业效益不佳。

2022年，全省垦区建筑企业671个，增长17.65%；建筑业总产值1 357.89亿元，同比增长9.36%；年末建筑从业人员11.62万人，同比下降18.24%；年末固定资产原值77.70亿元，同比增长16.01%；各类机械总台数1.35万台；全年施工建筑面积7 184.70万米^2，与上年持平。

四、批发零售餐饮业、交通运输业及出口商品

2022年，湖北垦区第三产业数据变化较大，原因是东、西湖垦区按武汉市统计部门的要求，只统计了具有一定规模的批发零售、餐饮等经济实体。全省垦区批发零售贸易单位1.33万个，从业人员5.76万人，营业收入1 166.94亿元；餐饮业单位0.39万个，从业人员1.40万人，营业收入17.87亿元；运输业单位1.33万个，主要运输工具5.83万台；全年营业总收入140.21亿元。

全省垦区全年出口17.53亿元，增长2.87%。其中生猪出口2.3万头，增长23.01%；淡水鱼出口数量略有减少；医药和纺织品出口数量有较大幅度的增长。

五、固定资产投资

湖北垦区2022年完成固定资产投入1 226.32亿元，比上年的906.51亿元增加319.81亿元，增长35.28%；国有部分增长12.56%，其中，第一产业55.54亿元，第二产业511.28亿元，第三产业659.51亿元。资金来源以自筹资金为主，国家预算内资金为辅，全年新增固定资产431.71亿元。

六、科技

农垦科研单位数量持续减少，2022年年底只有4个科研单位，职工521人，较上年下降36.15%；科技人员378人，较上年下降26人，科研经费1.41亿元，较上年下降38.90%。企业科技人员202人，较上年增长106.12%，研发经费0.26亿元，较上年增长75.56%。企业科研经费来源以自筹为主，财政经费220万元，较上年下降12.00%。

七、人口、就业和劳动工资

全省垦区年末总人口148.36万人，较上年减少11 017人，下降0.74%。

年末从业人员95.08万人。其中，第一产业33.04万人，下降0.86%；第二产业31.86万人，下降3.97%；第三产业30.18万人，增长2.46%。全年从业人员工资总额361.47亿元，增长3.91%。

年末职工37.20万人。其中，在岗职工32.45万人，在岗职工工资总额113.31亿元，较上年增长0.60%。

八、农业绿色发展

湖北垦区高度重视绿色农业发展，积极推进农产品质量安全建设、农垦品牌创建、农产品品质提升等工作。全省垦区有161个农产品获得绿色食品认证，认证产量34.62万吨；获得有机食品认证农产品9个，认证产量1 256吨；农产品地理标志产品4个，认证产量4万吨。原种播种面积507公顷，良种播种面积1 756公顷，种子生产量4 876吨，新品种更新更换面积1.44万公顷。

湖南农垦2022年经济发展统计公报

湖南省农业农村厅农田建设与农垦处

2022年，全省农垦系统在农业农村部农垦局和湖南省农业农村厅的正确领导及各级部门的大力支持下，坚持转变发展方式，团结一致，攻坚克难，奋斗拼搏，赢得了经济社会的全面发展。2022年，湖南省农垦垦区综合经济实力显著提高，民生进一步改善，农垦的凝聚力增强，实现全省农垦经济社会稳定健康发展。

一、综合

2022年湖南农垦有59个农场。农垦年末总人口775 108人，比上年增加6 865人，同比增长0.89%。农垦平均人口688 526人，比上年增加4 065人，同比增长0.59%。年末从业人员279 060人，比上年增加3 234人，同比增长1.17%。土地面积169 910.30公顷，比上年增加535.63公顷，同比增长0.32%，其中耕地面积79 137.33公顷，比上年减少568.32公顷，同比下降0.71%。现代化农业园区共5个，占地面积525公顷。高标准农田面积40 696公顷，比上年增加16 744.54公顷，同比增长69.91%。

经济平稳保持正常发展。2022年，全垦区年末总人口77.51万人，农场人口58.50万人。居民人均可支配收入18 368元，比上年增加805元，增长4.58%。实现国民生产总值349.53亿元，比上年增加13.5亿元，增长4%，其中，第一产业生产总值60.09亿元，比上年增加1.51亿元，增长2.59%；第二产业生产总值148.34元，比上年增加4.77亿元，增长3.32%；第三产业生产总值141.10亿元，比上年增加7.22亿元，增长5.40%。

二、农业

农业生产稳中有升。2022年，全省农作物播种面积170 476.29公顷，比上年增加2 214.73公顷，增长1.32%。其中粮食播种面积95 897.32公顷，比上年增加1 122.94公顷，增长1.18%；粮食产量813 038.75吨，比上年增加11 542吨，增长1.44%。谷物播种面积91 461.56公顷，比上年增加839公顷，增长0.93%；谷物产量785 711.19吨，比上年增加11 117吨，增长1.44%。其中稻谷76 558.74公顷，比上年增加914公顷，增长1.2%；稻谷产量703 720.30吨，比上年增加11 394吨，增长1.65%。豆类种植面积2 936.56公顷，比上年增加207.71公顷，增长7.61%；豆类产量11 979.16吨，比上年增加223吨。油料种植面积31 032.65公顷，增加642公顷，增长2.11%；油料产量51 572.36吨，比上年增加1 155吨，增长2.29%。棉花种植面积9 186.88公顷，比上年减少267公顷，下降2.83%；棉花产量44 791.14吨，比上年减少7 403吨，下降14.18%。蔬菜种植面积28 574.55公顷，比上年增加745.1公顷，增长2.68%；蔬菜产量1 022 921.70吨，比上年增加25 198吨，增长2.53%。

渔、牧、林业持续稳定发展。2022年植树造林3 902公顷，比上年减少16.75公顷，下降0.43%；森林覆盖率达25.72%。2022年牛存栏5.32万头，比上年增加0.35万头，增长7%，其中，肉牛5.18万头，奶牛1 426头，农业机械增加，机械取代牛耕导致肉牛、奶牛增加，耕牛减少，这是养殖业发展的趋势。2022年上半年，猪肉价格持续低迷，饲料价格居高不下，导致老百姓养殖盈利不高，下半年价格回暖，供需达成平衡。2022年生猪出栏84万头，比上年增加7 500头，增长0.9%，猪肉产量7.8万吨，比上年减少2 189吨，下降2.7%。牛出栏1.96万头，牛肉产量4 230吨，比上年增加66吨，增长1.6%；山羊出栏41 367只，比上年增加562只；羊肉产量722吨，同比增长0.7%。肉类总产量11.7万吨，比上年减少0.11万吨，下降0.94%。水产品产量145 312吨，增加1 946吨，同比增长1.36%，其中鱼类107 356.52吨，增加1 799吨，同比增长1.7%。湖区水域要净化达标，因此对鱼类养殖进行控制，对水草和蟹类进行增加，以便净化水质。农林牧渔业总产值180.49亿元，比上年增加2.66亿元，增长1.49%。其中，农业产值122.97亿元，同比增长1.33%，其中林业产值2.67亿元，同比增长2.20%；牧业产值28.59亿元，增长1.26%；渔业产值19.71亿元，同比增长2.00%；农林牧渔服务业产值6.54亿元，同比增长3.73%。

农业机械及使用情况。农业机械总动力154.81万千瓦，其中，柴油发动机动力113.98千瓦，汽油发动机动力12.57万千瓦，电动机动力22.25千瓦，其他机械动力6.01千瓦。大中型拖拉机5 350台，小型及手握拖拉机5 861台，排灌动力机械28 838台，联合收获机3 517台，农用飞机56架。2022年实际机耕面积138 574公顷，同比增长4.3%；实际机播面积63 500公顷，比上年增加2 095公顷，同比增长3.4%。2022年机械收割面积115 213公顷，比上年增加5 288公顷，同比增长4.8%；飞机播种面积4 465公顷，比上年增加105公顷，同比增长2.41%。农用塑料薄膜使用量2 662吨，比上年增加62吨，同比增长2.4%；地膜使用量1 993吨，比上年增加34.9吨，同比增长1.78%，地膜覆盖面积23 371公顷，比上年增加184公顷。有效灌溉面积67 140公顷，比上年增加3 580公顷，同比增长5.6%。

三、工业和建筑业

工业生产进入稳定期。工业企业569个，比上年增加9个，增长1.61%。工业总产值（现价）5 819 509.2万元，比上年增长2.8%。国有及国有控股企业18个，与上年持平。农副食品加工企业137个，比上年增加2个，增长1.48%，农副食品加工总产值2 120 805万元，同比增长0.23%。食品制造企业49个，比上年增加3个，增长6.5%。食品加工总产值550 472万元，比上年增长11.38%。酒、饮料和精制茶制造企业63个，比上年增加1个，产值168 380万元，增长18.39%。规模以上工业企业162个，比上年减少4个，下降2.4%。工业总产值（现价）3 445 998.00万元（其中国有190 650万元），比上年增加150 475万元，增长4.57%，工业销售产值（现价）3 379 211万元，其中国有191 078万元，比上年增加9 858万元，增长5.4%；年末从业人员34 619人，利润总额118 628.1万元，比上年增加3 558万元，增长30.9%。固定资产净值394 447.1万元（其中国有355万元），固定资产净值比上年减少6 379万元，下降1.6%。

建筑业稳步发展。全垦区建筑企业62个，比上年增加3个。年末从业人员12 970人，比上年增加393人，增加3.12%。年末固定资产原值28 048.8万元，比上年增加1 741万元，增长6.62%。全年施工房屋建筑面积110万米^2，房屋建筑竣工面积76万米^2，建筑业总产值21.5亿元。

四、固定资产投资

固定资产投资总量有所增加。受国家宏观经济政策影响，2022年全省农垦固定资产投资88.13亿元，比上年增加4.96亿元，增长5.96%。第一产业固定资产投资4.89亿元，其中国有0.71亿元，比上年增长3.9%。第二产业59.92亿元，其中国有13.0亿元，比上年增长14%，第三产业23.33亿元，其中国有12.2亿元，比上年增加2.8%。2022年新增固定资产57.5亿元，比上年减少6.1亿元，下降9.6%。

五、科学技术和教育

年末垦区拥有各类科研单位4家，与上年持平，科研人员和技术工人人数保持稳定，总人数为89人，比上年增长5.95%。因贯彻省里相关文件精神，对农场办教育、医疗卫生等职能进行剥离，相关单位逐步移交地方政府。

六、资源与环境保护

2022年，垦区继续把粮食生产放在重要位置，确保粮食生产不动摇。全年未出现建设违规占用耕地的现象，耕地面积减少的势头进一步趋缓。农工环保意识加强，全年未发生重大面源污染事件，全年新增造林面积852公顷，新增果树定植35公顷，少砍伐树木638米^3，荒山变成青山，生态环境得到明显改善。

七、人口与社会保障

2022年年末，全省农垦总人口77.5万人，比上年增加6 865人，同期增长0.89%。其中农场人口58.5万人，农垦平均人口68.9万人，小城镇化进程加快，人口进一步集中。

广东农垦2022年经济发展统计公报

广东省农垦集团公司

2022年是广东农垦同心同德、团结奋进的一年。一年来，垦区各级认真贯彻落实党中央和省委、省政府决策部署，坚持“聚焦主业、稳中求进、防控风险”工作基调，紧扣“1339”工作部署，推动改革攻坚深化、产业高质高效、垦区宜居宜业、职工富裕富足，在疫情防控任务异常繁重的情况下，迎难而上，努力顶住来自外部环境的重重压力，坚守疫情防控底线，经垦区上下共同努力，经济社会发展取得良好成绩，在全省乡村振兴实绩考核中获评“优秀”，在省属企业党建工作考核中获评“好”，以实际行动迎接党的二十大胜利召开。

一、综合

2022年，广东农垦实现生产总值199.65亿元，比上年增长3.96%（图1）。其中，第一产业增加值70.71亿元，增长5.12%；第二产业增加值67.78亿元，增长2.71%；第三产业增加值61.16亿元，增长4.04%；三次产业结构由上年的35.03∶34.36∶30.61变为35.42∶33.95∶30.63。人均农垦生产总值达51 259元，增长3.67%。国有在岗职工年均纯收入76 740元，增长4.69%；垦区居民人均可支配收入30 453元，增长4.11%。全年国有企业营业收入261.64亿，利润10.30亿，资产总额437.68亿，净资产170.50亿。

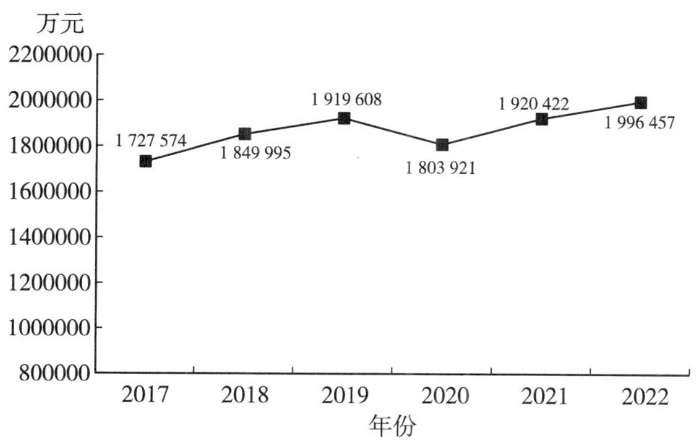

图1　2017—2022年广东农垦生产总值

二、农业

2022年，广东农垦实现第一产业增加值70.71亿元，增长5.12%。农林牧渔业总产值（按现行价计算）131.85亿元，同比增长8.29%，农林牧渔业商品产值118.00亿元，农业商品率89.50%。

2022年，实现农作物总播种面积4.51万公顷，增长2.81%。其中，粮食播种面积0.79万公顷，增长1.12%；糖蔗种植面积2.23万公顷，增长0.29%；油料播种面积0.19万公顷，下降8.25%；蔬菜播种面积0.75万公顷，增长4.3%。

垦区国内外橡胶年末实有面积7.23万公顷，其中国内基地橡胶年末实有面积4.69万公顷，下降1.05%。水果年末实有面积3.53万公顷，下降0.95%；剑麻2 981公顷，下降9.23%；茶叶746公顷，下降0.59%。

全年生猪饲养量191.35万头，增长31.31%，其中年末存栏91.74万头；牛年末存栏4.63万头，其中奶牛3.96万头；全年水产养殖面积3 763公顷。

全年粮食产量4.60万吨，增长8.17%；糖蔗产量173.56万吨，增长1.25%；油料产量0.52万吨，下降14.96%；蔬菜产量20.94万吨，增长14.86%；干胶产量90.94万吨（包含海外、海南和云南），增长6.44%；水果产量95.63万吨，增长1.30%；剑麻直纤维产量5 466吨，增长6.79%；茶叶产量569.36吨，下降3.50%。

全年肉类总产量13.70万吨，增长24.62%，其中猪肉产量9.54万吨，增长39.94%；禽肉产量2.15万吨，下降2.54%，禽蛋产量4 384吨，增长42.23%。全年水产品产量4.32万吨，增长0.22%，其中，海水养殖1.84万吨，淡水养殖2.48万吨。鲜牛奶产量8.57万吨，增长7.25%。

全年农业固定资产投入17.25亿元，增长33.12%。年末农业机械总动力48.67万千瓦，增长1.44%。全年农用化肥施用折纯量5.83万吨，下降 2.96%；农用塑料薄膜用量 745.69 吨，下降 1.40%；农药施用量 3 969 吨，下降 4.72%；有效灌溉面积 2.64 万公顷，下降 6.38%。

2022 年完成农业龙头企业的申报和监测工作，至 2022 年年末，垦区共有 18 家省级以上龙头企业，其中 3 家为国家级重点龙头企业。

三、工业和建筑业

2022 年，实现工业增加值 57.87 亿元，增长 2.39%，占生产总值的 28.98%。

2022 年，垦区各类工业企业 628 家，其中规模以上工业企业 59 家，垦区各类工业企业全年实现工业总产值（按现行价计算，下同）250.77 亿元，增长 3.70%，规模以上工业总产值 221.53 亿元，占工业总产值的 88.34%，工业产品销售率为 96.83%，全年实现工业利润 12.31 亿元，应缴税金 4.06 亿元。

2022 年垦区二十三大类工业产品中，产值排前 10 位的行业是：化学原料和化学制品制造业 104.45 亿元，占 41.65%；其他制造业 51.38 亿元，占 20.49%；农副食品加工业 22.66 亿元，占 9.04%；食品制造业 20.72 亿元，占 8.26%；橡胶和塑料制品业 10.64 亿元，占 4.24%；金属制品业 10.00 亿元，占 3.99%；家具制造业产值 5.96 亿元，占 2.38%；电力、热力生产和供应业 4.51 亿元，占 1.80%；纺织服装、服饰业 3.41 亿元，占 1.36%；木材加工和木、竹、藤、棕、草制品业 3.41 亿元，占 1.36%。这 10 个产业总产值 237.14 亿元，占工业总产值的 94.56%。2022 年广东垦区工业主要产品产量及其增长情况见表 1。

表 1　2022 年广东垦区工业主要产品产量及其增长情况

产品名称	计量单位	产量	比上年增长（%）
机制糖	吨	308 454	14.22
罐头	吨	2 916	139.61
酒精	吨	863	−67.14
乳制品	吨	213 715	−2.74
大米	吨	32 910	17.04
有机复混肥	吨	32 107	−23.78
饲料	吨	169 571	52.65
水泥	吨	135 720	3.46
家具	万件	193	−5.93
发电量	万千瓦·时	98 892	23.40

2022 年，全年完成建筑业产值 24.87 亿元，增长 7.40%，房屋施工面积 54.59 万米²，房屋竣工面积 47.69 万米²。建筑业增加值达 9.91 亿元，增长 4.65%。

四、固定资产投资

2022 年，全年全社会固定资产投资总额 52.33 亿元，增长 0.78%（图 2）。其中，国有固定资产投资完成 24.53 亿元，增长 33.03%；非国有投资完成 27.80 亿元，下降 16.97%。

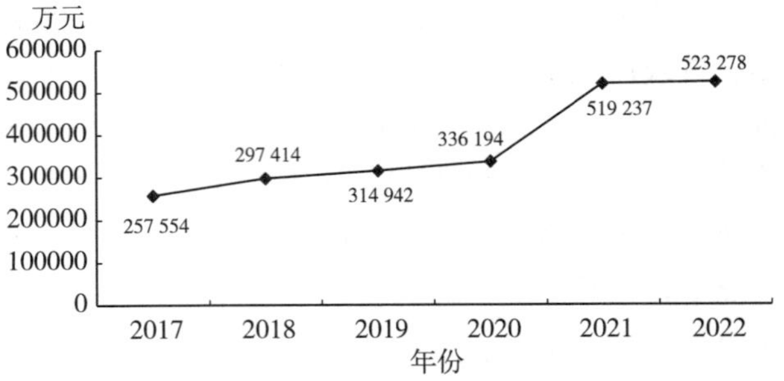

图 2　2017—2022 年广东固定资产投资情况

分三次产业看，第一产业投资 17.25 亿元，增长 33.12%。第二产业投资 23.55 亿元，下降 11.21%。第三产业投资 11.52 亿元，下降 7.35%。

五、交通运输业、批零贸易业、餐饮业、服务业及出口商品

2022 年，有主要运输工具 2 509 台，全年货运量 595.85 万吨；客运量 822.40 万人，营业总收入 6.77 亿元。

2022 年，年末批零贸易业、餐饮业、其他服务业营业单位总数达 6 053 个，营业网点 6 426 个，从业人员 32 539 人，年末固定资产原值 68.14 亿元，营业用房 172.42 万米²，销售和营业总额 201.24 亿元。

2022 年，出口商品总额达 43.27 亿元，下降 2.05%（图 3）。其中工业品出口 38.19 元，占出口总额的 88.26%。2022 年年末，垦区境外企业达 11 家，境外企业全年总收入 106.39 亿元，利润总额 5.02 亿元。

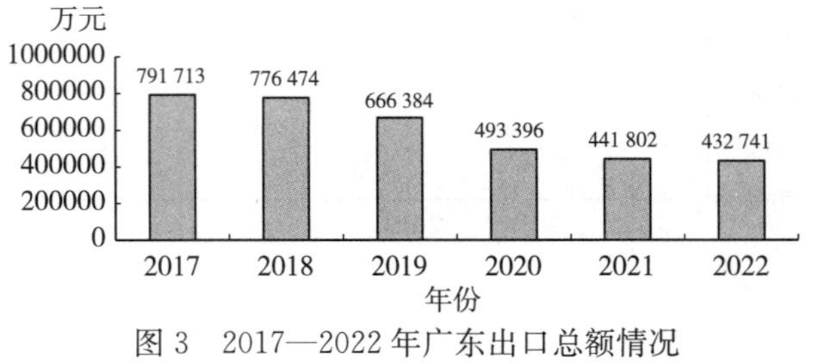

图 3　2017—2022 年广东出口总额情况

六、科技生产、土地

2022年，广东农垦聚焦产业发展需要，实施以科技创新为核心的创新驱动工程，建设了一批科创基地，推进科研成果转化和应用。年末共有科研单位7家、科技人员468人，主要农作物耕种收综合机械化水平和良种覆盖率分别达75.7%和100%。

加大科技研发力度。全年共获得授权专利108项，发表论文259篇，获得软件著作权14项，制（修）订标准7项，获得科技类奖项11项（省级以上科技奖7项，行业协会类科技奖4项）。全年共开展研发课题38项。建立特种天然橡胶试验基地9 378亩，与相关单位联合研制高频减振胶、高承载减振胶、航空轮胎胶3种类型的特种胶。

加强科技推广与应用。橡胶“六天一刀”以上新割制推广率达74.3%，较“十三五”末提高了12个百分点，比传统割制节省胶工30%以上。广垦研究院推进年产1 000万株的标准化育苗基地建设和南药种质资源圃（库）建设，繁育橡胶和南药等种苗560多万株。垦区建设橡胶、甘蔗、水果机械化生产示范基地5万多亩，甘蔗基地人均管理面积达800亩以上。

加强科技体系建设与合作交流。广垦橡胶集团与中国热带农业科学院合作成立特种天然橡胶研发生产基地，参与组建广东省先进弹性体创新中心和绿色橡胶发展研究院。燕塘乳业公司参与建设国家乳业技术创新中心，获批省级企业技术中心创新能力建设项目。广垦沃而多试验猪场和地方猪种保护利用开发中心投入运行。广垦研究院推进广东省菠萝产业研究院建设。垦区人力资源管理平台投入应用，粤东粤西财务共享中心系统上线试运行。垦区全部土地、部分物业实现数字化管理，国土资源管理平台完成系统功能建设，收录304万亩土地，实现了土地巡查系统和超图系统等的对接。建成广前数字果园，基本实现生产全过程数字化管理。

2022年，垦区年末土地总面积222 811公顷，其中，耕地54 133公顷，林地37 402公顷，园地87 508公顷，水面面积6 102公顷，居民及工矿用地面积9 787公顷。

农垦土地管理。发挥广东省农垦集团公司作为广东省耕地保护协会会长单位的作用，举办耕地保护专题讲座及《耕地保护法（草案）》专题研讨会，组织开展垦区耕地地类和种植情况调查，加大耕地保护力度。国土资源管理平台系统全面上线运行，管理地块面积304万亩，收录矢量化地块数据15万条。印发《广东农垦国有土地动态巡查制度》，利用土地巡查系统开展历史被占地外业核查工作；印发《广东农垦历史被占地收回攻坚行动方案》，全年回收历史被占地3 354亩。实施国有农场拆旧复垦项目，会同广东省自然资源厅编制《广东农垦国有农场拆旧复垦项目验收指南》，规范广东农垦国有农场闲置建设用地拆旧复垦项目验收工作，有拆旧复垦任务的32个农场全部完成规划设计，其中22个农场进场施工，施工面积6 123亩，竣工面积1 383亩。

七、教育和卫生

教育事业。2022年，垦区有普通高等学校1所，在校学生22 371人，当年新招生6 824人，当年毕业生9 315人；中专1所，在校学生4 375人，当年毕业生1 426人；技工学校2所，在校学生1 609人，当年毕业生379人。

2022年垦区职业教育稳步推进，亮点纷呈。广东农工商职业技术学院（简称农工商学院）在全国高职院校国家级科研项目中排名第9，入围全国高职院校“服务贡献典型学校60强”；在全省高职院校教师教学能力大赛中综合排名第1、“创新强校工程”考核中排名第6、科研社会服务经费考核排名第8；党建与思政教育基地“筑梦园”落成。广东省农垦湛江技工学校入选全国工学一体化重点建设院校名单。湛江垦地合作乡村振兴人才培训基地在农工商学校挂牌。农工商学院成立广东乡村振兴培训学院，当选为广东省职业技术教育学会乡村振兴工作委员会牵头单位，当年开展省内“订单”式培训，并参与国家东西部协作和结对帮扶培训，共培训2 000多人。

垦区高素质农民培训工作获农业农村部科技教育司和中央农业广播电视学校充分肯定，全年举办46个培训班，共培训2 217人。2022年垦区高素质农民培训工作获得6项荣誉：①广东农垦农业经理人培训案例入选全国农民培训优秀案例库；②培训班学员红星农场李敏被授予全国“百优保供先锋”称号；③农工商学院李秀平老师及其“作物生产环境”课程，入选首届涉农职业院校服务乡村振兴“名课名师”资助项目；④广东省农垦农业广播电视职业技术学校被授予“全国农广校系统信息宣传工作优秀集体”称号，马明兵、岑宁、马党生、卢茂林被评为2022年“信息宣传工作优秀个人”；⑤中央农业广播电视学校授予广东省农业广播电视职业技术学校茂名分校“全国农广校系统100名优秀学校”称号；⑥黄志华被授予“全国农广校系统优秀管理人员”称号。

医疗卫生事业。2022年，垦区各级医疗勇当疫情防控排头兵，全面融入属地防控大局，贡献农垦防疫力量。垦区医疗严格落实预检分诊制度，有效应对多起“红码”“黄码”及密接、次密接人员等突发疫情事件。防控政策优化调整后，垦区医疗机构准确把握新阶段、新形势、新要求，确保各项优化调整措施在全系统落实、落地、落到位。垦区医疗队伍牢牢守住疫情防控底线，有力保障了垦区39万干部职工和社区居民的健康安全，实现疫情“零扩散”目标，展现了“召之即来、来之能战、战之必胜”的农垦医疗队伍作风。

后疫情时代，垦区医疗机构全年累计完成收入18.6亿元，实现平稳发展。省农垦中心医院通过三甲等级复审，增挂“湛江市肿瘤性疾病医疗质量控制中心”牌子，在建的7.4万$米^2$门诊综合楼项目完成年度进度。湛江农垦第三医院被评为二级专科医院，区域精神专科龙头地位进一步彰显，垦区二级医院由此从3家上升到4家。茂名农垦医疗健康有限公司（医疗集团）顺利组建，资源整合能力进一步优化提升。友好医院、红星医院、红湖医院、梅陇医院等基层医院老年康复科提档升级，全垦区康养床位突破800张。

截至2022年年末，垦区有医疗单位45个，其中，三级综合医院1家，二级综合医院、专科医院共4家，疾病预防控制中心（含卫生防疫站）2家，当年关停卫生所1家。全垦区医疗单位实际开放病床8 025张，医疗系统职工4 735人。

八、人口、职工与垦区居民收入

2022年，全垦区年末总人口39万人。

国有单位从业人员年末总数5.24万人，其中国有在岗职工3.25万人。全年国有在岗职工纯收入合计25.08亿元，国有在岗职工年均纯收入76 740元，增长4.69%。

2022年年末从业人员123 817人，其中第一产业从业人员56 534人，占从业人员总数的45.66%；第二产业从业人员31 120人，占从业人员总数的25.13%；第三产业从业人员36 163人，占从业人员总数的29.21%。从业人员年均纯收入49 869元，增长2.56%。2022年垦区居民人均可支配收入30 453元，增长4.11%。

九、财务状况

资产负债情况：由于畜牧、粮油等产业迅速发展，垦区国有资产规模进一步扩大。2022年年末，垦区资产总额437.68亿元，比年初增加11.88亿元，负债总额267.18亿元，比年初增加10.67亿元，资产负债率为61.04%。

所有者权益增减变动情况：2022年年末，所有者权益170.50亿元（其中归属母公司的所有者权益152.55亿元），比年初增加1.22亿元，增加的主要原因是经营积累增加。

资产运营效率及债务风险情况：广东垦区2022年资产负债率为61.04%，总体债务风险可控；流动比率105.64%，比上年增加4.89个百分点；资产现金回收率5.81%，同比上年下降1.32%个百分点，经营活动现金流量净流入25.06亿元；净资产利润率和总资产报酬率分别为4.32%和3.34%，企业资产的运营效率较好。

国有营业总收入、利润情况：2022年垦区实现营业总收入261.64亿元，比上年增加21.30亿元，增长8.86%；实现利润总额10.30亿元，比上年增加了6.43亿元，增幅166.15%（图4）。

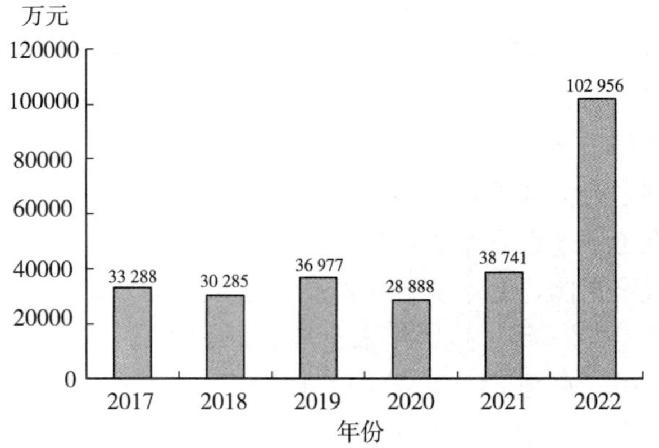

图4　2017—2022年广东国有营业利润情况

税金缴纳情况：垦区2022年共实现各项税费7.31亿元。

广西农垦2022年经济发展统计公报

广西农垦集团有限责任公司

2022年，集团上下认真贯彻落实自治区党委、政府和国资委的决策部署，迈开全面转型打造现代一流食品企业步伐，加快补齐“从田间到餐桌”全产业链体系，基本建成一流食品企业“四梁八柱”，再次跑出发展加速度，垦区经济稳中有进，集团主要经济指标保持了近年来逐年同比有较大增长的良好势头，全年集团实现营业收入270.05亿元，同比增长30.41%，实现利润10.65亿元，同比增长22.27%。

一、综合

全年垦区实现地区生产总值[1]214.2亿元（按可比价[2]计算），同比增长11.4%（表1，图1）。其中，第一产业增加值69.2亿元，增长30.6%；第二产业增加值96.0亿元，增长13.8%；第三产业增加值49.0亿元，下降10.7%。一、二、三产业增加值占地区生产总值的比重分别为32.29%、44.84%、22.87%（图2）。

表1　2022年广西农垦主要经济指标与2005年对比

指标名称	计量单位	2005年	2022年	2005—2022年均递增率（%）
地区生产总值	亿元	43.5	214.2	7.8
农业总产值	亿元	18.9	112.0	11.8
工业总产值	亿元	49.9	241.3	10.4
工业增加值	亿元	21.1	84.5	7.0
全社会固定资产投资	亿元	11.7	28.5	5.7
在岗职工人均纯收入	元/（人·年）	11 854	85 034	13.1
居民人均纯收入	元/（人·年）	6 799	28 643	9.4

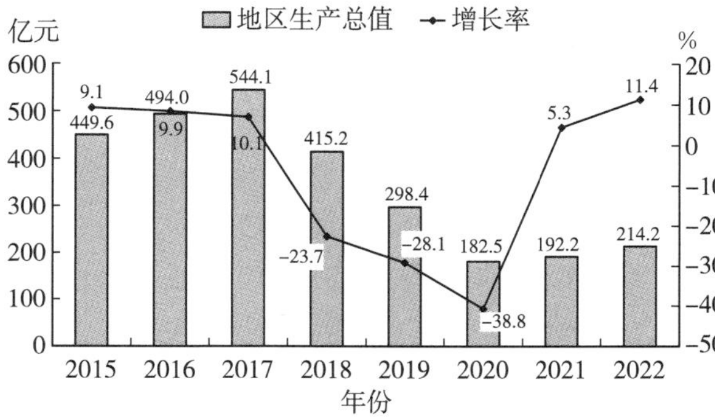

图1　2015—2022年广西农垦地区生产总值及其增长率

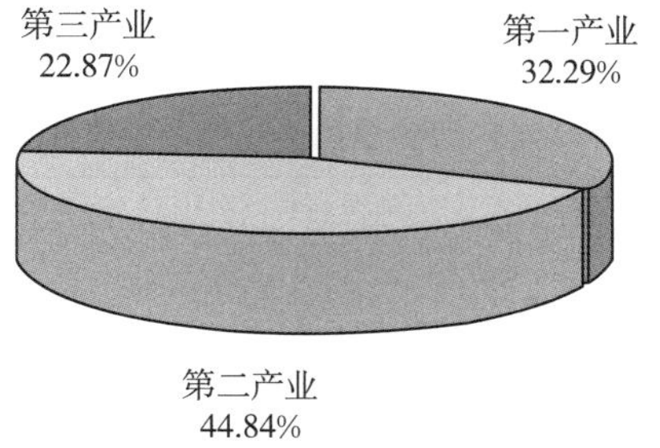

图2　2022年广西农垦地区生产产值构成

二、农业

农业经济呈现健康发展的良好势头，农林牧渔业均呈稳步增长态势。全年垦区农林牧渔业总产值112.0亿元，同比增长31.9%（图3）。其中，种植业产值36.5亿元，下降0.90%；林业产值1.5亿元，下降29.1%；牧业产值69.5亿元，增长63.9%；渔业产值3.3亿元，增长45.1%。2022年牧业产值对农

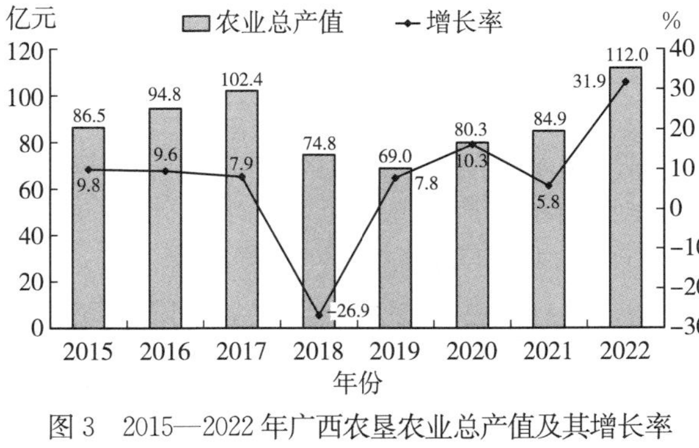

图3　2015—2022年广西农垦农业总产值及其增长率

林牧渔业总产值增长的贡献率为124.3%，拉动农林牧渔业总产值增长39.5个百分点。

2022年，广西农垦拥有自治区级现代特色农业示范区24个，核心示范区面积达7 113.73公顷；农垦年末耕地面积35 613公顷，其中，高标准农田面积11 634公顷，占32.7%。2022年年末，农业机械总动力29.96万千瓦，同比下降9.5%；农田有效灌溉面积1.6万公顷，同比增长6.4%，其中，节水灌溉面积1.26万公顷，同比增长11.5%。

2022年，垦区甘蔗种植面积20 448公顷，同比减少8.7公顷；剑麻种植面积1 912公顷，减少317.1公顷；茶叶种植面积632公顷，减少21.5公顷；水果种植面积10 767公顷，增加14.3公顷，其中柑、橘、橙、柚面积4 615公顷，减少334.9公顷；蔬菜种植面积3 044公顷，减少750.4公顷（表2）。2022年，垦区生猪饲养量367.1万头，同比增加176.1万头，其中年末生猪存栏154.4万头，增加51.9万头；出栏肉猪212.7万头，增加124万头（表3）。

表2　2022年广西农垦主要农作物种植面积情况

指标名称	种植面积（公顷）	比上年增长（%）
甘蔗	20 448	−0.04
剑麻	1 912	−14.2
茶叶	632	−3.3
水果	10 767	0.1
其中：柑、橘、橙、柚	4 615	−5.9
蔬菜	3 044	−19.8

表3　2022年广西农垦主要农产品产量情况

指标名称	计量单位	产量	比上年增长（%）
甘蔗	万吨	178.1	−5.8
剑麻纤维	万吨	0.9	6.1
干毛茶	吨	541	−5.3
水果	万吨	25.5	−14.3
蔬菜	万吨	15.5	−6.0
肉类（总产量）	万吨	19.8	110.6
生猪（出栏）	万头	212.7	139.8
水产品	万吨	1.3	1.6

全年垦区甘蔗产量178.1万吨，同比下降5.8%；剑麻纤维产量0.9万吨，增长6.1%；干毛茶产量541吨，下降5.3%；水果产量25.5万吨，下降14.3%；蔬菜产量15.5万吨，下降6.0%；全年垦区肉类总产量19.8万吨，同比增长110.6%。全年生猪出栏212.7万头，增长139.8%。水产品产量1.3万吨，增长1.6%。

桂垦牧业公司2022年生猪饲养量332.9万头，同比增加153.6万头，增长85.7%。其中，生猪年末存栏140.6万头，增加55.4万头，增长65.0%；肉猪出栏192.8万头，增加123.1万头，增长176.6%；出售仔猪12.7万头，增加0.4万头，增长3.3%；出售种猪9.9万头，减少2.2万头，下降18.2%。

三、工业

工业经济呈恢复性增长态势。2022年，垦区全部工业实现工业总产值241.3亿元，比上年增长12.8%，实现工业增加值84.5亿元，增长12.8%（图4、图5）。

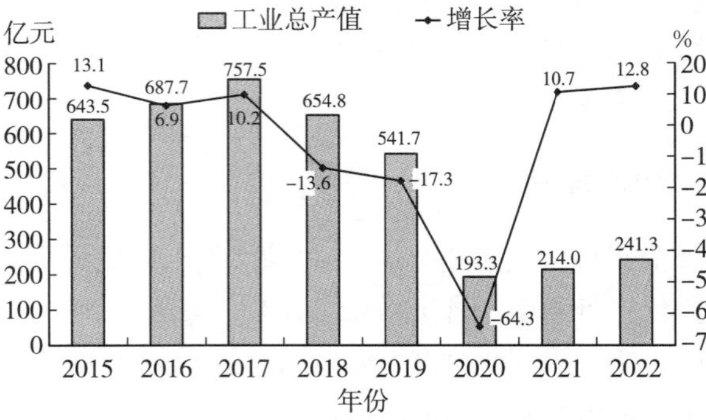

图4　2015—2022年广西农垦工业总产值及其增长率

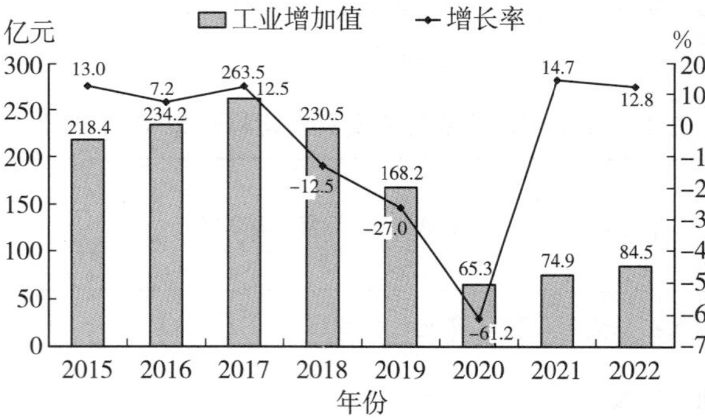

图5　2015—2022年广西农垦工业增加值及其增长率

从规模以上工业看，垦区规模以上工业企业年末数为184个，同比增加7个。全年垦区规模以上工业[3]总产值230.3亿元，同比增长14.7%；规模以上工业增加值80.6亿元，同比增长14.2%（图6）；规模以上工业利润总额5.4亿元，同比下降3.6%；规模以上工业税金总额6.2亿元，同比增长77.1%；规模以上工业企业产销率为99.9%。

从经济类型看，国有及国有控股工业企业实现工业总产值99.5亿元，比上年增长14.1%，实现

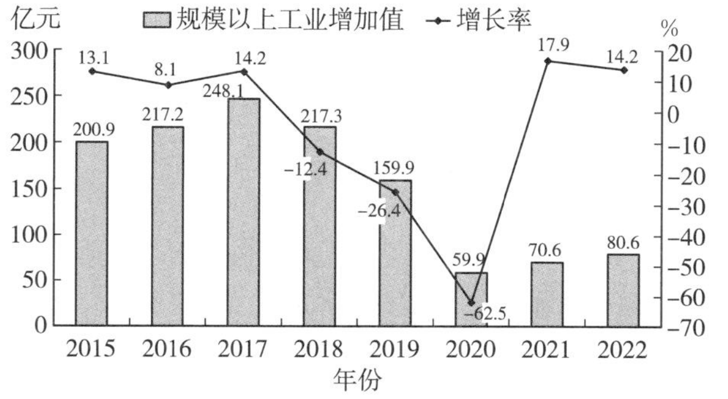

图 6 2015—2022 年广西农垦规模以上工业增加值及其增长率

增加值 34.8 亿元，增长 14.1%；民营工业实现工业总产值 141.5 亿元，比上年增长 11.6%，实现增加值 49.5 亿元，增长 11.5%。

从产品产量看，机制糖产量 96.2 万吨，同比下降 15.9%；剑麻制品产量 1.8 万吨，增长 62.5%；成品茶产量 873 吨，增长 36.2%；淀粉产量 22.4 万吨，增长 10.4%；软饮料产量 8.4 万吨，下降 28.4%；乳制品产量 5 278 吨，增长 25.1%；人造板产量 239.6 万米^3，增长 11.4%；水泥产量 31.3 万吨，下降 2.2%；砖产量 3.3 亿块，下降 40.5%（表 4）。

表 4 2022 年广西农垦主要工业产品产量情况

产品名称	计量单位	产量	比上年增长（%）
机制糖	万吨	96.2	−15.9
剑麻制品	万吨	1.8	62.5
成品茶	吨	873	36.2
淀粉	万吨	22.4	10.4
软饮料	万吨	8.4	−28.4
乳制品	吨	5 278	25.1
人造板	万米^3	239.6	11.4
水泥	万吨	31.3	−2.2
砖	亿块	3.3	−40.5

从工业行业类别看，垦区工业企业归属 34 个行业大类，其中，排前 5 位的行业及工业产值分别是：农副食品加工业 84.7 亿元；木材加工和木、竹、藤、棕、草制品业 77.8 亿元；造纸和纸制品业 17.3 亿元；金属制品业 8.0 亿元；非金属矿物制品业 6.5 亿元。农副食品加工业产值，木材加工和木、竹、藤、棕、草制品业的产值分别占垦区工业总产值的 35.1%、32.2%。

从集团国有工业看，糖业板块——广西糖业集团营业收入 104.9 亿元，同比增加 14.0 亿元，增长 15.4%；利润总额 1.0 亿元，同比减少 415 万元，减幅 3.89%，主要原因是受 2022 年严重干旱天气及 2022/2023 年榨季中后期连续阴雨天气影响，广糖集团 2022/2023 年榨季总榨蔗量预计不到 600 万吨，同比上榨季减少 100 多万吨，比计划减少 120 万吨；混合糖产量预计同比减少 12 万吨。产糖率比上期预测数下降 0.3 个百分点，使吨糖工厂成本增加约 120 元，导致上半年利润减少近 6 000万元。淀粉板块——明阳淀粉公司营业收入 21.6 亿元，同比增加 1.83 亿元，增长 9.2%；实现利润−0.55 亿元，同比减亏 0.72 亿元，主要原因是变性淀粉的销量同比增加，毛利增加。剑麻板块——剑麻集团营业收入 7.1 亿元，同比增加 0.8 亿元，增长 13.4%；实现利润 0.3 亿元，同比增加 0.3 亿元，增长 730.5 %。茶业板块——茶业集团营业收入 0.4 亿元，同比减少 2.0 亿元，下降 82.6%，主要原因是停止开展大宗贸易业务；实现利润 − 0.1 亿元，同比减少 0.1 亿元，下降 736.1%（表 5）。

表 5 2022 年广西农垦集团国有工业经济指标完成情况

板块名称	营业收入		利润总额		资产总额		负债总额	
	绝对值（万元）	比上年增长（%）	绝对值（万元）	比上年增长（%）	绝对值（万元）	比上年增长（%）	绝对值（万元）	比上年增长（%）
糖业板块	1 048 758	15.40	10 292	−3.88	983 451	18.82	818 716	20.48
淀粉板块	216 465	9.22	−5 538	56.41	257 398	−2.27	316 380	−2.68
剑麻板块	71 293	13.37	2 959	730.46	86 692	9.67	55 652	9.19
茶业板块	4 282	−82.64	−979	−736.10	30 865	2.84	25 821	7.82

四、固定资产投资

垦区全年完成固定资产投资额 28.5 亿元，同比下降 40.8%（图 7）。其中，第一产业完成投资 9.6 亿元，下降 46.6%；第二产业完成投资 1.6 亿元，下降 78.9%；第三产业完成投资 17.2 亿元，下降 22.9%。在全年完成的固定资产投资额中，国有投资 21.8 亿元，下降 37.7%，主要是受房地产宏观环境的影响，城乡服务板块项目按照稳妥推进以销定产的原则，大幅放缓推进，以稳妥度过房地产寒冬。

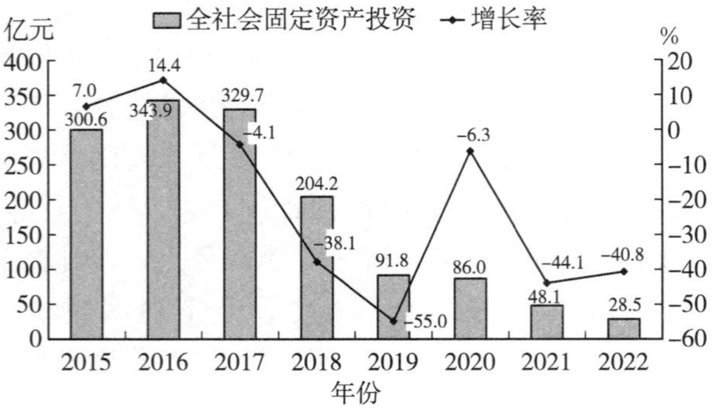

图 7　2015—2022 年广西农垦全社会固定资产投资及其增长率

全年完成固定资产投资额分单位看，明阳农场公司 8.5 亿元；桂垦牧业公司完成 7.3 亿元；悦桂文旅公司完成 7.0 亿元，其他二级公司合计完成 5.7 亿元。

五、出口情况

2022 年，垦区共有 7 家企业有产品出口，全年出口总额 3.4 亿元，同比下降 2.9%，其中，农业产品出口总额 2.3 亿元，下降 6.9%，工业品出口总额 1.1 亿元，同比增长 5.8%。2022 年，桂垦牧业公司出口生猪 5.5 万头，出口额 1.4 亿元；明阳生化集团出口淀粉 1.1 万吨，出口额 6 032 万元；剑麻集团出口剑麻制品 302 吨，出口额 564 万元。

六、人口、就业和民生

2022 年年末，垦区总人口 29.6 万人，同比增长 0.4%（图 8）；社会从业人员 11.7 万人，增长 2.4%，其中农垦在册职工 2.25 万人，增长 2.3%；离退休职工在 2018 年年底前全面完成移交工作，由社区实行属地管理。2022 年，垦区居民人均纯收入 28 294 元，同比增加 553 元，增长 2.0%（图 9）；在岗职工人均纯收入 85 034 元，同比增加 8 932 元，增长 11.7%。

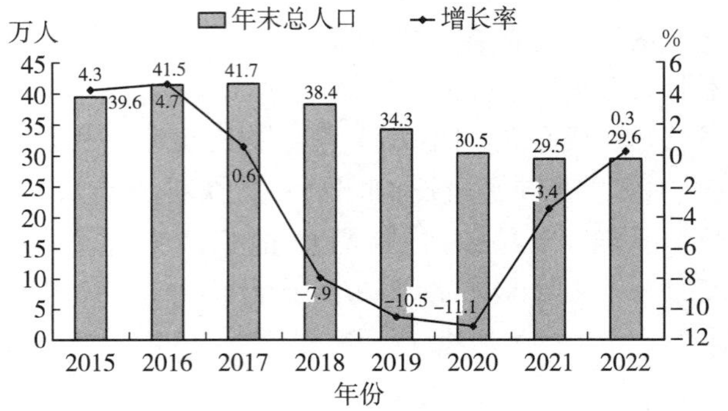

图 8　2015—2022 年广西农垦总人口及其增长率

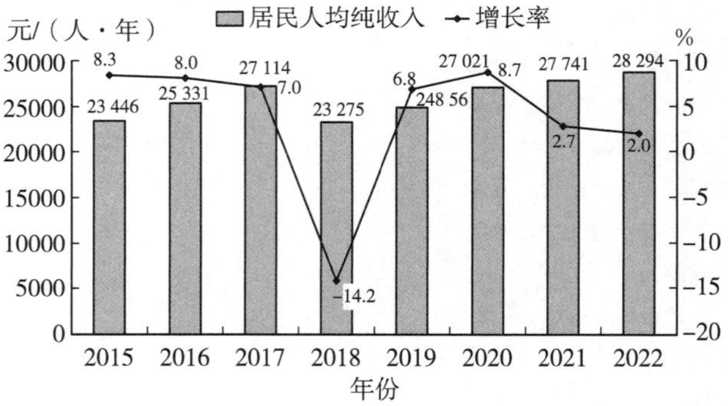

图 9　2015—2022 年广西农垦居民人均纯收入及其增长率

注释：

［1］地区生产总值（GDP）：是指一个国家（地区）所有常住单位在一定时期内生产活动的最终成果。本公报按收入法计算，地区生产总值等于劳动者报酬、生产税净额、固定资产折旧和营业盈余之和。

［2］本公报中，地区生产总值、各产业增加值绝对数按现价计算，增长速度按不变价格计算。

［3］本公报中，规模以上工业的统计口径为“年主营业务收入 2 000 万元及以上的工业法人企业”。

海南农垦2022年经济发展统计公报

海南省农垦投资控股集团有限公司

2022年，是海南农垦“国企改革三年行动”的收官之年，也是海南农垦创建70周年。在农业农村部农垦局的关心和指导下，在省委、省政府的支持下，在海垦控股集团党委和领导班子的坚强领导下，垦区上下认真贯彻党的二十大会议精神和习近平总书记系列重要讲话精神，锐意开拓进取，加快经济发展步伐，促进农垦经济和社会的稳定发展。

一、综合情况及主要指标

根据2022年财务快报数据（待2022年审计工作结束后，以审计数据为准），海南农垦综合情况及主要指标情况如下。

（1）农垦系统经营总收入481.06亿元，比上年的411.56亿元增长16.89%。其中，农垦集团公司的营业总收入314.65亿元，增长25%；农垦自营经济总收入166.41亿元，增长5.5%。

（2）工农业总产值（当年价）200.17亿元，按可比价计算下降1.7%。

（3）固定资产投资53.21亿元，下降15.6%。

（4）社会消费品零售总额141.33亿元，增长25%。

（5）天然橡胶干胶总产量14.54万吨，增长12.8%。

（6）农垦劳动者人均报酬8.31万元，增长1.3%；农垦人均纯收入1.77万元，下降2.2%。

二、农林牧渔业

全年完成农林牧渔业总产值（现价）155.45亿元，按可比价计算，比上年增长1.29%。产值构成：农业95.84亿元，林业19.20亿元，畜牧业37.87亿元，渔业2.55亿元。主要农产品产量及增长率见表1。

表1　主要农产品产量及增长率

产品名称	计量单位	产量	比上年增长（%）
粮食	万吨	8.50	−0.7
糖料	万吨	8.22	−12.6
蔬菜	万吨	21.12	−0.3
水果	万吨	70.58	1.0
其中：荔枝	万吨	8.04	3.4
龙眼	万吨	2.51	7.2
芒果	万吨	29.98	−7.4
香蕉	万吨	9.40	4.5
柑、橘、橙、柚	万吨	1.86	−9.1
橡胶干胶	万吨	14.54	12.8
胡椒	万吨	1.01	−4.0
槟榔干果	万吨	3.66	−7.3
椰子	万个	1 095.15	80.0
干毛茶	吨	590.00	15.9
肉类	万吨	10.41	24.4
其中：猪、牛、羊	万吨	8.37	34.1
禽肉	万吨	2.04	−3.8
禽蛋	万吨	1.84	87.0
水产品总产量	万吨	2.45	−2.5

全年天然橡胶新定植和更新定植面积2.22万亩，下降33.6%；胡椒新增种植面积0万亩，增长100%；槟榔新增种植面积0.61万亩，下降54.4%；水果新增种植面积0.86万亩，下降20.8%。主要农业作物及水产品年末到达面积及增长率见表2。

表2　主要农业作物及水产品年末到达面积及增长率

农业作物/水产品	面积（万亩）	比上年增长（%）
天然橡胶	327.45	0.2
热带作物	62.45	7.6
其中：胡椒	8.16	0.1

（续）

农业作物/水产品	面积（万亩）	比上年增长（%）
槟榔	39.37	2.9
椰子	7.69	−2.0
茶叶	1.90	−7.8
水果	65.91	−1.4
其中：荔枝	10.63	3.3
芒果	28.51	−5.1
香蕉	4.80	6.9
林地（含自然林）	235.82	14.5
其中：人造林	125.87	15.1
水产品（养殖）	4.95	−2.4
农作物（播种）	44.24	−2.0
其中：粮食	22.88	−3.5
糖料	1.91	−12.4
瓜菜	14.93	−1.5

三、工业及建筑业

全年完成工业总产值（当年价）44.72亿元，按可比价计算，比上年下降9.9%。分轻、重工业看，轻工业产值4.76亿元，下降18.3%；重工业产值39.96亿元，下降8.8%。主要工业产品产量及增长率见表3。

表3　主要工业产品产量及增长率

产品名称	计量单位	产量	比上年增长（%）
发电量	万千瓦·时	18 622.00	−1.4
水泥	万吨	70.00	持平
成品糖	万吨	0.43	−5.8
人造板	万米^3	1.54	−2.1
锯材	万米^3	6.98	42.4
木制家具	万件	0.50	持平
塑料制品	吨	159.00	−2.5

全年建筑业完成产值50.48亿元，按可比价计算，比上年下降0.3%。全年房屋施工面积212.57万米^2，增长118.6%；房屋竣工面积85.35万米^2，增长68.6%，其中住宅面积76.09万米^2，增长220.5%。

四、社会消费品零售总额

全年社会消费品零售总额141.33亿元，增长25%。其中，批发零售业134.68亿元，餐饮业6.06亿元，分别增长26.2%和1.4%。

五、交通运输业

全年完成运营收入6.19亿元，下降12.7%；货运量9 965 593吨，下降1.9%，客运量4 559 425人，下降0.3%。

六、固定资产投资

全年完成固定资产投资总额53.21亿元，下降15.6%。其中，第一产业投资13.33亿元，增长43.7%。第二产业投资6.00亿元，增长122.6%；第三产业投资33.88亿元，下降33.7%。资金来源合计53.13亿元。其中，国家投资1.42亿元，增长5.9%；国内贷款3.56亿元，下降39.1%；企事业单位自筹24.50亿元，增长79.2%；其他资金23.65亿元，下降43.4%。

七、职工群众收入和家庭生活水平

全年劳动者报酬总额97.51亿元，增长1.9%。其中，在岗职工工资20.70亿元，下降5.4%；自营经济纯收入76.81亿元，增长4.1%。农垦劳动者人均报酬8.31万元，增长1.3%，其中在岗职工平均工资6.01万元，增长1.7%；自营经济纯收入2.73万元，增长1.5%；农垦人均纯收入1.77万元，下降2.2%。

八、人口与职工

农垦户籍总人口85.48万人，增长1.7%。农垦常住总人口80.38万人，下降0.3%，其中农场场部人口22.79万人。全部职工3.71万人，下降11.0%，其中在岗职工3.44万人，下降7.0%。离退休及病退人员23.97万人，增长2.3%。

重庆农垦2022年经济发展统计公报

重庆市农业投资集团有限公司

2022年，重庆农垦上下坚持以习近平新时代中国特色社会主义思想为指导，深入学习贯彻党的十九届六中全会精神，增强“四个意识”，坚定“四个自信”，做到“两个维护”，深入贯彻落实习近平总书记关于国资国企改革、“三农”工作的重要论述，牢记习近平总书记对重庆的殷殷嘱托，按照市委、市政府的决策部署和市国资委的工作要求，立足新发展阶段，贯彻新发展理念，服务新发展格局，全面深化党的建设，统筹常态化疫情防控和经营生产工作，高质量推动集团党建经营各项工作迈上新台阶，稳住了经营发展的基本盘。

一、垦区综合情况

（一）经济总量稳中有升

垦区全年实现生产总值23.03亿元，比上年增长1.0%。按产业划分，第一产业增加值2.61亿元，比上年增长3.5%；第二产业增加值14.88亿元，比上年增长2.2%；第三产业增加值5.54亿元，比上年下降3.1%（图1）。

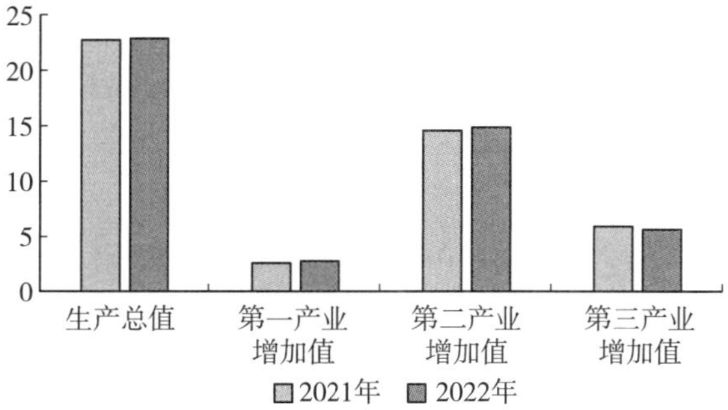

图1　重庆垦区全年生产总值

（二）经济质量保持稳定稳中求进

截至2022年年底，重庆农投集团资产总额达154.85亿元，其中控股企业达91.04亿元；营业收入实现83.8亿元，与上年基本持平，其中控股企业实现营业收入50.44亿元；利润总额实现3.14亿元，其中控股企业实现2.65亿元；归属母公司的净利润实现2.27亿元。

（三）职工收入稳定

2022年，重庆农投集团年末从业人员9 691人。其中，第一产业974人，第二产业7 659人，第三产业1 058人，一、二、三产业的从业人员比重分别为10.1%、79.0%、10.9%。2022年，集团控股企业职工人均工资8.33万元，较上年增长1.2%。

二、第一产业

2022年，垦区实现农林牧渔业总产值13.52亿元，较上年增长2.1%，其中，畜牧业产值13.13亿元，同比增长2.2%，占农业总产值的97.1%；渔业产值3 902万元，同比下降3.2%，占农业总产值的2.9%（图2）。垦区年末存栏奶牛3.71万头；年末生猪存栏18.45万头；全年猪肉产量3.03万吨；年末家禽存栏124.68万只，禽蛋产量18 250吨，同比增长9.6%；牛奶产量22.23万吨，同比增长17.2%。

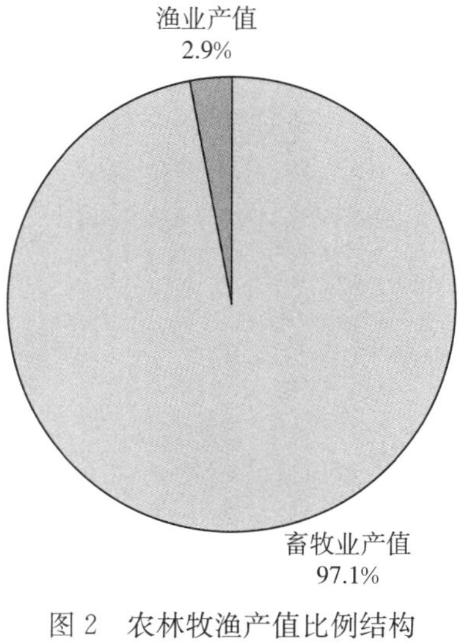

图2　农林牧渔产值比例结构

三、第二产业

2022年年末，垦区实现工业总产值85.41亿元，工业总产值比上年增长2.1%，全年实现工业利润总额3.18亿元，比上年增产4.3%；产品销售收入74.3亿元，产销率达93.0%。

四、第三产业

2022年，垦区第三产业增加值5.54亿元，比上年下降3.1%。其中，交通运输业收入1.83亿元，比上年增长1.2%；类金融业1.98亿元，与上年基本持平。

五、固定资产投资情况

全年固定资产投资总额4.61亿元，其中，第一产业固定投资6 202万元，第二产业固定资产投资2.77亿元，第三产业固定资产投资1.22亿元。主要投资第一产业畜牧业发展，第二产业工业加工基地建设、技术改造，第三产业存量资产盘活。

六、创新突围效果初显

创新投入持续增长，比上年增长5.3%。从项目创新扩展到管理创新、技术创新、产品创新、市场营销创新、商业模式创新等，通过采取系列创新举措，产品市场份额有较明显提升，创新成果转换成生产力初显成效。

七、转型升级，高质量发展力求新突破

按照《中华人民共和国国民经济和社会发展第十四个五年规划和2035年远景目标纲要》及市委、市政府要求，集团发展进一步聚焦主业、调整结构、转型升级，提升治理效能，开拓高质量发展的重要动力源和新的增长极。

集团产业结构重组重构，发生重大变革，过去以“现代农业＋商业地产”为利润拉动，未来发展聚焦现代农业，从原结构性增长转向新结构质量型发展，从单纯的要素数量型增长迈向高质量发展。下一步，集团乳业产业打造“智慧乳业产业园”、肉业产业建设“智能养殖生态圈”、渔业产业布局“蓝色粮仓”、物流产业构建“城市冰箱和重庆厨房”，农食品产业链进行转型升级，提升市场竞争力。

四川农垦2022年经济发展统计公报

四川省农业农村厅

2022年，四川农垦（场）系统在农业农村部农垦局的指导下，在农业农村厅的坚强领导下，在地方各级党委、政府的共同努力支持下，思想和行动都与中央关于农垦改革的决策部署保持高度一致，聚焦重点任务，大力推进各项改革任务落实落地。四川省农场改革转型持续推进；垦区民生工程继续实施，基础设施继续改善；事业性农场全面向种业发展方向聚焦聚力；欠发达国有农场生产发展基础得到巩固提升。农场经济和社会发展积极向好。

一、综合

截至2022年年末，四川农垦系统国有农场56家，含农垦企业19家，原良种场37家，较上年减少5家，分布在全省19个市（州），以种源繁育、畜牧业、种植业为主。

农垦年末总人口6 614人，其中农场人口6 352人，农垦年内平均人口3 574人。年末从业人员3 307人，其中第一产业从业人员2 919人；从业人员工资总额15 765.89万元。年末职工2 441人，其中在岗职工1 702人；职工工资总额15 599.15万元，其中在岗职工工资总额14 074.83万元。

2022年年末，垦区土地总面积396 793.99公顷，其中，耕地面积1 053.64公顷，牧草地面积246 124.44公顷，林地面积34 002.81公顷，水面面积11.89公顷，园地面积544.68公顷，可垦荒地面积7.72公顷，宜林地面积5.00公顷，居民点及工矿用地面积263.10公顷，其他土地面积114 780.71公顷。

2022年，四川垦区全年实现农林牧渔业总产值19 410.97万元，其中，农业产值3 491.36万元，林业产值41万元，牧业产值4 404.74万元，渔业产值88.6万元，农林牧渔专业及辅助性活动产值11 385.27万元。

二、第一产业

2022年，四川垦区全年农作物总播种面积1 586.41公顷，其中，粮食作物播种面积244.57公顷，占农作物总播种面积的15.42%，粮食作物主要有稻谷、小麦、玉米、高粱和大豆；油料、烟叶、药材、蔬菜和瓜类作物播种面积为114.41公顷，占农作物总播种面积的7.21%。粮食作物总产量561.17吨，其中，谷物总产量345.80吨，豆类产量19.91吨，薯类产量195.46吨；油料、蔬菜、瓜类等作物产量1 605.87吨。

茶叶年末实有面积143.33公顷，收获面积138.33公顷，产量225.75吨；水果年末实有面积251.35公顷，收获面积215.90公顷，产量3 784.07吨；桑园年末实有面积150.33公顷，收获面积136.71公顷，产量2 300.07吨。

2022年畜牧业生产情况。大牲畜年末总头数36 745头，其中牛31 452头，规模化养殖场1个；猪年末总头数3 245头，规模化养殖场1个；羊年末总数13 717只，规模化养殖场71个。

2022年，垦区全年肉类总产量1 506.45吨，其中，猪肉产量550.95吨，牛肉产量696.56吨；牛奶产量3 229.95吨；禽蛋产量14.10吨；蚕茧产量153.68吨；水产品产量979.60吨。

垦区农场机械化保持平稳，2022年农业机械总动力23 276.16千瓦，其中电动机动力22 511.76千瓦，占总动力的96.72%；拥有大中型拖拉机12台，小型及手扶拖拉机21台；拥有排灌动力机械109台；拥有联合收获机6台；农业生产用电量657 377千瓦·时；农业用水量64 453米^3；农药施用量21.32吨；农用化肥施用总量（实物量）644.23吨；农用塑料薄膜使用量14.91吨；农田节水灌溉面积75.33公顷。

三、第二产业

2022年，四川垦区全年规模以上工业企业2家，全部为国有企业；实现工业总产值（现价）452.76万元，主营业务收入994.82万元，主营业务利润15.65万元，利润总额21.23万元；年末从业人员53人，从业人员年末工资总额289.10万元。

从主要工业产品产量看，垦区工业产品主要为乳制品，全年生产量1 568.15吨。

四、固定资产投资

2022年，四川农垦全年完成固定资产投资1 883.14万元。其中，第一产业完成投资1 289.51万元，占总投资额的68.48%；第二产业完成投资2.95万元，占总投资额的0.16%；第三产业完成投资590.68万元，占总投资额的31.37%。从资金来源看，国家预算内资金936.70万元，占全部资金来源的49.74%，自筹资金856.44万元，占全部资金来源的45.48%，其他资金来源90万元，占资金来源总额的4.78%。2022年新增固定资产1 087.62万元。

五、农垦科研、农产品认证情况

2022年年末，拥有农垦科研单位2个，比上年减少2个。农垦科研单位拥有职工28人，其中科技人员7人，本科及以上学历人员2人；企业科技创新人员3人，企业研究与试验发展经费30万元，均为企业自筹经费。

截至2022年年末，四川垦区取得1个水果绿色食品认证，认证的绿色食品产量132吨；取得11个茶叶有机食品认证，认证的有机食品产量18.45吨；取得1个药材农产品地理标志认证，认证的地理标志产品面积23.3公顷，地理标志产品产量9吨。

贵州农垦 2022 年经济发展统计公报

贵州省农业农村厅

2022 年，贵州农垦系统继续深化垦区集团化、农场企业化改革，强化推动创新驱动，深耕拓展农垦品牌，构建现代农业经营体系，做实主导产业基础，激活农垦内生活力、市场竞争力和影响力，保持经济增长的良好势头，人均收入水平稳步提高，农场竞争力逐步提升，垦区经济和社会发展和谐稳定。

一、综合

贵州垦区 2022 年实现生产总值 6.49 亿元，其中，第一产业增加值 2.05 亿元，第二产业增加值 3.37 亿元，第三产业增加值 1.07 亿元（图 1、图 2）；人均可支配收入持续增长，达 69 900 元。

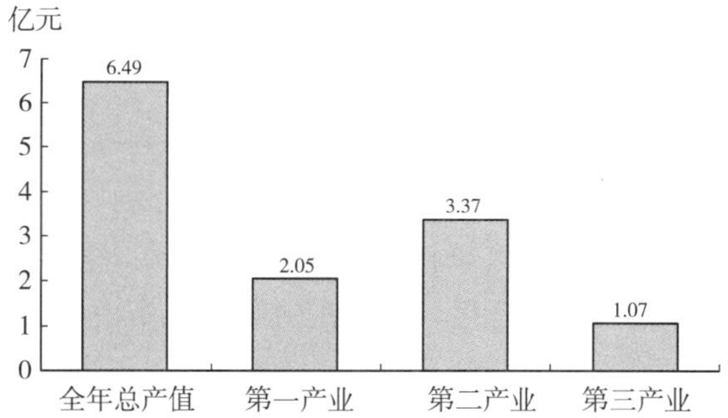

图 1　2022 年贵州垦区生产总值情况

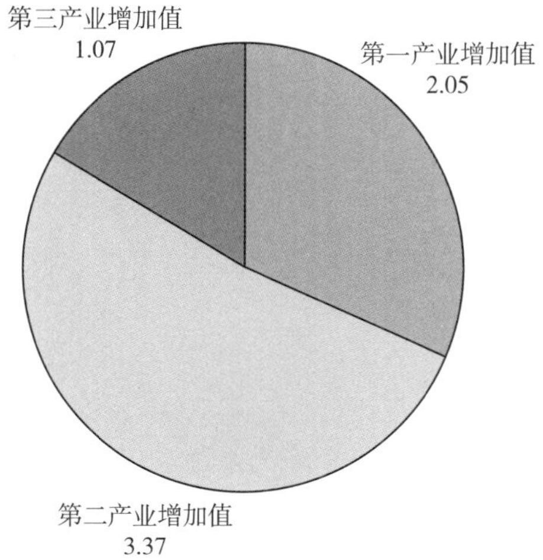

图 2　2022 年贵州垦区增加值产业分布情况（亿元）

二、农业

（一）农林牧渔业总产值

2022 年完成农林牧渔业总产值 12.55 亿元（现价），其中，农业产值 1.45 亿元，牧业产值 10.84 亿元，林业、渔业等产值 0.26 亿元（图 3）。

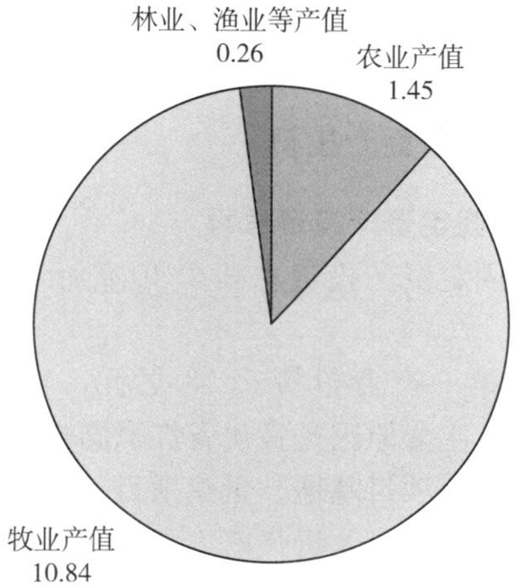

图 3　2022 年贵州垦区农林牧渔产值情况（亿元）

（二）种植业

全年农作物播种面积 205.47 公顷，其中，粮食作物 122.47 公顷，产量 603.80 吨，产量较上年增长 32.53%；蔬菜、瓜类 62.20 公顷，产量1 100 吨，产量较上年增长 0.09%；烟叶 12.30 公顷，产量 40.20 吨，产量较上年下降 39.55%；油料（油菜籽）8.50 公顷，产量 10.10 吨，产量较上年下降 0.98%。

（三）养殖业

大牲畜年末存栏总数 16 911 头，其中，肉牛 1 100头，奶牛 15 811 头；全年牛奶产量82 433.03 吨，较上年增长 438.93%；全年出栏肉猪 26 201 头，猪肉产量 3 406.38 吨，产量较上年增长 72.31%；家禽 1 193 948 只，禽蛋产量 19 900 吨，产量较上年增长 0.16%；水产品以淡水鱼类为主，养殖面积 90.67 公顷，产量 1 386 吨，产量较上年增长 15.89%。

三、工业

（一）工业总产值

全年完成工业总产值 39.09 亿元（现价），较上年增长 114.83%。其中，农副食品加工业 4.63 亿元，较上年增长 7.04%；食品制造业 15.48 亿元，较上年增长 12.49%；其他制造业 18.96 亿元；酒、饮料和精制茶制造业 0.02 亿元。

（二）主要工业产品产量

（1）乳制品全年产量 16.35 万吨，增长 18.18%，主要原因是贵州南方乳业股份有限公司生产线升级改造，产能提升。

（2）配合饲料产量 12.25 万吨，增长 31.33%，主要原因是贵州省红枫湖畜禽水产有限公司新建饲料厂投产，产能提升。

四、固定资产投资

（一）固定资产投资总额

全年固定资产投资总额 9.60 亿元，较上年增长 134.77%。

（1）第一产业投资 7.13 亿元，较上年增长 139.16%，主要原因是贵州省红枫湖畜禽水产有限公司生态渔业项目基地、蛋鸡项目基地、生猪保供基地建设投资，以及贵州南方乳业股份有限公司牧场建设。

（2）第二产业投资 2.44 亿元，较上年增长 329.52%，主要原因是贵州南方乳业股份有限公司投建龙岗乳制品加工分厂，以及贵州省红枫湖畜禽水产有限公司船牌饲料加工厂建设。

（3）第三产业投资 0.02 亿元，较上年减少 95.54%。

（二）资金来源

资金合计来源合计 9.60 亿元，其中，国内贷款 1.56 亿元，为贵州省红枫湖畜禽水产有限公司项目贷款；其他资金 8.01 亿元，包括贵州省红枫湖畜禽水产有限公司获得农业现代化基金 4 亿元，贵阳农垦集团及子公司投入资金 4.01 亿元；企业自筹 242 万元。

五、人口就业民生

2022 年，全垦区年末总人口 20 277 人，比上年年末下降 1.54%。

年末从业人员 5 423 人，比上年增长 10.07%。其中，第一产业 3 821 人，第二产业 1 361 人，第三产业 241 人（表 1）。

表 1　2022 年贵州垦区从业人员情况

指标名称	数量（人）
全垦区年末从业人员	5 423
其中：第一产业	3 821
第二产业	1 361
第三产业	241

年末职工 3 467 人，比上年下降 0.83%。其中在岗职工 2 420 人，比上年增长 9.55%。全年职工工资总额 1.78 亿元，其中在岗职工工资总额 1.69 亿元。

云南农垦2022年经济发展统计公报

云南省农垦局

2022年，在各级党委、政府的坚强领导下，在农业农村部农垦局、云南省农业农村厅的关心指导和各级各部门的大力支持下，全省农垦系统坚决执行党中央、国务院决策部署和省委、省政府工作要求，紧紧围绕新时期农垦改革发展总要求，聚焦云南省深化农垦改革工作领导小组工作要点任务，以垦区集团化、农场企业化改革为主线，持续深化农垦改革，巩固天然橡胶基地建设，积极推进特色热作产业发展，主动作为、担当实干，克服了新冠疫情和自然灾害等多种因素影响，较好地完成了垦区年度改革工作任务和经济社会发展目标，经济保持增长，社会和谐稳定。

一、综合

垦区经济总量保持增长，第一产业持续增长，受疫情影响第二、第三产业不同程度下降。经核算，2022年云南垦区实现生产总值86.02亿元，比上年增长4.75%。其中，第一产业增加值48.38亿元，比上年增长10.02%；第二产业增加值8.02亿元，比上年下降2.20%；第三产业增加值29.62亿元，比上年下降1.08%。垦区人均生产总值22 949元，比上年增长1.48%（表1）。

表1　云南农垦产值

指标名称	计量单位	2022年	2021年	增长量	增长率（%）
垦区生产总值	万元	860 153	821 124	39 029	4.75
第一产业	万元	483 755	439 694	44 061	10.02
第二产业	万元	80 208	82 013	−1 805	−2.20
其中：工业	万元	76 571	75 973	598	0.79
第三产业	万元	296 190	299 417	−3 227	−1.08
第一产业比重	%	56.2	53.5	2.7	5.05
第二产业比重	%	9.3	10.0	−0.7	−7.00
第三产业比重	%	34.4	36.5	−2.1	−5.75
垦区人均生产总值	元	22 949	22 614	335	1.48
非公及管区经济生产总值	万元	416 233	398 750	17 483	4.38
工农业总产值	万元	985 599	1 076 927	−91 328	−8.48
工业总产值	万元	258 398	301 593	−43 195	−14.32
农业总产值	万元	727 201	775 334	−48 133	−6.21

注：因统计范围发生变化，为保持一致，对数据进行了调整。

产业结构由上年的53.5∶10.0∶36.5调整为56.2∶9.3∶34.4。非公及管区生产总值41.62亿元，比上年增长4.38%，占垦区生产总值比重为48.39%，比上年下降0.17个百分点。全年共完成工农业总产值98.56亿元，其中，工业总产值25.84亿元，农业总产值72.72亿元。增速分别为−8.48%、−14.32%、−6.21%。

二、第一产业

农业、牧业、渔业不同程度增长，林业、农林牧渔加工业下降。

2022年，垦区实现第一产业增加值48.38亿元，比上年增长10.02%。农林牧渔业总产值72.72亿元，比上年下降6.21%。农业各行业除林业和农林牧渔加工业外，其他行业均不同程度增长，其中农业（种植业）产值27.55亿元，增长13.31%；林业产值15.75亿元，下降4.60%，其中橡胶（种植）产值13.67亿元，下降6.40%；牧业产值6.21亿元，增长5.62%；渔业产值2.57亿元，增长4.08%，农林牧渔专业及辅助活动（农林牧渔加工业）产值20.63亿元，下降27.24%，其中橡胶初加工产值20.26亿元，下降27.77%（表2）。

表2　云南农垦农业产值

指标名称	2022年（万元）	2021年（万元）	增长量（万元）	增长率（%）
农林牧渔业总产值	727 201	775 334	−48 133	−6.21
按农业行业分类				
农业产值	275 536	243 152	32 384	13.32
其中：粮食	25 359	24 572	787	3.20
油料	179	90	89	98.89
糖料（甘蔗）	16 656	18 493	−1 837	−9.93
烤烟	1 057	651	406	62.37
药材	1 617	908	709	78.08
蔬菜、瓜果	53 096	50 795	2 301	4.53
其他短期作物	12 103	4 113	7 990	194.26
茶叶	20 174	19 771	403	2.04
水果	124 268	108 091	16 177	14.97
热带亚热带作物	21 027	15 669	5 358	34.19
林业产值	157 537	165 126	−7 589	−4.60
其中：橡胶	136 668	146 013	−9 345	−6.40
牧业产值	62 058	58 758	3 300	5.62
其中：肉类	53 424	52 010	1 414	2.72
渔业产值	25 741	24 731	1 010	4.08
农林牧渔业辅助活动	206 329	283 567	−77 238	−27.24
其中：橡胶初加工	202 630	280 520	−77 890	−27.77
按经济类型分类				
公有经济	368 480	449 138	−80 658	−17.96
非公及管区经济	358 721	326 196	32 525	9.97

面对天然橡胶因灾减产及长期价格低迷的严峻形势，垦区各级、各单位大力推进主产业——天然橡胶提质增效，提高土地利用效率，积极调整优化农业产业结构，调整产品和品种结构，特色热作农业产业持续发展，特色农业产业发展质量提升，蔬菜、瓜果，热带水果，畜牧业，渔业等特色产业发展态势良好。开展“三品一标”提升行动，强化认证和品牌打造，现有绿色食品28个，省、州、县级“绿色食品牌”产业基地14个。

1. 橡胶种植面积下降，投产面积增加，产量增长

截至2022年年末，垦区橡胶面积132 684公顷（199万亩，含农垦非公经济及农垦控制的境外胶园面积43.93万亩），比上年下降1.74%。其中公有橡胶107 362公顷（161万亩），下降0.91%。橡胶平均开割面积100 634公顷（151万亩），增长0.65%（表3）。

表3　云南农垦橡胶生产情况

指标名称	计量单位	2022年	2021年	增长量	增长率（%）
年末橡胶面积	公顷	132 684	135 034	−2 350	−1.74
	亩	1 990 260	2 025 511	−35 251	−1.74
其中：公有橡胶	公顷	107 362	108 343	−981	−0.91
	亩	1 610 430	1 625 142	−14 712	−0.91
年末橡胶株数	万株	4 764.86	4 905.50	−140.64	−2.87
其中：公有橡胶	万株	3 696.97	3 764.10	−67.13	−1.78
平均开割面积	公顷	100 634	99 988	646	0.65
	亩	1 509 510	1 499 814	9 696	0.65
平均开割株数	万株	3 236.20	3 207.51	28.69	0.89
橡胶总产量	吨	123 352	123 048	304	0.25
其中：公有橡胶	吨	98 278	96 617	1 661	1.72
橡胶平均亩产	公斤	81.72	82.04	−0.32	−0.39
橡胶平均株产	公斤	3.81	3.84	−0.03	−0.78
收购加工橡胶	吨	169 427	226 021	−56 594	−25.04
橡胶综合产值（含收购加工）	万元	339 299	426 533	−87 234	−20.45
橡胶产值占农业总产值比重	%	46.7	55.0	−8.4	−15.19

生产橡胶12.34万吨，比上年增加304吨，增长0.25%，其中公有橡胶产量9.83万吨，增长1.72%。全垦区橡胶平均亩产81.7公斤，比上年下降0.39%，平均株产3.81公斤，比上年下降0.78%。

全年收购加工橡胶16.94万吨，下降25.04%。橡胶生产成本依旧居高不下，垦区橡胶平均生产成本约为1.4万元/吨，远高于年均销售价格。

自2013年以来，橡胶销售价格总体呈下跌态势，从2013年的18 300元/吨跌至2022年的12 041元/吨。

橡胶产值（种植部分）16.67亿元，比上年下降6.4%，橡胶初加工产值16.94亿元，比上年下降25.04%。

2. 茶叶种植面积、产量下降，产值增长

茶叶种植面积4 207公顷（6.31万亩），比上年下降2.07%；干毛茶产量8 237吨，比上年下降2.43%；产值2.01亿元，比上年增长1.90%（表4）。

表4　云南农垦非胶农作物生产情况

指标名称	计量单位	2022年	2021年	增长量	增长率（%）
粮食作物					
种植面积	公顷	11 123	9 737	1 386	14.23
产量	吨	72 796	61 507	11 289	18.35
产值	万元	25 359	24 572	787	3.20
甘蔗					
种植面积	公顷	3 347	4 061	−714	−17.58
产量	吨	369 721	413 893	−44 172	−10.67
产值	万元	16 656	18 493	−1 837	−9.93

（续）

指标名称	计量单位	2022年	2021年	增长量	增长率（%）
蔬菜、瓜果					
种植面积	公顷	4 440	4 583	−143	−3.12
产量	吨	110 952	103 459	7 493	7.24
产值	万元	53 096	50 795	2 301	4.53
茶叶					
种植面积	公顷	4 207	4 296	−89	−2.07
产量	吨	8 237	8 442	−205	−2.43
产值	万元	20 147	19 771	376	1.90
水果					
种植面积	公顷	17 329	16 006	1 323	8.27
产量	吨	252 591	252 181	410	0.16
产值	万元	124 268	108 091	16 177	14.97
咖啡					
种植面积	公顷	724	605	119	19.67
产量	吨	1 056	1 107	−51	−4.61
产值	万元	1 474	1 211	263	21.72
澳洲坚果					
种植面积	公顷	4 386	4 243	143	3.37
产量	吨	3 360	2 088	1 272	60.92
产值	万元	8 253	4 722	3 531	74.78
石斛					
种植面积	公顷	199	174	25	14.37
产量	吨	1 594	1 421	173	12.17
产值	万元	10 291	9 305	986	10.60
热带亚热带作物产值	万元	21 027	15 669	5 358	34.19

3. 水果种植面积、产量、产值不同程度增长

水果种植面积 17 329 公顷（25.99 万亩），比上年增长 8.27%；产量 25.26 万吨，比上年增长 0.16%；产值 12.43 亿元，比上年增长 14.97%。

4. 甘蔗种植面积、产量、产值不同程度下降

2021/2022 榨季种植甘蔗 3 347 公顷（5.02 万亩），比上年下降 17.58%；产量 36.97 万吨，比上年下降 10.67%；产值 1.67 亿元，比上年下降 9.93%。

5. 蔬菜、瓜果种植面积下降，产量、产值不同程度增长

蔬菜、瓜果种植面积 4 440 公顷（6.66 万亩），比上年下降 3.12%；产量 11.10 万吨，比上年增长 7.24%；产值 5.31 亿元，比上年增长 4.53%。

6. 粮食种植面积、产量、产值不同程度增长

粮食种植面积 11 123 公顷（16.68 万亩），比上年增长 14.23%；产量 7.28 万吨，比上年增长 18.35%；产值 2.53 亿元，比上年增长 3.20%。

7. 畜牧业产量、产值不同程度增长

肉类总产量为 1.24 万吨，比上年增长 1.69%；

牧业产值6.21亿元，增长5.62%（表5）。

表5　云南农垦畜牧业、渔业生产情况

指标名称	计量单位	2022年	2021年	增长量	增长率（%）
肉类总产量	吨	12 408	12 202	206	1.69
牧业产值	万元	62 058	58 758	3 300	5.62
水产品产量	吨	16 279	15 253	1 026	6.73
渔业产值	万元	25 741	24 731	1 010	4.08

8. 渔业产量、产值不同程度增长

全年生产水产品1.63万吨，比上年增长6.73%；渔业产值2.57亿元，比上年增长4.08%。

农业产业结构调整效果持续显现，2021年垦区承包岗位人员（含职工和非职工）岗位年工资性收入1.57万元，比上年增长10.56%。

三、第二产业

2022年实现第二产业增加值8.02亿元，比上年下降2.20%，其中工业增加值7.65亿元，比上年增长0.79%。

2022年，垦区全部工业企业（含国有、非公及管区）除电力、精制茶、钢模板产值保持增长，其他主要工业品产量、产值均不同程度下降（表6）。全年实现工业总产值25.84亿元，比上年下降14.32%。

表6　云南农垦主要工业品产量产值

指标名称	计量单位	2022年	2021年	增长量	增长率（%）
食糖					
产量	吨	109 248	180 392	−71 144	−39.44
产值	万元	57 655	89 824	−32 169	−35.81
酒精					
产量	吨		2 374	−2 374	−100.00
产值	万元		204	−204	−100.00
发电量					
产量	万千瓦·时	47 144	43 053	4 091	9.50
产值	万元	18 833	16 551	2 282	13.79
锯材及人造板材					
产量	米^3	192 281	219 060	−26 779	−12.22
产值	万元	29 013	29 057	−44	−0.15
精制茶					
产量	吨	8 027	9 412	−1 385	−14.72
产值	万元	28 092	21 648	6 444	29.77
土豆片					
产量	吨	872	1 801	−929	−51.58
产值	万元	2 715	4 761	−2 046	−42.97
咖啡粉					
产量	吨	710	1 609	−899	−55.87
产值	万元	9 183	14 799	−5 616	−37.95

（续）

指标名称	计量单位	2022年	2021年	增长量	增长率（%）
水泥					
产量	吨	373 369	505 450	−132 081	−26.13
产值	万元	11 243	14 888	−3 645	−24.48
钢模板					
产量	吨	11 736	10 219	1 517	14.84
产值	万元	10 052	8 446	1 606	19.01
汽车配件					
产量	套	1 388	3 307	−1 919	−58.03
产值	万元	1 008	1 637	−629	−38.42
热作机械					
产量	台	108	143	−35	−24.48
产值	万元	3 739	7 424	−3 685	−49.64

2022年全年完成建筑业总产值1.04亿元，比上年下降37.47%，实现建筑业增加值0.36亿元，比上年下降39.77%，全年施工建筑面积2.26万米^2，比上年下降41.48%。

四、第三产业

受疫情防控影响，第三产业同比下降。2022年垦区第三产业实现增加值29.62元，比上年下降1.08%。全年垦区各类第三产业企业实现营业收入357.85亿元，比上年下降15.76%；实现利润6.16亿元，比上年下降8.23%，主要原因是受疫情影响。

1. 交通运输业收入、上缴税金不同程度下降，利润增长

交通运输业实现营业收入3.80亿元，比上年下降6.46%；上缴税金817万元，比上年下降19.78%；实现利润1.03亿元，比上年增长2.79%。

2. 批发零售贸易业收入、利润不同程度下降，上缴税金增长

批发零售贸易业实现营业收入243.85亿元，比上年下降26.94%；上缴税金8 941万元，比上年增长8.00%；实现利润8 778亿元，比上年下降60.60%。

3. 住宿和餐饮业收入、上缴税金、利润不同程度下降

住宿和餐饮业营业收入7.30亿元，比上年下降1.47%；上缴税金2 754万元，比上年下降4.85%；实现利润1 116万元，比上年下降85.16%。

4. 服务业收入、上缴税金、利润不同程度增长

服务业实现营业收入7.54亿元，比上年增长9.58%；上缴税金2 633万元，比上年增长3.83%；实现利润1.87亿元，比上年增长18.16%。

五、固定资产投资

固定资产投资下降，但第一产业投资保持增长。2022年垦区固定资产投资总额为11.23亿元，比上年下降3.01%。其中，第一产业投资4.85亿元，比上年增长19.75%，第一产业中橡胶投资2.33亿元，比上年增长72.91%；第二产业投资1.13亿元，比上年下降46.82%；第三产业投资5.25亿元，比上年下降2.83%（表7）。

表 7　云南垦区固定资产投资情况

指标名称	2022 年（万元）	2021 年（万元）	增长量（万元）	增长率（%）
垦区固定资产投资总额	112 303	115 790	−3 487	−3.01
第一产业	48 485	40 488	7 997	19.75
其中：橡胶生产	23 258	13 451	9 807	72.91
第二产业	11 307	21 263	−9 956	−46.82
第三产业	52 511	54 039	−1 528	−2.83
公有经济	81 286	80 834	452	0.56
第一产业	45 303	26 379	18 924	71.74
其中：橡胶生产	23 153	12 813	10 340	80.70
第二产业	11 264	21 122	−9 858	−46.67
第三产业	24 719	33 332	−8 613	−25.84
非公及管区经济	31 017	34 956	−3 939	−11.27

全垦区公有经济投资额为 8.13 亿元，比上年增长 0.56%，其中一、二、三产业投资额分别为 4.53 亿元、1.13 亿元、2.47 亿元，增幅分别为 71.74%、−46.67%、−25.84%。非公及管区经济固定资产投资额为 3.10 亿元，比上年下降 11.27%。

六、从业人员收入及人数

2022 年垦区各类从业人员年均工资总体保持增长。2022 年从业人员年均工资 2.32 万元，比上年增长 3.53%；在岗职工（按月领取劳动报酬的职工）年均工资 7.70 万元，比上年下降 3.75%；承包岗位职工（农业一线职工）年均工资 2.04 万元，比上年增长 12.25%；承包岗位非职工（农业一线承包人）年均劳动报酬 1.42 万元，比上年增长 12.00%；其他从业人员年均工资 2.16 万元，比上年增长 10.18%。

2022 年，垦区公有经济年末从业人员 11.06 万元，比上年同期下降 3.92%。

七、非公经济及管区经济

非公及管区经济总体保持增长态势。垦区非公及管区经济实现生产总值 41.62 亿元，比上年增长 4.38%。非公及管区经济总量占垦区经济总量的比重为 48.39%，比上年下降 0.17 个百分点。一、二产业同比保持增长，三产同比下降。一、二、三产业增加值分别为 20.32 亿元、2.29 亿元、18.64 亿元，增速分别为 11.68%、2.29%、−2.29%。

非公及管区经济实现产值（营业收入）83.79 亿元，比上年增长 3.12%；劳动报酬总额为 15.95 亿元，比上年下降 2.70%；上缴税金 1.65 亿元，比上年增长 4.76%；实现利润 18.58 亿元，比上年增长 14.00%。

八、农业受灾情况

2022 年，云南垦区自然灾害频发，但受灾面积、经济损失均小于上年。2022 年垦区各种农作物受灾面积 15 092 公顷（22.64 万亩），比上年下降 74.50%。其中，橡胶受灾面积 12 794 公顷（19.19 万亩），因灾减产橡胶 2 403 吨；茶叶受灾面积 22 公顷（0.03 万亩），因灾减产茶叶 45 吨；水果受灾面积 829 公顷（1.24 万亩），因灾减产水果 1 302 吨；甘蔗受灾面积 743 公顷（1.11 万亩），因灾减产甘蔗 1.21 万吨。自然灾害造成直接经济损失 6 517 万元，比上年下降 59.63%。

西藏农垦2022年经济发展统计公报

西藏自治区农业农村厅

一、基本情况

西藏垦区现有国有农场4个，分布于2个市4个县（市、区），与西藏自治区农业农村厅属于监督管理关系。2022年垦区全年实现生产总值30.40万元。其中，第一产业增加值373.40万元，第三产业增加值－403.80万元。一、三产业增加值占生产总值比重分别为1 228.3%、1 328.3%。2022年垦区有1家农场实现盈利，3家农场亏损。全年实现净利润－857.06万元，较上年减少5 426.84万元，同比下降118.8%。其中，八一农场、米林农场、易贡茶场、察隅农场4家农场分别实现净利润－578.78万元、－174.22万元、－157.66万元、53.60万元，分别较上年减少4 654.65万元、186.60万元、439.35万元、146.24万元，同比分别下降114%、1 507%、156%、73%。

2022年，垦区年末总人口1 752人，从业人员600人，其中，第一产业514人，第三产业86人。垦区居民人均可支配收入226 852.84元。2022年年末职工394人，职工工资总额1 472.25万元，职工人均工资收入37 366元。

西藏垦区农垦国有土地总面积3 632.77公顷，其中，耕地面积849.62公顷，牧草地面积519.42公顷，林地面积1 262.14公顷，水面面积28公顷，园地面积164.99公顷，居民点及工矿用地面积227公顷，其他面积581.60公顷。

二、农业生产情况

2022年，垦区全年农作物播种面积187.16公顷，农业产值1 830万元。其中，粮食作物（玉米）20.30公顷，产量252吨；油料作物（花生）1.53公顷，产量5.73吨；蔬菜、瓜类9.33公顷，产量115.29吨；其他作物156公顷。经济作物播种面积747.33公顷。其中，茶叶种植650公顷，收获面积306.33公顷，产量47.12吨；水果种植97.33公顷，产量97.33吨。绿色食品认证3个，其中，蔬菜认证1个，水果认证2个。

三、林业情况

2022年，垦区全年造林面积97.73公顷；年末森林面积1 194.14公顷；全年零星植树200株；全年实有育苗面积11公顷，其中当年新育面积8公顷；幼林抚育面积10公顷；森林覆盖率32.9%。

四、畜牧业情况

2022年，垦区大牲畜435头，其中，肉牛235头，牛肉产量30.2吨；奶牛200牛，牛奶产量1吨；能繁殖的母畜223头，当年生仔畜86头。生猪存栏530头，猪肉产量16.8吨。

五、农业机械化、生产投入与技术推广情况

一是农业机械化情况。垦区农业机械总动力8 030千瓦。其中，柴油发动机机动力1 620千瓦，汽油发动机机动力210千瓦，电动机动力6 200千瓦。农业机械10台。其中，小型及手扶拖拉机6台，排管动力机械3台，农用飞机1台。全年实际耕种面积97.33公顷。二是生产投入情况。农业生产用电3千瓦·时；农业用水210 000米^3；农药施肥粮1 420吨；农用塑料薄膜使用量31吨；沼气池1个。三是技术推广情况。农田有效灌溉面积97.33公顷；绿色防控技术应用面积10公顷；秸秆综合利用面积6公顷。

六、建筑业情况

2022年，垦区建筑业年末单位1个，年末从业人员20人，从业人员工资总额190万元，固定资产原值48 306万元，建筑业总产值350万元。

七、农垦科研情况

2022 年，垦区企业科技人员 5 人，用于科研的经费（政府拨款）300 万元。

八、固定资产投资

2022 年，垦区完成固定资产投资总额 3 633 万元。投资构成：第一产业投资 2 156 万元，占总投资额的 59.34%；第二产业投资 1 477 万元，占总投资额的 40.66%。资金来源于国家预算投资 3 242万元与自筹资金 409 万元。全年新增固定资产 2 156 万元。

陕西农垦2022年经济发展统计公报

陕西省农垦集团有限责任公司

2022年，陕西农垦坚持以习近平新时代中国特色社会主义思想为指导，在省委、省政府和省国资委、省农业农村厅的正确领导下，紧扣“不负重托、不辱使命，在全省乡村振兴和特色现代农业发展中贡献陕垦力量”的总体思路，积极担当、主动作为，各项工作平稳有序开展。

农垦是国有农业经济的骨干和代表，是推进中国特色新型农业现代化的重要力量。2022年的工作实践证明，立足陕垦实际，壮大党的农垦事业必须忠诚坚定、奋斗开拓。一是必须始终牢记“国之大者”。自觉站位新发展阶段，主动融入新发展格局，坚定贯彻新发展理念，切实落实好保障粮食安全、国有资产保值增值、区域协同融合发展、保障职工福祉等经济社会民生责任。二是必须始终担当农垦使命。做优、做精特色现代农业产业，担负起国家队、示范区、排头兵职能使命，提升“米袋子”“菜篮子”“肉案子”“油瓶子”供应能力，努力为社会提供安全、放心的农产品。三是必须始终保持战略定力。持续推进开放合作、改革创新、经营发展等重点工作，做实产业特色、质量、效益、融合、协同五方面文章，全方位培厚企业发展根基。四是必须始终践行国企责任。健全完善企业治理体系，提升企业风险防范能力，提高企业经营管理水平，把方向、管大局、促落实，持续推动高质量发展。五是必须始终依靠广大干部职工。全力拼搏、感恩奋进，培优配齐德才兼备的领导班子和干事创业的职工队伍，推动弘扬农垦精神、塑造企业文化、强化作风品质，凝聚起积极向上的发展力量。

2022年，全省农垦实现国民生产总值57 452万元（现价，下同），同比下降32.01%。其中，第一产业增加值36 091万元，同比增长14.37%；第二产业增加值9 729万元，同比下降0.23%；第三产业增加值11 632万元，同比下降73.07%。

全省实现农业总产值66 001万元，工业总产值50 420万元。

一、农业

农业生产总体良好。2022年，农业生产克服雪灾、风灾、低温霜冻、洪涝等自然灾害带来的不利影响，实现了较好收成。全省农垦共收获稻谷584吨，小麦60 983吨，玉米70 908吨，其他谷物30吨；大豆363吨；油料合计374吨；蔬菜、瓜果类合计83 440吨。

（一）粮食主业优势提升，规模、产量再创近年新高

一是粮食种植面积、总产量为近年最大年份。全年粮食收获面积达28.11万亩，较上年的20.39万亩增加7.72万亩，增长37.86%；全年粮食总产量13.64万吨，较上年的9.07万吨增加4.57万吨，增长50.39%。二是粮食单产创造历史最高纪录。2022年，集团小麦平均亩产918.8斤，比全省小麦平均亩产598斤多320.8斤，尤其是华阴农场高产创建示范田实收测产亩产达848.92公斤，创造陕西小麦单产最高纪录，陕垦大华种业助推华阴市成为国家级小麦制种大县。三是规模化粮食生产经营有序推进。积极推进与渭南一市五县开展粮食规模化生产合作。与渭南市政府、中国农业发展银行陕西省分行签订打造60万亩粮食规模化生产“吨粮田”核心示范区的战略合作协议。战略布局榆林市区，分别与靖边县、定边县、神木市签订建设粮食规模化生产经营战略合作协议。

（二）产业发展特色鲜明，示范引领作用有效彰显

坚持新发展理念，持续调整优化产业结构，主导产业优势不断显现，成为带动区域农业协同发展的积极力量。一是特色产业示范引领作用不断彰显。持续推进3万余亩果蔬产业扩规提质、优化品种布局。大荔农场“订单式”生产的400余亩羊肚菌菌种销往周边省份；朝邑农场500亩荷兰马铃薯

种、管、收实现全程机械化，亩均产量超过 9 000 斤；沙苑农场 1 170 亩白萝卜亩产达 12 000 斤；朝邑、沙苑两个农场带头推广的 4 000 余亩大豆玉米复合种植获得丰收。各农场优势鲜明的成功实践，为区域农业发展发挥了示范引领作用。二是重要农产品生产供给能力稳步提升。沙苑农场产销一体化项目形成“生产—仓储—物流—销售—配送”全产业链条，安益鲜公司全年向社会供应各类果菜、食材 100 余万斤，在疫情严峻期间，保持每天向西安市供应果蔬产品 4 万余斤，集团全年累计向社会提供各类果蔬产品超 11 万余吨，有效发挥了国有农业企业的使命担当。三是绿色循环农业结构模式创新增效。大荔农场建成的年出栏 2.4 万头生猪养殖场投产运营，牧工商公司联农带农做强生猪产业，养殖规模达 1.2 万头，华山牧业年产鲜奶 7.1 万吨，全年向社会提供鲜活乳制品 5 万余吨。依托奶牛场和生猪养殖场资源，推进种养结合，带动 10 万亩青储玉米种植，形成“种植—养殖—有机肥—种植”的循环农业结构模式。

（三）改革工作深入推进，企业经营活力持续释放

叠加推进农垦改革和国企改革，持续提升集团化、企业化水平。一是现代企业治理体系建立完善。党组织在企业中的领导地位和引领作用不断加强，企业法人治理结构日趋完善，运行规则和议事规则更加规范，制度体系更加健全，资源资产整合力度加大，综合发展实力提升。二是经济结构布局持续优化。陕西省牧工商总公司划转移交陕西省农垦集团，集团产业链条进一步完善，呈现新的发展布局。压减治亏工作取得实质性成果，相继完成了 2 家公司注销、2 家公司减亏；推动 3 家公司完成公司化改制。三是管理机制体制显现活力。通过“三项制度”改革，建立激励约束机制，全面实行经理层成员任期制契约化管理，推行市场化选人用人，全年累计面向社会公开招聘 21 人，落实竞聘上岗 60 人，末等调整、不胜任退出 6 人，首次引进 2 名职业经理人，进一步激发了经营活力动力。

（四）开放合作扎实作为，协同融合促进互利共赢

坚持开放办垦战略，持续推动合作共赢发展，取得了实实在在的发展成效。一是垦垦合作结硕果。集团合作培育的陕垦大华种业，年向社会供应优质种子 1 000 余万斤，自主繁育的小麦新品种华垦麦 7 号、华垦麦 23 通过国审，成为 2022 年度陕西省唯一一家通过自主研发选育审定国家级小麦新品种的种子企业；华山牧场成为西北首家通过 UHT 灭菌乳优质项目验收的企业。二是垦地合作创新路。大荔农场与合阳县金丰公社探索“双社”合作模式，华阴农场开创“农垦＋村级集体股份合作社＋农户”的合作种粮模式，为粮食增产增效进行有益尝试，与黄龙县三岔镇合作经营日加工能力 900 吨的玉米烘干厂，助力乡村振兴，实现多方共赢。朝邑农场融入地方，持续扩大现代智慧农机示范区规模。三是央陕合作谋发展。沙苑农场牵手央企，与融通公司合作种粮 1.3 万余亩，促进了粮食规模化生产经营工作，推动了陕西农垦与央企的深度合作。四是垦校（院）合作促创新。集团及各农场与高校、科研院所开展技术合作，邀请农业专家、教授深入田间地头进行技术指导，3 次举办“农垦大讲堂”科技培训活动，农建公司与长安大学合作开展高标准农田建设工作，有力促进了集团科技创新水平稳步提升。

二、工业

农垦是一个特殊的社会经济系统，具有企业性、社会性、区域性等多重特征。要准确把握农垦的行业特征和内在规律，在农业农村部农垦局的宏观指导和有关配套政策的支持下，借鉴兄弟垦区的成功经验，积极稳妥地推进工业体制改革。

2022 年全省共实现工业总产值 50 420 万元。

2022 年主要工业产品产量：原煤 906 100 吨。

三、商贸服务业

2022 年，商业年末经营单位 31 个，商品销售总额 1 058 万元。住宿餐饮业年末经营单位 17 个，营业收入 525 万元。服务业经营单位 20 个，营业收入 52 064 万元。

四、固定资产投资

全省农垦固定资产投资 28 472 万元，其中，第一产业 7 698 万元，占投资总额的 27.04%；第二产业 1 565 万元，占投资总额的 5.49%；第三产业 19 209 万元，占投资总额的 67.47%。

按投资来源划分，国家预算内资金 3 377 万元，自筹资金 23 779 万元。2022 年新增固定资产 7 920 万元。

五、劳动工资、人口

2022 年，农垦社会年末从业人员 6 139 人。其中，第一产业从业人员 5 550 人，第二产业从业人员 111 人，第三产业从业人员 478 人，分别占总数的 90.41%、1.81%、7.78%。

农垦从业人员中，属于国有经济从业人员的共有 3 667 人，劳动报酬 15 563 万元。其中在岗职工 3 224 人，劳动报酬 15 015 万元。陕西农垦全年居民人均可支配收入 13 763 元。

六、科研、文教、卫生

近两年来，陕西农垦将所属的部分中小学校移交地方政府，农垦现有技工学校 1 所。

甘肃农垦2022年经济发展统计公报

甘肃省农垦集团有限责任公司

2022年是“十四五”第二年，也是开启全面建设社会主义现代化国家新征程的起步之年。这一年，面对新冠疫情反复的严峻考验、宏观环境复杂多变的风险挑战和保持经济稳定增长的发展压力，集团上下坚持以习近平新时代中国特色社会主义思想为指导，认真贯彻落实党中央、国务院和省委、省政府关于国企、农垦改革发展的决策部署，坚持稳中求进的工作总基调，立足新发展阶段，贯彻新发展理念，融入新发展格局，以推动企业高质量发展为主题，统筹疫情防控和生产经营两手抓、两手硬，扎实做好稳增长、促改革、调结构、防风险等各项工作，不断提升农垦内生动力、发展活力。全年集团整体经济发展稳中向好、稳中有进，实现了“十四五”阶段的良好发展。

一、综合

（一）生产总值

集团整体实力进一步增强，经济总量又上新台阶。按照收入法初步核算汇总，全年实现生产总值（增加值合计）18.17亿元，比上年减少1.11亿元，同比下降5.75%。分产业看，第一产业增加值10.09亿元，同比下降5.08%；第二产业增加值6.1亿元，同比下降14.08%；第三产业增加值1.98亿元，同比增长26.92%（图1）。一、二、三产业增加值占比分别为56%、34%、10%（图2）。从总体看，集团第一产业的主业优势得到进一步巩固，以工业为主的第二产业份额显著上升，以批发零售业、住宿餐饮业为主的第三产业受客观因素影响而有所下滑。

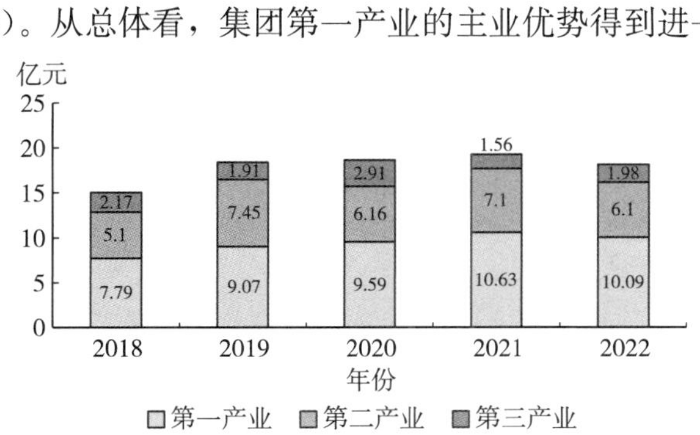

图1　2018—2022年生产总值变化情况

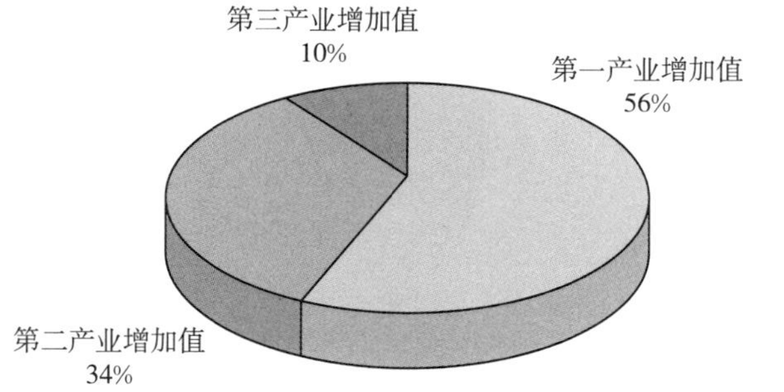

图2　2022年三次产业增加值占比

（二）人员情况

2022年年末，垦区总人口约6.44万人，较上年减少约0.14万人，同比下降2.13%。其中，21个农场场部常住人口4.85人，占总人口的75.31%。垦区年末从业人员1.86万人，工资总额9.68亿元。从产业分布看，第一产业1.39万人，占比74.60%；第二产业0.36万人，占比19.17%；第三产业0.12万人，占比6.23%（图3）。垦区年末职工1.12万人，职工工资总额7.02亿元。其中，在岗职工1.00万人，在岗职工工资总额6.71亿元。职工生活水平稳步提升，居民人均可支配收入24 850元，同比增长2.15%。

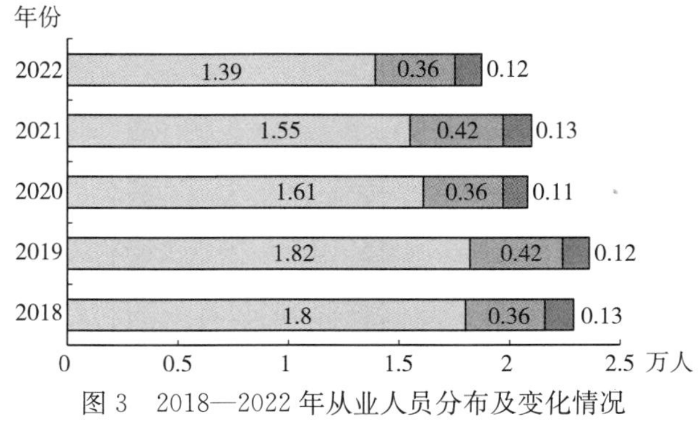

图3　2018—2022年从业人员分布及变化情况

（三）土地利用情况

截至2022年年末，垦区土地总面积440 492.71

公顷。其中，耕地面积72 415.38公顷，增长1.61%，高标准农田36 962公顷，永久基本农田31 287.33公顷；牧草地面积229 807.92公顷，增长0.98%；林地面积48 238.99公顷，下降0.2%；水面面积3 406.88公顷；园地面积3 468.08公顷；可垦荒地面积5 507.63公顷；宜林地面积228.67公顷；居民点及工矿用地面积4 685.95公顷；其他面积72 733.21公顷（图4）。

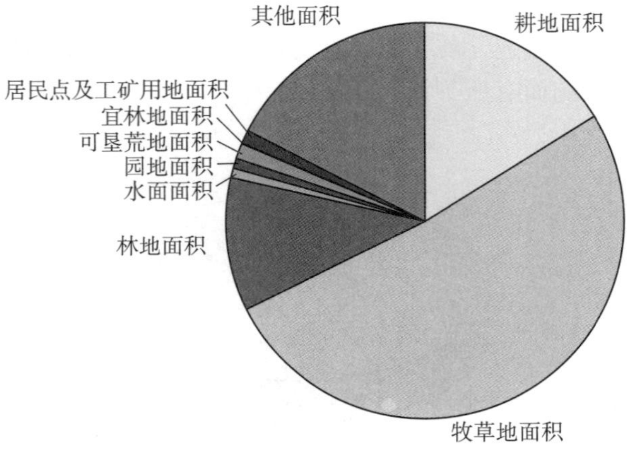

图4　土地构成

二、农林牧渔业

2022年，集团认真贯彻落实中央、省上关于农业发展的重要决策部署，持续加强现代农业建设，加快农业科技推广，加大集中统一经营力度，强化农业稳产保供能力，农业综合生产能力得到稳步提升。在不稳定、不确定因素增多的大环境下，农业对总体经济的支撑作用进一步凸显。经核算，2022年完成农林牧渔业总产值（现价）49.85亿元，较上年度增加2.05亿元，增长4.3%。各产业产值构成：种植业产值34.03亿元，增长1.59%；林业产值0.05亿元，增长150%；畜牧业产值14.34亿元，增长11.52%；渔业产值0.001亿元，下降50%；农林牧渔专业及辅助性活动产值1.43亿元，增长1%。农林牧渔业商品总产值41.48亿元，增长3.17%（图5）。

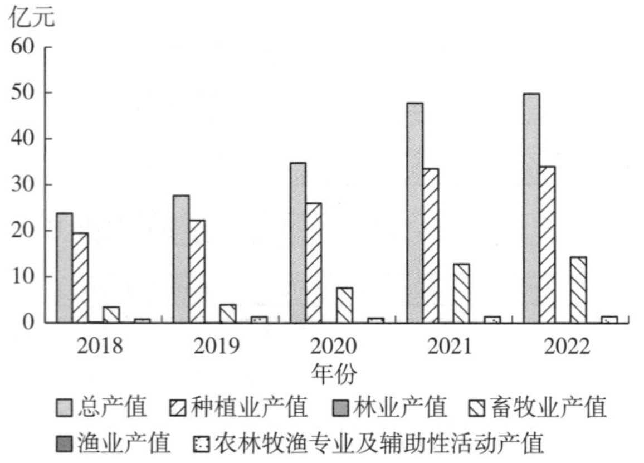

图5　2018—2022年农林牧渔业总产值构成及变化情况

（一）种植业

农作物种植方面，集团公司继续把粮食生产放在重要位置，根据省委、省政府要求，全力落实粮食作物“保面积、保产量”的目标任务。经济作物种植结构持续优化、稳中调优，突出发展蔬菜、饲草等高收益作物品种，实现种植业生产平稳增长。经统计，2022年集团26户涉农企业种植农作物77 118公顷，同比增长2.18%。粮食作物、经济作物、饲料作物的占比分别为36.89%、30.34%、29.86%。

1. 粮食作物

集团上下高度重视粮食安全工作，粮食种植面积和产量齐增。经统计，全年粮食种植面积28 447公顷，同比增长2.71%。其中，夏粮播种面积3 768公顷，同比增长50.98%；秋粮播种面积24 679公顷，同比下降2.22%。从具体作物看，小麦种植面积3 451.41公顷，同比增长57.55%；玉米种植面积16 259.55公顷，同比下降5.03%；马铃薯种植面积8 324公顷，同比增长11.13%（表1）。

表1　主要粮食作物种植面积

作物名称	种植面积（公顷）	比上年增长（%）
小麦	3 451.41	57.55
玉米	16 259.55	−5.03
马铃薯	8 324	11.13

全年收获粮食259 135吨，同比增长1.23%。其中，夏粮产量20 028吨，同比增长39.78%；秋粮产量239 107吨，同比下降0.70%。从具体作物看，小麦产量18 215吨，同比增长41. 34%；玉米产量177 100吨，同比下降5.82%；马铃薯产量61 898吨，同比增长20.46%（表2）。

表2　主要粮食作物产量

作物名称	产量（吨）	比上年增长（%）
小麦	18 215	41.34
玉米	177 100	−5.82
马铃薯	61 898	20.46

2. 经济作物

全年种植面积23 394公顷，同比增长0.18%。其中，棉花种植面积4 870公顷，同比增长53.76%；油料种植面积2 898公顷，同比下降10.31%；糖料种植面积1 266公顷，同比增长95.67%；蔬菜种植面积7 891公顷，同比下降2.01%；瓜类种植面积751公顷，同比增长11.51%；香料种植面积2 181公顷，同比增长3.22%；中药材种植面积3 537公顷，同比下降21.45%（表3）。

表3 主要经济作物种植面积

作物名称	种植面积（公顷）	比上年增长（%）
棉花	4 870	53.76
油料	2 898	－10.31
糖料	1 266	95.67
蔬菜	7 891	－2.01
瓜类	751	11.51
香料	2 181	3.32
中药材	3 537	－21.45

经济作物实现总产80.09万吨，较上年增加4.36万吨，增长5.76%。其中，棉花（皮棉）产量1.01万吨，较上年增加0.45万吨，增长80.4%；油料产量1.08万吨，较上年减少0.16万吨，下降13.11%；糖料产量11.92万吨，较上年增加7.59万吨，增长175.56%；蔬菜产量61.37万吨，较上年减少2.5万吨，下降3.92%；瓜类产量2.14万吨，较上年减少0.01万吨，下降0.8%；香料产量0.2万吨，较上年减少0.44万吨，下降68.47%；中药材产量2.37万吨，较上年增加0.3万吨，增长14.49%（表4）。

表4 主要经济作物产量

作物名称	产量（吨）	比上年增长（%）
棉花	1.01	80.40
油料	1.08	－13.11
糖料	11.92	175.56
蔬菜	61.37	－3.92
瓜类	2.14	－0.80
香料	0.2	－68.47
中药材	2.37	14.49

3. 饲料作物

全年落实播种面积23 027公顷，同比增长3.81%，产量601 000吨，同比增长4.89%。其中，苜蓿草种植面积13 653公顷，同比增长0.21%。燕麦草种植面积2 987公顷，同比增长9.60%；青贮玉米（饲料用）种植面积5 907公顷，同比增长12.29%（表5）。

表5 主要饲料作物种植面积

作物名称	种植面积（公顷）	比上年增长（%）
苜蓿草	13 653	0.21
燕麦草	2 987	9.60
青贮玉米（饲料用）	5 907	12.29

（二）畜牧业

畜牧业持续稳定发展，年末大牲畜存栏5.5万头，比上年减少0.4万头，下降6.77%。其中，肉牛存栏1.14万头，比上年减少0.67万头，下降37%；奶业实现扩容提质，随着并购庄园牧场和天牧乳业二期投产，奶牛存栏量达4.36万头，比上年增加0.46万头，增长11.79%；生猪存栏1.41万头，比上年增加0.27万头，增长23.68%；羊存栏18.5万只，比上年减少0.52万只，下降2.73%（表6）。

表6 畜牧养殖存栏情况

牲畜种类	计量单位	存栏数	比上年增长（%）
肉牛	万头	1.14	－37
奶牛	万头	4.36	11.79
生猪	万头	1.41	23.68
羊	万只	18.5	－2.73

全年肉类总产量1.51万吨，比上年减少0.06万吨，下降3.82%；出栏肉猪1.79万头，比上年减少0.26万头，下降12.68%；出栏肉牛1.83万头，比上年减少0.13万头，下降6.63%；出栏肉羊14.26万只，比上年增加0.94万只，增长7.06%，牛奶产量20.83万吨，比上年增加4.63万吨，增长28.58%；羊毛产量144吨，比上年增加5吨，增长3.6%；禽蛋产量997.71吨，比上年增加16.8吨，增长1.71%（表7）。

表7 畜牧养殖出栏情况及畜产品产量

牲畜种类/畜产品	计量单位	出栏数/产量	比上年增长（%）
肉牛	万头	1.83	－6.63
生猪	万头	1.79	－12.68
肉羊	万只	14.26	7.06
牛奶	万吨	20.83	28.58

（续）

牲畜种类/畜产品	计量单位	出栏数/产量	比上年增长（%）
羊毛	吨	144	3.60
禽蛋	吨	997.71	1.71

（三）园艺

截至2022年年末，集团公司实有果园面积1 788公顷，受部分农场果园退耕还粮、种植结构调整等因素影响，同比下降10.47%。其中，苹果园面积241公顷，同比下降22.82%；产量7 086吨，同比下降26.86%。梨园面积1 021公顷，同比下降2.07%；产量29 516吨，同比下降4.6%。红枣22公顷，同比下降6.67%；产量63吨，同比下降53.68%（表8、表9）。

表8　主要园艺水果面积变化情况

水果种类	种植面积（公顷）	比上年增长（%）
苹果	241	−22.82
梨	1 021	−2.07
红枣	22	−6.67

表9　主要园艺水果产量变化情况

水果种类	产量（吨）	比上年增长（%）
苹果	7 086	−26.86
梨	29 516	−4.6
红枣	63	−53.68

（四）林业和渔业

全年造林面积合计为337公顷，其中，防护林179公顷，经济林158公顷，当年零星植树27.7万株，年末实有防护林面积26 622公顷。育苗面积155公顷，幼林抚育面积1 398公顷，成林抚育面积1 887公顷，年末森林覆盖率6.04%。

全年水产养殖面积334公顷，淡水鱼类产量23.8吨。

（五）农机化、生产投入与技术推广

通过稳定实施农机购置补贴政策，持续提高垦区农业机械化水平，促进农机农艺农工深度融合、良田良法良种相互配套，大力提升作业质量和水肥一体化应用水平，强力推行高效节水灌溉，为粮食和重要农产品生产提供坚实保障。年末农业机械总动力390 381.46千瓦，增长8.14%（图6）。其中，柴油发动机动力305 667.35千瓦，汽油发动机动力3 768.70千瓦，电动机动力77 246.61千万，其他机械动力3 698.80千瓦。拥有大中型拖拉机4 424台，小型及手扶拖拉机4 392台，配套农具10 491台，排灌动力机械1 894台，联合收获机147台，农用飞机17架，拥有温室大棚32.03万米^2。

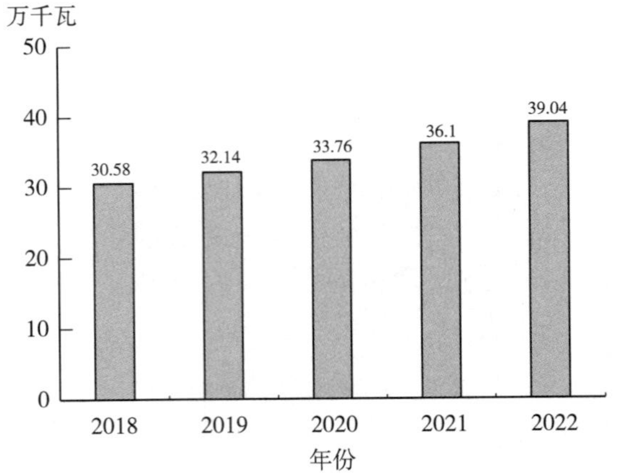

图6　2018—2022年农业机械总动力增长情况

综合机械化水平不断提高，2022年实际机耕面积74 549公顷，机播面积67 163公顷，机收面积66 076公顷，经初步测算，2022年种植业耕种收综合机械化率达96.62%。

农业化肥用量、能源消耗持续降低，农业生产用电量15 707.82万千瓦·时，农业用水量52 179.27万米^3。农药施用量0.07万吨，增长40%，地膜使用量0.27万吨，增长12.5%，地膜覆盖面积47 814公顷；农业化肥施用量（实物量）9.08万吨，增长15.77%，折纯量4.66万吨，增长52.85%；农田水利建设有序开展，测土配方施肥面积43 924公顷，肥料高效利用技术应用面积60 896公顷，其中水肥一体化技术应用面积52 076公顷，节水灌溉面积60 260公顷，农作物统防统治面积20 957公顷，秸秆还田面积18 526公顷，秸秆饲用面积19 992公顷。

（六）绿色食品、有机食品、农产品地理标志情况

截至2022年年末，垦区农场企业取得绿色食品、有机食品认证62个，当年新增4个，已认证总产量23.45万吨。其中，农作物认证28个，认证产量15.68万吨；水果认证16个，认证产量5.82万吨；加工产品认证18个，认证产量1.95万吨。取得农产品地理标志产品认证1个，认证产品面积8 407.95亩，产量1.9万吨。获得绿色食品原料标准化生产基地认证面积4.52万亩。取得省级认证龙头企业8户，国家级龙头企业2户。

（七）农作物种业

全年种子播种面积3 285公顷，其中，原种播种面积469公顷，良种播种面积2 801公顷。种子生产量合计2.78万吨，其中，原种生产量1.39万吨，良种生产量1.35万吨。良种中的玉米种子生产量1.21万吨。

三、工业、建筑业

2022年，集团所属26户工业企业全年完成工业总产值26.02亿元，增长15.54%（图7），其中，18户规模以上工业企业完成工业总产值25.32亿元，占比97.31%。2户大中型工业企业——莫高股份、庄园牧场完成工业总产值11.55亿元，占比44.39%。从产业分类看，农副食品加工业实现产值4.17亿元，占比16.03%。食品制造业实现产值12.8亿元，占比49.19%。医药制造业3.7亿元，占比14.22%。非金属矿物制品业2.68亿元，占比10.30%。

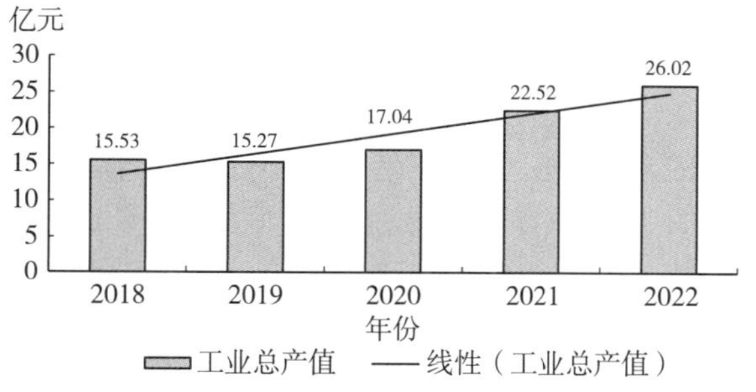

图7　2018—2022年工业总产值增长情况

主要工业品产量有升有降。医药制造方面，药物碱厂主要产品产销增加，甜菊糖产品销量稳中有升；莫高股份受市场因素影响，复方甘草片产销下降；普安康饮片克服前半年出口受阻，后半年美元汇率走低和海运费暴涨等不利影响，产销同比持平。乳制品、饮料、酒方面，庄园牧场加工稳中有升，生产乳制品12.1万吨，增长193.14%；小宛、条山白酒产量2.06吨，莫高股份生产葡萄酒1 200吨，同比略有回升。农副食品加工方面，黄羊河食品生产甜糯玉米系列产品1.09万吨，同比下降16.15%；薯业集团生产马铃薯全粉产品4.21万吨，同比增长5.51%；兴农公司加工辣椒制品2.36万吨，同比下降10.61%；条山集团小麦粉产量184.5吨，同比下降9%；食用植物油产量83.4吨，同比下降63.31%。宏远公司发电2.43亿千瓦·时，同比增长13%；西部水泥市场需求量不断增加，累计生产水泥、熟料、矿粉84.64万吨，同比增长36.38%；亚美特公司生产滴灌带0.86亿米，同比下降23.21%；生产PVC 3 591吨，同比增长5.08%。

集团所属2户建筑业企业完成总产值3.58亿元，全年施工房屋建筑面积6.38万米^2，出售房屋面积0.59万米^2。其中住宅56套。

四、交通运输、批发零售贸易业、服务业及外贸出口

交通运输业全年完成货运量6.25万吨，下降36.1%，客运量0.87万人次，下降15.56%。年末实有17户交通运输单位实现收入492万元，其中国有单位1户，黄羊河物流公司全年完成货物周转量3.5万吨，较上年的5万吨减少1.5万吨，下降30%，全年实现营业收入273.42万元，利润总额8.85万元。

全年垦区范围内131户批发零售业、餐饮业、服务业单位及个体工商户合计实现销售收入9.39亿元，受新冠疫情等因素影响，下降26.18%，其中12户国有单位实现收入9.38亿元。餐饮业34家单位实现收入551.47万元，其中1户国有单位实现收入203.47万。服务业46家单位实现收入0.65亿元，其中12户国有单位实现收入0.63亿元。

出口贸易稳中有进。全年出口供货商品总金额2.52亿元，增长71.62%。其中，农产品1.83亿元，增长61%；医药加工品因受新冠疫情影响，完成金额0.65亿元，增长129.69%；食品0.04亿元，下降17.69%。外贸出口玉米产品0.03万吨，蔬菜0.31万吨。

五、科研、固定资产投资

科技研发投入力度不断加大。2022年年末，垦区共有科研单位3户，职工合计60人，其中科研人员48人，科研经费投入827.49万元，试验地3.4公顷。垦区各企业拥有科技人员共计309人，科研经费投入4 561.35万元，其中企业自筹4 549.35万元。

固定资产投资保持增长。全年完成投资总额16.13亿元，增长41.72%，主要为项目建设投资。从产业分布看，第一产业完成投资2.28亿元，第二产业完成投资8.36亿元，第三产业完成投资5.49亿元，占比分别为14%、52%、34%。按资金来源划分，落实国家预算内资金0.97亿元，自筹资金9.77亿元，其他资金0.24亿元。2022年实现新增固定资产9.57亿元。

青海农垦2022年经济发展统计公报

青海省农业农村厅农垦局

2022年，青海遭受多轮新冠疫情和极端天气影响，面对困难，青海农垦坚持以习近平新时代中国特色社会主义思想为指导，认真学习贯彻党的二十大精神，全面贯彻新发展理念，迎难而上，克难奋进。按照中央和农业农村部决策部署，在省委、省政府正确领导和支持下，持续推进垦区集团化、农场企业化改革，以打造绿色有机农需产品输出地为抓手，全力推进农垦巩固拓展脱贫攻坚成果与乡村振兴有效衔接。聚焦垦区特色产业，着力构建现代农牧业体系，促进产业提质增效、绿色发展，着力保障和改善民生，全年经济运行在合理区间，发展质量稳步提升，各项社会事业保持健康发展。

一、综合

2022年，青海垦区有国有农牧场（企业）19家，垦区全年实现生产总值5.14亿元，同比下降9.92%。其中，第一产业增加值4.74亿元，同比下降8.99%；第二产业增加值0.13亿元，同比增长2.53%；第三产业增加值0.27亿元，同比下降27.45%。一、二、三产业增加值占生产总值的比重分别为92.22%、2.53%、5.25%。农林牧渔业总产值9.37亿元，同比增长4.62%，工业总产值0.31亿元，同比增长44.86%。

2022年，垦区年末总人口42 985人，农场人口33 776人。从业人员18 727人，其中，第一产业12 759人，第二产业99人，第三产业5 869人。垦区居民人均可支配收入15 215元，比上年下降8.66%。2022年年末职工6 412人，职工工资总额23 486.59万元，职工人均工资收入36 629元，比上年增长11.01%。

二、农业

2022年，全年农作物播种面积3.9万公顷，粮食作物1.64万公顷，粮食产量5.28万吨。其中，小麦0.15万公顷，产量0.81万吨；其他谷物1.49万公顷，产量4.45万吨；薯类0.003万公顷，产量0.02万吨。油料作物1.22万公顷，产量1.22万吨；蔬菜、瓜类0.034公顷，产量2.01万吨。

三、畜牧业

2022年年末，大牲畜总头数50 983头。其中，肉牛25 707头，牛肉产量623.58吨；奶牛41头，牛奶产量6吨。生猪存栏4 572头，猪肉产量261.57吨。羊存栏296 300头，羊肉产量1 289.46吨，其中山羊901头；绵羊295 399头，羊毛产量225.51吨。

四、林业

全年造林面积1 587公顷，其中，经济林1 287公顷；防护林300公顷。年末森林面积67 480.79公顷，成林抚育面积840公顷，森林覆盖率12.13%。

五、固定资产投资

全年完成固定资产投资总额8 562.86万元。投资构成：第一产业投资2 995.86万元，占总投资额的34.98%；第二产业投资3 781万元，占总投资额的44.16%；第三产业1 786万元，占总投资额的20.86%。

六、农垦科研情况

年末垦区科研单位从业人员920人，其中科技人员87人。科研经费408万元，其中，政府拨款240万元，企业自筹168万元。

宁夏农垦2022年经济发展统计公报

宁夏农垦集团有限公司

2022年，宁夏垦区始终以习近平新时代中国特色社会主义思想为指导，紧紧围绕习近平总书记赋予农垦建设“三大一航母”的战略定位，聚焦自治区党委、政府部署要求，突出国企主责主业，主动担当作为，各项工作逆势增长，迈入高质量发展新阶段，农垦进入历史最好发展时期。

一、综合

2022年，宁夏农垦经济实力进一步增强。全年实现农垦生产总值（现价，下同）37.08亿元，比上年增长23.1%（图1）。其中，第一产业增加值20.48亿元，增长13.4%；第二产业增加值5.67亿元，下降16.3%；第三产业增加值10.93亿元，增长107.2%。一、二、三产业增加值构成比例为55∶15∶30（2021年比例为60∶22.5∶17.5）。

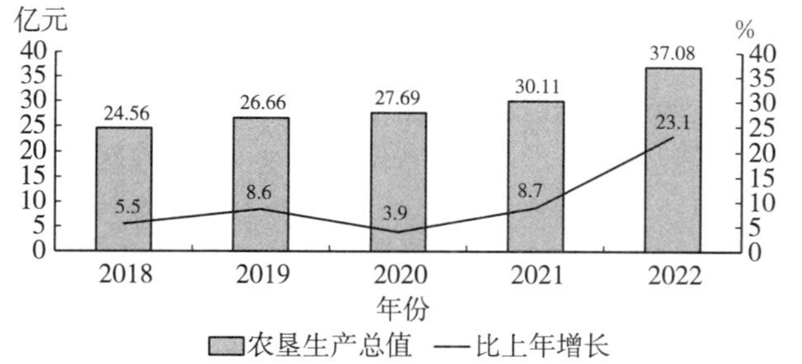

图1　2018—2022年农垦生产总值及增长速度

2022年垦区家庭人均可支配收入28 869元，比上年增加2 609元，增长9.94%，是全区农村居民人均可支配收入16 430元的1.8倍，是全区城镇居民人均可支配收入40 194元的71.8%。

2022年垦区总户数37 933户，总人口110 696人，达到小城镇规模的农场14个。年末单位从业人员9 721人，其中职工9 664人。离退休职工18 958人。年末单位从业人员工资总额62 434万元，职工人均工资收入63 799元，比上年增长20.47%。

二、农业

2022年，宁夏垦区强化效益优先，建基地、强企业、优产业，产业转型升级全面加速。聚焦自治区“六新六特六优”产业体系，继续在产业做强做优做大、扩链延链壮链上下功夫、挖潜能、促转型，全力向千亿级农业产业集群发展格局冲刺，全年实现农林牧渔服务业总产值49.43亿元（现价，下同），比上年增长13.4%。其中，种植业22.33亿元，增长6.9%；林业0.15亿元，下降26.5%；牧业25.15亿元，增长20.14%；渔业0.8亿元，增长21.6%；服务业1亿元，增长10.1%（图2）。

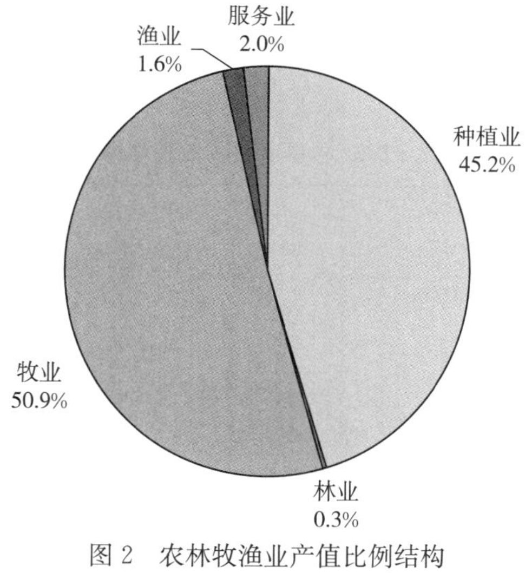

图2　农林牧渔业产值比例结构

种植业优化布局。聚焦优势特色产业，延链补链壮链，扩规提质增效。2022年农作物总播种面积72.29万亩，比上年增加2.09万亩，增长3%。全年粮食播种面积42.63万亩，比上年减少6.27万亩，下降12.8%。其中，夏粮播种面积0.68万亩，增长126.7%；秋粮播种面积41.96万亩，下降13.5%。春小麦播种面积0.67万亩，增长123.3%；水稻播种面积12.19万亩，下降26.6%；玉米播种面积29.33万亩，下降8.1%。

全年粮食总产量35.32万吨，下降9%，占自治区粮食总产量375.8万吨的9.4%（表1）。其中，夏粮产量0.32万吨，增长89.4%；秋粮产量35万吨，下降9.5%。

表1　2022年垦区种植业基本情况

产品名称	产量（吨）	比上年增长（%）
粮食（总产量）	353 160	−9
其中：小麦	3 177	89.4
水稻	77 906	−23.8
玉米	271 253	−4.5
油料	0	−100
蔬菜	95 554	19.2
水果	56 968	3.4
其中：葡萄	41 470	11.2

畜牧业扩规增效。垦区坚持种养结合、草畜配套一体化发展。全年实现畜牧业总产值25.15亿元，比上年增长20.3%，年末奶牛存栏13.7万头，增长32.4%，占存栏总数的89.1%；牛奶产量50.49万吨，增长28.1%，盈利2.16亿元（表2）。中流砥柱作用充分发挥，有力促进垦区畜牧业的发展。

表2　2022年垦区畜牧业基本情况

牲畜种类/畜产品	计量单位	存栏数/出栏数/产量	比上年增长（%）
大牲畜（年末存栏）	头	153 604	31.8
牛（年末存栏）	头	153 604	31.8
其中：奶牛	头	136 924	32.4
羊（年末存栏）	只	125 319	6.3
其中：山羊	只	31 702	10.6
绵羊	只	93 617	5.0
猪（年末存栏）	头	22 052	−14.2
其中：能繁母猪	头	2 665	−33.7
牲畜（当年出栏）			
其中：牛（出栏）	头	20 701	−31.1
羊（出栏）	只	59 247	9.9
生猪（出栏）	头	36 557	26.2
家禽（出栏）	百只	11 408	−19.1
肉类（总产量）	吨	8 650	−11.6
其中：猪肉（产量）	吨	2 478	30.1
牛肉（产量）	吨	3 616	−27.5
羊肉（产量）	吨	987	13.1
禽肉（产量）	吨	1 569	−22.0
牛奶（产量）	吨	504 893	28.1
禽蛋（产量）	吨	1 390	1.5

水产养殖业相对下降，主要原因是保护环境，退渔还湿，退渔还湖。年末养殖面积6.01万亩，比上年增长0.11万亩，全年水产品产量8 415吨，增长79.1%。

全年植树造林面积3 720亩，其中非林业用地造林面积3 720亩。2022年零星植树2.26万株。

2022年年末，农业机械总动力34万千瓦，增长5.7%；拥有大中型拖拉机2 639台，小型拖拉机2 058台，播种机498台，排灌动力机械1 293台，联合收割机414台，农用运输车1 541台。

三、工业和建筑业

农垦工业稳步发展。年末垦区工业企业38个，其中国有及年销售收入2 000万元以上的工业企业5个。全年实现工业增加值3.73亿元，下降23.3%，占第二产业增加值的65.8%，其中宁夏西夏嘉酿啤酒有限公司实现工业增加值2.41亿元，下降35.%，占工业增加值的64.6%（表3）。

表3　2022年垦区工业产品产量

产品名称	计量单位	产量	比上年增长（%）
鲜肉	吨	1 562	37.4
乳制品	吨	34 930	5.8
其中：酸奶	吨	1 130	7.6
饮料酒	千升	181 689	−14.6
其中：啤酒	千升	178 467	−15.1
白酒	千升	286	−6.2
葡萄酒	千升	2 909	−21.6
其中：西夏王	千升	1 080	−88.0
混配合饲料	吨	155 866	130.7
大米	吨	599	−92.9

2022年年末，建筑企业15个，从业人员1 515人，全年实现建筑业增加值1.95亿元，增长1.6%，占第二产业增加值的34.4%，当年房屋建筑施工面积9万米^2。

四、固定资产投资

2022年完成固定资产投资总额12.68亿元，下降5.16%（图3）。其中国有投资11.75亿元，下降11.1%，主要是项目建设投资。在2022年固定资产投资中，基本建设完成投资12.38亿元，下降7.4%，占总投资额的97.6%；更新改造完成投资0.3亿元，下降53.1%，占总投资的2.4%。

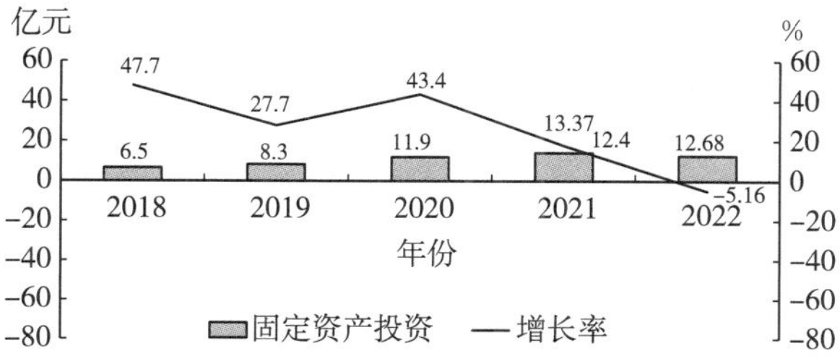

图3 2018—2022年全社会固定资产投资及增长速度

宁垦乳业第二奶牛场建设项目工程3.12亿元，奶牛养殖场项目1.5亿元。

五、交通运输业、批零贸易业、住宿和餐饮业、旅游业、房地产业及出口商品

2022年，全年拥有载货汽车362辆，载客汽车407辆，实现货运量168万吨，客运量217万人；实现营业收入8 089万元。

年末批零贸易业、住宿和餐饮业营业单位总数1 542个，从业人员4 305人，拥有固定资产原值43 043万元，营业用房面积9.64万米^2，实现社会消费品零售额49 355万元，比上年增长17.9%。其中，批发零售贸易业41 961万元，增长31.5%；住宿餐饮业7 394万元，下降25.8%。

宁夏农垦沙湖景区全年接待游客28.29万人次，实现旅游收入5 890万元，缴纳税金1 526万元，2022年新冠疫情给整个旅游市场带来很大的冲击，对旅游行业的影响最为严重。

垦区国有房地产企业全年销售房屋、储藏间、车位共计762套3.01万米^2，比上年减少380套；实现营业收入8.18亿元。

2022年垦区出口商品主要是供港蔬菜，年末商品出口总金额10 078万元，出口蔬菜23 211吨。

六、绿色食品、有机食品、无公害农产品

2022年年末，垦区绿色食品、有机食品、无公害农产品认证31个，带动5 656农户。其中，蔬菜1个，带动农户354人，绿色A级种植面积14公顷，产量1 344吨；水果1个，带动农户163人；西夏啤酒7个；西夏王葡萄酒4个，带动农户3 615人；灵农猪肉1个，带动农户215人，产量1 073吨。

七、科研

年末农垦科研单位1个；科研职工7人，其中科研人员7人。

八、非国有经济

2022年垦区非国有经济实现生产总值13.86亿元，比上年下降4.1%，占垦区经济总量的37.6%。其中，第一产业增加值10.13亿元；第二产业增加值0.78亿元；第三产业增加值2.95亿元。各产业在非国有经济中的构成比例为73∶6∶21。年末非国有经济单位7 703个，从业人员38 356人，从业人员总收入85 750万元，实现利润3 834万元。

新疆生产建设兵团2022年经济发展统计公报

新疆生产建设兵团统计局
国家统计局兵团调查总队

2022年是党的二十大胜利召开之年，是党和国家历史上极为重要的一年。兵团上下在以习近平同志为核心的党中央坚强领导下，坚持以习近平新时代中国特色社会主义思想为指导，认真贯彻落实党的十九大、十九届历次全会和二十大精神，深入学习贯彻习近平总书记视察新疆和兵团重要讲话、重要指示精神，按照兵团第八次党代会及兵团党委八届二次、三次全会部署，坚持稳中求进工作总基调，完整、准确、全面贯彻新发展理念，完整、准确贯彻新时代党的治疆方略，积极服务和融入新发展格局，坚决落实疫情要防住、经济要稳住、发展要安全的要求，统筹发展和安全，统筹疫情防控和经济社会发展，扎实落实国务院稳经济一揽子政策，全面深化改革开放，坚持创新驱动发展，经济运行在合理区间，总量再上新台阶，高质量发展基础得到进一步巩固，继续保持良好发展态势。

一、综合

全年实现生产总值3 500.71亿元，比上年增长3.0%（图1）。其中，第一产业增加值743.30亿元，比上年增长5.8%；第二产业增加值1 393.27亿元，增长2.3%；第三产业增加值1 364.13亿元，增长1.9%。第一产业增加值占生产总值比重为21.2 %，第二产业增加值占生产总值比重为39.8%，第三产业增加值占生产总值比重为39.0%（图2）。全年人均生产总值98 748元，比上年下降0.7%（图3）。

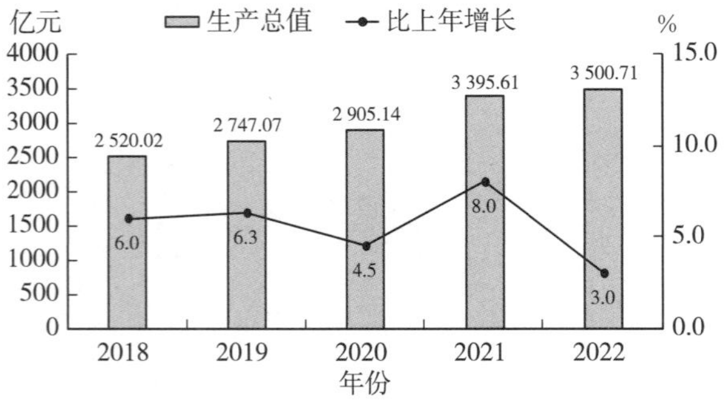

图1　2018—2022年生产总值及其增长速度

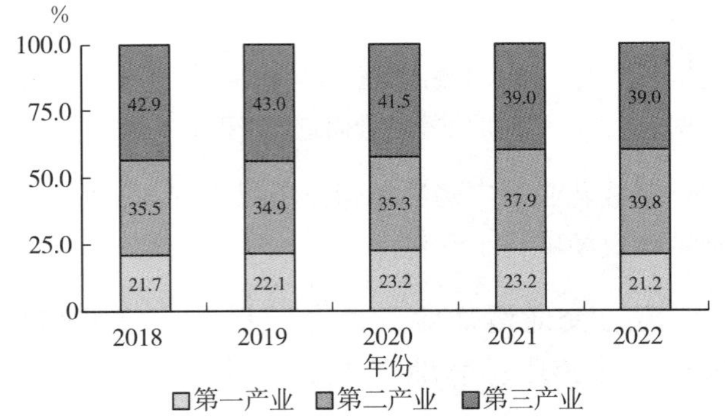

图2　2018—2022年三次产业增加值占生产总值比重

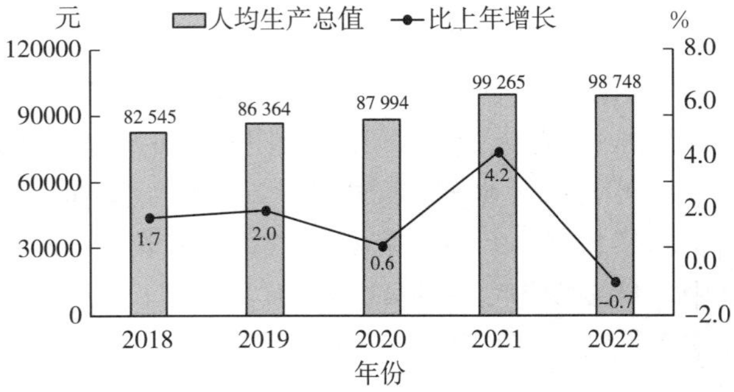

图3　2018—2022年人均生产总值及其增长速度

年末人口360.51万人，比上年年末增加12.00万人。其中，男性189.90万人，女性170.61万人。全年出生人口1.41万人，出生率3.99‰；死亡人口1.35万人，死亡率3.80‰；自然增长率0.19‰。

年末就业人员151.44万人。全年城镇新增就业8.3万人，比上年下降1.0%（图4）。年末城镇登记失业率2.71%。失业人员再就业3.38万人，就业困难人员就业0.93万人。

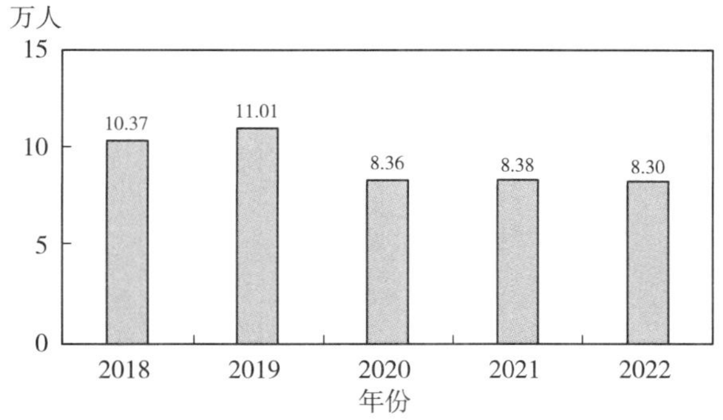

图 4　2018—2022 年城镇新增就业人数

年内新设自治区直辖县级市白杨市，新设建制镇东风镇和杏花镇。年末兵团管理的自治区直辖县级市 12 个、建制镇 65 个、街道办事处 24 个、乡 1 个。

年末共有各类开发区 22 个，其中，国家级经济技术开发区 3 个，国家级高新技术产业开发区 1 个，国家级经济开发区兵团分区 2 个，兵团级工业园区 16 个。

全年新登记市场主体 42 493 户，年末实有市场主体 233 933 户，比上年年末增长 12.1%。

二、农业

全年粮食种植面积 341.30 千公顷，比上年增长 12.7%。其中，稻谷种植面积 11.27 千公顷，下降 27.9%；小麦种植面积 155.02 千公顷，增长 9.8%；玉米种植面积 148.58 千公顷，增长 15.6%。棉花种植面积 850.59 千公顷，下降 2.3%。油料种植面积 32.92 千公顷，下降 1.9%。甜菜种植面积 12.19 千公顷，增长 10.9%。蔬菜种植面积 72.40 千公顷，增长 8.8%。园林水果种植面积 184.98 千公顷，下降 1.9%。

全年粮食产量 315.35 万吨，比上年增加 34.47 万吨，增长 12.3%（图 5）。其中，夏粮产量 107.73 万吨，增长 7.8%；秋粮产量 207.62 万吨，增长 14.7%。谷物产量中，小麦产量 107.30 万吨，增长 7.5%；玉米产量 180.95 万吨，增长 17.4%。

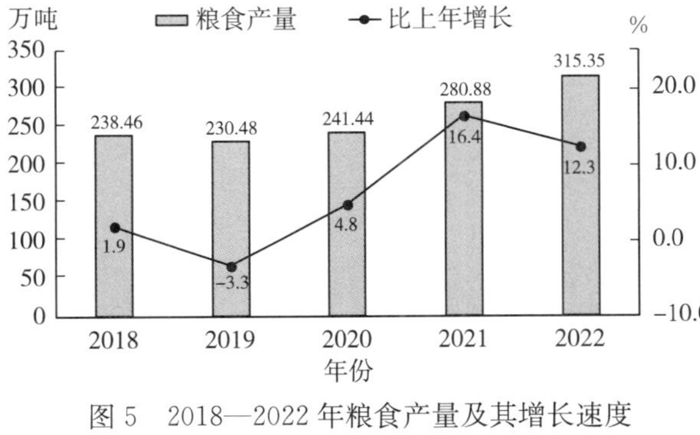

图 5　2018—2022 年粮食产量及其增长速度

全年棉花产量 215.40 万吨，比上年增长 3.4%（图 6）。油料产量 13.76 万吨，增长 3.9%。甜菜产量 104.09 万吨，增长 6.8%。蔬菜产量 536.43 万吨，增长 12.6%。

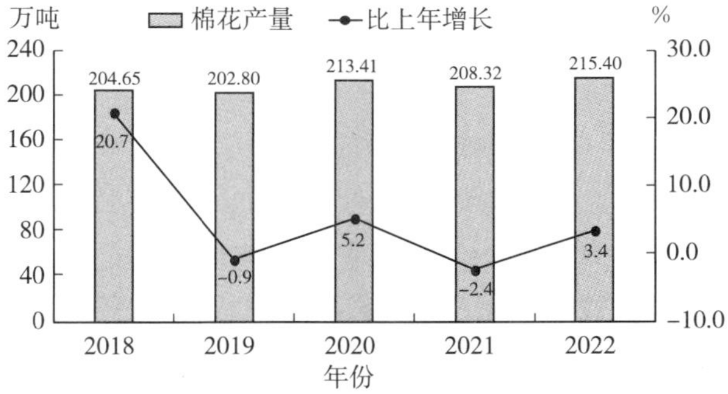

图 6　2018—2022 年棉花产量及其增长速度

全年水果产量 479.39 万吨，比上年增加 3.76 万吨，增长 0.8%。其中，红枣 200.61 万吨，下降 4.9%；香梨 62.41 万吨，增长 7.0%；葡萄 79.63 万吨，下降 5.6%；苹果 88.78 万吨，增长 12.4%（表 1）。全年核桃产量 7.39 万吨，比上年增长 11.0%。

表 1　2022 年特色林果产量及其增长速度

指标名称	产量（万吨）	比上年增长（%）
特色林果	599.01	1.2
其中：园林水果	479.39	0.8
其中：红枣	200.61	−4.9
香梨	62.41	7.0
葡萄	79.63	−5.6
苹果	88.78	12.4
坚果	7.42	11.1
果用瓜	111.76	1.7

全年猪、牛、羊、禽肉产量 64.08 万吨，比上年增长 8.5%。禽蛋产量 15.71 万吨，增长 6.7%。牛奶产量 84.76 万吨，增长 8.6%。年末牛、羊、猪存栏 722.77 万头（只），比上年年末增长 5.9%。其中，牛存栏 62.90 万头，增长 14.9%；羊存栏 372.61 万只，增长 9.2%；猪存栏 287.26 万头，增长 0.2%。年末家禽存栏 1 482.80 万只，比上年年末增长 2.1%。全年牛、羊、猪累计出栏 1 071.99 万头（只），比上年增长 3.1%。其中，

牛出栏 50.96 万头，增长 6.2%；羊出栏 512.27 万只，下降 2.1%；猪出栏 508.76 万头，增长 8.7%。全年家禽累计出栏 3 315.14 万只，比上年下降 1.0%。

全年水产品产量 6.83 万吨，比上年增加 0.49 万吨，增长 7.8%。

棉花整体质量达“双 29”及以上优质棉水平。根据中国纤维质量监测中心的公检数据，年末共公检棉花 115.21 万吨，占全国棉花公检总量的 40.2%。棉花轧工质量 P1＋P2 比率、马克隆 A＋B 级比率、平均断裂比强度 3 项指标均高于上年同期水平，6 项指标均高于 2022 年度全国平均水平。

年末国家级、兵团级农业产业化重点龙头企业 135 家，其中国家级 22 家，兵团级 113 家。已创建国家级优势特色产业集群 3 个、国家现代农业产业园 3 个，全国农业产业强镇 9 个。

三、工业和建筑业

全年工业增加值 1 027.01 亿元，比上年增长 2.9%（图 7）。规模以上工业增加值比上年增长 4.2%。在规模以上工业企业中，分经济类型看，国有控股企业增加值下降 8.0%；股份制企业下降 2.1%，外商及港澳台商投资企业增长 68.5%；私营企业增长 1.6%。分门类看，采矿业下降 29.7%，制造业增长 6.0%，电力、热力、燃气及水生产和供应业增长 1.2%。分轻重工业看，轻工业下降 15.9%，重工业增长 8.8%。

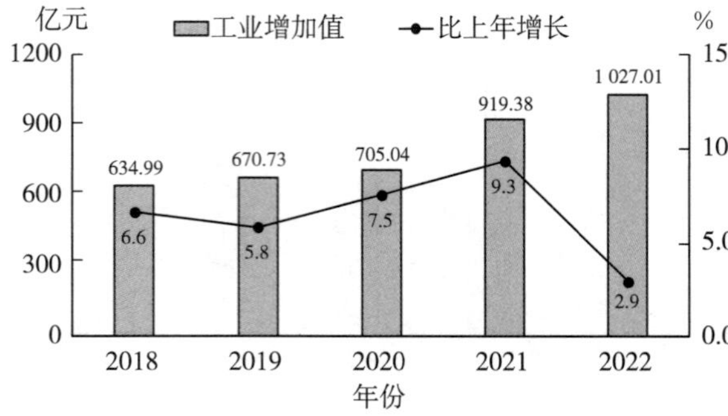

图 7　2018—2022 年工业增加值及其增长速度

全年规模以上工业中，高技术制造业增加值比上年下降 9.5%，占规模以上工业增加值比重为 2.4%；装备制造业增加值增长 1.7%，占规模以上工业增加值比重为 2.8%；战略性新兴产业增加值下降 11.3%，占规模以上工业增加值比重为 2.9%。

全年规模以上工业 10 个主要行业中，农副食品加工业增加值下降 18.3%，食品制造业增长 15.2%，酒饮料和精制茶制造业下降 32.9%，纺织业下降 24.5%，石油、煤炭及其他燃料加工业下降 1.5%，化学原料及化学制品制造业增长 2.7%，非金属矿物制品业增长 33.5%，黑色金属冶炼和压延加工业增长 2.8%，有色金属冶炼及压延加工业增长 3.8%，电力、热力生产和供应业增长 1.5%（表 2）。六大高耗能行业增加值比上年增长 10.4%，占规模以上工业增加值比重为 80.1%。

表 2　2022 年主要工业产品产量及其增长速度

产品名称	计量单位	产量	比上年增长（%）
原煤	万吨	517.29	−38.1
发电量	亿千瓦·时	1 063.61	0.4
其中：火电	亿千瓦·时	924.80	−1.0
水电	亿千瓦·时	16.13	4.3
太阳能	亿千瓦·时	57.99	17.4
风电	亿千瓦·时	64.69	6.8
精制食用植物油	万吨	22.12	−58.0
乳制品	万吨	37.43	9.7
罐头	万吨	47.07	8.7
饮料酒	万千升	5.63	−28.4
软饮料	万吨	24.96	−7.1
纱	万吨	53.77	−28.4
布	亿米	2.11	5.6
农用氮、磷、钾化学肥料（折纯量）	万吨	45.39	36.7

（续）

产品名称	计量单位	产量	比上年增长（%）
初级形态的塑料	万吨	140.95	−5.7
塑料制品	万吨	47.50	−53.8
硅酸盐水泥熟料	万吨	800.85	−1.3
水泥	万吨	1 021.62	−11.6
工业硅	万吨	58.47	2.6
多晶硅	万吨	13.38	54.5
钢材	万吨	206.97	2.4
原铝（电解铝）	万吨	284.97	−0.5
铝材	万吨	169.28	−1.0

全年规模以上工业企业利润 443.47 亿元，比上年增长 16.4%。分经济类型看，国有控股企业利润 37.49 亿元，下降 41.2%；股份制企业 212.40 亿元，下降 30.5%，外商及港澳台商投资企业 227.10 亿元，增长 2.3 倍；私营企业 150.50 亿元，下降 32.4%。分门类看，采矿业利润 3.13 亿元，比上年下降 51.1%；制造业 414.62 亿元，增长 19.1%；电力、热力、燃气及水生产和供应业 25.71 亿元，下降 2.3%。全年规模以上工业企业每百元营业收入中的成本 78.67 元，比上年减少 0.28 元；营业收入利润率 14.37%，提高 0.87 个百分点。年末规模以上工业企业资产负债率 59.5%，比上年年末下降 3.1 个百分点。

全年建筑业增加值 366.49 亿元，比上年增长 1.0%（图 8）。资质内总承包和专业承包建筑业企业实现利润 13.06 亿元，比上年增长 21.5%，其中国有控股企业 10.66 亿元，增长 9.5%。

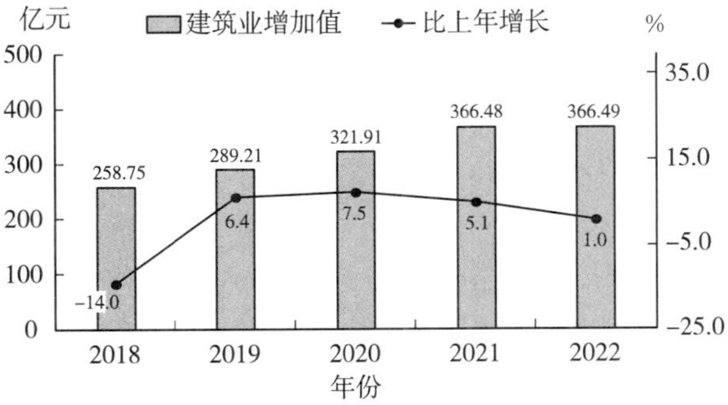

图 8　2018—2022 年建筑业增加值及其增长速度

四、服务业

全年批发和零售业增加值 243.33 亿元，比上年下降 5.4%；交通运输、仓储和邮政业增加值 115.64 亿元，增长 2.3%；住宿和餐饮业增加值 50.66 亿元，下降 11.4%；金融业增加值 181.06 亿元，增长 7.5%；房地产业增加值 82.89 亿元，下降 7.4%；其他服务业增加值 640.04 亿元，增长 5.4%（图 9）。全年规模以上服务业企业营业收入 240.06 亿元，比上年下降 1.9%；利润总额 17.56 亿元，下降 11.3%。

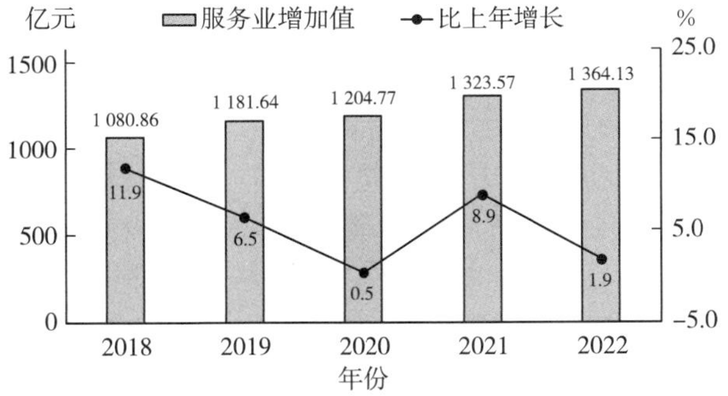

图 9　2018—2022 年服务业增加值及其增长速度

全年道路货物运输总量 1.38 亿吨，比上年下降 1.1%；货物运输周转量 211.44 亿吨・公里，增长 1.3%；旅客运输总量 849.56 万人次，下降 22.4%；旅客运输周转量 5.43 亿人・公里，下降 20.9%。

2020 年年末，城市固定互联网宽带接入用户 45.4 部/百户，比上年年末增加 7.6%，其中固定互联网光纤宽带接入用户 44.7 部/百户。光网及 4G 网络通达率 100%，截至年末已建成 5G 基站 4 468座。移动电话普及率 111.0 部/百人。

五、固定资产投资

全年固定资产投资（不含农户）比上年增长6.3%，其中国有控股投资增长13.0%。分产业看，第一产业投资增长6.6%；第二产业投资增长23.9%；第三产业投资下降6.7%（图10）。分领域看，基础设施投资增长19.0%，民生投资下降14.0%，民间投资下降1.9%。

全年工业投资比上年增长24.0%。其中，制造业投资增长4.1%，电力、热力、燃气及水的生产和供应业投资增长98.2%。全年交通运输、仓储和邮政业投资增长0.8%，卫生和社会工作投资增长27.5%（表3）。

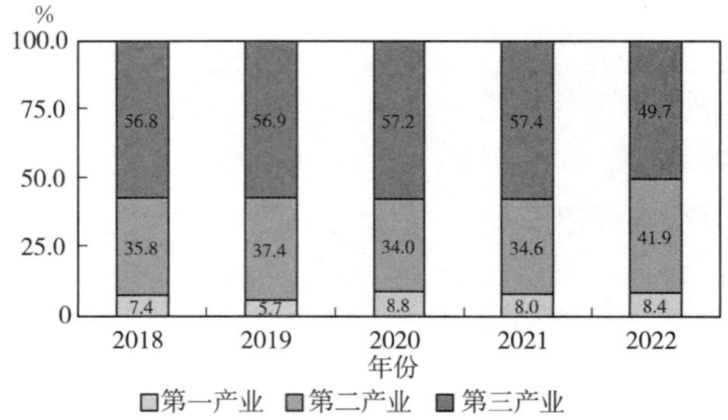

图10 2018—2022年三次产业投资占固定资产投资（不含农户）比重

表3 2022年分行业固定资产投资（不含农户）增长速度

行业	比上年增长（%）	行业	比上年增长（%）
总计	6.3	金融业	－50.4
其中：农、林、牧、渔业	6.6	房地产业	－14.7
采矿业	120.7	租赁和商务服务业	－19.3
制造业	4.1	科学研究和技术服务	－42.5
电力、热力、燃气及水的生产和供应业	98.2	水利、环境和公共设施管理业	－5.8
建筑业	－15.2	居民服务、修理和其他服务业	95.8
批发和零售业	16.0	教育	－14.8
交通运输、仓储和邮政业	0.8	卫生和社会工作	27.5
住宿和餐饮业	80.7	文化、体育和娱乐业	－49.0
信息传输、软件和信息技术服务业	33.3	公共管理、社会保障和社会组织	89.6

全年房地产开发投资159.67亿元，比上年下降17.7%。商品房销售面积220.71万米^2，下降41.6%，其中住宅200.45万米^2，下降42.6%。商品房销售额111.24亿元，下降39.6%（表4）。年末商品房待售面积535.83万米^2，比上年年末增长34.7%。

表4 2022年房地产开发和销售主要指标及其增长速度

指标名称	计量单位	数量	比上年增长（%）
投资额	亿元	159.67	－17.7
其中：住宅	亿元	116.73	－16.8
房屋施工面积	万米^2	2 185.14	－13.8
其中：住宅	万米^2	1 501.38	－14.1
房屋新开工面积	万米^2	581.40	－24.3
其中：住宅	万米^2	414.06	－23.4
房屋竣工面积	万米^2	293.11	－38.3
其中：住宅	万米^2	207.06	－42.0
商品房销售面积	万米^2	220.71	－41.6
其中：住宅	万米^2	200.45	－42.6
商品房销售额	亿元	111.24	－39.6
其中：住宅	亿元	94.71	－42.0

全年开工建设公租房 16 020 套，建设保障性租赁住房 400 套，实施棚户区改造 4 273 户，实施农村危房改造 6 000 户。

六、国内贸易

全年社会消费品零售总额 745.39 亿元，比上年下降 8.8%（图 11）。按经营地统计，城镇消费品零售额 642.21 亿元，下降 9.5%；乡村（连队）零售额 103.18 亿元，下降 3.6%。按消费类型统计，商品零售额 596.84 亿元，下降 8.1%；餐饮收入额 148.55 亿元，下降 11.5%。

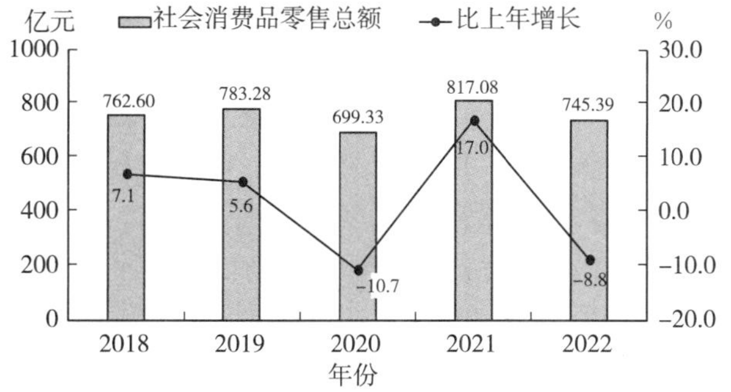

图 11　2018—2022 年社会消费品零售总额及其增长速度

全年限额以上单位商品零售额中，粮油食品零售额比上年下降 22.0%，饮料类下降 27.6%，烟酒类下降 23.9%，服装、鞋帽、针纺织品类下降 57.9%，化妆品类下降 25.5%，金银珠宝类下降 27.6%，日用品类下降 25.7%，家用电器和音像器材类下降 41.5%，中西药品类下降 7.2%，文化办公用品类下降 30.4%，家具类下降 28.5%，建筑及装潢材料类下降 40.5%，汽车类下降 21.4%，石油及制品类下降 4.9%。

通过公共网络实现的商品销售额 2.97 亿元，比上年下降 34.5%。

七、金融

年末社会融资规模 4 420.30 亿元，比年初增加 422.02 亿元，增长 10.6%。年末金融机构各项存款余额 4 937.35 亿元，比年初增加 643.00 亿元，比上年增长 15.0%；年末各项贷款余额 3 845.47亿元，比年初增加 344.03 亿元，比上年增长 9.8%（表 5）。

年末共有上市公司 16 家，全年累计实现资本市场融资 178.33 亿元。

表 5　2022 年金融机构存贷款余额

指标名称	年末数（亿元）	比上年增长（%）
各项存款余额	4 937.35	15.0
其中：个人存款	2 989.88	15.4
单位存款	1 896.64	14.7
代理财政性存款	0.80	3.5
其他存款	50.03	−0.2
各项贷款余额	3 845.47	9.8
其中：个人贷款	759.88	12.8
其中：经营性贷款	258.31	27.1
消费类贷款	501.53	6.6
单位贷款	2 947.53	8.1
其中：经营性贷款	2 080.64	5.8
固定资产贷款	866.73	14.2
票据融资	138.01	36.3

八、人民生活和社会保障

全年全体居民人均可支配收入 37 925 元，比上年增长 2.8%，扣除价格因素，实际增长 1.0%（图 12）。按常住地分，城镇居民人均可支配收入 44 048 元，增长 1.9%，扣除价格因素，与上年持平。其中，工资性收入 29 762 元，增长 10.4%；经营净收入 7 129 元，下降 16.0%；财产净收入 2 039元，增长 23.2%；转移净收入 5 118 元，下降 16.3%。连队居民人均可支配收入 28 420 元，比上年增长 3.8%，扣除价格因素，实际增长 2.3%。其中，工资性收入 6 162 元，增长 12.8%；经营净收入 17 882 元，增长 14.9%；财产净收入 918 元，下降 29.5%；转移净收入 3 458 元，下降 38.7%。

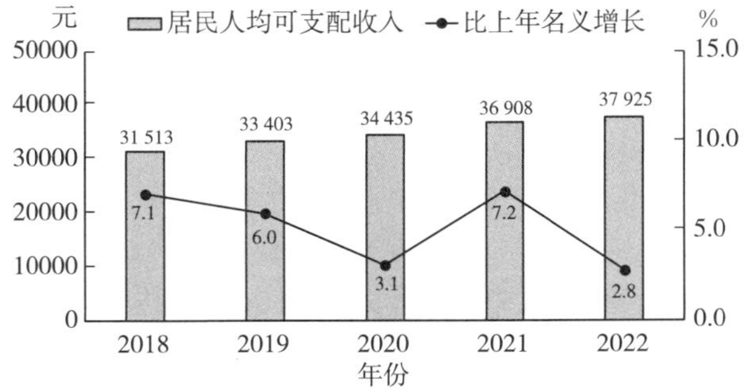

图 12　2018—2022 年居民人均可支配收入及其增长速度

全年全体居民人均生活消费支出 23 059 元，比上年下降 10.5%（图 13）。按常住地分，城镇居民人均生活消费支出 25 203 元，下降 12.2%；连队居民人均生活消费支出 21 608 元，下降 7.6%。全体居民家庭恩格尔系数为 33.8%，其中，城镇为 32.9%，连队为 35.3%。

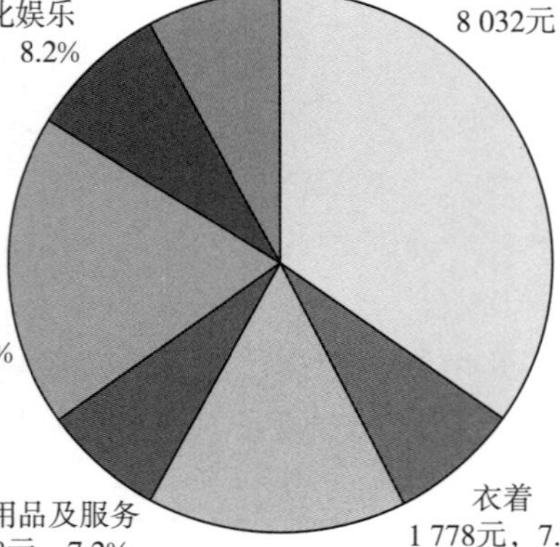

图 13　2022 年居民人均消费性支出及构成

年末参加基本养老保险 215.04 万人，比上年年末增加 5.68 万人。其中，参加城镇职工基本养老保险 193.54 万人，增加 5.13 万人；参加城乡居民基本养老保险 21.50 万人，增加 0.55 万人。参加基本医疗保险 268.85 万人，增加 3.71 万人。其中，参加职工基本医疗保险 153.53 万人，增加 2.53 万人；参加城乡居民基本医疗保险 115.32 万人，增加 1.18 万人。参加生育保险 77.83 万人，比上年增加 1.51 万人。参加失业保险 75.08 万人，比上年增加 1.81 万人。参加工伤保险 90.78 万人，比上年增加 3.61 万人。

年末共有养老机构和养老设施 285 个，其中养老机构 159 家，社区老年人日间照料中心 126 家，总床位 2.4 万张。

九、科学技术和教育

年末共有师市以上部门所属研究与技术开发机构 16 个。全年争取各类国家科技计划项目 153 项，国拨到位经费 1.27 亿元；兵团本级科技计划项目 419 项，兵团本级财政科技拨款 2.2 亿元。

年末共有国家级高新技术产业开发区 1 个，兵团级高新技术产业开发区 1 个，兵团重点实验室 32 家，省部共建国家重点实验室 1 家，国家火炬特色产业基地 1 个，高新技术企业 166 家，科技型中小企业 130 家，兵团临床医学研究中心 8 家（其中国家临床医学研究中心兵团分中心 3 家），农业科技园区 15 个（其中国家级 6 个），工程技术研究中心 30 家（其中国家级 1 家），认定产业技术创新战略联盟 10 家，科技中介服务机构 26 家，兵团级众创空间 44 家（13 家通过国家备案），星创天地 28 家（25 家通过国家备案），科技企业孵化器 12 家（其中国家级 4 家）。

全年新增自治区级企业技术中心 12 家。截至 2022 年年末，累计认定国家级企业技术中心 5 家，国家地方联合工程研究中心（实验室）22 家，自治区级企业技术中心 76 家，兵团工程研究中心（实验室）15 家。

全年获得专利授权 2 806 件，比上年增长 4.7%，其中发明专利授权 331 件，增长 65.5%。年末有效发明专利 1 170 件，比上年年末增长 26.1%；有效注册商标 12 420 件，增长 15.9%。下野地枸杞和石河子黄桃地理标志商标成功注册，累计注册地理标志商标 9 件（表 6）。

表 6　2022 年专利授权和注册商标情况

指标名称	数量（件）	比上年增长（%）
专利授权	2 806	4.7
其中：发明专利授权	331	65.5
年末有效专利	1 170	26.1
年末有效注册商标	12 420	15.9
年末地理标志商标	9	28.6

年末共有检验检测机构 157 家，年度制定地方标准立项 12 项。新批准国家级农业标准化示范区 3 个、国家社会管理和公共服务综合标准化试点项目 1 个。已建设国家级农业标准化示范区 71 个，其中，已建成 68 个，在建 3 个。

全年高等教育院校招生 4.32 万人，在校生 12.02 万人，毕业生 2.56 万人。中等职业技术学校招生 1.26 万人，在校生 3.46 万人，毕业生 0.8 万人。普通高中招生 2.03 万人，在校生 5.81 万人，毕业生 1.91 万人。义务教育学校招生 6.91 万人，在校生 31.05 万人，毕业生 6.34 万人。学前教育在园幼儿 8.27 万人。九年义务教育巩固率 99.0%，学前三年毛入学率 98.6%，高中阶段毛入学率 98.4%，中小学及幼儿园国家通用语言文字教学覆盖率100%。

十、文化旅游和卫生健康

年末共有专业文艺团体9个。列入2021年度全国博物馆名录的博物馆纪念馆16座、师市级图书馆9座、美术馆3座。年末广播节目综合人口覆盖率98.8%，电视节目综合人口覆盖率99.7%。

全年接待游客1 921.56万人次，比上年下降38.4%。旅游收入74.02亿元，下降48.9%。

年末共有各类医疗卫生机构2 036个（含营利性医疗卫生机构），其中，医院204个，门诊部15个，社区卫生服务中心26个，社区卫生服务站100个，乡镇卫生院5个，诊所、卫生所、医务室546个，连队卫生室1 084个，妇幼保健院1个，疾病预防控制机构41个，计划生育服务机构5个，采供血机构8个，血液透析中心1个。各类卫生技术人员29 633人，其中，执业（助理）医师10 139人，注册护士13 195人。医疗卫生机构床位22 126张。

十一、资源、环境和应急管理

全年批准新增建设用地7.96千公顷，比上年下降18.1%。供应土地8.99千公顷，下降22.9%。

年末已建成水库145座，总库容34.36亿米^3。其中，大型水库11座，中型水库32座，小型水库102座。已建成水电站93座，水闸6 692座、农村集中式供水工程759处，机电井29 515眼，堤防（1～5级）长度2 530.57公里，2 000亩以上灌区87处，0.2米^3/秒以上灌溉渠道总长度32 657.7公里。

全年总用水量120.85亿米^3。其中，农业用水110.48亿米^3，工业用水2.06亿米^3，生活用水2.82亿米^3。

全年完成造林面积29.43千公顷，其中，人工造林4.83千公顷，封沙育林10.73千公顷。完成村庄（连队）绿化1.57千公顷。2022年新增沙化土地治理50.12千公顷。

现有兵团级（省级）湿地自然保护区4个，总面积1 003.45平方公里。

年末城市供水普及率、燃气普及率、污水集中处理率、生活垃圾无害化处理率分别达98.44%、98.42%、99.65%、99.51%，99%以上连队建立生活垃圾收运处置体系。

全年规模以上工业综合能源消费量4 019.36万吨标准煤，比上年下降0.9%。煤炭消费量6 765.75万吨，比上年增长6.5%；电力消费量890.83亿千瓦·时，增长2.1%。煤炭消费量占能源消费总量的65.6%，比上年提高1.9个百分点。重点耗能工业企业单位电石综合能耗下降1.1%，吨水泥综合能耗下降2.4%，吨钢综合能耗下降8.8%，单位电解铝综合能耗下降0.3%，每千瓦·时火力发电标准煤耗下降0.9%。

六大高耗能行业能耗比上年下降1.2%。其中，石油、煤炭及其他燃料加工业能耗下降1.5%，化学原料和化学制品制造业能耗下降1.8%，非金属矿物制品业能耗增长10.3%，黑色金属冶炼及压延加工业能耗下降4.6%，有色金属冶炼和压延加工业能耗增长0.7%，电力、热力生产和供应业能耗下降3.9%。

全年五家渠市$PM_{2.5}$平均浓度62微克/米^3，空气优良265天；石河子市$PM_{2.5}$平均浓度54微克/米^3，空气优良269天。第三师图木舒克市入选第六批国家生态文明建设示范区。纳入国家考核的30个国控断面地表水水质达到国家优良水体标准比例82.6%。

全年农作物受灾面积93.27万亩，其中绝收7 200亩，直接经济损失4.42亿元。

全年共发生各类生产安全事故27起，死亡30人。

注释：

[1] 本公报中的数据均为初步统计数，最终数据以《2023年兵团统计年鉴》为准。部分数据因四舍五入，存在总计与分项合计不等的情况。

[2] 生产总值、三次产业及相关行业增加值和人均生产总值绝对数按现价计算，增长速度按不变价格计算。

[3] 高技术制造业包括医药制造业，航空、航天器及设备制造业，电子及通信设备制造业，计算机及办公设备制造业，医疗仪器设备及仪器仪表制造业，信息化学品制造业。

[4] 装备制造业包括金属制品业，通用设备制造业，专用设备制造业，汽车制造业，铁路、船舶、航空航天和其他运输设备制造业，电气机械和器材制造业，计算机、通信和其他电子设备制造业，仪器仪表制造业。

[5] 工业战略性新兴产业包括节能环保产业，新一代信息技术产业，生物产业，高端装备制造产业，新能源产业，新材料产业，新能源汽车产业七大产业中的工业相关行业。

[6] 六大高耗能行业包括石油加工、炼焦和核燃料加工业，化学原料和化学制品制造业，非金属矿物制品业，黑色金属冶炼和压延加工业，有色金属冶炼和压延加工业，电力、热力生产和供应业。

[7] 基础设施投资是指建造或购置为社会生产和生活提供基础性、大众性服务的工程和设施的支出。公报中的基础设施投资包括电力、热力、燃气及水生产和供应业，交通运输、邮政业，电信、广播电视和卫星传输服务业，互联网和相关服务业，水利、环境和公共设施管理业投资。

[8] 民间固定资产投资是指具有集体、私营、个人性质的内资企事业单位以及由其控股（包括绝对控股和相对控股）的企业单位建造或购置固定资产的投资。

[9] 火电包括燃煤发电量，燃油发电量，燃气发电量，余热、余压、余气发电量，垃圾焚烧发电量，生物质发电量。

[10] 普通高等学校包括普通高等学校和成人高等学校。

[11] 中等职业教育包括普通中专、成人中专、职业高中和技工学校。

资料来源：

本公报中主要经济指标数据来源于兵团统计局和国家统计局兵团调查总队，其他数据来源于相关部门。其中，就业与社会保障数据来自兵团人力资源和社会保障局；设市建镇、养老机构数据来自兵团民政局；开发区数据来自兵团商务局；市场主体、检验检测、标准化、专利数据来自兵团市场监督管理局；客货运输数据来自兵团交通运输局；电信数据来自兵团工业和信息化局；公租房、保障性租赁住房、棚户区改造、农村危房改造数据来自兵团住房和城乡建设局；存贷款余额、上市公司数据来自兵团地方金融监督管理局；医疗保险数据来自兵团医疗保障局；科技数据来自兵团科技局；企业技术中心数据来自兵团发展和改革委员会；教育数据来自兵团教育局；环境监测和自然保护区数据来自兵团生态环境局；国有建设用地、供应地、土地出让数据来自兵团自然资源局；用水数据来自兵团水利局；农业龙头企业数据来自兵团农业农村局；文化、广播、电视和旅游数据来自兵团文化体育广电和旅游局；卫生数据来自兵团卫生健康委员会；造林数据来自兵团林业和草原局；灾害、安全生产数据来自兵团应急管理局。

新疆地方国有农场2022年经济发展统计公报

新疆维吾尔自治区农垦经济发展中心

2022年，新疆地方国有农场坚决贯彻落实中央农垦改革发展文件和农业农村部全国农垦改革发展工作视频会议精神，全面深化农垦集团化改革，努力推进国有农垦企业，完善现代企业制度，明晰产权关系，健全法人治理结构，不断提高农场内部管理水平和市场竞争力。依法推进混合所有制改革，适应新阶段，强化农垦行业指导。以推进垦区集团化、农场企业化改革为主线，推进资源资产整合、产业优化升级，建设现代农业的大基地、大企业、大产业。

一、概况

2022年年末，纳入新疆地方国有农场统计的数量为51个，比上年增加5个。第一产业增加值215 167.12万元，第二产业增加值17 022.22万元，第三产业增加值18 057.16万元。

二、农业

2022年，新疆地方国有农场充分发挥农业企业特有优势，继续保持社会经济全面发展的好势头。完成农林牧渔业总产值781 041万元。其中，农业产值626 563.56万元，林业产值64 445.76万元，牧业产值70 294.82万元，渔业产值5 792.8万元，农林牧渔专业及辅助性活动产值13 944.06万元。农林牧渔业商品总产值270 795.63万元。

1. 种植业

全年农作物播种面积157 832.90公顷，比上年增加31 684.86公顷，增长25.12%。其中，粮食播种面积43 453.87公顷，比上年增加3 031.49公顷，增长7.5%；油料播种面积852.91公顷，较上年下降21.29公顷，下降2.44%；棉花播种面积93 130.23公顷，较上年增加27 110.08公顷，增长41.06%；糖料播种面积1 159.21公顷，较上年增加106.38公顷，增长10.10%；药材播种面积1 916.50公顷，较上年增长32.65%。瓜菜种植面积5 390.79公顷，较上年增加1 961.44公顷，增长57.2%；其他作物播种面积为11 929.39公顷，较上年减少974.91公顷，下降7.55%。主要农作物产量见表1。

表1 主要农作物产量及增长情况

产品名称	2022年（吨）	2021年（吨）	增长率（%）
粮食	473 514.90	491 111.41	−3.58
油料	2 871.48	3 235.31	−11.25
棉花	180 269.4	147 368.68	22.33
甜菜	110 867.85	68 885.50	60.95
瓜菜	188 188.54	214 746.82	−12.37

2. 畜牧业及水产业

2022年新疆地方国有农场畜牧业稳步发展，主要牲畜和畜产品产量见表2。

表2 主要牲畜和畜产品产量及增长情况

牲畜种类/畜产品	计量单位	2022年	2021年	增长率（%）
大牲畜	万头	9.87	6.03	63.68
猪	万头	7.05	4.91	43.58
羊	万只	43.95	42.27	3.97
家禽（饲养量）	万只	84.69	83.01	2.02
肉类（总产量）	吨	22 954.98	19 865.12	15.55
牛奶（产量）	吨	10 447.52	9 372.98	11.46
禽蛋（产量）	吨	8 875.91	6 811.42	30.31

2022年新疆地方国有农场水产品养殖面积4 304.8公顷，比上年增长45.17%；水产品产量为4 134.1吨。

3. 水果及林业

2022年新疆地方国有农场水果生产保持平稳发展，总面积31 407.48公顷，较上年增长0.8%，总产342 168.55吨，较上年下降9.81%。主要水果产量见表 3。

表 3 主要水果产量及增长情况

产品名称	2022 年（吨）	2021 年（吨）	增长率（%）
苹果	186 655.03	192 541.1	−3.06
梨	61 182.34	114 719.90	−46.67
葡萄	49 129	31 845.4	54.27
桃	7 394.95	7 162.90	3.24
红枣	33 540.49	33 479.13	0.18
其他水果	4 188.54	3 944.55	6.19

2022 年新疆地方国有农场新造林 1 880.03 公顷，其中用材林 27.623 公顷，经济林 888.8 公顷，防护林 963.61 公顷。当年零星植树 4 303.94 万株；育苗面积 54.43 公顷，其中当年新育面积 36.39 公顷。

2022 年新疆地方国有农场生产条件持续改善，农业机械动力 880 761.83 千瓦，其中，柴油发动机动力 730 561.33 千瓦，汽油发动机动力 46 860 千瓦，电动机动力 89 172.5 千瓦，其他动力 14 168千瓦；有大中型拖拉机 10 721 台，小型及手扶拖拉机 11 754 台，排灌动力机械 5 623 台，联合收获机 362 台；农用飞机 182 架。农业生产用电量 261 910 772.84 千瓦・时，农用化肥施用总量（折纯量）142 490.87 吨，农药施用量 1 997.65 吨，地膜使用量5 185.23吨。

农产品质量：绿色食品认证 6 个、产量 3 685 吨，已认证有机产品 9 个、产量 15 650 吨；农产品地理标志产品 1 个，面积 868.01 公顷、产量 25 000吨。

农作物种业基本情况：种子播种面积 620.4 公顷、产量 4 249.89 吨；原种播种面积 17.8 公顷、生产量 96.19 吨；良种播种面积 602.6 公顷、生产量 4 153.7 吨。

三、工业和建筑业

2022 年新疆地方国有农场完成工业产值 97 147万元，按行业划分，农副食品加工业 91 684 万元，占 94.38%；食品制造业 135 万元，占 0.14%；酒、饮料和精制茶制造业 175 万元，占 0.18%；纺织业 1 847 万元，占 1.90%；皮革、毛皮、羽毛及其制品和制鞋业 210 万元，占 0.22%；木材加工和木、竹、藤、棕、草制品业 995 万元，占 1.02%；橡胶和塑料制品业 1 030 万元，占 1.06%；金属制品、机械和设备修理业 121 万元，占 0.12%；其他制造业 300 万元，占 0.31%；电力、热力生产和供应业 650 万元，占 0.67%。主要工业产品产量见表 4。

表 4 主要工业产品产量及增长情况

产品名称	2020 年（吨）	2021 年（吨）	增长率（%）
小麦粉	330	0	100.00
大米	6 000	0	100.00
白酒（折 65 度，商品量）	85	82	3.66
精制食用植物油	1 150	1 100	4.55
塑料制品	4 555	4 330	5.20
纱	3 500	3 300	6.06
家具	1 000	1 000	0
发电量	1 500	1 500	0
自来水生产量	263 500	264 000	−0.19

年末建筑业单位 19 个，年末从业人员 320 人，拥有固定资产原值 1 768.5 万元，机械设备 28 台，全年施工房屋建筑面积 7 010 米^2。

四、固定资产完成情况及新增生产能力

2022 年，完成固定资产投资 122 501.93 万元，其中，第一产业 112 486.83 万元，占 91.82%，第二产业 4 869 万元，占 3.97%，第三产业 5 146.1

万元，占4.20%。当年新增固定资产20 392.88万元，其中国有13 423.68万元。

五、人口、土地

2022年，新疆地方国有农场年末总人口232 953人，年末土地总面积1 021 236.21公顷，其中，耕地面积171 741.74公顷，牧草地面积530 010.01公顷，林地面积77 927.34公顷，水面面积4 563.5公顷，园地面积35 711.52公顷，可垦荒地面积36 845.13公顷，宜林地面积6 906.87公顷，居民点及工矿用地面积11 578.71公顷，其他面积145 951.39公顷。

新疆地方国有牧场2022年经济发展统计公报

新疆维吾尔自治区畜牧兽医局

2022年，新疆维吾尔自治区畜牧兽医局坚持以习近平新时代中国特色社会主义思想为指导，全面贯彻党的十九大和十九届历次全会精神，深入学习、宣传、贯彻党的二十大精神，贯彻落实第三次中央新疆工作座谈会精神，贯彻落实习近平总书记关于“三农”工作的重要论述和视察新疆重要讲话、重要指示精神，完整、准确贯彻新时代党的治疆方略。在完善政策支持体系、健全管理机制、突破短板制约、应对风险挑战上持续用力，积极落实推进畜牧业高质量发展政策措施，实现畜产品产能稳步增长、市场供应充足、价格保持稳定，国有牧场经济保持增长、社会和谐稳定，各项事业呈现健康的发展局面，职工收入稳定增长，生活条件不断改善。

一、综合情况

2022年，全区地方国有牧场农垦综合统计调查表录入企业102户（自治区区属管理的国有牧场3户，县属管理的国有牧场99户），较在农垦局备案的124户国有牧场减少12户，主要原因：一是2021年有6户国有牧场已划转至自治区农业农村厅综合统计报表系统管理，二是有16户国有牧场因场乡合一或撤场并村，不能按时报送统计信息资料。

2022年年末，102户国有牧场总人口36.25万人，从业人员16.33万人，职工3.88万人，其中在职在岗职工2.199万人。2022年居民人均可支配收入18 398元，人均增加928元，人均住房面积30.3米^2。

全年实现垦区生产总值40亿元，较上年增长0.01%。其中，第一产业增加值31.31亿元，较上年增加1 309.88万元，增长0.42%；第二产业增加值4.61亿元，较上年增加2 848.48万元，增长6.6%；第三产业增加值4.08亿元，较上年减少1 803.18万元，下降4.23%。

土地总面积1 362.27万公顷，较上年增加185.32万公顷，增长15.75%。其中，耕地面积24.74万公顷，较上年增加1.33万公顷，增长5.7%；草场面积975.32万公顷，较上年增加202.17万公顷，增长26.15%；林地面积35.40万公顷，较上年增加0.82万公顷，增长2.37%；水域面积2.9万公顷，较上年减少2.93万公顷，下降50.3%；园地面积0.63万公顷，较上年减少0.05万公顷，下降7.4%；可垦荒地面积28.15万公顷，较上年减少0.1万公顷，下降0.35%；宜林面积2.35万公顷；居民点及工矿用地面积3.04万公顷，较上年减少1.86万公顷，下降37.91%；其他面积289.73万公顷，较上年减少14.06万公顷，下降4.63%。土地面积增减变化的主要原因：一是巴音郭楞蒙古自治州且末县将原昆其布拉克牧场、吐拉牧场的不动产登记权证核发给改制后的且末县昆仑牧业有限公司；二是2022年开展农垦国有土地管理与利用监测工作，县级自然资源部门重新确认土地面积及重新划分了耕地面积、永久基本农田面积。

二、农牧业生产情况

2022年，全年实现农林牧渔业总产值95亿元，其中，农业产值53.25亿元，畜牧业产值38.52亿元，林业总产值0.45亿元，渔业总产值0.4亿元，农林牧渔业服务产值2.38亿元。农林牧渔商品总产值32.87亿元。

农作物总播种面积23.18万公顷，较上年增加2.05万公顷，增长10%。其中，粮食播种面积10.52万公顷，较上年增加0.25万公顷，增长2.43%；油料面积1.4万公顷，较上年减少0.35万公顷，下降20.00%；棉花面积6.79万公顷，较上年增加0.8万公顷，增长13.36%；麻类播种面积0.126万公顷，较上年增加0.04万公顷，增长46.51%；糖料作物面积0.247万公顷，较上年增加 0.018 万公顷，增长 7.86%；药材类面积 0.085 万公顷，较上年减少 0.018 万公顷，下降 17.48%；蔬菜、瓜类面积 0.62 万公顷，较上年增加 0.06 万公顷，增长 10.71%；其他作物面积 3.39 万公顷，较上年增加 0.03 万公顷，增长 0.89%。

主要农产品产量：2022 年粮食总产量 116.7 万吨，较上年增加 3.23 万吨，增长 2.85%，其中小麦 17.19 万吨，较上年增加 3.4 万吨，增长 24.66%；油料产量 3.82 万吨，较上年减少 0.235 万吨，下降 5.8%；玉米 93.57 万吨，较上年增加 2.54 万吨，增长 2.79%；棉花总产量 30.91 万吨，较上年增加 0.1 万吨，增长 0.32%。

牲畜存栏：2022 年年末，国有牧场牲畜存栏 326.75 万头（只），较上年增加 1.68 万头（只），增长 0.52%。其中，大牲畜存栏 79.27 万头，较上年增加 2.72 万头，增长 3.54%；奶牛存栏 23.24 万头，较上年增加 2.72 万头，肉牛存栏 34.49 万头，较上年增加 6.43 万头，增长 22.91%；羊存栏 244.02 万只，较上年减少 0.74 万只，下降 0.3%；猪存栏 3.46 万头，较上年减少 0.32 万头，下降 0.84%。家禽存栏 92.12 万只，较上年增加 25.09 万只，增长 37.43%。

畜产品产量：2022 年国有牧场肉类总产量 8.01 万吨，较上年增加 1.24 万吨，增长 18.32%。其中，牛肉 2.58 万吨，较上年增加 0.215 万吨，增长 9.09%；羊肉 2.682 万吨，较上年增加 0.018 万吨，增长 0.68%。牛奶总产量 18.47 万吨，较上年增加 0.88 万吨，增长 5.00%。绵羊毛总产量 3 416 吨，较上年增加 35 吨，增长 1.04%。

农牧业生产机械化、生产投入与技术推广情况：2022 年年末，国有牧场农业机械总动力 72.11 万千瓦，比上年增长 0.81%。拥有农业机械33 852台，其中，大中型拖拉机 8 985 台，小型及手扶拖拉机23 307台，排灌动力机械 1 228 台，联合收获机 313 台。当年机械化耕种面积 22.31 万公顷，占农作物总播种面积的 103.94%（含复播）；机械收获面积 19.02 万公顷，占农作物总播种面积的 82%。农田肥料施用量 12.51 万吨，农业生产用电量 9 219.77 万千瓦·时，农业用水量50 857.53万米^3。

三、工业和建筑业

2022 年国有牧场中有工业企业 38 家，其中国有及国有控股企业 10 家，实现工业增加值 17.07 亿元，其中新疆呼图壁种牛场有限责任公司所属子公司新疆西域春乳业有限责任公司实现总产值 10.98 亿元。

2022 年年末，有建筑业企业 29 家，其中国有及国有控股企业 2 家，年末从业人员 1 447 人，年末产值 2.47 亿元，全年施工房屋面积 11.26 万米^2。

四、固定资产投资情况

2022 年度国有牧场完成固定资产投资总额 161 900.05 万元，较上年增长 22.11%，其中国有投资 116 907.59 万元，较上年增长 46.07%。投资总额中，第一产业投资额 94 015.4 万元，占投资总额的 58.07%；第二产业投资额 43 967.81 万元，占投资总额的 27.16%；第三产业投资额 23 916.84万元，占投资总额的 14.77%。预算资金总额122 324.75万元，其中：国家预算内资金 42 907.19万元，自筹资金 48 934.60 万元，其他资金 3 048.96 万元。

五、职工收入情况

2022 年年末，国有牧场总人口 36.25 万人，从业人员 16.33 万人。其中，第一产业从业人员 13.74 万人，占总从业人员的 84%；第二产业从业人员 0.8 万人，占总从业人员的 5%；第三产业从业人员 1.79 万人，占总从业人员的 11%。职工 3.88 万人，职工报酬 13.25 亿元，年均收入 3.41 万元，在岗职工 2.2 万人，在岗职工劳动报酬 8.7 亿元，年人均收入 3.95 万元，职工生活水平稳步提高。全区国有牧场实现居民人均可支配收入 18 398元，较上年增长 5.3%。年末实有住房面积 999.12 万米^2，人均住房面积 27.56 米^2。

六、其他情况

（1）2022 年国有牧场生产总值超过 1 亿元的有 7 户，实现生产总值（现价）合计 35.58 亿元，占垦区生产总值的 88.95%，其中，农业增加值 8.6 亿元，工业增加值 2.6 亿元。利润总额 1.1 亿元，其中新疆呼图壁种牛场有限公司生产总值（现价）连续 5 年排居全区国有牧场第一位，年度实现利润总额 1.1 亿元。

（2）全区列入边境农场范围的国有牧场 52 户

(其中，12 户属于与外国接壤的边境农场，40 户为地处边境县域内的边境农场)，土地面积 571.2 万公顷，占全区国有牧场土地总面积的 41.93%；资产总额 182.24 亿元，占全区国有牧场资产总额的 45.52%；所有者权益 161.3 亿元，占全区国有牧场所有者权益总额的 45.93%；边境农场收入 19.54 亿元，占全区国有牧场总收入的 78.9%；利润总额 0.167 亿元，占全区国有牧场利润总额的 12.9%；2022 年年末人口 24.74 万人，占全区国有牧场总人口的 68.25%；年人均收入 14 969 元，职工 3.11 万人，占全区国有牧场总人数的 80.15%，职工年均收入 3.54 万元。

中国热带农业科学院2022年经济发展统计公报

中国热带农业科学院

2022年，中国热带农业科学院全体人员团结奋进、战胜困难，认真执行党中央、国务院、农业农村部的指导方针，在有效防控新冠疫情的同时，积极推动国家热带农业科学中心的建设和发展。科技创新成果丰硕，为热带地区的农业和乡村振兴提供了强有力的支持，助推脱贫攻坚工作取得新成效，为国家实现乡村振兴战略作出了重要贡献，院所管理水平不断提高，为加速实现院所治理体系和治理能力的现代化打下了坚实基础，保障能力持续增强，为院所可持续发展创造了良好条件，全面从严治党取得新突破，为热带农业科学事业的繁荣和进步提供了有力保证，圆满完成了各项工作目标。

一、综合及主要指标

农业农村部核定中国热带农业科学院编制5 500人，其中，财政拨款补贴人员编制4 300人，经费自理人员编制1 200人。2022年，常住总人口12 520人，年内平均人口12 439人。年末从业人员3 499人，其中，在岗职工2 846人，其他职工653人。全年职工劳动报酬50 826.10万元，比2021年增加6.52%。

全年实现第三产业生产总值50 378万元，比上年减少10 052.68万元，下降16.6%，年末实有住房面积50.98万米^2，人均住房使用面积40.70米^2。

土地总面积7 830.24公顷，其中，耕地面积741.93公顷，林地面积3 610.43公顷，水面面积114.87公顷，茶果桑园323.04公顷，可垦荒地面积118.02公顷，宜林地面积797.94公顷，居民点及工矿用地面积617.72公顷，其他面积1 165.55公顷。耕地面积中，水田114.67公顷，高标准农田面积37.87公顷。

二、科学研究

科学研究和综合技术服务业生产总值79 652.08万元，其中，劳动者报酬63 864.62万元，固定资产折旧为21 366.78万元，增加10 324.46万元，增加原因是通用设备资产年限调整，新增资产较多；批发和零售业93.87万元，下降35.51 %，减少原因是商品种类较少。

三、农林牧渔业

全年农林牧渔业总产值15 328.53万元，增长5.52%。其中，种植业产值1 397.96万元，下降1.62%；林业产值984.25万元，下降2.09%；牧业产值1 350.25万元；渔业产值60.50万元。农作物播种面积78.59公顷，其中粮食播种面积35.85公顷，产量290.08吨；水果种植面积107.44公顷，产量587.07吨，主要产品为香蕉、荔枝、芒果、火龙果、百香果等热带水果；水产品总产量110.50吨，养殖面积32.63公顷。

糖料作物年末播种面积0.34公顷，总产量1.6万吨，主要作物为甘蔗。

肉类总产量252.21吨，比2021年增加19.02吨，增长8.16%。其中，猪肉产量174.20吨，牛肉产量6.79吨，羊肉产量10.00吨，禽肉产量57.51吨。

四、科技

2022年科研经费39 607.73万元，下降4.69%。其中，政府拨款30 698.09万元，下降7.87%；企业自筹546.42万元。

2022年新增立项各级各类科研项目327项，包括国家重点研发计划、国家自然科学基金区域创新发展联合基金项目、崖州湾种子实验室“揭榜挂帅”等重点项目。

发表论文702篇；申请专利287项，授权专利329项，出版著作43部。

五、固定资产投资

全年固定资产投资额28 700.39万元，当年新增固定资产20 364.51万元。

广州农垦2022年经济发展统计公报

广州越秀食品集团有限公司

2022年，面对国际环境更趋复杂严峻和国内新冠疫情频发带来的多重考验，在越秀集团的正确领导和倾力支持下，在全体员工的共同拼搏努力下，食品板块以组织变革引领、管控效能提升为突破口，深入进行业务战略检视和业务突破，统筹抓好上游养殖端生产经营正常化与下游销售端产品营销突破，基本达成年度事业计划各项目标任务，为“十四五”发展奠定良好基础。

一、重大变动情况说明

（一）管控架构调整

2022年上半年，为提升组织管控效能，打造既能满足当前食品业务孵化需求，又能适应食品业务长远发展的管控体系，越秀集团对乳业、生猪养殖、食品加工三大主业实施提级管理。

2022年年末，结合新阶段各业务发展特点，越秀集团继续推动食品业务管控架构调整优化，设置乳业、农牧食品、食品流通三大业务平台，其中乳业包含辉山乳业及风行乳业，涵盖牧草种植、奶牛养殖、液奶制造、奶粉及雪糕业务；农牧食品包含生猪养殖、屠宰业务及肉制品深加工业务；食品流通主要开展食品供应链、物业经营、休闲食品等业务。

（二）报表合并（统计）范围变更

2022年法人单体对比2021年增加82户，其中当年新增86户，当年注销4户。

1. 合并新增

并购新增辉山乳业（中国）有限公司（简称辉山乳业），带来法人单体新增共82家。

2. 新投资设立

因业务发展需要，2022年3月新设立趣香中点文化发展（广州）有限公司。

3. 企业回购

6月从越秀住房租赁ABS回购广州建耀置业有限公司、广州领耀置业有限公司和广州展耀置业有限公司3家公司股权，成为广州建材企业集团有限公司子公司，进入越秀食品并表范围。

4. 清理注销

清理注销了广州市畜牧总公司食品经营分公司、广州风行便利店有限公司、广州昌元生物饲料有限公司、广州磨碟沙冷冻厂有限公司。

二、主要经济指标情况

2022年，越秀食品纳入统计报表编制范围的企业共185户，总部及二级企业17户，三级及以上企业168户，集团业务分布在乳制品加工业、食品加工业、饲料加工业、畜牧养殖业、青贮种植、商贸和生鲜流通业、冷链仓储业、物业资产运营业等。年末从业人员12 501人，年末职工11 328人，人均年收入93 486元。土地总面积26 477.13公顷。

2022年实现国内生产总值150 062万元。其中，第一产业主要是畜牧养殖业，全年实现生产总值70 246万元，同比增加80 336万元，主要是受越秀辉山控股开始并表，畜牧养殖规模大幅增长的影响；第二产业主要为乳制品加工、饲料加工及食品加工业务，全年实现生产总值68 212万元，同比增加20 757万元，增加原因同第一产业；第三产业主要是食品批发零售、商贸、生鲜流通、冷链仓储和物业资产运营业务，全年实现生产总值11 604万元，同比减少62 446万元，主要是受越秀辉山控股并表影响，越秀辉山控股的销售公司被划分到第三产业，销售费用较多导致亏损。

三、畜牧业生产经营情况

集团畜牧养殖业主要包括牧草种植、奶牛养殖、生猪养殖和蛋鸡养殖业务，现有规模化奶牛养殖场60个、生猪养殖场6个、养鸡场1个。2022年实现农业总产值319 786万元，同比增加299 590万元，主要是受2022年辉山乳业开始并表的影响。

（一）奶牛养殖情况

年末大牲畜存栏 128 459 头，均为奶牛，其中，辉山乳业旗下牧场 121 456 头，华美牧场 3 735头，穗新牧场 2 277 头，长城乳业下属左卫牧场991 头。2022 年牛奶产量 558 027 吨，同比增加 530 536 吨。

2022 年，辉山乳业通过细分牛群结构、推行精准饲喂、建立后备牛管理体系等，多措并举提升养殖端精细化管理水平，牧业生产恢复向好，牛群存栏增加至 12.8 万头，同比增长 6%，全年原奶产量超 52 万吨。

风行乳业狠抓精细化管理，制定牧业生产标准化操作流程并加强专业培训，改善饲养管理，提升奶牛健康水平，华南牧业全年原奶产量 2.5 万吨，同比增长 12%，成母牛单产同比增长 13%。

（二）生猪养殖情况

生猪养殖业务仍处于建设发展期，在广东、贵州等区域有多个在建项目同时推进。年末种猪存栏 13 509 头，均为能繁母猪，2022 年出栏肉猪 231 259头，同比增加 171 661 头，主要原因是 2022 年集团生猪项目快速落地，新建生猪养殖场逐渐开始规模投产，肉猪存栏及出栏量均大幅增长。

生产运营方面，集团大力推进“生产正常化”工作，提出七大管理举措，逐项紧抓落实，生产指标稳步向好，与 2021 年全年平均水平相比，胎均断奶数从 8 头提升至 10.2 头，产房存活率从 80% 提升至 87%，PSY 从 12.1 提升至 21，生产指标提升明显。

（三）家禽养殖情况

年末家禽（鸡）存栏 263 921 只，同比小幅下降，主要原因是公司退出了赢利能力较弱的肉鸡养殖业务，仅保留蛋鸡养殖业务；禽蛋产量 3 880 吨，禽肉产量 329.62 吨。

四、工业生产情况

集团工业生产经营主要业务为乳制品加工、饲料加工、屠宰以及肉制品深加工，纳入统计范围的工业企业 13 户，其中，广州本地 5 户，河北张家口长城乳业 1 户，山东临沂皇上皇众信 1 户，辽宁越秀辉山控股 5 户，贵州省毕节市大方县 1 户，同比新增的 6 户中有 5 户为 2022 年新并入的辽宁越秀辉山控股旗下的乳制品企业，1 户为 2022 年新建的贵州大方风行饲料厂。

乳业方面，辉山液奶业务全年销量超 15 万吨，通过持续调整产品结构，提升中高端产品占比，毛利率显著改善；奶粉业务积极布建全国渠道，完成产品包装升级，借助代言人、辽宁卫视春晚等进行品牌推广，全年实现营收约 4.0 亿元，同比增长 226%，高端系列玛瑞不断做大做强，全年营业收入超 2 亿元，成为助推奶粉逆势增长的重要单品。五羊雪糕完成渠道架构搭建，立足广东、广西，开拓经销商和二批客户 645 家，推出 14 款新产品，形成甜筒家装、冰品、好脆致、轻牛乳和文创 5 个产品系列，以完善的产品矩阵满足消费者更多样化的需求。

食品深加工业务面对新冠疫情带来的严峻冲击，召开经销商大会，有效增强客户信心，同时坚定实施大城市战略，瞄准大湾区和华东区两大核心区域，集中突破，整体销售保持平稳，彰显强劲的发展韧性。广州市及临沂市两座工厂全年屠宰生猪 253 万头，屠宰规模同比小幅提升。

饲料加工业务虽然受到中美贸易摩擦及新冠疫情的影响，但通过外拓客户、内抓生产，全年营收增长 18%、利润增长 452%，货款回收率 100%，顺利实现鸽料单品成为广东省第一品牌的目标。

2022 年实现工业总产值 591 854 万元，同比增加 272 806 万元，增长 86%，增长的主要原因是 2022 年合并新增辽宁越秀辉山控股集团。乳制品总产值 367 887 万元，乳制品加工产量 289 063 吨；饲料业务总产值 36 573 万元，总产量 95 965 吨。屠宰及肉制品深加工产值 187 394 万元，产量 69 521 吨，同比减少 25 461 吨，主要原因是屠宰业务模式调整以及产量有所下滑。

五、第三产业生产经营情况

集团第三产业主要是商贸和生鲜流通、冷链仓储和物业资产运营业务。商贸业务聚焦主业，强化内部产业链协同服务，为乳业、食品加工、饲料加工等业务供应原料，并逐步完善客户评价、授信等管理机制，持续加强风险防控体系建设。生鲜业务，一方面风行生鲜聚焦肉品、蛋品及粮油三大品类，集中发展商超、农贸、团餐团购三大渠道，产品购销规模及商超、团购客户数量均取得突破；另一方面东川新街市打造“品牌标准＋盈利模式”，大力推进品牌扩张。物业经营业务继续提升营运效率，实现资源整合和重组，集中统一管理，稳步开展租赁业务。

在主业面临新冠疫情反复、生猪业务处于起步阶段适逢猪价下行等挑战与冲击的情况下，第三产业主体业务整合生鲜和冷链等供应链资源，不断拓宽获客渠道；物业资产经营提供资金和发挥“稳定器”的作用，辅助主业稳中求进、做大做强。全年第三产业实现营业收入 336 785 万元，同比减少 25 690万元，下降 8.26%，其中批发零售业营业收入 293 469 万元，增长 41.52%，主要原因是新并购辉山旗下销售公司带来的新增。其他服务业营业收入 35 868 万元，可比口径同比下降 6.29%，主要是受新冠疫情减免租的影响，其他服务业以物业租赁收入为主，物业经营不断提升招商和管理能力，挖潜增效，若剔除减免租影响，业务仍保持稳定增长。

六、固定资产投资情况

2022 年，在新冠疫情的考验下，集团仍然根据固定资产投资预算，严格按照事业计划倒排工期，不断推进乳制品加工、生猪养殖等各个业务投资项目建设进度。全年完成固定资产投资总额 254 152万元，同比增加 161 088 万元，增长 173.09%。第一产业完成投资 228 430 万元，同比增加 167 833 万元，主要原因一是并购辉山乳业带来 98 384 万元新增，二是生猪业务项目建设投入 130 398 万元，同比增加 57 575 万元，生猪业务整体仍处于投资拓展阶段，除贵州的马干山、汇兴以及广东的电白养殖场已建成投产并处于逐步增量的阶段外，花都、惠水、封开等多个项目仍在建设中，其中花都、惠水在 2022 年内基本竣工交付；第二产业完成投资 18 876 万元，同比减少 11 308 万元，其中风行乳业生产研发基地 2022 年完成投资 6 246 万元，同比减少 18 749 万元，主要原因一是该基地已建成投产，二是并购辉山乳业带来 6 958万元新增；第三产业完成投资 6 847 万元，主要是对冷链仓储业和长湴办公楼的投资。

南京农垦2022年经济发展统计公报

南京农垦产业（集团）有限公司

2022年，南京农垦在农业农村部农垦局的关心支持下，在市委、市政府的正确领导下，坚持以习近平新时代中国特色社会主义思想为指导，全面贯彻落实党的二十大精神，紧扣“疫情要防住、经济要稳住、发展要安全”的总体要求，积极推进强链补链、内部资源优化整合等重点工作，不断做大做强农产品贸易业务，垦区总体呈现稳步上升发展态势。

一、综合

全年实现生产增加值68 503.89万元，较上年增长8.11%。其中，第一产业增加值340.57万元，较上年增长4.68%；第二产业增加值820万元，较上年下降5.75%；第三产业增加值67 343.32万元，较上年增长8.32%。全年固定资产投资302.50万元，较上年下降19.12%。

二、第一产业

垦区下辖1家国有市属林场——南京市青龙山林场，确权土地面积384公顷。其中，林地面积306公顷，占土地总面积的79.69%；园地面积38公顷，占土地总面积的9.90%；居民点及工矿用地面积30公顷，占土地总面积的7.81%，其他面积10公顷，占土地总面积的2.60%。

全年实现第一产业增加值340.57万元，较上年增长4.68%，生产茶叶鲜叶8 800斤，销售收入300多万元，垦区管辖企业——青泉茶业公司、雪松茶业公司在南京市雨花茶暨名特茶质量评价活动中均荣获金奖，雪松茶业公司在江苏省第二十届“陆羽杯”名特茶质量评价活动中荣获特等奖，青泉茶业公司被江苏省品牌学会授予“江苏省优秀品牌企业”称号。

三、第二产业

全年实现第二产业增加值820万元，较上年下降5.75%。垦区所涉工业企业大多是青龙山林场公司辖区企业，为了能够顺利推进青龙山健康小镇项目建设，目前辖区企业——南京华宁阀门有限公司已基本处于半停产状态。

四、第三产业

全年实现第三产业增加值67 343.32万元，较上年增长8.32%。其中，批发零售业（非国有）年末单位34个，较上年减少1个，从业人员74人，销售额1 950万元，较上年下降2.50%；餐饮业（非国有）年末单位21个，较上年减少1个，从业人员39人，营业收入880万元，较上年下降2.22%；交通运输业（非国有）年末单位1个，从业人员13人，营业收入145万元，较上年增长7.41%；其他服务业年末单位78个（其中国有及国有控股4个），较上年减少3个（其中国有1个），从业人员248人，营业收入64 368.32万元，较上年增长8.85%。

五、固定资产投资完成情况

全年投资固定资产302.50万元，截至2022年年底圆满完成，其中，第一产业投资282.50万元，占总投资额93.39%，主要包括林地占补平衡项目、持续完善森林防火设施设备、采购茶厂机器设备等；第三产业投资20万元，占总投资额6.61%。

六、人口、职工和劳动报酬

垦区年末总人口2 635人，其中农场人口2 403人。垦区居民人均劳动报酬58 980.35元/年，较上年增长4.39%。

垦区年末从业人员562人。其中，第一产业88人，占总从业人员的15.66%；第二产业100人，占总从业人员的17.79%；第三产业374人，占总从业人员的66.55%。从业人员工资总额3 899.65万元，较上年增长6.52%。

年末集团职工240人，其中在岗职工143人，占年末职工的59.58%。职工工资总额2 398.21万元，较上年增长8.06%，在岗职工工资总额2 216.31万元，较上年下降0.89%。

二

主要经济与社会指标

综合情况

1－1 主要年份全国农垦经济主要指标

指标名称	计量单位	2005年	2010年	2015年	2021年	2022年	2022年比2021年增长	
							绝对数	增长率(%)
一、基本情况								
农垦独立核算企业	个	6 197	5 261	5 880	5 571	5 408	−163	−2.9
农牧企业（农场）	个	1 923	1 807	1 785	1 799	1 787	−12	−0.7
工业企业	个	1 809	1 290	1 237	1 130	1 046	−84	−7.4
建筑企业	个	443	537	378	198	219	21	10.6
运输企业	个	270	290	205	391	229	−162	−41.4
批零贸易餐饮企业	个	1 752	1 337	2 275	2 053	2 127	74	3.6
农垦年末总人口	万人	1 259.53	1 332.31	1 445.95	1 406.20	1 412.20	6	0.4
职工年末人数	万人	—	—	—	232.26	228.50	−4	−1.7
耕地面积	千公顷	5 038.13	5 989.27	6 325.42	6 605.97	7 038.90	433	6.6
当年造林面积	千公顷	126.18	88.25	68.50	131.42	73.01	−58	−44.1
农垦生产总值（现价）	亿元	1 358.65	3 382.67	6 902.48	9 267.86	9 568.53	301	
第一产业增加值	亿元	560.43	1 171.30	1 768.13	2 162.87	2 228.31	65	
第二产业增加值	亿元	417.18	1 341.69	3 132.69	3 793.75	3 902.65	109	
第三产业增加值	亿元	381.04	869.68	2 001.65	3 311.24	3 437.57	126	
各产业占生产总值比重								
第一产业	%	41.2	34.6	25.6	23.4	23.3	−0.1	
第二产业	%	30.7	39.7	45.4	40.9	40.8	−0.1	
第三产业	%	28.1	25.7	29.0	35.7	35.9	0.2	
人均生产总值	元/人	10 851	25 669	48 648	67 443	69 320	1 877	
工农业总产值（现价）	亿元	2 472.34	6 535.24	12 528.98	15 923.11	16 443.62	521	
农林牧渔业总产值	亿元	1 118.51	2 342.34	3 449.67	4 634.76	4 804.48	170	
占工农业总产值	%	45.2	35.8	27.5	29.1	29.2	0.1	
工业总产值	亿元	1 353.83	4 192.90	9 079.31	11 288.35	11 639.14	351	
占工农业总产值	%	54.8	64.2	72.5	70.9	70.8	−0.1	
职工工资总额	亿元	277.30	546.06	878.82	1 208.54	1 220.96	12	
职工平均工资	元/人	8 255	16 510	30 553	52 033	53 433	1 400	
人均可支配收入	元/(人·年)	4 195	8 232	14 629	24 784	26 302	1 518	
固定资产投资	亿元	449.54	1 811.22	4 593.17	3 782.57	4 213.88	431	11.4
固定资产投资按来源合计	亿元	448.29	1 808.79	4 327.40	3 514.58	3 839.61	325	9.2
国家预算内资金	亿元	47.50	169.01	480.03	634.02	680.59	47	7.4
利用外资	亿元	20.18	56.89	53.89	33.40	31.94	−1	−3.0
自筹资金	亿元	282.84	1 074.21	3 091.72	2 266.82	2 505.56	239	10.5

1－1 续表 1

指 标 名 称	计量单位	2005 年	2010 年	2015 年	2021 年	2022 年	2022 年比 2021 年增长	
							绝对数	增长率(%)
二、主要农作物播种面积								
农作物播种面积	千公顷	5 145.25	6 310.42	6 898.25	6 995.91	7 161.37	165.46	2.4
粮食作物播种面积	千公顷	3 375.83	4 557.64	4 996.98	4 990.39	5 108.36	117.97	2.4
总产量	万吨	1 858.99	2 953.29	3 665.10	3 875.97	3 848.58	－27.39	－0.7
公顷产量	千克	5 507	6 480	7 335	7 767	7 534	－233.00	－3.0
棉花播种面积	千公顷	649.37	665.37	834.19	1 014.78	1 032.30	17.52	1.7
总产量	万吨	124.69	143.93	175.04	263.31	270.68	7.37	2.8
公顷产量	千克	1 920	2 163	2 098	2 595	2 622	27.00	1.0
油料合计播种面积	千公顷	371.20	375.36	352.24	276.51	298.60	22.09	8.0
总产量	万吨	66.94	80.34	80.81	68.67	75.28	6.61	9.6
公顷产量	千克	1 803	2 140	2 294	2 484	2 521	37.00	1.5
糖料合计播种面积	千公顷	100.51	103.89	84.31	81.66	81.46	－0.20	－0.2
总产量	万吨	667.52	766.86	718.26	613.19	598.47	－14.72	－2.4
公顷产量	千克	66 416	73 815	85 194	75 089	73 463	－1 626.00	－2.2
水果总产量	万吨	178.79	323.40	649.21	831.23	825.66	－5.57	－0.7
茶叶总产量	万吨	4.64	4.63	5.01	4.36	4.51	0.15	3.4
三、畜牧、水产情况								
年末牲畜存栏数	万头	2 622.04	2 752.10	3 001.45	2 425.57	2 616.19	190.62	7.9
大牲畜	万头	305.03	319.22	281.98	344.96	387.34	42.38	12.3
牛	万头	270.69	292.01	249.80	279.61	318.51	38.90	13.9
奶牛	万头	101.63	143.15	146.44	144.76	172.36	27.60	19.1
猪	万头	722.82	1 134.18	1 227.28	995.89	1 111.80	115.91	11.6
羊	万只	1 591.57	1 298.74	1 492.20	1 084.72	1 117.05	32.33	3.0
肉类总产量	万吨	145.76	256.43	254.58	225.59	248.26	22.67	10.0
牛奶产量	万吨	245.49	366.09	369.08	466.96	570.23	103.27	22.1
羊毛产量	万吨	2.92	2.72	3.28	3.08	2.22	－0.86	－27.9
禽蛋产量	万吨	22.38	39.71	48.25	44.04	45.86	1.82	4.1
蜂蜜产量	吨	6 504	8 481	12 953	14 294	12 847	－1 447.00	－10.1
水产品总产量	万吨	79.48	115.17	152.47	177.08	180.04	2.96	1.7

1－1续表2

指标名称	计量单位	2005年	2010年	2015年	2021年	2022年	2022年比2021年增长	
							绝对数	增长率(%)
四、主要农业机械、电、化肥用量								
农业机械总动力	万千瓦	1 463.07	2 126.49	2 838.32	3 308.24	3 430.04	121.80	3.7
大中型拖拉机	万台	8.00	14.60	19.72	23.81	24.54	0.73	3.1
小型及手扶拖拉机	万台	26.98	32.97	30.85	28.05	26.86	−1.19	−4.2
排灌动力机械	万台	19.19	24.84	27.99	29.22	29.72	0.50	1.7
联合收获机	万台	2.03	3.92	5.69	7.12	7.46	0.34	4.8
农业生产用电量	亿千瓦·时	—	—	—	99.23	47.06	−52.17	−52.6
农用化肥施用总量（折纯量）	万吨	159.60	227.81	269.87	238.02	241.96	3.94	1.7
五、主要工业产品产量								
原煤	万吨	576.48	2 901.05	2 505.01	2 460.24	2 187.06	−273.18	−11.1
混配合饲料	万吨	213.63	483.13	916.22	642.57	573.98	−68.59	−10.7
食用植物油	万吨	82.06	193.08	463.32	299.32	374.17	74.85	25.0
成品糖	万吨	115.02	205.79	293.36	349.51	322.47	−27.04	−7.7
乳制品	万吨	15.37	283.99	380.17	467.60	473.87	6.27	1.3
饮料酒（混合量）	万千升	141.16	144.42	160.49	187.28	188.36	1.08	0.6
纱	万吨	26.43	51.16	73.48	119.16	99.15	−20.01	−16.8
布	亿米	4.88	6.48	5.78	7.60	8.31	0.71	9.3
机制纸及纸板	万吨	100.44	61.72	56.98	66.61	64.96	−1.65	−2.5
农用氮、磷、钾化学肥料总计(折纯量)	万吨	23.60	35.67	90.21	41.40	52.63	11.23	27.1
水泥	万吨	1 046.00	2 245.07	2 158.38	1 611.05	1 542.82	−68.23	−4.2
砖	亿块	60.79	94.02	179.88	57.51	36.86	−20.65	−35.9
发电量	亿千瓦·时	59.04	156.63	738.31	1 117.76	1 131.25	13.49	1.2
六、外贸出口供货商品金额	（人民币）亿元	254.22	541.50	822.61	125.24	126.77	1.53	1.2
工业品	（人民币）亿元	215.96	468.25	754.72	97.06	97.66	0.60	0.6
批发零售贸易业、餐饮业销售总额	亿元	764.25	2 490.73	7 120.48	7 470.83	7 548.13	77.30	1.0
服务业营业收入	亿元	68.38	127.18	317.56	1 016.11	780.67	−235.44	−23.2

注：2022年农业生产用电量不包含新疆生产建设兵团。

1－2 主要年份全国农垦主要经济指标占全国比重

计量单位：%

指 标 名 称	2014年	2015年	2016年	2017年	2018年	2019年	2020年	2021年	2022年
农垦年末总人口	1.04	1.05	1.04	1.05	1.03	1.03	1.00	1.00	1.00
生产总值	1.01	1.02	0.99	0.96	0.91	0.80	0.81	0.81	0.79
固定资产投资	0.89	0.82	0.79	0.86	0.62	0.46	0.66	0.68	0.73
农作物播种面积总计	4.17	4.15	4.16	4.13	4.13	4.08	4.09	4.18	4.21
粮食作物播种面积	4.37	4.41	4.42	4.36	4.12	4.13	4.12	4.24	4.32
粮食作物总产量	5.83	5.90	5.65	5.69	5.55	5.18	5.32	5.67	5.61
棉花播种面积	21.45	21.95	21.66	24.66	30.50	30.14	32.07	33.49	34.41
棉花总产量	34.32	31.20	35.15	37.99	46.69	41.55	44.30	45.48	45.26
油料合计播种面积	2.59	2.50	2.56	2.37	2.38	2.35	2.34	2.11	2.27
油料总产量	2.35	2.28	2.26	2.05	2.32	2.12	2.05	1.90	2.06
糖料播种面积	4.41	4.84	5.11	5.38	5.74	6.00	6.05	5.59	5.56
糖料总产量	5.27	5.73	5.97	6.17	6.31	6.12	5.93	5.35	5.23
大牲畜年末头数	2.30	2.31	2.45	3.08	2.91	3.03	3.02	3.36	3.77
肉类总产量	3.00	2.95	2.94	3.06	2.59	3.13	2.49	2.54	2.42
牛奶产量	10.07	9.83	10.52	10.86	12.68	13.06	12.65	12.68	11.88
羊毛产量	6.90	7.03	7.04	7.47	8.29	8.68	8.64	8.61	8.08
禽蛋产量	1.61	1.61	1.63	1.77	1.45	1.45	1.41	1.40	1.38
蜂蜜产量	2.14	2.73	2.95	2.69	3.51	3.21	3.36	3.12	3.10
农业机械总动力	2.52	2.54	3.05	3.06	3.06	3.04	3.04	3.13	3.00
大中型拖拉机	3.39	3.25	3.35	3.31	5.42	5.12	5.21	4.99	4.78
小型及手扶拖拉机	1.86	1.81	1.60	1.84	2.05	1.63	1.58	1.62	1.67
原煤	0.70	0.67	0.47	0.57	0.63	0.61	0.59	0.60	0.54
纱	1.90	2.08	2.29	2.45	3.96	3.14	4.39	4.15	4.38
布	0.54	0.65	0.64	0.74	0.79	0.63	1.69	1.51	1.63
发电量	1.10	1.27	1.29	1.34	1.36	1.19	1.28	1.31	1.26

1－3　农垦国有企业个数

计量单位：个

地　区	农垦国有企业数					
	合计	农场	工业企业	建筑企业	运输企业	商业企业
全国农垦	**5 408**	**1 787**	**1 046**	**219**	**229**	**2 127**
北　京	376	13	77	1	4	281
天　津	99	8	33	2		56
河　北	86	32	16	2	2	34
山　西	32	22	2			8
内蒙古	150	102	14	1	2	31
辽　宁	114	104	3	5		2
吉　林	102	88	1			13
黑龙江	543	113	141	3	25	261
上　海	415	21		12	41	341
江　苏	50	18	15	6		11
浙　江	82	80	1			1
安　徽	56	20	14	4		18
福　建	189	110	58	1	9	11
江　西	413	156	104	9	6	138
山　东	13	10	1			2
河　南	133	90	6	1		36
湖　北	181	65	20	20	5	71
湖　南	80	59	18	1	2	
广　东	252	45	59	4	9	135
广　西	196	47	44	16	2	87
海　南	298	18	33	36	112	99
重　庆	35	19	8		2	6
四　川	59	56	1			2
贵　州	48	37	8			3
云　南	148	43	30	2	1	72
西　藏	4	4				
陕　西	17	12	1	1		3
甘　肃	79	21	29	2	1	26
青　海	20	19				1
宁　夏	45	14	10	2	1	18
新疆(兵团)	764	179	273	79		233
新疆(农业)	66	51	3	7	2	3
新疆(畜牧)	129	102	10	2	3	12
热科院	1	1				
广　州	128	7	13			108
南　京	5	1				4

1－4 工农业总产值情况

（按现价计算）

地区	工农业总产值（万元）	农业		工业	
		总产值（万元）	比重（%）	总产值（万元）	比重（%）
全国农垦	**164 436 199**	**48 044 788**	**29.2**	**116 391 412**	**70.8**
北京	6 760 396	800 189	11.8	5 960 207	88.2
天津	537 612	216 509	40.3	321 103	59.7
河北	12 723 560	1 698 942	13.4	11 024 618	86.6
山西	62 714	29 491	47.0	33 223	53.0
内蒙古	2 211 764	1 634 096	73.9	577 668	26.1
辽宁	4 114 087	1 912 268	46.5	2 201 818	53.5
吉林	386 175	337 879	87.5	48 296	12.5
黑龙江	14 113 968	9 149 308	64.8	4 964 660	35.2
上海	4 466 448	836 185	18.7	3 630 263	81.3
江苏	4 548 664	697 795	15.3	3 850 869	84.7
浙江	67 391	48 993	72.7	18 398	27.3
安徽	600 175	272 963	45.5	327 212	54.5
福建	661 552	251 047	37.9	410 506	62.1
江西	8 502 731	717 160	8.4	7 785 571	91.6
山东	16 615	16 396	98.7	219	1.3
河南	537 927	141 393	26.3	396 534	73.7
湖北	33 976 598	2 821 498	8.3	31 155 100	91.7
湖南	7 624 417	1 804 908	23.7	5 819 509	76.3
广东	3 826 135	1 318 477	34.5	2 507 659	65.5
广西	3 535 040	1 120 001	31.7	2 415 039	68.3
海南	2 001 668	1 554 463	77.7	447 205	22.3
重庆	989 280	135 154	13.7	854 126	86.3
四川	19 633	19 411	98.9	222	1.1
贵州	516 447	125 465	24.3	390 981	75.7
云南	985 599	727 201	73.8	258 398	26.2
西藏	1 830	1 830	100.0		
陕西	116 421	66 001	56.7	50 420	43.3
甘肃	758 734	498 523	65.7	260 211	34.3
青海	96 872	93 726	96.8	3 147	3.2
宁夏	652 973	494 340	75.7	158 633	24.3
新疆（兵团）	46 088 617	16 436 935	35.7	29 651 682	64.3
新疆（农业）	878 188	781 041	88.9	97 147	11.1
新疆（畜牧）	1 120 656	949 940	84.8	170 716	15.2
热科院	15 329	15 329	100.0		
广州	911 640	319 786	35.1	591 854	64.9
南京	8 344	144	1.7	8 200	98.3

1－5　各垦区粮、油产量的位次及比重

地　　区	粮食			油料		
	总产量（吨）	排序	占全国农垦比重（%）	总产量（吨）	排序	占全国农垦比重（%）
全国农垦	**38 485 764**			**752 779**		
北　　京	24 832	26	…	24	29	…
天　　津	19 750	27	0.1	214	24	…
河　　北	672 917	11	1.7	5 445	13	0.7
山　　西	38 412	24	0.1	73	25	…
内 蒙 古	2 679 579	3	7.0	288 091	1	38.3
辽　　宁	1 286 263	4	3.3	13 970	8	1.9
吉　　林	764 584	9	2.0	13 704	9	1.8
黑 龙 江	22 566 438	1	58.6	2 488	19	0.3
上　　海	255 610	17	0.7	1 769	21	0.2
江　　苏	1 235 476	5	3.2	7 528	12	1.0
浙　　江	9 217	29	…	56	26	…
安　　徽	331 387	14	0.9	2 738	17	0.4
福　　建	37 087	25	0.1	2 494	18	0.3
江　　西	696 353	10	1.8	32 718	6	4.3
山　　东	54 112	21	0.1	25	28	…
河　　南	277 884	15	0.7	14 036	7	1.9
湖　　北	909 504	7	2.4	102 726	3	13.7
湖　　南	813 039	8	2.1	51 572	4	6.9
广　　东	45 966	23	0.1	5 176	14	0.7
广　　西	12 694	28	…	1 924	20	0.3
海　　南	84 983	19	0.2	3 688	15	0.5
重　　庆						
四　　川	561	31	…	30	27	…
贵　　州	604	30	…	10	30	…
云　　南	72 796	20	0.2	280	23	…
西　　藏	252	33	…	6	32	…
陕　　西	136 403	18	0.4	374	22	…
甘　　肃	259 135	16	0.7	10 785	11	1.4
青　　海	52 809	22	0.1	12 166	10	1.6
宁　　夏	353 160	13	0.9			
新疆（兵团）	3 153 503	2	8.2	137 614	2	18.3
新疆（农业）	473 515	12	1.2	2 871	16	0.4
新疆（畜牧）	1 166 650	6	3.0	38 175	5	5.1
热 科 院	290	32	…	9	31	…
广　　州						
南　　京						

注："…"为数值不足0.1。

1-6 各垦区糖料、水果产量的位次及比重

地区	糖料			水果		
	总产量（吨）	排序	占全国农垦比重（%）	总产量（吨）	排序	占全国农垦比重（%）
全国农垦	**5 984 652**			**8 256 563**		
北京				530	30	…
天津				579	29	…
河北	20 116	10	0.3	43 633	13	0.5
山西				2 342	27	
内蒙古	545 165	4	9.1	7 574	21	0.1
辽宁	445	16	…	132 430	9	1.6
吉林	3 000	14	0.1	24 904	18	0.3
黑龙江	83	17	…	13 344	19	0.2
上海				374	31	
江苏				4 218	24	0.1
浙江				5 263	23	0.1
安徽				42 626	14	0.5
福建	2 170	15	…	140 213	8	1.7
江西	9 240	11	0.2	87 302	11	1.1
山东	63	18	…	3 457	26	…
河南				26 189	17	0.3
湖北	3 069	13	…	164 406	7	2.0
湖南	4 219	12	0.1	97 281	10	1.2
广东	1 735 596	2	29.0	956 311	2	11.6
广西	1 780 873	1	29.8	250 513	6	3.0
海南	82 185	9	1.4	705 849	3	8.5
重庆						
四川				3 784	25	…
贵州				12 332	20	0.1
云南	369 721	5	6.2	252 591	5	3.1
西藏				105	33	…
陕西				7 212	22	0.1
甘肃	119 183	7	2.0	40 143	15	0.5
青海				120	32	…
宁夏				56 968	12	0.7
新疆(兵团)	1 040 880	3	17.4	4 793 908	1	58.1
新疆(农业)	110 868	8	1.9	342 169	4	4.1
新疆(畜牧)	157 776	6	2.6	37 306	16	0.5
热科院	2	19	…	587	28	…
广州						
南京						

注："…"为数值不足0.1。

1－7　各垦区肉类、牛奶产量的位次及比重

地　　区	肉类			牛奶		
	总产量（吨）	排序	占全国农垦比重（%）	总产量（吨）	排序	占全国农垦比重（%）
全国农垦	**2 482 633**			**5 702 304**		
北　　京	132 967	6	5.4	551 856	4	9.7
天　　津	6 133	27	0.2	242 691	9	4.3
河　　北	66 058	13	2.7	726 819	2	12.7
山　　西	2 612	29	0.1	29 931	18	0.5
内 蒙 古	101 633	9	4.1	327 252	8	5.7
辽　　宁	145 254	4	5.9	32 887	17	0.6
吉　　林	10 224	23	0.4	8 705	22	0.2
黑 龙 江	255 242	2	10.3	400 880	7	7.0
上　　海	58 065	15	2.3	515 177	5	9.0
江　　苏	49 956	16	2.0	54 461	15	1.0
浙　　江	14 645	21	0.6			
安　　徽	9 281	24	0.4	544	29	…
福　　建	22 805	19	0.9	2 315	28	…
江　　西	61 897	14	2.5	3 624	25	0.1
山　　东	423	33	…			
河　　南	6 418	26	0.3	13 532	20	0.2
湖　　北	88 258	10	3.6	39 895	16	0.7
湖　　南	116 975	7	4.7	4 298	24	0.1
广　　东	137 010	5	5.5	85 695	13	1.5
广　　西	197 508	3	8.0	7 597	23	0.1
海　　南	104 149	8	4.2			
重　　庆	30 313	17	1.2	222 289	10	3.9
四　　川	1 506	31	0.1	3 230	26	0.1
贵　　州	3 408	28	0.1	82 433	14	1.4
云　　南	12 409	22	0.5	2 555	27	…
西　　藏	47	35	…	1	31	…
陕　　西	631	32	…	29 737	19	0.5
甘　　肃	15 128	20	0.6	208 272	11	3.7
青　　海	2 178	30	0.1	6	30	…
宁　　夏	8 650	25	0.3	504 893	6	8.9
新疆（兵团）	649 752	1	26.2	847 576	1	14.9
新疆（农业）	22 955	18	0.9	10 448	21	0.2
新疆（畜牧）	80 136	11	3.2	184 680	12	3.2
热 科 院	252	34	…			
广　　州	67 758	12	2.7	558 027	3	9.8
南　　京						

注："…"为数值不足0.1。

1-8 出口商品总金额

地区	总金额				其中：工业品金额		
	2022年（万元）	2021年（万元）	增长率（%）	排序	2022年（万元）	2021年（万元）	增长率（%）
全国农垦	**1 267 671**	**1 252 399**	**1.2**		**976 646**	**970 569**	**0.6**
北京	37 798	34 854	8.4	6	12 612	11 412	10.5
天津	7 770	12 505	−37.9	15	7 770	12 505	−37.9
河北	295 054	286 598	3.0	2	290 851	281 817	3.2
山西							
内蒙古							
辽宁	17 065	17 453	−2.2	13	10 065	9 381	7.3
吉林							
黑龙江	39 473	40 096	−1.6	5	3 689	3 177	16.1
上海	75 427	75 320	0.1	4	59 450	54 771	8.5
江苏	21 258	20 899	1.7	11	19 246	18 769	2.5
浙江	120	110	9.1	19			
安徽							
福建	1 127	1 140	−1.1	18	824	838	−1.7
江西	32 709	34 298	−4.6	9	32 417	33 998	−4.7
山东							
河南							
湖北	175 276	170 387	2.9	3	101 313	98 003	3.4
湖南	35 527	35 380	0.4	7	30 266	30 122	0.5
广东	432 741	441 802	−2.1	1	381 884	392 162	−2.6
广西	33 803	35 265	−4.1	8	10 979	10 412	5.4
海南		8 904	−100.0				
重庆	4 552	4 330	5.1	16	4 552	4 330	5.1
四川							
贵州							
云南	18 852	2 278	727.6	12			
西藏							
陕西							
甘肃	25 238	14 706	71.6	10	6 924	3 331	107.9
青海							
宁夏	10 078	10 535	−4.3	14			
新疆（兵团）							
新疆（农业）							
新疆（畜牧）	3 803	5 541	−31.4	17	3 803	5 541	−31.4
热科院							
广州							
南京							

注：出口商品总金额、工业品金额不包含新疆生产建设兵团。

1－9 农垦生产总值

（按现价计算）

地区	农垦生产总值（万元）	第一产业		第二产业		第三产业	
		增加值（万元）	占农垦生产总值（%）	增加值（万元）	占农垦生产总值（%）	增加值（万元）	占农垦生产总值（%）
全国农垦	**95 685 256**	**22 283 133**	**23.3**	**39 026 456**	**40.8**	**34 375 667**	**35.9**
北京	1 302 142	147 908	11.4	423 307	32.5	730 927	56.1
天津	307 390	51 352	16.7	73 914	24.0	182 124	59.2
河北	6 151 792	822 895	13.4	3 425 056	55.7	1 903 841	30.9
山西	59 114	14 558	24.6	27 859	47.1	16 697	28.2
内蒙古	1 520 868	940 369	61.8	414 621	27.3	165 878	10.9
辽宁	2 773 899	946 175	34.1	771 420	27.8	1 056 304	38.1
吉林	286 279	251 093	87.7	9 132	3.2	26 054	9.1
黑龙江	6 331 938	4 568 484	72.2	565 744	8.9	1 197 711	18.9
上海	2 289 763	194 975	8.5	1 113 009	48.6	981 780	42.9
江苏	2 277 540	287 718	12.6	1 363 054	59.8	626 768	27.5
浙江	29 669	20 235	68.2	5 130	17.3	4 304	14.5
安徽	349 293	157 484	45.1	61 408	17.6	130 402	37.3
福建	405 090	137 527	66.1	171 085	42.2	96 478	23.8
江西	2 946 219	376 613	12.8	1 696 793	57.6	872 813	29.6
山东	15 798	12 765	80.8	128	0.8	2 906	18.4
河南	107 603	53 330	49.6	35 651	33.1	18 622	17.3
湖北	21 494 643	1 449 629	6.7	11 114 413	51.7	8 930 601	41.6
湖南	3 495 325	600 926	17.2	1 483 404	42.4	1 410 995	40.4
广东	1 996 457	707 091	35.4	677 811	34.0	611 555	30.6
广西	2 141 705	691 507	32.3	960 400	44.8	489 798	22.9
海南	1 648 819	890 154	54.0	176 589	10.7	582 076	35.3
重庆	230 276	26 117	11.3	148 776	64.6	55 383	24.1
四川	11 018	8 525	77.4	222	2.0	2 272	20.6
贵州	64 831	20 478	31.6	33 698	52.0	10 655	16.4
云南	860 153	483 755	56.2	80 208	9.3	296 190	34.4
西藏							
陕西	57 452	36 091	62.8	9 729	16.9	11 632	20.2
甘肃	181 796	100 950	55.5	61 031	33.6	19 816	10.9
青海	51 392	47 436	92.3	1 286	2.5	2 670	5.2
宁夏	370 783	204 798	55.2	56 704	15.3	109 281	29.5
新疆（兵团）	35 007 091	7 433 003	21.2	13 932 748	39.8	13 641 340	39.0
新疆（农业）	250 247	215 167	86.0	17 022	6.8	18 057	7.2
新疆（畜牧）	399 957	313 065	78.3	46 074	11.5	40 818	10.2
热科院	50 378					50 378	100.0
广州	150 062	70 246	46.8	68 212	45.5	11 604	7.7
南京	68 504	341	0.5	820	1.2	67 343	98.3

农业部分

2－1　农场基本情况

地　　区	农场数（个）	农垦人口情况（人）		
		农垦年末总人口	农场人口	农垦年平均人口
全国农垦	**1 787**	**14 122 002**	**11 024 012**	**13 797 536**
北　　京	13	58 881	10 378	58 035
天　　津	8	10 474	3 216	12 181
河　　北	32	436 295	371 983	429 761
山　　西	22	26 928	26 283	26 963
内 蒙 古	102	441 367	392 951	436 017
辽　　宁	104	840 943	735 487	848 435
吉　　林	88	168 628	165 500	160 753
黑 龙 江	113	1 389 692	1 166 356	1 401 221
上　　海	21	88 397	11 418	89 645
江　　苏	18	183 129	153 995	184 323
浙　　江	80	35 080	29 623	33 315
安　　徽	20	125 180	98 528	119 284
福　　建	110	188 641	143 014	161 500
江　　西	156	1 410 763	1 208 601	1 372 568
山　　东	10	8 476	8 238	8 525
河　　南	90	69 481	65 497	66 614
湖　　北	65	1 483 598	1 309 861	1 475 363
湖　　南	59	775 108	584 997	688 526
广　　东	45	389 984	334 025	389 486
广　　西	47	295 927	194 086	281 297
海　　南	18	803 798	684 907	790 789
重　　庆	19	16 516	977	16 472
四　　川	56	6 614	6 352	3 574
贵　　州	37	20 277	18 171	15 765
云　　南	43	374 809	353 314	376 646
西　　藏	4	1 752	1 752	1 534
陕　　西	12	26 264	25 473	26 813
甘　　肃	21	64 405	48 469	64 778
青　　海	19	42 985	33 776	33 870
宁　　夏	14	110 696	99 646	109 622
新疆（兵团）	179	3 605 127	2 173 899	3 545 106
新疆（农业）	51	232 953	209 507	212 647
新疆（畜牧）	102	362 351	341 136	329 917
热 科 院	1	12 520	9 705	12 439
广　　州	7	11 328	488	11 124
南　　京	1	2 635	2 403	2 628

2-1续表1

地　区	从业人员及工资总额				
	从业人员年末人数（人）	第一产业	第二产业	第三产业	从业人员工资总额（万元）
全国农垦	**5 973 002**	**2 957 744**	**1 270 584**	**1 744 674**	**15 580 000**
北　京	44 511	11 718	14 807	17 986	453 172
天　津	10 474	3 216	3 164	4 094	112 192
河　北	256 183	84 698	74 239	97 246	1 042 757
山　西	11 569	5 194	2 345	4 030	17 156
内蒙古	168 753	143 240	6 742	18 771	550 085
辽　宁	387 872	253 553	52 276	82 043	814 086
吉　林	62 318	57 867	1 352	3 099	128 982
黑龙江	482 083	384 500	15 986	81 597	2 025 397
上　海	84 454	10 023	36 915	37 516	1 150 879
江　苏	79 438	17 199	31 520	30 719	406 584
浙　江	2 889	1 867	427	595	16 022
安　徽	44 857	26 131	6 888	11 838	210 014
福　建	63 586	35 154	14 217	14 215	129 009
江　西	392 735	211 384	124 553	56 798	905 197
山　东	1 879	1 698	85	96	7 526
河　南	35 405	27 682	4 246	3 477	72 092
湖　北	950 750	330 396	318 574	301 780	3 614 655
湖　南	279 060	128 415	65 119	85 526	249 170
广　东	123 817	56 534	31 120	36 163	688 077
广　西	117 164	57 201	34 353	25 610	633 181
海　南	320 994	209 378	14 000	97 616	1 023 274
重　庆	9 691	974	7 659	1 058	73 653
四　川	3 307	2 919	22	366	15 766
贵　州	5 423	3 821	1 361	241	20 110
云　南	143 318	109 056	5 270	28 992	344 382
西　藏	600	514		86	1 627
陕　西	6 139	5 550	111	478	15 575
甘　肃	18 608	13 882	3 567	1 159	96 812
青　海	18 727	12 759	99	5 869	34 079
宁　夏	53 782	42 275	3 377	8 130	62 434
新疆(兵团)	1 514 441	478 125	380 524	655 792	
新疆(农业)	98 281	87 194	3 561	7 526	103 481
新疆(畜牧)	163 332	137 356	7 994	17 982	390 187
热科院	3 499			3 499	53 654
广　州	12 501	6 183	4 011	2 307	114 834
南　京	562	88	100	374	3 900

2－1续表2

地　区	职工及工资总额			
	职工年末人数（人）	在岗职工人数	职工工资总额（万元）	在岗职工工资总额
全国农垦	**2 285 010**	**1 842 869**	**12 209 598.34**	**10 671 862.83**
北　京	48 099	47 196	456 988.00	451 979.00
天　津	10 474	10 474	112 192.00	112 192.00
河　北	59 434	57 299	258 096.21	244 829.66
山　西	3 186	2 385	8 929.54	6 491.76
内蒙古	107 154	44 675	497 257.49	228 351.91
辽　宁	172 763	122 198	382 107.82	299 004.88
吉　林	34 837	21 079	78 240.80	49 846.65
黑龙江	231 738	231 738	1 094 013.00	1 094 013.00
上　海	64 033	64 033	1 019 476.60	1 019 476.60
江　苏	38 276	37 473	396 760.00	383 427.00
浙　江	1 930	1 086	13 308.31	10 601.54
安　徽	14 410	14 309	94 881.61	91 096.61
福　建	29 473	12 981	86 012.16	31 468.58
江　西	221 656	189 363	487 901.08	390 791.96
山　东	2 001	1 758	6 262.04	6 049.34
河　南	24 716	18 747	62 158.49	51 081.64
湖　北	372 007	324 480	1 274 267.29	1 133 059.82
湖　南	102 649	86 851	226 670.08	203 476.09
广　东	52 362	32 457	347 612.19	271 220.00
广　西	22 508	20 962	170 355.00	169 633.00
海　南	37 085	34 445	222 722.00	207 010.00
重　庆	6 136	6 136	56 591.65	56 591.65
四　川	2 441	1 702	15 599.15	14 074.83
贵　州	3 467	2 420	17 789.52	16 879.79
云　南	110 612	29 999	257 156.00	126 165.00
西　藏	394	394	1 472.25	1 472.25
陕　西	3 667	3 224	15 563.03	15 015.03
甘　肃	11 169	10 020	70 222.96	67 050.06
青　海	6 412	4 595	23 486.59	19 540.20
宁　夏	9 721	9 664	62 434.00	61 736.00
新疆（兵团）	400 490	350 400	4 045 000.00	3 564 300.00
新疆（农业）	25 798	12 225	56 481.29	30 267.63
新疆（畜牧）	38 810	21 990	132 549.05	86 987.94
热科院	3 534	2 846	52 648.93	50 826.10
广　州	11 328	11 122	103 994.00	103 639.00
南　京	240	143	2 398.21	2 216.31

2－1续表3

地　　区	收入及住房情况		小城镇情况		
	居民人均可支配收入（元）	年末实有住房面积（米^2）	小城镇数（个）	小城镇人口（人）	小城镇占地面积（米^2）
全国农垦	**26 302**	**397 490 280**	**631**	**5 232 897**	**18 991 489 915**
北　　京	98 139	457 086			
天　　津	107 115	420 000			
河　　北	26 402	16 962 249	47	275 395	27 220 519
山　　西	11 660	607 172	3	10 741	2 184 230
内 蒙 古	18 969	17 860 713	19	109 905	64 343 200
辽　　宁	18 537	35 769 126	39	359 173	190 711 234
吉　　林	23 648	3 834 606	1	3 789	18 000 000
黑 龙 江	32 234	47 997 545	121	1 119 590	313 466 000
上　　海	134 524	1 688 905			
江　　苏	39 742	9 511 008	27	133 085	31 803 900
浙　　江	41 250	2 137 620			
安　　徽	54 665	5 522 166	11	72 705	27 522 667
福　　建	18 269	7 620 896	13	62 268	128 594 650
江　　西	18 002	40 114 227	87	568 479	147 845 201
山　　东	25 617	289 730			
河　　南	23 200	2 640 109	1	4 686	180 000
湖　　北	30 854	57 399 193	52	425 753	83 564 063
湖　　南	18 368	60 948 320	22	387 922	169 129 904
广　　东	30 453	14 261 563	41	148 509	61 205 124
广　　西	28 294	10 997 866	29	165 436	13 811 782
海　　南	17 679	18 658 966			
重　　庆	18 809	700 000			
四　　川		354 855			
贵　　州	32 800	833 159			
云　　南	26 202	10 198 549	15	78 164	30 861 000
西　　藏		116 471			
陕　　西	13 763	2 077 716	7	101 264	53 010 360
甘　　肃	24 850	2 557 388	2	7 406	1 450 000
青　　海	15 215	869 078			
宁　　夏	28 869	5 280 000	14	52 123	8 790 000
新疆（兵团）	37 925		65	1 066 355	17 609 909 100
新疆（农业）	13 872	7 530 182	8	46 339	6 996 710
新疆（畜牧）	18 398	9 991 174	7	33 810	890 271
热 科 院	123 337	986 150			
广　　州	93 486	173 293			
南　　京	58 980	123 200			

2－2　土地利用面积和耕地变动情况

地　区	土地利用情况（公顷）				
	土地总面积	耕地面积	＃水田	＃高标准农田面积	＃永久基本农田
全国农垦	**35 193 199**	**7 038 902**	**2 112 568**	**2 783 066**	**3 871 804**
北　京	7 723	1 278			236
天　津	5 719	2 289		1 613	1 613
河　北	365 792	101 001	32 443	47 622	37 461
山　西	22 107	6 275		1 383	2 380
内蒙古	3 266 374	756 670	8 528	207 612	569 605
辽　宁	496 256	161 905	94 853	32 408	60 817
吉　林	267 778	109 590	29 399	14 893	62 164
黑龙江	5 363 480	3 121 274	1 611 068	1 982 377	2 573 836
上　海	62 575	29 497	27 919	21 940	
江　苏	119 341	64 044	64 044	51 425	51 425
浙　江	15 098	3 539	1 906	551	776
安　徽	59 355	32 925	17 895	20 039	27 170
福　建	80 342	6 693	3 749	1 032	1 692
江　西	692 680	83 877	67 265	26 507	28 079
山　东	9 712	5 849	555	1 465	2 445
河　南	34 209	21 772	1 508	13 385	9 401
湖　北	368 952	144 109	58 243	88 933	106 010
湖　南	169 910	79 137	39 132	40 696	40 502
广　东	222 811	54 133	3 790	27 119	29 314
广　西	133 541	35 613	1 631	11 634	7 652
海　南	648 207	34 576	9 962		
重　庆	2 449	73			
四　川	396 794	1 054	42	123	79
贵　州	14 828	2 800	173		
云　南	226 146	13 368	4 476	1 337	579
西　藏	3 633	850	28	56	56
陕　西	19 780	11 197	169	4 226	2 932
甘　肃	440 493	72 415		36 962	31 287
青　海	556 368	29 237		4 216	12 981
宁　夏	117 255	48 443	14 169	10 894	
新疆(兵团)	6 324 820	1 559 703	9 988		
新疆(农业)	1 021 236	171 742	2 099	58 750	52 280
新疆(畜牧)	13 622 743	247 422	7 418	73 829	134 970
热科院	7 830	742	115	38	249
广　州	26 477	23 810			23 810
南　京	384				

2－2续表1

地 区	土地利用情况（公顷）					
	土地总面积					
	牧草地面积	林地面积	水面面积	＃可养殖水面	园地面积	可垦荒地面积
全国农垦	**15 253 260**	**4 052 940**	**916 117**	**239 770**	**781 135**	**480 527**
北　　京		1 267	48	13	665	
天　　津		324	886	592	512	
河　　北	84 342	73 990	31 550	19 189	3 490	1 975
山　　西	4 059	7 955	7		245	337
内 蒙 古	2 135 447	216 228	16 714	5 016	998	12 842
辽　　宁	9 194	74 288	45 794	30 064	11 131	1 835
吉　　林	65 593	47 318	3 814	288	1 397	1 467
黑 龙 江	280 557	962 979	273 616	62 615	3 542	113 831
上　　海		9 180	8 338	4 919	533	
江　　苏		18 236	13 003	4 392	20	
浙　　江	20	5 285	972	126	2 607	183
安　　徽		10 539	5 232	1 038	4 255	302
福　　建	205	41 905	2 921	1 561	13 109	719
江　　西	3 559	479 883	30 130	15 697	15 462	6 936
山　　东		801	445	371	120	
河　　南	60	4 039	1 234	326	1 186	275
湖　　北	553	45 268	78 032	54 748	6 459	3 790
湖　　南	1 525	30 645	27 476	16 750	7 343	987
广　　东	171	37 402	6 102	4 094	87 508	1 612
广　　西	1 716	30 809	2 039	1 246	20 408	1 781
海　　南		156 550	2 954	2 954	301 046	
重　　庆		27	1 036	1 036	227	
四　　川	246 124	34 003	12	10	545	8
贵　　州	1 359	2 190	271	106	2 440	782
云　　南		133 285	3 461	1 248	22 708	866
西　　藏	519	1 262	28		165	
陕　　西	1 217	2 739	128	13	804	10
甘　　肃	229 808	48 239	3 407	334	3 468	5 508
青　　海	345 951	64 058	535		3 546	588
宁　　夏	21 263	6 994	8 954	4 009	5 581	5 424
新疆（兵团）	1 535 990	1 069 278	313 256		216 957	
新疆（农业）	530 010	77 927	4 564	4 446	35 712	36 845
新疆（畜牧）	9 753 149	354 049	29 045	2 500	6 328	281 508
热 科 院	28	3 610	115	70	582	118
广　　州	840	80				
南　　京		306			38	

2－2续表2

地区	土地利用情况（公顷）			现代化农业园区情况	
	土地总面积				
	宜林地面积	居民点及工矿用地面积	其他面积	现代化农业园区数（个）	现代化农业园区占地面积（公顷）
全国农垦	**106 771**	**551 511**	**6 012 037**	**109**	**380 223**
北京		1 065	3 400	2	114
天津		399	1 309		
河北	356	44 066	25 021	5	23 066
山西	297	1 141	1 792		
内蒙古	9 457	43 031	74 987		
辽宁	4 867	45 470	141 771		
吉林	468	14 566	23 566	5	6 186
黑龙江	15 731	37 721	554 229	16	231 253
上海			15 027		
江苏		6 288	17 750		
浙江	10	492	1 990		
安徽	473	2 763	2 867	1	2 421
福建	5 021	3 511	6 258		
江西	10 301	29 559	32 972	24	10 163
山东		464	2 033	3	143
河南	176	2 843	2 624		
湖北	3 590	46 826	40 325	5	7 538
湖南	905	10 273	11 619	5	525
广东	2 571	9 787	23 524	4	45 061
广西	7 214	6 875	27 086	24	5 550
海南		17 854	135 228		
重庆		170	916		
四川	5	263	114 781	3	40
贵州	151	462	4 372	1	827
云南	236	13 147	39 075		
西藏		227	582	1	6
陕西	504	1 264	1 918	3	182
甘肃	229	4 686	72 733	2	15 292
青海	6 426	1 638	104 388	1	31 557
宁夏	6 584	2 936	11 076		
新疆（兵团）		158 908	1 470 727		
新疆（农业）	6 907	11 579	145 951	3	231
新疆（畜牧）	23 493	30 414	2 897 335	1	66
热科院	798	672	1 166		
广州		120	1 628		
南京		30	10		

2-2续表3

地　　区	耕地变动情况（公顷）			
	年初实有耕地面积	当年增加的耕地面积	当年被政府收回的土地	当年减少的耕地面积
全国农垦	**6 918 003**	**133 818**	**739**	**12 920**
北　京	1 278			
天　津	2 265	23		
河　北	100 831	223		52
山　西	6 235	40		
内蒙古	751 125	7 675		2 130
辽　宁	161 636	1 526	15	1 257
吉　林	110 007	179		596
黑龙江	3 042 910	78 364		
上　海	29 216	281		
江　苏	63 781	373		110
浙　江	3 525	37	2	23
安　徽	30 951	1 986	6	12
福　建	7 731	18	99	1 056
江　西	84 136	77	20	336
山　东	5 681	171	3	3
河　南	21 436	383		47
湖　北	144 233	553	187	677
湖　南	79 476	462	175	801
广　东	52 104	2 036	132	8
广　西	36 938	208	15	1 533
海　南	34 265	337		27
重　庆	73			
四　川	1 014	39	2	
贵　州	2 800			
云　南	13 539			171
西　藏	850			
陕　西	11 197			
甘　肃	71 748	1 847		1 180
青　海	29 237			
宁　夏	46 228	2 337	6	122
新疆(兵团)	1 554 548	5 155		
新疆(农业)	171 584	157	7	
新疆(畜牧)	244 690	5 512	63	2 780
热科院	735	7	8	
广　州		23 810		
南　京				

2－3　农作物播种面积情况

计量单位：公顷

地　　区	农作物播种面积合计	粮食作物合计				
			＃夏收作物	谷物合计	稻谷	＃早稻
全国农垦	**7 161 367.48**	**5 108 363.04**	**396 732.38**	**3 926 720.78**	**2 066 590.87**	**76 050.63**
北　京	7 180.92	3 420.59	3.00	3 385.92	1 224.00	
天　津	2 250.93	2 054.70	125.00	2 028.90	1 823.10	
河　北	90 707.82	75 751.55	7 616.40	66 001.21	26 560.98	
山　西	6 499.35	5 331.47	282.00	5 071.79		
内蒙古	681 287.83	481 507.67		335 662.53	5 358.08	
辽　宁	160 239.63	146 210.24	866.03	141 943.55	95 270.61	
吉　林	107 751.15	103 856.35		93 756.56	29 405.91	
黑龙江	3 064 343.11	3 044 555.48		2 109 421.91	1 511 461.84	
上　海	47 107.27	34 770.87	13 428.40	34 537.20	21 108.80	
江　苏	156 232.31	151 099.31	76 568.00	148 869.00	68 310.00	
浙　江	3 557.40	1 291.38	111.66	1 230.34	883.47	431.77
安　徽	50 929.23	47 491.19	16 548.53	40 768.17	17 629.07	1 342.42
福　建	12 569.03	6 493.03	1 599.82	4 568.75	3 992.58	1 145.94
江　西	137 623.93	107 005.36	8 998.30	101 689.98	99 794.50	37 577.83
山　东	8 128.59	7 946.63	1 299.29	7 897.03	528.00	
河　南	39 484.89	34 791.18	15 269.04	32 772.10	863.30	
湖　北	239 395.87	140 221.19	38 461.22	128 979.38	61 498.33	2 258.85
湖　南	170 476.29	95 897.32	8 087.67	91 461.56	76 558.74	23 890.70
广　东	45 060.42	7 949.19	2 571.02	4 771.04	4 028.46	1 923.79
广　西	31 558.79	1 901.73	277.93	1 565.13	876.60	272.93
海　南	29 490.94	15 251.13	7 599.20	12 674.93	11 958.40	6 475.60
重　庆						
四　川	1 586.41	244.57		139.83	3.30	
贵　州	205.47	122.47	17.20	122.47	88.47	
云　南	19 853.00	11 123.00	2 860.00	10 399.00	4 316.00	711.00
西　藏	187.16	20.30		20.30		
陕　西	22 042.08	18 737.58		17 986.26	151.67	
甘　肃	77 118.47	28 447.32	3 768.34	20 012.53		
青　海	39 005.01	16 398.55		16 371.95		
宁　夏	48 195.00	28 422.00	452.00	28 172.00	8 129.00	
新疆（兵团）	1 448 450.00	341 297.00	155 587.00	318 977.00	11 270.00	
新疆（农业）	157 832.90	43 453.87	9 496.79	43 153.20	283.92	
新疆（畜牧）	231 872.82	105 262.97	24 838.54	102 284.46	3 193.94	
热科院	78.59	35.85		24.80	19.80	19.80
广　州	23 064.87					
南　京						

2-3续表1

地区	粮食作物合计					
	谷物合计					
	小麦	#春小麦	玉米	谷子	高粱	其他谷物
全国农垦	**510 167.78**	**229 126.41**	**1 253 311.90**	**6 173.60**	**23 045.17**	**67 431.46**
北　　京	92.46		213.46		1 856.00	
天　　津	125.00		80.80			
河　　北	10 477.41	1 826.73	21 704.62	46.00	1 495.60	5 716.60
山　　西	307.68		4 616.14	21.16	30.33	96.48
内 蒙 古	109 820.64	109 820.64	182 557.83	2 375.42	2 144.03	33 406.53
辽　　宁	26.91	10.24	43 020.06	2 347.14	912.87	365.96
吉　　林			62 797.75	210.00	977.90	365.00
黑 龙 江	5 179.70	5 179.70	584 317.89	119.16	8 335.45	7.87
上　　海	11 569.73					1 858.67
江　　苏	69 067.00		5 290.00		683.00	5 519.00
浙　　江	290.05		28.75		19.07	9.00
安　　徽	19 680.68		1 052.97		2 405.45	
福　　建			534.17			42.00
江　　西	826.43		833.03		1.00	235.02
山　　东	3 958.19		3 358.07		48.47	4.30
河　　南	19 052.34		12 222.08	202.37	432.01	
湖　　北	42 248.26		24 706.64	5.00	289.30	231.85
湖　　南	4 564.00		7 754.07	770.00	639.69	1 175.06
广　　东			720.58			22.00
广　　西			658.33			30.20
海　　南			716.53			
重　　庆						
四　　川	9.41		26.10	34.35		66.67
贵　　州			26.00		8.00	
云　　南	17.00		5 830.00			236.00
西　　藏			20.30			
陕　　西	8 849.25		8 958.64	13.00	3.70	10.00
甘　　肃	3 451.41	2 247.71	16 259.55		17.97	283.60
青　　海	1 515.13	1 149.13				14 856.82
宁　　夏	452.00	449.00	19 555.00		35.00	1.00
新疆(兵团)	155 018.00	87 940.00	148 580.00	30.00	2 680.00	1 399.00
新疆(农业)	12 240.92	4 421.99	30 628.13			0.23
新疆(畜牧)	31 328.18	16 081.27	66 239.41		30.33	1 492.60
热 科 院			5.00			
广　　州						
南　　京						

2－3续表2

地　区	粮食作物合计				油料合计	
	豆类合计			薯类		
		大豆	杂豆			花生
全国农垦	**1 124 213.65**	**1 109 753.10**	**13 983.95**	**57 428.61**	**298 603.00**	**30 718.89**
北　京	32.37	32.37		2.30	14.67	14.67
天　津	23.30	23.30		2.50	80.63	
河　北	377.70	267.97	109.73	9 372.64	2 530.90	137.00
山　西	125.98	24.40	67.33	133.70	34.16	11.00
内蒙古	132 190.49	131 123.92	1 066.57	13 654.65	142 427.07	759.87
辽　宁	3 400.99	3 228.60	172.39	865.70	4 374.31	3 970.51
吉　林	10 097.19	9 597.19	500.00	2.60	2 731.24	2 198.24
黑龙江	928 529.02	921 071.35	7 457.67	6 604.55	732.97	381.06
上　海	233.67	233.67			522.67	
江　苏	2 230.31	2 230.31			1 964.00	
浙　江	59.00	30.20	17.80	2.04	27.67	
安　徽	6 658.05	6 656.17	1.88	64.97	1 003.66	136.46
福　建	764.98	616.95	148.03	1 159.30	977.00	835.62
江　西	3 052.73	2 419.30	621.40	2 262.65	13 867.27	2 738.71
山　东	45.93	45.93		3.67	6.73	6.73
河　南	1 982.08	1 981.08	1.00	37.00	3 648.51	3 374.67
湖　北	10 410.38	9 959.84	230.34	831.43	25 819.17	6 713.05
湖　南	2 936.56	2 406.61	452.27	1 499.20	31 032.65	550.55
广　东	210.36	156.10	54.26	2 967.79	1 870.74	1 826.94
广　西	121.93	108.27	13.66	214.67	389.00	381.67
海　南	423.87	149.53	274.33	2 152.33	1 336.40	1 336.40
重　庆						
四　川	10.98	10.98		93.76	19.38	3.33
贵　州					8.50	
云　南	341.00		341.00	383.00	248.00	25.00
西　藏					1.53	1.53
陕　西	232.00	232.00		519.32	88.15	11.15
甘　肃	111.26	33.33	77.93	8 323.53	2 898.39	
青　海				26.60	12 172.14	
宁　夏	250.00	250.00				
新疆(兵团)	16 360.00	13 990.00	2 370.00	5 960.00	32 917.00	4 818.00
新疆(农业)	280.39	277.06		20.28	852.91	176.97
新疆(畜牧)	2 720.93	2 596.67	6.16	257.58	14 002.56	306.74
热科院	0.20		0.20	10.85	3.02	3.02
广　州						
南　京						

2-3续表3

地区	油料合计				棉花	
	油菜籽	芝麻	胡麻子	向日葵		长绒棉
全国农垦	**205 206.43**	**3 436.34**	**175.59**	**54 052.32**	**1 032 302.09**	**24 824.88**
北京						
天津				80.63		
河北	1 964.31		122.26	307.33	1 018.87	
山西				23.16		
内蒙古	118 100.03		20.00	23 478.17		
辽宁				403.80		
吉林				533.00		
黑龙江	19.04			15.27		
上海	522.67					
江苏	1 964.00					
浙江	27.67				15.00	
安徽	785.37	28.40			31.00	
福建	108.50	31.88				
江西	10 444.46	681.62			763.31	221.53
山东					5.00	5.00
河南	259.17			14.67	51.20	
湖北	16 897.57	2 169.65		33.00	4 725.86	
湖南	30 001.49	478.99		1.62	9 186.88	
广东		43.80				
广西		2.00				
海南						
重庆						
四川	14.72					
贵州	8.50					
云南	219.00					
西藏						
陕西				77.00		
甘肃	826.66		33.33	2 038.40	4 869.62	291.67
青海	12 172.14					
宁夏						
新疆(兵团)	6 297.00			18 176.00	850 588.00	
新疆(农业)	12.62			663.32	93 130.23	4 440.63
新疆(畜牧)	4 561.51			8 206.95	67 917.12	19 866.05
热科院						
广州						
南京						

2-3续表4

地　　区	麻类合计	黄红麻	苎麻	大麻（线麻）	亚麻
全 国 农 垦	**5 695.50**	**40.00**	**93.40**	**894.80**	**1 686.60**
北　　京					
天　　津					
河　　北					
山　　西					
内 蒙 古					
辽　　宁					
吉　　林					
黑 龙 江	894.80			894.80	
上　　海					
江　　苏					
浙　　江					
安　　徽					
福　　建					
江　　西					
山　　东					
河　　南					
湖　　北	33.00		33.00		
湖　　南	100.40	40.00	60.40		
广　　东	2 980.70				
广　　西					
海　　南					
重　　庆					
四　　川					
贵　　州					
云　　南					
西　　藏					
陕　　西					
甘　　肃					
青　　海					
宁　　夏					
新疆（兵团）	426.00				426.00
新疆（农业）					
新疆（畜牧）	1 260.60				1 260.60
热 科 院					
广　　州					
南　　京					

2-3续表5

地　　区	糖料合计	甘蔗	甜菜	烟叶合计	烤烟叶	药材类合计
全国农垦	**81 464.89**	**47 905.57**	**33 559.32**	**1 136.13**	**1 134.13**	**47 467.57**
北　京						
天　津						
河　北	330.13		330.13			70.00
山　西						
内蒙古	16 123.66	63.00	16 060.66	20.00	20.00	14 907.35
辽　宁	7.00		7.00	80.00	80.00	389.37
吉　林	76.39		76.39			218.80
黑龙江	2.80		2.80	24.50	24.50	738.75
上　海						88.93
江　苏						
浙　江						7.20
安　徽						12.07
福　建	96.00	96.00		283.00	281.00	113.67
江　西	279.20	278.20	1.00	86.00	86.00	761.28
山　东	0.60	0.60				43.67
河　南						28.33
湖　北	36.00	36.00				737.10
湖　南	71.26	71.26		549.33	549.33	933.00
广　东	22 293.30	22 293.30				849.08
广　西	20 448.00	20 448.00				81.13
海　南	1 271.87	1 271.87				
重　庆						
四　川						26.00
贵　州				12.30	12.30	
云　南	3 347.00	3 347.00		81.00	81.00	112.00
西　藏						
陕　西						25.00
甘　肃	1 266.13		1 266.13			3 536.61
青　海						6 506.00
宁　夏						688.00
新疆(兵团)	12 186.00		12 186.00			13 829.00
新疆(农业)	1 159.21		1 159.21			1 916.50
新疆(畜牧)	2 470.00		2 470.00			848.73
热科院	0.34	0.34				
广　州						
南　京						

2-3续表6

地　区	蔬菜、瓜类	蔬菜	瓜类	其他作物	啤酒花	青饲料
全国农垦	**285 530.28**	**225 642.51**	**56 957.43**	**300 804.98**	**2 176.12**	**153 458.65**
北　京	167.58	163.58	4.00	3 578.08		3 578.08
天　津	11.00	7.80	3.20	104.60		80.67
河　北	5 109.67	3 734.58	630.09	5 896.70		5 896.70
山　西	554.32	421.29	104.73	579.40		408.00
内蒙古	5 577.70	2 789.48	2 765.22	20 724.38		7 187.07
辽　宁	8 785.99	7 742.40	952.03	392.72		392.33
吉　林	326.00	45.00	281.00	542.37		84.00
黑龙江	2 159.48	937.49	1 221.99	15 234.33		13 099.20
上　海	5 098.13	4 539.00	559.13	6 626.67		2 924.10
江　苏	3 169.00	430.00	2 739.00			
浙　江	1 614.39	959.05	640.14	601.76		
安　徽	1 912.49	1 313.07	561.42	478.82		237.87
福　建	4 266.25	3 784.92	415.83	340.08	2.00	149.88
江　西	11 665.76	9 273.72	2 121.40	3 195.75	90.75	1 286.62
山　东	125.96	91.83	34.13			
河　南	965.67	629.00	243.67			
湖　北	60 002.02	52 186.90	7 758.42	7 821.53		5 176.13
湖　南	28 574.55	24 291.21	3 694.17	4 130.90		880.10
广　东	7 542.80	6 708.46	834.33	1 574.61		1 270.33
广　西	5 971.13	3 043.60	2 927.53	2 767.80		64.67
海　南	9 954.27	9 802.00	152.27	1 677.27		
重　庆						
四　川	69.03	59.03	10.00	1 227.43		1 227.40
贵　州	62.20	62.20				
云　南	4 440.00	2 435.00	2 005.00	502.00		
西　藏	9.33	9.33		156.00		
陕　西	2 966.85	2 598.82	368.03	224.50		156.50
甘　肃	8 641.94	7 890.57	751.37	27 458.46	671.60	23 026.60
青　海	341.73	334.56	7.17	3 586.59		1 979.44
宁　夏	2 865.00	1 924.00	941.00	16 220.00		12 810.00
新疆(兵团)	90 973.00	72 400.00	18 573.00	106 234.00	1 275.00	25 969.00
新疆(农业)	5 390.79	3 829.27	663.12	11 929.39	50.00	3 532.70
新疆(畜牧)	6 197.87	1 188.83	4 993.18	33 912.97	86.77	18 970.24
热科院	18.38	16.52	1.86	21.00		6.15
广　州				23 064.87		23 064.87
南　京						

2-4 农作物产量情况

计量单位：吨

地区	粮食作物合计				
		#夏收作物	谷物合计		
				稻谷	#早稻
全国农垦	**38 485 763.88**	**2 218 118.46**	**34 839 208.60**	**18 737 184.58**	**468 678.65**
北京	24 832.09	12.00	24 739.99	13 688.00	
天津	19 750.40	650.70	19 615.40	18 438.20	
河北	672 917.01	44 688.11	434 250.58	220 390.20	
山西	38 411.52	1 667.00	36 369.44		
内蒙古	2 679 579.15		2 247 503.42	40 384.62	
辽宁	1 286 263.49	5 684.14	1 272 012.23	916 853.75	
吉林	764 584.20		747 211.40	249 915.47	
黑龙江	22 566 437.61		19 983 545.86	14 064 645.73	
上海	255 610.00	98 905.00	254 997.00	156 092.00	
江苏	1 235 475.64	58 351.00	1 233 368.00	605 282.00	
浙江	9 217.28	538.04	9 047.47	6 942.60	2 920.31
安徽	331 386.99	119 700.80	313 485.74	159 268.55	10 639.71
福建	37 086.69	9 063.30	30 003.89	27 431.09	7 777.44
江西	696 352.69	63 483.44	673 263.73	666 225.05	247 013.65
山东	54 111.98	9 337.08	53 895.05	4 795.00	
河南	277 884.22	130 030.86	272 304.94	6 713.00	
湖北	909 504.22	172 111.63	882 118.20	519 615.73	18 838.42
湖南	813 038.75	106 076.66	785 711.19	703 720.30	121 781.00
广东	45 965.63	14 391.40	29 745.26	24 296.88	10 900.10
广西	12 694.00	1 870.00	11 222.00	4 579.00	1 628.00
海南	84 983.00	45 453.00	74 052.00	71 893.00	40 984.00
重庆					
四川	561.17		345.80	22.32	
贵州	603.80	83.90	603.80	455.30	
云南	72 796.00	1 885.00	66 667.00	34 562.00	6 106.00
西藏	252.00		252.00		
陕西	136 402.50		132 634.80	584.02	
甘肃	259 134.70	20 027.73	196 933.87		
青海	52 809.05		52 603.25		
宁夏	353 160.00	3 177.00	352 584.00	77 906.00	
新疆（兵团）	3 153 503.00	1 077 293.00	3 031 975.00	113 500.00	
新疆（农业）	473 514.90	60 554.10	472 710.16	2 207.25	
新疆（畜牧）	1 166 650.12	173 083.57	1 143 333.11	26 687.50	
热科院	290.08		103.02	90.02	90.02
广州					
南京					

2－4续表1

地　　区	粮食作物合计					
	谷物合计					
	小麦	＃春小麦	玉米	谷子	高粱	其他谷物
全国农垦	**3 062 390.52**	**1 124 824.41**	**12 599 304.58**	**29 208.55**	**158 590.28**	**252 530.09**
北　　京	370.26		743.73		9 938.00	
天　　津	650.70		526.50			
河　　北	57 465.99	11 168.77	137 997.65	188.00	9 885.00	8 323.74
山　　西	1 774.00		34 190.44	92.00	124.00	189.00
内 蒙 古	402 931.11	402 931.11	1 671 047.29	9 014.14	12 742.63	111 383.63
辽　　宁	140.50	53.00	334 827.16	12 332.90	6 631.02	1 226.90
吉　　林			490 620.43	596.00	5 356.25	723.25
黑 龙 江	23 545.24	23 545.24	5 832 237.90	528.27	62 568.84	19.88
上　　海	87 010.00					11 895.00
江　　苏	531 814.00		44 901.00		7 181.00	44 190.00
浙　　江	1 832.65		121.62		116.60	34.00
安　　徽	137 450.49		4 734.40		12 032.30	
福　　建			2 448.80			124.00
江　　西	2 576.85		3 629.72		3.80	828.31
山　　东	26 433.08		22 284.17		290.80	92.00
河　　南	157 558.81		104 107.63	1 015.50	2 910.00	
湖　　北	204 829.82		155 277.81	51.00	1 513.00	830.84
湖　　南	22 074.21		46 946.70	5 156.00	3 207.18	4 606.80
广　　东			5 363.38			85.00
广　　西			6 390.00			253.00
海　　南			2 159.00			
重　　庆						
四　　川	42.99		156.75	2.74		121.00
贵　　州			122.00		26.50	
云　　南	69.00		31 577.00			459.00
西　　藏			252.00			
陕　　西	60 982.62		70 908.66	108.00	22.00	29.50
甘　　肃	18 215.48	17 713.48	177 099.78		129.36	1 489.25
青　　海	8 145.30	6 024.00				44 457.95
宁　　夏	3 177.00	3 155.00	271 253.00		241.00	7.00
新疆（兵团）	1 072 993.00	554 810.00	1 809 482.00	124.00	23 460.00	12 416.00
新疆（农业）	68 323.98	22 252.44	402 177.53			1.40
新疆（畜牧）	171 983.44	83 171.37	935 707.53		211.00	8 743.64
热 科 院			13.00			
广　　州						
南　　京						

2－4 续表 2

地　区	粮食作物合计				油料合计	
	豆类合计	大豆	杂豆	薯类		花生
全国农垦	**2 977 876.46**	**2 935 471.91**	**31 816.76**	**668 678.82**	**752 778.58**	**153 554.26**
北　京	75.60	75.60		16.50	24.00	24.00
天　津	35.00	35.00		100.00	213.50	
河　北	830.50	723.75	106.75	237 835.93	5 444.50	699.80
山　西	305.08	92.08	164.00	1 737.00	73.00	34.00
内 蒙 古	275 558.57	273 633.23	1 897.34	156 517.16	288 090.56	3 360.90
辽　宁	8 607.12	8 314.02	278.10	5 644.14	13 969.71	12 478.51
吉　林	17 356.80	16 662.25	694.55	16.00	13 704.18	12 225.18
黑 龙 江	2 540 485.71	2 525 302.37	15 183.34	42 406.04	2 488.40	1 368.40
上　海	613.00	613.00			1 769.40	
江　苏	2 107.64	2 107.64			7 528.00	
浙　江	160.96	90.45	30.51	8.85	56.05	
安　徽	17 508.65	17 504.85	3.80	392.60	2 737.59	388.68
福　建	2 232.10	1 875.37	355.73	4 850.70	2 493.52	2 279.53
江　西	6 726.33	5 282.06	1 368.48	16 362.63	32 717.66	9 553.55
山　东	106.93	106.93		110.00	25.25	25.25
河　南	5 448.78	5 444.78	2.00	130.50	14 036.02	13 309.22
湖　北	20 958.85	14 524.70	633.15	6 427.17	102 725.90	54 468.31
湖　南	11 979.16	6 670.28	1 096.28	15 348.40	51 572.36	1 153.90
广　东	625.90	381.90	240.00	15 594.47	5 175.68	5 071.98
广　西	531.00	459.00	72.00	941.00	1 924.00	1 890.00
海　南	1 124.00	414.00	710.00	9 807.00	3 688.00	3 688.00
重　庆						
四　川	19.91	19.91		195.46	30.24	6.88
贵　州					10.10	
云　南	1 611.00		1 611.00	4 518.00	280.00	74.00
西　藏					5.73	5.73
陕　西	362.50	362.50		3 405.20	374.48	69.48
甘　肃	302.63	70.00	232.63	61 898.20	10 785.06	
青　海				205.80	12 166.31	
宁　夏	576.00	576.00				
新疆(兵团)	54 120.00	47 000.00	7 120.00	67 408.00	137 614.00	29 582.00
新疆(农业)	711.74	706.74		93.00	2 871.48	496.60
新疆(畜牧)	6 794.85	6 423.50	16.95	16 522.16	38 174.54	1 291.00
热 科 院	0.15		0.15	186.91	9.36	9.36
广　州						
南　京						

2-4 续表 3

地区	油料合计				棉花	
	油菜籽	芝麻	胡麻子	向日葵		长绒棉
全国农垦	**388 050.76**	**6 581.62**	**259.00**	**187 199.21**	**2 706 827.34**	**44 774.10**
北京						
天津				213.50		
河北	2 939.20		154.00	1 642.50	701.90	
山西				39.00		
内蒙古	209 466.36		75.00	73 610.30		
辽宁				1 491.20		
吉林				1 479.00		
黑龙江	17.00			35.91		
上海	1 769.40					
江苏	7 528.00					
浙江	56.05				18.00	
安徽	2 171.30	55.41			73.50	
福建	157.00	53.99				
江西	21 901.97	1 210.36			1 891.69	860.60
山东					11.50	11.50
河南	699.00			27.50	102.00	
湖北	43 671.14	3 888.89		100.00	5 754.64	
湖南	49 142.91	1 267.27		2.30	44 791.14	
广东		103.70				
广西		2.00				
海南						
重庆						
四川	20.36					
贵州	10.10					
云南	201.00					
西藏						
陕西				305.00		
甘肃	2 604.00		30.00	8 151.06	10 103.43	404.25
青海	12 166.31					
宁夏						
新疆（兵团）	23 159.00			72 190.00	2 153 990.00	
新疆（农业）	40.55			2 334.33	180 269.40	7 561.04
新疆（畜牧）	10 330.11			25 577.61	309 120.14	35 936.71
热科院						
广州						
南京						

2-4 续表 4

地　　区	麻类合计				
		黄红麻	苎麻	大麻（线麻）	亚麻
全国农垦	**24 845.11**	**93.00**	**160.30**	**6 521.91**	**12 604.01**
北　　京					
天　　津					
河　　北					
山　　西					
内 蒙 古					
辽　　宁					
吉　　林					
黑 龙 江	6 521.91			6 521.91	
上　　海					
江　　苏					
浙　　江					
安　　徽					
福　　建					
江　　西					
山　　东					
河　　南					
湖　　北	24.00		24.00		
湖　　南	229.30	93.00	136.30		
广　　东	5 465.89				
广　　西					
海　　南					
重　　庆					
四　　川					
贵　　州					
云　　南					
西　　藏					
陕　　西					
甘　　肃					
青　　海					
宁　　夏					
新疆（兵团）	3 317.00				3 317.00
新疆（农业）					
新疆（畜牧）	9 287.01				9 287.01
热 科 院					
广　　州					
南　　京					

2-4 续表 5

地区	糖料合计			烟叶合计	
		甘蔗	甜菜		烤烟叶
全国农垦	**5 984 652.06**	**3 990 132.67**	**1 941 447.39**	**2 960.13**	**2 957.13**
北京					
天津					
河北	20 116.30		20 116.30		
山西					
内蒙古	545 165.37	3 230.00	489 034.37	67.53	67.53
辽宁	445.00		445.00	301.00	301.00
吉林	3 000.00		3 000.00		
黑龙江	83.10		83.10	49.00	49.00
上海					
江苏					
浙江					
安徽					
福建	2 169.60	2 169.60		588.10	585.10
江西	9 239.64	9 006.64	62.00	126.90	126.90
山东	63.00	63.00			
河南					
湖北	3 068.60	3 068.60			
湖南	4 218.70	4 218.70		1 332.40	1 332.40
广东	1 735 595.53	1 735 595.53			
广西	1 780 873.00	1 780 873.00			
海南	82 185.00	82 185.00			
重庆					
四川					
贵州				40.20	40.20
云南	369 721.00	369 721.00		455.00	455.00
西藏					
陕西					
甘肃	119 182.51		119 182.51		
青海					
宁夏					
新疆(兵团)	1 040 880.00		1 040 880.00		
新疆(农业)	110 867.85		110 867.85		
新疆(畜牧)	157 776.26		157 776.26		
热科院	1.60	1.60			
广州					
南京					

2-4续表6

地　区	蔬菜、瓜类			其他作物
		蔬菜	瓜类	啤酒花
全国农垦	**13 688 586.45**	**11 076 116.29**	**2 396 957.25**	**14 010.98**
北　京	10 044.10	9 976.10	68.00	
天　津	344.20	289.50	32.80	
河　北	238 961.97	214 637.47	23 694.50	
山　西	11 207.91	9 940.16	1 267.42	
内蒙古	183 281.34	104 801.40	77 028.94	
辽　宁	424 382.08	372 302.76	45 465.31	
吉　林	18 972.00	1 951.00	17 021.00	
黑龙江	115 795.36	55 566.61	60 228.75	
上　海	269 156.25	182 154.00	30 663.30	
江　苏	214 179.00	19 560.00	194 619.00	
浙　江	46 675.60	25 600.30	20 622.80	
安　徽	113 888.71	40 541.12	13 637.59	
福　建	75 390.62	63 219.46	10 818.36	2.00
江　西	230 428.63	194 706.64	34 936.69	2 600.80
山　东	5 031.50	3 643.50	1 388.00	
河　南	19 170.70	10 873.14	6 140.56	
湖　北	2 167 273.62	1 876 258.71	261 018.91	
湖　南	1 022 921.70	886 689.50	129 051.20	
广　东	209 381.97	190 795.78	18 525.19	
广　西	264 729.00	115 198.00	109 531.00	
海　南	216 340.00	211 188.00	5 152.00	
重　庆				
四　川	1 575.63	1 374.22	201.41	
贵　州	1 100.00	1 100.00		
云　南	110 952.00	53 953.00	56 999.00	
西　藏	115.29	115.29		
陕　西	83 439.63	72 652.33	10 784.30	
甘　肃	635 075.68	613 718.44	21 357.24	2 004.73
青　海	20 105.20	19 759.20	346.00	
宁　夏	144 926.00	95 554.00	49 372.00	
新疆(兵团)	6 481 907.00	5 364 345.00	1 117 562.00	8 853.00
新疆(农业)	188 188.54	169 307.02	10 289.72	406.80
新疆(畜牧)	163 510.84	94 229.40	69 115.12	143.65
热科院	134.38	115.24	19.14	
广　州				
南　京				

2－5　农作物单位面积产量

计量单位：公斤/公顷

地　　区	粮食作物合计				
		#夏收作物	谷物合计	稻谷	#早稻
全国农垦	7 534	5 591	8 872	9 067	6 163
北　　京	7 260	4 000	7 307	11 183	
天　　津	9 612	5 206	9 668	10 114	
河　　北	8 883	5 867	6 579	8 298	
山　　西	7 205	5 911	7 171		
内 蒙 古	5 565		6 696	7 537	
辽　　宁	8 797	6 563	8 961	9 624	
吉　　林	7 362		7 970	8 499	
黑 龙 江	7 412	4 546	9 473	9 305	
上　　海	7 351	7 365	7 383	7 395	
江　　苏	8 177	762	8 285	8 861	
浙　　江	7 138	4 819	7 354	7 858	6 764
安　　徽	6 978	7 233	7 689	9 034	7 926
福　　建	5 712	5 665	6 567	6 871	6 787
江　　西	6 508	7 055	6 621	6 676	6 573
山　　东	6 809	7 186	6 825	9 081	
河　　南	7 987	8 516	8 309	7 776	
湖　　北	6 486	4 475	6 839	8 449	8 340
湖　　南	8 478	13 116	8 591	9 192	5 097
广　　东	5 782	5 598	6 235	6 031	5 666
广　　西	6 675	6 728	7 170	5 224	5 965
海　　南	5 572	5 981	5 842	6 012	6 329
重　　庆					
四　　川	2 295		2 473	6 764	
贵　　州	4 930	4 878	4 930	5 146	
云　　南	6 545	659	6 411	8 008	8 588
西　　藏	12 414		12 414		
陕　　西	7 280		7 374	3 851	
甘　　肃	9 109	5 315	9 841		
青　　海	3 220		3 213		
宁　　夏	12 426	7 029	12 515	9 584	
新疆(兵团)	9 240	6 924	9 505	10 071	
新疆(农业)	10 897	6 376	10 954	7 774	
新疆(畜牧)	11 083	6 968	11 178	8 356	
热 科 院	8 091		4 154	4 546	4 546
广　　州					
南　　京					

2－5 续表 1

地　区	粮食作物合计					
	谷物合计					
	小麦	＃春小麦	玉米	谷子	高粱	其他谷物
全国农垦	**6 003**	**4 909**	**10 053**	**4 731**	**6 882**	**3 745**
北　京	4 005		3 484		5 355	
天　津	5 206		6 516			
河　北	5 485	6 114	6 358	4 087	6 609	1 456
山　西	5 766		7 407	4 348	4 088	1 959
内蒙古	3 669	3 669	9 154	3 795	5 943	3 334
辽　宁	5 221	5 176	7 783	5 254	7 264	3 353
吉　林			7 813	2 838	5 477	1 982
黑龙江	4 546	4 546	9 981	4 433	7 506	2 526
上　海	7 520					6 400
江　苏	7 700		8 488		10 514	8 007
浙　江	6 318		4 230		6 114	3 778
安　徽	6 984		4 496		5 002	
福　建			4 584			2 952
江　西	3 118		4 357		3 800	3 524
山　东	6 678		6 636		6 000	21 395
河　南	8 270		8 518	5 018	6 736	
湖　北	4 848		6 285	10 200	5 230	3 584
湖　南	4 837		6 054	6 696	5 014	3 920
广　东			7 443			3 864
广　西			9 706			8 377
海　南			3 013			
重　庆						
四　川	4 569		6 006	80		1 815
贵　州			4 692		3 313	
云　南	4 059		5 416			1 945
西　藏			12 414			
陕　西	6 891		7 915	8 308	5 946	2 950
甘　肃	5 278	7 881	10 892		7 199	5 251
青　海	5 376	5 242				2 992
宁　夏	7 029	7 027	13 871		6 886	7 000
新疆(兵团)	6 922	6 309	12 179	4 133	8 754	8 875
新疆(农业)	5 582	5 032	13 131			6 087
新疆(畜牧)	5 490	5 172	14 126		6 957	5 858
热科院			2 600			
广　州						
南　京						

2-5 续表 2

地 区	粮食作物合计				油料合计	
	豆类合计			薯类		
		大豆	杂豆			花生
全国农垦	**2 649**	**2 645**	**2 275**	**11 644**	**2 521**	**4 999**
北　京	2 336	2 336		7 174	1 636	1 636
天　津	1 502	1 502		40 000	2 648	
河　北	2 199	2 701	973	25 376	2 151	5 108
山　西	2 422	3 774	2 436	12 992	2 137	3 091
内蒙古	2 085	2 087	1 779	11 463	2 023	4 423
辽　宁	2 531	2 575	1 613	6 520	3 194	3 143
吉　林	1 719	1 736	1 389	6 154	5 018	5 561
黑龙江	2 736	2 742	2 036	6 421	3 395	3 591
上　海	2 623	2 623			3 385	
江　苏	945	945			3 833	
浙　江	2 728	2 995	1 714	4 338	2 026	
安　徽	2 630	2 630	2 021	6 043	2 728	2 848
福　建	2 918	3 040	2 403	4 184	2 552	2 728
江　西	2 203	2 183	2 202	7 232	2 359	3 488
山　东	2 328	2 328		29 973	3 752	3 752
河　南	2 749	2 748	2 000	3 527	3 847	3 944
湖　北	2 013	1 458	2 749	7 730	3 979	8 114
湖　南	4 079	2 772	2 424	10 238	1 662	2 096
广　东	2 975	2 447	4 423	5 255	2 767	2 776
广　西	4 355	4 239	5 271	4 383	4 946	4 952
海　南	2 652	2 769	2 588	4 556	2 760	2 760
重　庆						
四　川	1 813	1 813		2 085	1 560	2 066
贵　州					1 188	
云　南	4 724		4 724	11 796	1 129	2 960
西　藏					3 745	3 745
陕　西	1 563	1 563		6 557	4 248	6 231
甘　肃	2 720	2 100	2 985	7 437	3 721	
青　海				7 737	1 000	
宁　夏	2 304	2 304				
新疆(兵团)	3 308	3 360	3 004	11 310	4 181	6 140
新疆(农业)	2 538	2 551		4 586	3 367	2 806
新疆(畜牧)	2 497	2 474	2 752	64 144	2 726	4 209
热科院	750		750	17 227	3 099	3 099
广　州						
南　京						

2-5续表3

地　　区	油料合计				棉花	
	油菜籽	芝麻	胡麻子	向日葵		长绒棉
全国农垦	**1 891**	**1 915**	**1 475**	**3 463**	**2 622**	**1 804**
北　　京						
天　　津				2 648		
河　　北	1 496		1 260	5 344	689	
山　　西				1 684		
内 蒙 古	1 774		3 750	3 135		
辽　　宁				3 693		
吉　　林				2 775		
黑 龙 江	893			2 352		
上　　海	3 385					
江　　苏	3 833					
浙　　江	2 026				1 200	
安　　徽	2 765	1 951			2 371	
福　　建	1 447	1 694				
江　　西	2 097	1 776			2 478	3 885
山　　东					2 300	2 300
河　　南	2 697			1 875	1 992	
湖　　北	2 584	1 792		3 030	1 218	
湖　　南	1 638	2 646		1 420	4 876	
广　　东		2 368				
广　　西		1 000				
海　　南						
重　　庆						
四　　川	1 383					
贵　　州	1 188					
云　　南	918					
西　　藏						
陕　　西				3 961		
甘　　肃	3 150		900	3 999	2 075	1 386
青　　海	1 000					
宁　　夏						
新疆(兵团)	3 678			3 972	2 532	
新疆(农业)	3 213			3 519	1 936	1 703
新疆(畜牧)	2 265			3 117	4 551	1 809
热 科 院						
广　　州						
南　　京						

2－5 续表 4

地　区	麻类合计	黄红麻	苎麻	大麻（线麻）	亚麻
全国农垦	**4 362**	**2 325**	**1 716**	**7 289**	**7 473**
北　京					
天　津					
河　北					
山　西					
内蒙古					
辽　宁					
吉　林					
黑龙江	7 289			7 289	
上　海					
江　苏					
浙　江					
安　徽					
福　建					
江　西					
山　东					
河　南					
湖　北	727		727		
湖　南	2 284	2 325	2 257		
广　东	1 834				
广　西					
海　南					
重　庆					
四　川					
贵　州					
云　南					
西　藏					
陕　西					
甘　肃					
青　海					
宁　夏					
新疆（兵团）	7 786				7 786
新疆（农业）					
新疆（畜牧）	7 367				7 367
热科院					
广　州					
南　京					

2－5续表5

地　　区	糖料合计			烟叶合计	
		甘蔗	甜菜		烤烟叶
全国农垦	**73 463**	**83 292**	**57 851**	**2 605**	**2 607**
北　　京					
天　　津					
河　　北	60 934		60 934		
山　　西					
内 蒙 古	33 812	51 270	30 449	3 377	3 377
辽　　宁	63 571		63 571	3 763	3 763
吉　　林	39 272		39 272		
黑 龙 江	29 679		29 679	2 000	2 000
上　　海					
江　　苏					
浙　　江					
安　　徽					
福　　建	22 600	22 600		2 078	2 082
江　　西	33 093	32 375	62 000	1 476	1 476
山　　东	105 000	105 000			
河　　南					
湖　　北	85 239	85 239			
湖　　南	59 202	59 202		2 426	2 426
广　　东	77 853	77 853			
广　　西	87 093	87 093			
海　　南	64 617	64 617			
重　　庆					
四　　川					
贵　　州				3 268	3 268
云　　南	110 463	110 463		5 617	5 617
西　　藏					
陕　　西					
甘　　肃	94 131		94 131		
青　　海					
宁　　夏					
新疆（兵团）	85 416		85 416		
新疆（农业）	95 641		95 641		
新疆（畜牧）	63 877		63 877		
热 科 院	4 706	4 706			
广　　州					
南　　京					

2-5续表6

地　　区	蔬菜、瓜类			其他作物
		蔬菜	瓜类	啤酒花
全国农垦	**47 941**	**49 087**	**42 083**	**6 439**
北　　京	59 936	60 986	17 000	
天　　津	31 291	37 115	10 250	
河　　北	46 767	57 473	37 605	
山　　西	20 219	23 595	12 102	
内 蒙 古	32 860	37 570	27 856	
辽　　宁	48 302	48 086	47 756	
吉　　林	58 196	43 356	60 573	
黑 龙 江	53 622	59 272	49 287	
上　　海	52 795	40 131	54 841	
江　　苏	67 586	45 488	71 055	
浙　　江	28 912	26 693	32 216	
安　　徽	59 550	30 875	24 291	
福　　建	17 671	16 703	26 016	1 000
江　　西	19 753	20 996	16 469	28 659
山　　东	39 945	39 677	40 668	
河　　南	19 852	17 286	25 200	
湖　　北	36 120	35 953	33 643	
湖　　南	35 798	36 502	34 934	
广　　东	27 759	28 441	22 204	
广　　西	44 335	37 849	37 414	
海　　南	21 733	21 545	33 835	
重　　庆				
四　　川	22 825	23 280	20 141	
贵　　州	17 685	17 685		
云　　南	24 989	22 157	28 428	
西　　藏	12 357	12 357		
陕　　西	28 124	27 956	29 303	
甘　　肃	73 488	77 779	28 424	2 985
青　　海	58 834	59 060	48 257	
宁　　夏	50 585	49 664	52 468	
新疆(兵团)	71 251	74 093	60 171	6 944
新疆(农业)	34 909	44 214	15 517	8 136
新疆(畜牧)	26 382	79 262	13 842	1 656
热 科 院	7 311	6 976	10 290	
广　　州				
南　　京				

2-6 茶、果和桑年末实有面积

计量单位：公顷

地区	茶叶	水果					
			香蕉	苹果	柑、橘、橙、柚	梨	桃
全国农垦	**30 840**	**388 694**	**17 992**	**47 329**	**27 780**	**36 919**	**15 724**
北京		152		84		6	7
天津		114		14		62	17
河北		1 642		79		626	489
山西		96		20		12	55
内蒙古		1 305		333		92	5
辽宁		8 712		4 917		1 310	974
吉林		2 688		540		1 803	3
黑龙江		688		154		88	
上海	118	142				8	9
江苏		234			1	91	3
浙江	1 146	398			184	17	24
安徽	2 010	1 612			5	685	450
福建	6 721	9 120	591		2 187	90	198
江西	8 164	8 562			6 020	1 003	630
山东		112		13		2	72
河南	2	1 229		137	30	365	476
湖北	824	8 621		27	1 693	934	3 852
湖南	1 241	6 743			5 432	113	253
广东	746	35 256	7 794		1 064		
广西	632	10 767	1 658		4 615	6	14
海南	1 265	43 942	3 202		2 394		
重庆							
四川	143	251		1	137		2
贵州	2 047	823			450	9	11
云南	4 207	17 329	4 706	180	3 566		
西藏	650	97		87			6
陕西		735		2		26	71
甘肃		1 788		241		1 021	
青海		3					
宁夏		5 124		817		258	86
新疆（兵团）		184 984		22 805		20 647	6 726
新疆（农业）	885	31 407		16 036		7 596	472
新疆（畜牧）		3 910		842		50	820
热科院		107	41		3		
广州							
南京	38						

2－6续表1

地　区	水果						
	葡萄	菠萝	红枣	柿子	荔枝	龙眼	芒果
全国农垦	**44 139**	**15 394**	**88 208**	**373**	**16 800**	**8 744**	**22 529**
北　京							
天　津	16						
河　北	187		249				
山　西	1		3	1			
内蒙古	122		2	3			
辽　宁	498		6				
吉　林	26						
黑龙江	173						
上　海	18						
江　苏	19			3			
浙　江	41						
安　徽	86			17			
福　建	54	93		81	788	2 099	52
江　西	292			4			
山　东	25						
河　南	100			13			
湖　北	1 171		18	66			
湖　南	467		3	3			
广　东	9	11 548			6 923	3 083	127
广　西	47	1			1 716	957	1 046
海　南		2 426			7 084	2 400	19 009
重　庆							
四　川	73				5	16	
贵　州	323			1			
云　南	1 735	1 319			278	185	2 286
西　藏	1						
陕　西	92			181			
甘　肃	450		22				
青　海							
宁　夏	3 737		115				
新疆(兵团)	31 262		84 146				
新疆(农业)	2 323		3 412				
新疆(畜牧)	789		234				
热科院	2	6			7	4	8
广　州							
南　京							

2－6 续表 2

地　区	水果						桑园
	杨桃	火龙果	番石榴	红毛丹	西番莲	其他水果	
全国农垦	**372**	**2 693**	**835**	**393**	**239**	**42 230**	**1 498**
北　京						54	
天　津						6	
河　北						11	
山　西						5	
内蒙古						748	
辽　宁						1 007	
吉　林						316	
黑龙江						273	
上　海						105	
江　苏						117	20
浙　江		1				132	25
安　徽						370	
福　建	53	82	26		238	2 489	28
江　西	30	25	1			557	52
山　东							
河　南						107	
湖　北	1	20				840	
湖　南		1				470	2
广　东	205	1 252	741			2 510	307
广　西		274				435	
海　南	83	847	66	393		6 037	27
重　庆							
四　川						18	150
贵　州						29	
云　南		186				2 888	
西　藏						3	
陕　西						362	
甘　肃						55	
青　海						3	
宁　夏						111	
新疆（兵团）						19 398	
新疆（农业）		1				1 568	885
新疆（畜牧）						1 176	
热科院		3	1		1	30	3
广　州							
南　京							

2-7 茶、果和桑收获面积

计量单位：公顷

地区	茶叶	水果	香蕉	苹果	柑、橘、橙、柚	梨	桃
全国农垦	**26 870**	**342 381**	**15 917**	**38 253**	**22 796**	**35 004**	**13 164**
北京		139		76		6	7
天津		109		14		62	17
河北		1 633		79		626	489
山西		96		20		12	55
内蒙古		935		238		82	3
辽宁		7 564		3 925		1 264	911
吉林		2 627		484		1 798	3
黑龙江		688		154		88	
上海	118	130				2	9
江苏		234			1	91	3
浙江	1 089	286			121	16	23
安徽	1 951	1 547			5	684	446
福建	6 004	8 719	538		2 099	75	173
江西	7 148	7 967			5 548	964	595
山东		109		11		1	72
河南	2	1 178		134	30	358	465
湖北	643	8 431		27	1 612	927	3 832
湖南	1 199	6 607			5 352	98	226
广东	530	28 469	7 166		804		
广西	433	9 360	1 609		3 765	1	3
海南	847	38 482	3 048		1 315		
重庆							
四川	138	216			111		
贵州	1 681	757			390	9	9
云南	3 858	12 134	3 544	180	1 641		
西藏	306	97		87			6
陕西		499		2		26	71
甘肃		1 788		241		1 021	
青海		3					
宁夏		5 124		817		258	86
新疆(兵团)		167 932		18 866		19 932	4 702
新疆(农业)	885	25 683		12 179		6 553	432
新疆(畜牧)		2 718		718		50	527
热科院		120	12		1		
广州							
南京	38						

2-7 续表 1

地　区	水果						
	葡萄	菠萝	红枣	柿子	荔枝	龙眼	芒果
全国农垦	**42 875**	**10 760**	**85 696**	**298**	**14 691**	**7 899**	**21 231**
北　京							
天　津	16						
河　北	184		244				
山　西	1		3	1			
内蒙古	118		2	3			
辽　宁	486		6				
吉　林	26						
黑龙江	173						
上　海	13						
江　苏	19			3			
浙　江	41						
安　徽	86			16			
福　建	53	93		64	777	1 981	46
江　西	274			3			
山　东	25						
河　南	95			1			
湖　北	1 120		18	64			
湖　南	467		3	3			
广　东	9	7 830			5 892	2 556	86
广　西	45				1 422	891	994
海　南		1 706			6 383	2 279	18 173
重　庆							
四　川	72				5	16	
贵　州	321						
云　南	1 734	1 128			210	173	1 854
西　藏	1						
陕　西	64			140			
甘　肃	450		22				
青　海							
宁　夏	3 737		115				
新疆(兵团)	30 309		81 640				
新疆(农业)	2 206		3 410				
新疆(畜牧)	727		234				
热科院	2	3			2	2	78
广　州							
南　京							

2－7续表2

地　区	水果						桑园
	杨桃	火龙果	番石榴	红毛丹	西番莲	其他水果	
全国农垦	**350**	**2 571**	**802**	**391**	**238**	**29 447**	**1 481**
北　京						49	
天　津						1	
河　北						11	
山　西						5	
内 蒙 古						489	
辽　宁						971	
吉　林						316	
黑 龙 江						273	
上　海						105	
江　苏						117	20
浙　江		1				84	25
安　徽						310	
福　建	53	82	26		238	2 422	28
江　西	30	25				528	52
山　东							
河　南						96	
湖　北	1	15				816	
湖　南		1				457	2
广　东	188	1 161	709			2 068	304
广　西		268				362	
海　南	78	836	60	391		4 213	27
重　庆							
四　川						12	137
贵　州						28	
云　南		177				1 493	
西　藏						3	
陕　西						195	
甘　肃						55	
青　海						3	
宁　夏						111	
新疆（兵团）						12 483	
新疆（农业）		1				901	885
新疆（畜牧）						462	
热 科 院		3	7			9	3
广　州							
南　京							

2－8 茶、果和桑产量

计量单位：吨

地区	茶叶	水果	香蕉	苹果	柑、橘、橙、柚	梨	桃
全国农垦	**45 051**	**8 256 563**	**668 872**	**1 203 396**	**438 491**	**905 817**	**324 529**
北京		530		456		24	9
天津		579		163		329	5
河北		43 633		3 680		11 885	21 416
山西		2 342		188		256	1 729
内蒙古		7 574		1 709		1 384	5
辽宁		132 430		86 576		13 588	14 914
吉林		24 904		1 545		21 509	100
黑龙江		13 344		2 565		1 576	
上海	8	374				14	28
江苏		4 218			38	1 776	13
浙江	2 867	5 263			2 419	230	152
安徽	15 432	42 626			210	24 322	7 771
福建	6 498	140 213	8 914		42 913	526	799
江西	4 318	87 302			65 676	7 435	5 028
山东		3 457		343		39	2 580
河南	1	26 189		3 243	300	10 812	9 645
湖北	528	164 406		148	28 733	16 365	82 909
湖南	1 321	97 281			78 086	2 029	2 413
广东	569	956 311	389 970		12 796		
广西	541	250 513	85 277		139 294	39	87
海南	590	705 849	94 049		18 637		
重庆							
四川	226	3 784		2	1 541	10	
贵州	2 775	12 332			9 295	184	243
云南	8 237	252 591	90 358	1 063	38 553		
西藏	56	105		81			21
陕西		7 212		66		156	1 309
甘肃		40 143		7 086		29 516	
青海		120					
宁夏		56 968		9 000		2 676	1 784
新疆(兵团)		4 793 908		887 806		697 595	154 762
新疆(农业)	1 080	342 169		186 655		61 182	7 395
新疆(畜牧)		37 306		11 022		360	9 410
热科院		587	304		1		
广州							
南京	4						

2-8续表1

地　区	水果						
	葡萄	菠萝	红枣	柿子	荔枝	龙眼	芒果
全国农垦	**1 008 780**	**518 728**	**2 044 035**	**4 800**	**124 831**	**50 253**	**331 654**
北　京	4						
天　津	75						
河　北	5 531		1 028				
山　西	27		50	19			
内蒙古	1 866		6	2			
辽　宁	8 370		388				
吉　林	70						
黑龙江	3 699						
上　海	103						
江　苏	359			39			
浙　江	739						
安　徽	2 161			48			
福　建	400	1 466		425	2 844	7 046	369
江　西	3 793		1	49			
山　东	495						
河　南	1 660			2			
湖　北	27 377		29	1 094			
湖　南	2 183	1	8	40			
广　东	23	432 514			34 510	11 138	354
广　西	922	8			5 548	4 434	9 128
海　南		56 129			80 380	25 118	299 768
重　庆							
四　川	2 115				30	26	
贵　州	2 448						
云　南	41 613	28 520			1 489	2 477	21 954
西　藏	2						
陕　西	808			3 082			
甘　肃	3 000		63				
青　海							
宁　夏	41 470		1 244				
新疆(兵团)	796 272		2 006 098				
新疆(农业)	49 129		33 540				
新疆(畜牧)	12 065		1 579				
热科院	1	91			30	14	80
广　州							
南　京							

2-8续表2

地　　区	水果						桑园
	杨桃	火龙果	番石榴	红毛丹	西番莲	其他水果	
全国农垦	**4 339**	**84 724**	**19 432**	**3 307**	**45 446**	**475 129**	**17 300**
北　　京						37	
天　　津						7	
河　　北						93	
山　　西						73	
内 蒙 古						2 601	
辽　　宁						8 593	
吉　　林						1 680	
黑 龙 江						5 504	
上　　海						231	
江　　苏						1 993	44
浙　　江		3				1 720	300
安　　徽						8 114	
福　　建	803	3 403	148		45 446	24 711	140
江　　西	448	263				4 609	1 001
山　　东							
河　　南						528	
湖　　北	1	225				7 525	
湖　　南		16				12 505	22
广　　东	2 343	43 947	18 059			10 657	12 377
广　　西		5 772				4	
海　　南	728	27 114	1 205	3 307		99 414	5
重　　庆							
四　　川						61	2 300
贵　　州						162	
云　　南		3 894				22 670	
西　　藏						1	
陕　　西						1 791	
甘　　肃						478	
青　　海						120	
宁　　夏						794	
新疆(兵团)						251 375	
新疆(农业)		78				4 189	1 080
新疆(畜牧)						2 871	
热 科 院	16	10	20			20	30
广　　州							
南　　京							

2－9 林业生产情况

地区	营林情况					
	当年造林面积（公顷）	用材林	经济林	防护林	薪炭林	特种用材林
全国农垦	**73 008**	**8 781**	**13 933**	**49 373**	**225**	**696**
北　　京	150			11		139
天　　津						
河　　北	2 099	104	667	1 328		
山　　西	285		49	236		
内 蒙 古	1 256	80	545	622		9
辽　　宁	2 671	572	165	1 933		
吉　　林	176	55	9	112		
黑 龙 江	411	218		190		3
上　　海	7 790	970	236	6 584		
江　　苏	192	153	13	26		
浙　　江	235		20	35		180
安　　徽	437	240	80	116		
福　　建	1 410	490	582	323		16
江　　西	4 776	2 470	1 542	431		333
山　　东						
河　　南	787	26	77	684		
湖　　北	2 381	1 653	447	282		
湖　　南	3 903	1 318	619	1 966		
广　　东	861	108	452	60	225	16
广　　西	107	12	95			
海　　南	2	2				
重　　庆						
四　　川	7		2	5		
贵　　州	479	27	230	222		
云　　南	13	3	10			
西　　藏	98		97			
陕　　西	406		406			
甘　　肃	337		158	179		
青　　海	1 587		1 287	300		
宁　　夏	248		118	130		
新疆（兵团）	29 430		1 364	28 066		
新疆（农业）	1 880	28	889	964		
新疆（畜牧）	8 595	254	3 771	4 570		
热 科 院						
广　　州						
南　　京						

2-9 续表

地区	营林情况						
	年末森林面积（公顷）	当年零星植树（百株）	年末实有育苗面积（公顷）	当年新育面积	幼林抚育面积（公顷）	成林抚育面积（公顷）	森林覆盖率（%）
全国农垦	**3 025 727**	**9 371 913**	**11 678**	**1 569**	**44 242**	**127 930**	**24**
北京	267	10			11	232	3
天津	324						6
河北	72 529	8 562	78		1 197	1 673	20
山西	3 917	3 110	681		3	7	18
内蒙古	208 187	123 331	246	171	1 183	3 026	6
辽宁	79 322	60 586	121	76	938	1 265	16
吉林	46 814	8 018			84	41	17
黑龙江	1 000 809	20 411	2 091	745	2 257	9 868	19
上海	8 353		562		199	2 695	13
江苏	18 299	7 982	1 450	62	1 317	999	15
浙江	3 569	8 869	32		4	183	24
安徽	14 469	3 369	106	4	842	2 116	24
福建	46 326	8 000 902	797	1	1 203	4 065	58
江西	475 093	13 546	513	133	11 227	12 959	69
山东	1 061					188	11
河南	4 377	36 715	166	34	215	453	13
湖北	39 884	16 197	1 753	173	4 697	10 397	11
湖南	43 709	858 160	1 019	78	4 017	1 473	26
广东	93 905	1 420	6	2	7 108	41 615	42
广西	26 629	18	1 295		2 861	11 964	20
海南	156 550				669	1 824	24
重庆	270					93	11
四川	34 415	111			10	19	9
贵州	4 421	150 125				329	30
云南	133 285		6	6	131	501	59
西藏	1 194	2	11	8	10		33
陕西	2 219	11 800			161	560	11
甘肃	26 622	2 771	155	13	1 398	1 887	6
青海	67 481	20	20	2	10	840	12
宁夏		226	18	17	182	3 072	
新疆(兵团)							
新疆(农业)	98 283	4 304	54	36	1 041	8 093	10
新疆(畜牧)	307 844	31 348	495	7	858	3 897	2
热科院	4 913				410	1 288	63
广州	80						
南京	306					306	80

2-10 牧业生产情况（饲养情况）

地区	年末数合计			
	大牲畜总头数（头）	牛	#肉牛	#奶牛
全国农垦	**3 873 361**	**3 185 083**	**1 461 473**	**1 723 610**
北京	110 213	110 213	9 926	100 287
天津	46 808	46 808		46 808
河北	201 499	197 443	35 737	161 706
山西	11 007	11 007	1 740	9 267
内蒙古	727 004	417 002	246 938	170 064
辽宁	62 014	55 057	48 963	6 094
吉林	43 323	40 944	32 731	8 213
黑龙江	220 034	212 110	112 473	99 637
上海	118 937	118 937		118 937
江苏	18 738	17 638	151	17 487
浙江				
安徽	1 060	1 048	1 048	
福建	4 371	4 254	2 753	1 501
江西	31 358	24 148	22 495	1 653
山东				
河南	6 226	5 870	1 174	4 696
湖北	35 023	32 340	25 311	7 029
湖南	53 488	53 185	51 759	1 426
广东	46 298	46 298	6 662	39 636
广西	6 885	6 885	3 966	2 919
海南	41 342	41 342	41 342	
重庆	37 142	37 142		37 142
四川	36 745	31 452	12 311	19 141
贵州	16 911	16 911	1 100	15 811
云南	9 432	9 265	8 230	1 035
西藏	965	435	235	200
陕西	7 571	7 571	1 722	5 849
甘肃	55 084	55 084	11 442	43 642
青海	50 983	25 707	25 666	41
宁夏	153 604	153 604	16 680	136 924
新疆（兵团）	698 795	629 000	341 900	287 100
新疆（农业）	98 705	70 679	52 132	18 547
新疆（畜牧）	792 738	577 245	344 886	232 359
热科院				
广州	128 459	128 459		128 459
南京				

2-10续表1

地区	年末数合计					
	猪（头）	羊（只）				家禽（只）
			山羊	#绒山羊	绵羊	
全国农垦	**11 117 981**	**11 170 519**	**1 401 301**	**300 032**	**9 769 218**	**85 323 756**
北京	431 248					3 082 427
天津	1 280	226 845			226 845	1 832 340
河北	309 296	69 408	2 812		66 596	3 112 146
山西	2 919	9 352	1 842		7 510	122 600
内蒙古	108 648	2 793 884	176 625	87 672	2 617 259	835 791
辽宁	578 773	153 775	50 755	2 925	103 020	9 073 130
吉林	44 110	177 109	14 159		162 950	270 462
黑龙江	556 425	239 027	28 619	6 393	210 408	8 385 016
上海	545 439					666 236
江苏	67 339	15 251	15 251			2 896 700
浙江	55 285	2 144	20		2 124	88 490
安徽	26 459	4 152	4 152	923		1 871 132
福建	116 470	12 137	5 323		6 814	972 984
江西	314 159	13 238	11 138	1 552	2 100	1 918 177
山东	3 900					
河南	39 504	21 620	2 890		18 730	214 013
湖北	719 028	60 257	60 236		21	5 765 621
湖南	617 703	25 464	25 464			2 006 732
广东	917 377	7 979	7 979	131		3 971 449
广西	1 543 662	1 529	1 529			715 180
海南	707 820	83 088	83 088			15 790 000
重庆	184 462					1 246 772
四川	3 245	13 717	7 353		6 364	2 080
贵州	16					1 193 948
云南	68 757	7 184	7 184			1 755 585
西藏	530					
陕西	16 095	20 542	17 810	2 629	2 732	37 399
甘肃	14 106	184 990	26 118		158 872	146 542
青海	4 572	296 300	901	310	295 399	
宁夏	22 052	125 319	31 702		93 617	490 700
新疆（兵团）	2 872 600	3 726 100	388 700		3 337 400	14 828 000
新疆（农业）	70 523	439 524	70 472	2 516	369 052	846 978
新疆（畜牧）	34 789	2 440 242	358 837	194 981	2 081 405	921 205
热科院		342	342			
广州	119 390					263 921
南京						

2－10续表2

地区	能繁殖的母畜					
	大牲畜总头数（头）	牛	#肉牛	#奶牛	猪（头）	羊（只）
全国农垦	**1 684 999**	**1 315 234**	**505 766**	**809 468**	**1 333 194**	**3 357 171**
北京	52 033	51 570		51 570	49 331	
天津	37 197	37 197		37 197	1 243	
河北	76 218	74 218	22 977	51 241	30 537	36 636
山西	5 430	5 430	328	5 102	1 150	1 682
内蒙古	457 509	263 635	149 422	114 213	11 955	1 348 635
辽宁	28 633	22 424	19 200	3 224	83 332	49 248
吉林	25 723	23 317	16 633	6 684	5 785	30 670
黑龙江	104 680	103 851	54 834	49 017	67 891	95 839
上海	54 409	54 409		54 409	60 618	
江苏	6 049	6 049	28	6 021	9 215	
浙江					4 603	
安徽	2				16 122	319
福建	548	538	538		16 925	159
江西	12 162	9 985	9 867	118	36 313	697
山东					400	
河南	987	834	303	531	6 114	30
湖北	11 522	9 549	5 506	4 043	71 224	20 228
湖南	10 730	10 730	10 064	666	145 938	6 112
广东	24 562	24 562	1 237	23 325	106 809	231
广西	2 719	2 719	1 461	1 258	137 938	760
海南	17 701	17 701	17 701		81 074	32 303
重庆	14 083	14 083		14 083	14 414	
四川	19 212	16 955	5 283	11 672	566	4 677
贵州	16 911	16 911	1 100	15 811		
云南	2 582	2 564	1 839	725	5 500	1 363
西藏	223	223	153	70	200	
陕西	577	577	549	28	423	
甘肃	45 431	45 431	2 903	42 528	1 536	71 185
青海	18 068	5 551	5 527	24	338	78 224
宁夏	85 671	85 671	2 892	82 779	2 665	56 532
新疆（兵团）					326 100	
新疆（农业）	54 259	34 016	25 201	8 815	14 266	260 000
新疆（畜牧）	413 364	288 730	150 220	138 510	9 160	1 261 641
热科院						
广州	85 804	85 804		85 804	13 509	
南京						

2－10续表3

地　　区	当年生仔畜（头）			
	大牲畜总头数	牛	＃肉牛	＃奶牛
全国农垦	**933 816**	**700 955**	**296 169**	**404 786**
北　　京	6 900	6 900		6 900
天　　津	8 471	8 471		8 471
河　　北	30 344	28 517	2 677	25 840
山　　西	1 810	1 810	255	1 555
内 蒙 古	294 266	153 597	95 222	58 375
辽　　宁	13 353	8 223	7 222	1 001
吉　　林	14 250	13 215	11 152	2 063
黑 龙 江	47 835	47 561	22 057	25 504
上　　海	33 131	33 131		33 131
江　　苏	5 557	5 557	1	5 556
浙　　江				
安　　徽	35	35	35	
福　　建	332	297	297	
江　　西	10 829	4 752	4 651	101
山　　东				
河　　南	700	654	124	530
湖　　北	6 143	4 448	2 393	2 055
湖　　南	7 622	7 522	7 042	480
广　　东	14 804	14 804	618	14 186
广　　西	1 721	1 703	716	987
海　　南	8 654	8 654	8 654	
重　　庆	14 254	14 254		14 254
四　　川	4 097	3 406	1 853	1 553
贵　　州				
云　　南	1 293	1 285	795	490
西　　藏	86	86	36	50
陕　　西	536	536	510	26
甘　　肃	1 479	1 479	1 479	
青　　海	6 882	789	789	
宁　　夏	55 633	55 633	1 598	54 035
新疆（兵团）				
新疆（农业）	27 712	18 656	13 618	5 038
新疆（畜牧）	272 929	212 822	112 375	100 447
热 科 院				
广　　州	42 158	42 158		42 158
南　　京				

2－10续表4

地　区	规模化养殖场（个）			
	大牲畜	牛	#肉牛	#奶牛
全国农垦	**1 375**	**1 282**	**800**	**482**
北　京	39	39	3	36
天　津	17	17		17
河　北	13	13	1	12
山　西	16	16	3	13
内蒙古	55	47	8	39
辽　宁	7	4	2	2
吉　林	17	16		16
黑龙江	106	80	26	54
上　海	32	32		32
江　苏	23			
浙　江				
安　徽	1	1	1	
福　建	3	3	3	
江　西	15	5	4	1
山　东				
河　南	3	3	3	
湖　北	12	10	8	2
湖　南	26	22	20	2
广　东	4	4	1	3
广　西	5	5	3	2
海　南	2	2	2	
重　庆	8	8		8
四　川	1	1		1
贵　州	5	5		5
云　南	8	8	7	1
西　藏	2	2	1	1
陕　西				
甘　肃	4	4	2	2
青　海	1			
宁　夏	22	22	2	20
新疆（兵团）	750	747	623	124
新疆（农业）	15	12	9	3
新疆（畜牧）	103	94	68	26
热科院				
广　州	60	60		60
南　京				

2－10 续表 5

地　区	规模化养殖场（个）					
	猪	羊	山羊	#绒山羊	绵羊	家禽
全国农垦	**1 686**	**8 609**	**111**	**16**	**8 498**	**898**
北　京	11					20
天　津	1	8			8	1
河　北	6	2			2	38
山　西		4	1		3	4
内 蒙 古	9	8			8	1
辽　宁	11	3			3	19
吉　林						
黑 龙 江	79	4	1		3	59
上　海	54					3
江　苏						
浙　江	2					
安　徽	2					3
福　建	43					9
江　西	29	3	1		2	13
山　东						
河　南	6					3
湖　北	124	16	16			41
湖　南	121	2	2			66
广　东	105	1	1			31
广　西	133					11
海　南	22					10
重　庆	16					13
四　川	1	1	1			
贵　州						3
云　南	11					24
西　藏	1					
陕　西	1					
甘　肃						
青　海	1	1			1	
宁　夏	7	2			2	
新疆（兵团）	872	8 488	80	14	8 408	521
新疆（农业）	8	10	3	1	7	3
新疆（畜牧）	4	55	4	1	51	1
热 科 院		1	1			
广　州	6					1
南　京						

2-10续表6

地区	规模化养殖量			
	大牲畜总头数（头）	牛	#肉牛	#奶牛
全国农垦	**1 932 104**	**1 817 388**	**708 568**	**1 108 820**
北京	109 109	109 019	9 926	99 093
天津	46 808	46 808		46 808
河北	72 931	72 931	500	72 431
山西	8 491	8 491	380	8 111
内蒙古	120 950	92 090	15 619	76 471
辽宁	5 764	2 364	456	1 908
吉林	5 660	5 659		5 659
黑龙江	95 474	95 474	11 168	84 306
上海	167 432	167 432		167 432
江苏	1			
浙江				
安徽	220	220	220	
福建	1 182	1 182	1 182	
江西	27 927	1 927	1 697	230
山东				
河南	700	700	700	
湖北	14 914	11 914	4 885	7 029
湖南	14 896	6 666	5 345	1 321
广东	8 040	8 040	200	7 840
广西	6 858	6 858	4 720	2 138
海南	610	610	610	
重庆	31 889	31 889		31 889
四川	531	531		531
贵州	23 000	23 000		23 000
云南	1 878	1 878	1 668	210
西藏	438	438	238	200
陕西				
甘肃	20 904	20 904	9 904	11 000
青海	1			
宁夏	138 593	138 593	6 758	131 835
新疆（兵团）	718 600	709 200	548 800	160 400
新疆（农业）	23 282	6 955	5 700	1 255
新疆（畜牧）	140 200	120 794	77 892	42 902
热科院				
广州	124 821	124 821		124 821
南京				

2-10续表7

地区	规模化养殖量					
	猪（头）	羊（只）	山羊	#绒山羊	绵羊	家禽（只）
全国农垦	**14 170 581**	**6 354 678**	**244 295**	**75 860**	**6 110 383**	**129 282 328**
北京	430 050					3 082 427
天津	1 280	226 845			226 845	1 832 340
河北	22 640	1 512			1 512	1 557 000
山西		3 001	560		2 441	95 998
内蒙古	51 816	7 763			7 763	80 000
辽宁	329 998	3 300			3 300	3 018 556
吉林						
黑龙江	425 659	12 331	3 965		8 366	71 031 875
上海	1 233 567					1 102 365
江苏						
浙江	38 568					
安徽	16 721					90 000
福建	181 442					996 512
江西	179 494	3 153	600		2 553	1 244 378
山东						
河南	49 100					180 000
湖北	502 921	16 861	16 861			1 431 520
湖南	307 134	1 220	1 220			1 577 380
广东	1 421 074	620	620			3 285 063
广西	1 238 501					3 946 535
海南	45 146					2 040 000
重庆	165 069					1 275 903
四川	1 200	3 528	3 528			
贵州						1 380 000
云南	7 967					642 776
西藏	530					
陕西	13 138					
甘肃						
青海	500	646			646	
宁夏	7 018	19 941			19 941	
新疆（兵团）	7 225 800	5 877 100	197 800	67 800	5 679 300	28 921 700
新疆（农业）	26 417	31 557	4 051	560	27 506	150 000
新疆（畜牧）	16 572	144 960	14 750	7 500	130 210	20 000
热科院		340	340			
广州	231 259					300 000
南京						

2－10 续表 8

地　区	带动农户数（个）			
	大牲畜	牛	#肉牛	#奶牛
全国农垦	**31 821**	**44 190**	**8 448**	**35 742**
北　京	85	85	36	49
天　津				
河　北	1 163	1 163	163	1 000
山　西	128	128	5	123
内蒙古	454	394	59	335
辽　宁	99	14	13	1
吉　林	148	103	77	26
黑龙江	785	785	194	591
上　海				
江　苏	80			
浙　江				
安　徽	30	30	30	
福　建	289	288	288	
江　西	146	67	37	30
山　东				
河　南	33	33	33	
湖　北	74	74	64	10
湖　南	471	201	201	
广　东	5 000	5 000		5 000
广　西	15	15	15	
海　南				
重　庆	11 368	11 368		11 368
四　川	116	116		116
贵　州		14 883		14 883
云　南				
西　藏	54	36	18	18
陕　西	4			
甘　肃		101	101	
青　海	117			
宁　夏				
新疆（兵团）	7 502	7 482	6 233	1 249
新疆（农业）	870	536	356	180
新疆（畜牧）	2 541	1 039	525	514
热科院				
广　州	249	249		249
南　京				

2-10 续表 9

地区	带动农户数（个）					
	猪	羊	山羊	＃绒山羊	绵羊	家禽
全国农垦	**31 443**	**86 774**	**1 499**	**290**	**85 275**	**24 796**
北京						286
天津						
河北	350	13			13	
山西		44	1		43	10
内蒙古	42	38			38	
辽宁	22	3			3	11
吉林	42	80	3		77	922
黑龙江	233	52	19		33	105
上海						
江苏						
浙江	2 531					
安徽	4					14
福建	134	22	22			603
江西	88	10	10	5		335
山东						
河南	1 920	5	5			56
湖北	286	23	23			901
湖南	11 397	193	193			14 343
广东	362					215
广西	203					1 320
海南						
重庆	5 010					
四川	20	153	153			
贵州						300
云南						
西藏	18					
陕西	14					5
甘肃						
青海	5					
宁夏						
新疆（兵团）	8 727	84 893	811	143	84 082	5 209
新疆（农业）	12	343	110	9	233	158
新疆（畜牧）	23	902	149	133	753	3
热科院						
广州						
南京						

2－11 牧业生产情况（畜产品）

地区	肉类总产量（吨）	当年出栏肉猪（头）	猪肉产量（吨）	当年出售的肉用牛（头）	牛肉产量（吨）
全国农垦	**2 482 633**	**16 208 295**	**1 421 757**	**1 258 673**	**222 794**
北京	132 967	495 440	52 015	6 079	1 876
天津	6 133	15 082	1 960	6 187	1 299
河北	66 058	685 746	39 575	35 700	5 781
山西	2 612	12 183	552	1 975	627
内蒙古	101 633	138 270	14 615	150 325	25 346
辽宁	145 254	619 534	56 134	68 996	16 537
吉林	10 224	40 930	3 728	5 837	1 691
黑龙江	255 242	1 033 492	78 798	113 854	18 968
上海	58 065	623 336	54 835	13 415	2 438
江苏	49 956	98 800	8 839	269	68
浙江	14 645	159 028	14 238		
安徽	9 281	30 235	2 581	2 217	381
福建	22 805	190 604	16 065	4 150	489
江西	61 897	538 071	48 490	7 970	3 811
山东	423	4 393	423		
河南	6 418	75 331	5 879	725	170
湖北	88 258	820 092	64 566	21 143	4 275
湖南	116 975	840 112	77 638	19 608	4 230
广东	137 010	996 116	95 425	3 376	659
广西	197 508	2 127 398	189 344	3 194	802
海南	104 149	795 978	80 042	8 021	1 920
重庆	30 313	232 714	30 313		
四川	1 506	5 051	551	5 038	697
贵州	3 408	26 201	3 406		
云南	12 409	82 509	6 774	4 742	691
西藏	47	410	17	208	30
陕西	631	3 338	383	285	54
甘肃	15 128	17 936	1 241	18 334	10 723
青海	2 178	2 918	262	9 482	624
宁夏	8 650	36 557	2 478	20 701	3 616
新疆(兵团)	649 752	5 087 600	391 082	509 600	81 840
新疆(农业)	22 955	106 408	9 346	27 153	5 164
新疆(畜牧)	80 136	33 101	2 559	190 009	27 981
热科院	252	2 122	174	80	7
广州	67 758	231 259	67 428		
南京					

2-11 续表 1

地　　区	当年出售的肉用羊（只）	羊肉产量（吨）	兔肉产量（吨）	禽肉产量（吨）	牛奶产量（吨）
全国农垦	**10 287 044**	**189 647**	**4 153**	**545 592**	**5 702 304**
北　　京				79 076	551 856
天　　津	79 667	1 593		1 266	242 691
河　　北	49 744	790		19 368	726 819
山　　西	69 229	1 336		1	29 931
内 蒙 古	1 997 429	33 860	2	22 785	327 252
辽　　宁	182 811	2 983		61 807	32 887
吉　　林	80 998	1 654	1	3 003	8 705
黑 龙 江	350 256	6 166	1	150 578	400 880
上　　海				657	515 177
江　　苏	16 885	743	12	40 294	54 461
浙　　江	569	15		192	
安　　徽	11 375	273		6 046	544
福　　建	10 370	160	70	5 194	2 315
江　　西	14 120	1 139	22	4 666	3 624
山　　东					
河　　南	4 480	51	1	218	13 532
湖　　北	56 342	1 127	1 973	15 227	39 895
湖　　南	41 367	723	26	5 924	4 298
广　　东	3 519	104	158	21 530	85 695
广　　西	1 522	46		7 308	7 597
海　　南	104 014	1 696	110	20 381	
重　　庆					222 289
四　　川	3 186	83	1	150	3 230
贵　　州				1	82 433
云　　南	4 451	117	3	4 824	2 555
西　　藏					1
陕　　西	10 972	183		11	29 737
甘　　肃	142 638	2 828	1	139	208 272
青　　海	79 547	1 289			6
宁　　夏	59 247	987		1 569	504 893
新疆（兵团）	5 122 700	97 721	1 771	70 202	847 576
新疆（农业）	272 063	5 143	2	2 045	10 448
新疆（畜牧）	1 516 544	26 828		745	184 680
热 科 院	1 000	10		58	
广　　州				330	558 027
南　　京					

2-11续表2

地区	山羊毛产量（吨）	绵羊毛产量（吨）	细羊毛	半细羊毛	羊绒产量（吨）
全国农垦	**896**	**21 293**	**5 967**	**9 669**	**2 709**
北京					
天津					
河北	3	176	48	120	
山西	11	12	4		
内蒙古	40	5 891	1 241	3 198	78
辽宁	45	159	5	105	6
吉林	9	167	32	99	11
黑龙江	18	410	61	350	8
上海					
江苏					
浙江					
安徽					
福建					
江西	1				
山东					
河南					
湖北					
湖南					
广东					
广西					
海南					
重庆					
四川		4		3	
贵州					
云南					
西藏					
陕西	1	1			2
甘肃	18	105	35	69	1
青海	2	224	106	70	1
宁夏	12	69	55	14	12
新疆(兵团)	509	9 884	3 322	4 761	38
新疆(农业)	36	774	43	170	15
新疆(畜牧)	192	3 417	1 016	710	2 537
热科院					
广州					
南京					

2－11续表3

地　区	蜂蜜产量（吨）	禽蛋产量（吨）	蚕茧产量（吨）	
				桑蚕茧
全国农垦	**12 847**	**458 614**	**1 494**	**1 180**
北　京		1 876		
天　津				
河　北		14 275		
山　西		2 051		
内蒙古	1 164	8 069	105	
辽　宁	60	36 033		
吉　林	23	2 621		
黑龙江	584	28 288	165	
上　海		9 009		
江　苏	1	18 102	44	
浙　江		18	20	20
安　徽	60	5 001		
福　建	106	4 229		
江　西	1 652	17 499	170	170
山　东				
河　南		1 258		
湖　北	533	42 067		
湖　南	530	17 387	7	7
广　东	43	4 384	831	831
广　西		4 193		
海　南	49	18 403		
重　庆		18 250		
四　川		14	154	153
贵　州		19 900		
云　南		4 824		
西　藏		12		
陕　西		25		
甘　肃		998		
青　海				
宁　夏		1 390		
新疆（兵团）	7 401	157 056		
新疆（农业）	64	8 876		
新疆（畜牧）	577	8 624		
热科院		1		
广　州		3 880		
南　京				

2-12 渔业生产情况

地　　区	水产品总产量（吨）	#养殖产量	鱼类	虾蟹类	对虾
全国农垦	**1 800 389**	**1 204 086**	**1 227 884**	**310 443**	**67 980**
北　　京	4 477		4 477		
天　　津	8 654	8 654	6 067	625	
河　　北	192 986	169 259	86 464	43 218	38 095
山　　西	6	6	6		
内 蒙 古	2 868	408	2 810	58	
辽　　宁	355 165	139 705	147 738	56 113	10 486
吉　　林	333	305	333		
黑 龙 江	25 879	20 196	24 597	1 282	
上　　海	173 231	42 146	146 648	3 702	
江　　苏	63 854	63 854	60 974	2 669	2 226
浙　　江	3 150	2 107	798	939	310
安　　徽	13 767	11 780	4 193	9 341	
福　　建	15 550	10 385	13 989	1 031	876
江　　西	75 388	69 601	61 576	12 330	111
山　　东	871	626	871		
河　　南	3 083	2 935	3 077	6	
湖　　北	521 195	357 940	381 966	125 924	879
湖　　南	145 312	114 903	107 357	33 273	42
广　　东	43 245	43 228	27 920	15 315	11 998
广　　西	12 702	12 702	12 536	59	59
海　　南	24 532	24 532	24 388	117	
重　　庆	637		637		
四　　川	980	976	980		
贵　　州	1 386	1	1 386		
云　　南	16 279	16 279	16 040		
西　　藏					
陕　　西					
甘　　肃	24	24	24		
青　　海					
宁　　夏	8 415	8 402	8 368	47	
新疆（兵团）	68 258	67 813	63 652	4 244	2 778
新疆（农业）	4 134	1 397	3 999	135	119
新疆（畜牧）	13 922	13 822	13 907	15	
热 科 院	101	101	101		
广　　州					
南　　京	6		6		

2－12续表1

地　区	水产品总产量（吨）			养殖面积（公顷）		海水
	贝类	藻类	其他水产品		对虾	水产品总产量（吨）
全国农垦	**140 605**	**2 383**	**119 074**	**262 175**	**25 479**	**436 447**
北　京						4 477
天　津	4	1 915	42	806		2 071
河　北	16 750		46 554	22 324	16 285	101 595
山　西						
内蒙古				3 935		
辽　宁	122 655		28 659	89 257	3 907	176 451
吉　林				334		
黑龙江				27 996		
上　海			22 881	4 683		131 085
江　苏			211	3 722	1 785	
浙　江	783		630	1 845	520	1 219
安　徽			233	448		
福　建	194		335	1 194	358	989
江　西			1 482	19 565	473	
山　东				401		
河　南				276		
湖　北	51		13 255	53 092	1 057	
湖　南	166	1	4 516	11 872	7	
广　东			10	3 763	1 010	18 416
广　西		107		666	30	144
海　南			27	3 300		
重　庆						
四　川				10		
贵　州				91		
云　南			239	1 217		
西　藏						
陕　西						
甘　肃				334		
青　海						
宁　夏				4 009		
新疆(兵团)	2	360				
新疆(农业)				4 305	46	
新疆(畜牧)				2 691		
热科院				33		
广　州						
南　京				6		

2-12续表2

地　区	海水					
	水产品总产量（吨）					
	#养殖产量	鱼类	虾蟹类	#对虾	贝类	藻类
全国农垦	**187 545**	**137 121**	**58 905**	**39 120**	**140 303**	**2 022**
北　京		4 477				
天　津	2 071	60	86		4	1 915
河　北	78 034	13 334	24 957	22 197	16 750	
山　西						
内蒙古						
辽　宁	87 165	9 526	15 681	4 716	122 585	
吉　林						
黑龙江						
上　海		105 835	2 373			
江　苏						
浙　江	1 219	72	364	210	783	
安　徽						
福　建	496	678	130		181	
江　西						
山　东						
河　南						
湖　北						
湖　南						
广　东	18 416	3 128	15 288	11 971		
广　西	144	11	26	26		107
海　南						
重　庆						
四　川						
贵　州						
云　南						
西　藏						
陕　西						
甘　肃						
青　海						
宁　夏						
新疆(兵团)						
新疆(农业)						
新疆(畜牧)						
热科院						
广　州						
南　京						

2－12续表 3

地区	海水：其他水产品	海水：养殖面积（公顷）	海水：对虾	淡水：水产品总产量（吨）	淡水：#养殖产量	淡水：鱼类
全国农垦	**98 095**	**31 103**	**17 182**	**1 363 942**	**1 016 541**	**1 090 763**
北京						
天津	5	48		6 583	6 583	6 007
河北	46 554	14 623	12 814	91 391	91 225	73 130
山西				6	6	6
内蒙古				2 868	408	2 810
辽宁	28 659	13 059	3 113	178 714	52 540	138 212
吉林				333	305	333
黑龙江				25 879	20 196	24 597
上海	22 877			42 146	42 146	40 813
江苏				63 854	63 854	60 974
浙江		1 288	70	1 931	888	726
安徽				13 767	11 780	4 193
福建		293	147	14 561	9 889	13 311
江西				75 388	69 601	61 576
山东				871	626	871
河南				3 083	2 935	3 077
湖北				521 195	357 940	381 966
湖南				145 312	114 903	107 357
广东		1 763	1 008	24 829	24 812	24 792
广西		29	29	12 558	12 558	12 525
海南				24 532	24 532	24 388
重庆				637		637
四川				980	976	980
贵州				1 386	1	1 386
云南				16 279	16 279	16 040
西藏						
陕西						
甘肃				24	24	24
青海						
宁夏				8 415	8 402	8 368
新疆（兵团）				68 258	67 813	63 652
新疆（农业）				4 134	1 397	3 999
新疆（畜牧）				13 922	13 822	13 907
热科院				101	101	101
广州						
南京				6		6

2-12续表4

地区	淡水						
	水产品总产量（吨）					养殖面积（公顷）	
	虾蟹类	#对虾	贝类	藻类	其他水产品		对虾
全国农垦	**251 538**	**28 860**	**302**	**361**	**20 978**	**231 071**	**8 297**
北京							
天津	539				37	758	
河北	18 261	15 898				7 701	3 471
山西							
内蒙古	58					3 935	
辽宁	40 432	5 770	70			76 198	794
吉林						334	
黑龙江	1 282					27 996	
上海	1 329				4	4 683	
江苏	2 669	2 226			211	3 722	1 785
浙江	575	100			630	557	450
安徽	9 341				233	448	
福建	901	876	13		335	901	211
江西	12 330	111			1 482	19 565	473
山东						401	
河南	6					276	
湖北	125 924	879	51		13 255	53 092	1 057
湖南	33 273	42	166	1	4 516	11 872	7
广东	27	27			10	2 000	2
广西	33	33				637	1
海南	117				27	3 300	
重庆							
四川						10	
贵州						91	
云南					239	1 217	
西藏							
陕西							
甘肃						334	
青海							
宁夏	47					4 009	
新疆（兵团）	4 244	2 778	2	360			
新疆（农业）	135	119				4 305	46
新疆（畜牧）	15					2 691	
热科院						33	
广州							
南京						6	

2－13　农业机械化情况

地　区	农业机械总动力（千瓦）				
	总动力合计	柴油发动机动力	汽油发动机动力	电动机动力	其他机械动力
全国农垦	**34 300 370**	**27 823 172**	**1 779 421**	**4 448 926**	**248 850**
北　京	38 111	35 491	1 399	1 186	35
天　津	29 148	22 344	630	6 175	
河　北	1 023 411	622 669	10 044	390 698	
山　西	29 469	13 225	5 033	10 473	738
内蒙古	2 382 297	1 908 758	160 481	305 547	7 511
辽　宁	1 067 414	844 910	48 184	145 198	29 122
吉　林	627 431	556 490	26 459	43 832	650
黑龙江	13 640 331	11 872 962	818 506	884 922	63 941
上　海	307 688	251 712	812	52 864	2 300
江　苏	1 043 791	920 352	6 793	116 646	
浙　江	11 140	3 509	1 109	5 464	1 058
安　徽	490 352	367 139	53 450	63 874	5 890
福　建	31 038	17 990	3 572	7 984	1 492
江　西	632 320	480 643	33 375	109 979	8 322
山　东	24 812	19 836	30	4 750	196
河　南	260 379	171 792	16 691	71 857	39
湖　北	1 734 374	1 252 565	97 728	371 206	12 874
湖　南	1 548 077	1 139 797	125 697	222 516	60 067
广　东	486 690	276 248	57 407	145 969	7 066
广　西	299 636	206 419	20 910	72 307	
海　南	350 669	253 823	60 867	22 205	13 774
重　庆					
四　川	23 276	587	98	22 512	80
贵　州	1 741	1 176	105	371	89
云　南	279 806	134 197	72 367	73 242	
西　藏	8 030	1 620	210	6 200	
陕　西	44 367	32 635	394	11 338	
甘　肃	390 381	305 667	3 769	77 247	3 699
青　海	49 194	46 069	2 240	629	256
宁　夏	340 075	290 121	5 680	42 289	1 985
新疆（兵团）	5 438 902	4 410 319	7 841	1 011 865	8 876
新疆（农业）	880 762	730 561	46 860	89 173	14 168
新疆（畜牧）	721 066	567 388	90 675	58 381	4 622
热科院	1 982	1 947	7	28	
广　州	62 211	62 211			
南　京					

2－13 续表 1

地　　区	拖拉机及配套机械				
	大中型拖拉机（台）	小型及手扶拖拉机（台）	排灌动力机械（台）	联合收获机（台）	农用飞机（架）
全国农垦	**245 365**	**268 645**	**297 152**	**74 578**	**3 458**
北　　京	106	49	55	18	
天　　津	75	69	64	2	
河　　北	4 239	14 669	12 058	826	8
山　　西	79	1 265	563	23	
内 蒙 古	16 170	46 347	10 689	2 567	22
辽　　宁	6 135	8 610	13 984	1 312	24
吉　　林	5 042	14 925	6 843	1 088	18
黑 龙 江	97 543	24 172	106 278	52 995	77
上　　海	1 464	272	694	212	48
江　　苏	6 974	1 272	2 007	1 976	68
浙　　江	29	31	482	6	
安　　徽	2 670	4 756	4 999	1 388	82
福　　建	21	461	1 111	30	
江　　西	1 894	7 151	9 862	1 444	26
山　　东	186	511	739	50	
河　　南	921	5 807	6 912	469	30
湖　　北	8 631	46 010	23 828	3 434	137
湖　　南	5 350	5 861	28 838	3 517	56
广　　东	742	3 843	10 094	62	13
广　　西	1 422	4 175	5 608	39	22
海　　南	389	4 619	10 428		
重　　庆					
四　　川	12	21	109	6	
贵　　州	5	5	19		
云　　南	521	1 698	1 185	83	
西　　藏		6	3		1
陕　　西	270	1 613	466	55	1
甘　　肃	4 424	4 392	1 894	147	17
青　　海	255	2 421	14	162	
宁　　夏	2 639	2 058	1 293	414	
新疆（兵团）	57 135	26 465	29 176	1 472	2 606
新疆（农业）	10 721	11 754	5 623	362	182
新疆（畜牧）	8 985	23 307	1 228	313	20
热 科 院	19	31	8		
广　　州	297			106	
南　　京					

2－13续表2

地 区	机械化耕种情况（公顷）			
	当年实际机耕面积（按耕地面积计算）	机械深耕深松面积	当年实际机播面积（按播种面积计算）	机械插秧面积（按插秧面积计算）
全国农垦	**6 686 387**	**2 483 437**	**6 465 035**	**1 891 956**
北 京	2 991	617	3 153	486
天 津	2 163		2 163	1 823
河 北	81 413	5 799	80 841	28 365
山 西	5 442	41	4 722	741
内 蒙 古	676 336	127 426	652 952	14 672
辽 宁	140 863	12 712	130 598	82 440
吉 林	105 043	5 158	102 624	30 728
黑 龙 江	3 062 812	699 913	3 057 537	1 478 509
上 海	39 668	33 013	43 719	755
江 苏	84 570	53 308	129 550	43 625
浙 江	594	100	156	153
安 徽	34 140	9 711	41 000	8 715
福 建	4 517		3 470	1
江 西	64 814	12 473	36 721	9 803
山 东	5 987		7 328	528
河 南	22 363	705	31 843	876
湖 北	143 640	37 916	81 801	21 484
湖 南	138 574	12	63 500	38 043
广 东	42 525	1 844	7 672	13
广 西	16 644	10 509	1 076	
海 南	6 405		1 784	1 135
重 庆				
四 川	658	25	610	
贵 州	1 158		298	
云 南	10 723		4 979	3 535
西 藏	97	97	97	
陕 西	19 614	1 057	18 686	
甘 肃	74 549	41 161	67 163	
青 海	31 938	475	31 608	
宁 夏	46 106		46 004	
新疆（兵团）	1 422 846	1 377 927	1 448 453	11 270
新疆（农业）	150 873	20 964	147 036	59 272
新疆（畜牧）	223 160	30 473	192 827	54 986
热 科 院	97			
广 州	23 065		23 065	
南 京				

2-13续表3

地区	机械化耕种情况（公顷）				
	当年机械收割面积（按收获面积计算）	飞机播种面积	使用无人机播种面积	飞机施肥面积	使用无人机施肥面积
全国农垦	**6 321 445**	**19 139**	**15 312**	**1 727 657**	**818 677**
北京	4 406	151	151		
天津	2 107				
河北	79 472			4 995	4 995
山西	2 241				
内蒙古	599 480			33 240	33 240
辽宁	112 272	1		8 434	5 024
吉林	101 461	739	739	5 733	5 117
黑龙江	3 057 613			1 608 314	717 073
上海	36 277	2 747	2 747	22 256	22 256
江苏	130 167	141		40	
浙江	285				
安徽	43 358	4 081	4 081	2 283	2 283
福建	2 802			7	7
江西	74 933	1 428	978	723	723
山东	7 091				
河南	33 053			1 234	882
湖北	124 820	5 386	5 371	3 009	3 009
湖南	115 214	4 465	1 245	14 300	1 356
广东	5 565			3 723	3 346
广西	726			230	230
海南	3 377				
重庆					
四川	12				
贵州	125				
云南	6 164				
西藏					
陕西	17 214			2	2
甘肃	66 076				
青海	29 821				
宁夏	46 272				
新疆（兵团）	1 296 178				
新疆（农业）	112 229			10 090	10 090
新疆（畜牧）	190 163			9 044	9 044
热科院					
广州	20 474				
南京					

2-13续表4

地　区	机械化耕种情况（公顷）			
	飞机病虫害防治面积	使用无人机防治面积	精准平地（激光、卫星导航）	免耕播种面积
全国农垦	**2 835 462**	**1 655 398**	**45 208**	**295 215**
北　京	469	469	151	1 954
天　津				
河　北	15 786	15 786	575	370
山　西	10	10		
内蒙古	55 178	48 093	15 274	194 606
辽　宁	22 347	18 899		8 151
吉　林	18 839	15 470	2 297	14 328
黑龙江	1 761 796	783 171		21 213
上　海	26 584	26 584		
江　苏	118 598		9 616	100
浙　江	12			96
安　徽	42 135	42 135		
福　建	22	22		
江　西	19 926	9 707	140	411
山　东	761	130		
河　南	14 923	14 741	15	14 143
湖　北	29 380	27 124	1 402	3 213
湖　南	25 982	2 647		
广　东	3 314	3 300		17
广　西	1 277	1 277		
海　南				
重　庆				
四　川				
贵　州				
云　南				
西　藏				66
陕　西	775	375		
甘　肃	7 630	7 630	2 172	6 646
青　海	948	933	533	
宁　夏				
新疆（兵团）	560 082	556 706		25 608
新疆（农业）	45 211	31 047	9 502	11
新疆（畜牧）	63 477	49 142	3 532	4 281
热科院				
广　州				
南　京				

2－14　农业生产投入与技术推广情况

地　区	农业生产用电量（千瓦·时）	农业用水量（米^3）	农药施用量（吨）	农用肥料施用情况
				农用化肥施用总量（实物量）（吨）
全国农垦	**4 706 354 465**	**11 507 248 840**	**90 543**	**3 761 101**
北　京	216 962 719	15 373 903	20	2 522
天　津			78	1 610
河　北	53 517 846	258 226 080	497	62 199
山　西	19 364 723	3 630 004	776	7 078
内蒙古	110 405 105	403 326 989	5 927	276 663
辽　宁	56 659 228	280 560 356	2 157	109 168
吉　林	1 522 868 877	66 324 670	545	68 660
黑龙江	683 580 000	7 846 427 572	14 252	1 168 144
上　海	251 144 489	7 340 701	372	29 838
江　苏	32 961	106 402 892	2 589	151 545
浙　江	4 031 990	9 795 789	100	4 435
安　徽	40 029 534	14 044 858	685	54 157
福　建	20 648 369	3 340 107	567	24 688
江　西	821 122 127	86 362 074	5 813	62 677
山　东	940 470	380 050	106	6 126
河　南	18 492 253	17 184 106	735	30 055
湖　北	142 104 990	606 750 095	3 674	365 745
湖　南	16 083 305	2 232 367	3 139	122 480
广　东	145 545 959	17 393 401	3 969	217 834
广　西	53 440 572	14 468 675	16 000	125 419
海　南	57 741		6 993	187 007
重　庆				
四　川	657 377	64 453	21	644
贵　州	2 024 639	24 001	59	1 159
云　南	16 964		1 031	59 579
西　藏	3	210 000	1 420	
陕　西	210 000	33 600	62	6 759
甘　肃	157 078 237	521 792 650	1 967	90 771
青　海	168 000	11 350 730	50	13 083
宁　夏			413	81 158
新疆(兵团)			11 218	
新疆(农业)	261 910 773	705 351 988	1 998	288 497
新疆(畜牧)	92 197 723	508 575 314	3 042	125 127
热科院	15 057 492	281 416	15	691
广　州			251	15 573
南　京			2	11

2-14 续表 1

地区	农用肥料施用情况			
	农用化肥施用总量（折纯量）（吨）	施用于农作物的数量	生物肥施用量（实物量）（吨）	有机肥施用量（实物量）（吨）
全国农垦	**2 419 557**	**1 345 296**	**318 420**	**1 976 394**
北京	2 103	2 015	10	13 952
天津	856	856	5	
河北	29 626	14 025	138	12 269
山西	4 011	3 563	61	77 184
内蒙古	150 072	124 059	1 048	247 596
辽宁	55 949	40 710	6 105	52 922
吉林	39 332	30 691	3 879	10 100
黑龙江	574 278	574 278	57 621	546 431
上海	13 353	13 353	2 890	45 921
江苏	70 413	70 413	250	4 278
浙江	2 922	2 112	30	4 600
安徽	25 224	22 947	657	20 675
福建	17 057	8 330	4 006	16 262
江西	28 581	11 643	4 377	13 409
山东	3 506	3 195		370
河南	17 406	14 632	3 232	15 775
湖北	100 754	68 989	74 601	159 887
湖南	48 260	30 157	62 641	20 698
广东	58 311	47 954	30 731	155 785
广西	46 560	30 353	21 377	142 338
海南	57 372	33 085		1 439
重庆				
四川	355	111	461	1 409
贵州	755	405	55	1 195
云南	24 176	24 176		7 840
西藏			106	1 326
陕西	4 661	2 021	460	9 820
甘肃	46 605	46 451	8 178	47 217
青海	8 074	3 847	6 062	35 371
宁夏	37 727	37 727	6 416	17 890
新疆（兵团）	732 423			
新疆（农业）	142 491	36 235	9 068	190 498
新疆（畜牧）	67 910	46 615	13 917	100 178
热科院	367	348	38	1 695
广州	8 063			
南京	8			63

2-14 续表 2

地　　区	农用肥料施用情况				
	测土配方施肥面积（公顷）	肥料高效利用技术应用面积（公顷）			
			有机肥施用面积	肥料机械深施面积	水肥一体化技术应用面积
全国农垦	**3 441 274**	**1 247 259**	**388 250**	**713 986**	**131 020**
北　　京	1 322	145	72	34	39
天　　津					
河　　北	7 544	7 090	1 673	5 154	263
山　　西	100	61	49		12
内 蒙 古	74 918	29 532	776	26 779	1 977
辽　　宁	40 525	7 166	1 497	3 461	1 494
吉　　林	36 233	6 825	150	1 556	3 712
黑 龙 江	2 878 000	915 933	280 000	600 000	35 933
上　　海	21 046	39 511	6 466	33 013	32
江　　苏					
浙　　江		150	97	53	
安　　徽	18 371	224		190	11
福　　建	208				
江　　西	35 232	2 513	2 470	35	8
山　　东	1 000	72	72		
河　　南	13 220	11 315	700	10 351	246
湖　　北	52 244	28 690	16 070	6 435	5 807
湖　　南	12 805	3 540	532	531	1 428
广　　东	44 989	38 720	32 184	1 132	746
广　　西	11 615	21 643	10 228	9 893	1 522
海　　南					
重　　庆					
四　　川	29	75	42	13	20
贵　　州	147				
云　　南	13 030				
西　　藏		10	3	2	5
陕　　西		3	1	1	1
甘　　肃	43 924	60 896	1 261	6 099	52 076
青　　海	790	9 580	7 906	460	1 213
宁　　夏	19 107				
新疆（兵团）					
新疆（农业）	66 052	41 780	21 328	667	19 580
新疆（畜牧）	25 759	21 775	4 674	8 128	4 885
热 科 院		9	1		7
广　　州	23 065				
南　　京					

2－14 续表 3

地　　区	农用塑料薄膜使用量（吨）	地膜使用量（吨）	地膜覆盖面积（公顷）	沼气池（个）	沼气池体积（米³）
全国农垦	**153 857**	**110 666**	**1 554 538**	**20 495**	**882 266**
北　京	20	18	22	4	24 090
天　津	13	13	15		
河　北	646	378	5 538	4	41
山　西	158	155	2 410	2	32
内 蒙 古	2 163	1 855	46 782	101	1 022
辽　宁	3 235	1 584	9 527	1 125	25 870
吉　林	344	163	1 923		
黑 龙 江	13 432	2 021	15 277	2	3 800
上　海	76	15	196		
江　苏	1 777	411	3 314		
浙　江	140	61	4 846	6	1 750
安　徽	245	58	434		
福　建	708	82	1 963	2 346	21 535
江　西	2 662	2 211	3 438	1 798	30 710
山　东	12	9	98		
河　南	395	328	1 037	148	3 468
湖　北	2 786	1 556	60 778	6 600	42 782
湖　南	2 662	1 993	23 372	4 125	225 912
广　东	746	718	14 253	370	414 531
广　西	553	541	7 186	1 246	19 590
海　南				1 501	36 612
重　庆				6	635
四　川	15	11	73	39	1 180
贵　州	304	301	163	7	1 400
云　南	1 028	860	15 289	187	2 144
西　藏	31	22	21	1	5
陕　西	113	74	1 638	4	4 500
甘　肃	2 729	2 689	47 814	1	500
青　海	31	12	156		
宁　夏	128	71	1 810	610	5 472
新疆（兵团）	84 156	79 899	1 070 742	8	12 878
新疆（农业）	22 002	5 185	101 597	138	828
新疆（畜牧）	10 545	7 374	112 804		
热 科 院	1	1	23	116	979
广　州					
南　京					

2-14 续表 4

地区	农田水利情况					
	有效灌溉面积（公顷）	节水灌溉面积	#喷灌面积	#滴灌面积	漫灌面积	机电井数量（眼）
全国农垦	**2 956 065**	**1 067 170**	**441 186**	**521 230**	**321 851**	**167 829**
北京	2 407	2 423	2 065	39	92	173
天津	2 073					57
河北	66 897	49 240	11 339	5 888	740	4 572
山西	4 721	124	50	34	496	289
内蒙古	259 200	155 625	104 750	40 885	47 654	21 158
辽宁	119 313	22 864	1 702	6 492	18 212	5 492
吉林	62 923	12 480	2 919	6 170	9 942	7 348
黑龙江	1 572 817	414 778	256 128	158 650		98 669
上海	20 776	305	259	46	18 055	
江苏	34 596	6 258	3 720	2 402	3 880	82
浙江	1 091	385	78	261	129	13
安徽	25 827	5 754	2 523	315	4 330	661
福建	3 319	174	24	31	1 295	304
江西	39 629	11 306	2 982	292	14 254	2 184
山东	4 301	1 308	550	62		683
河南	22 602	13 658	10 389	1 652	1 194	6 737
湖北	100 408	21 411	12 922	5 429	71 027	1 737
湖南	67 141	2 260	430	347	5 558	4 653
广东	26 368	8 319	6 170	1 843	3 382	2 601
广西	15 773	12 631	8 797	3 641	3 139	576
海南	15 582	526	526		5 509	393
重庆						
四川	163	75	17	46	56	12
贵州	136				67	3
云南	9 783	5 979	258	2 458	3 804	7
西藏	97	81		81	17	12
陕西	16 977	5 356	1 200	572	2 605	1 282
甘肃	78 168	60 260	9 287	46 174	13 243	2 085
青海	17 148	5 951		2 685	14 090	72
宁夏	48 150	9 113		6 143		1 119
新疆（兵团）						
新疆（农业）	167 742	134 632	60	134 425	27 436	3 313
新疆（畜牧）	149 834	103 791	2 025	94 080	51 644	1 516
热科院	103	103	16	87		19
广州						7
南京						

2－14 续表 5

地　　区	绿色防控技术应用面积（公顷）	农作物统防统治面积	＃粮食	＃棉花	＃油料	＃糖料	＃茶叶
全国农垦	**3 346 957**	**2 694 157**	**2 444 827**	**29 499**	**56 106**	**20 370**	**1 205**
北　　京	289	109	91				
天　　津							
河　　北	14 886	13 476	10 496	74			
山　　西							
内 蒙 古	82 619	80 299	39 789		41 194	3 789	
辽　　宁	4 413	2 173	1 650				
吉　　林	2 827	2 677	2 677				
黑 龙 江	2 467 853	2 000 000	2 000 000				
上　　海	54 870	35 412	34 771		523		118
江　　苏	150 260	150 260	94 236				
浙　　江	444	444	299				295
安　　徽	16 489	16 489	16 489				
福　　建	263	76					94
江　　西	16 217	13 604	12 794	40	905		149
山　　东	82	82	82				
河　　南	12 322	11 676	11 676		413		
湖　　北	89 419	68 173	57 431	154	3 353		99
湖　　南	214 324	150 528	121 615		1 447		167
广　　东	9 306	5 090	718		38	4 334	
广　　西	37 876	11 399				11 356	43
海　　南							
重　　庆							
四　　川	100						
贵　　州	61	61					
云　　南	50 700	50 700	890			450	240
西　　藏	40	10					
陕　　西	2						
甘　　肃	33 118	20 957	12 000	3 341	1 191	33	
青　　海	18 483	6 202	2 735		3 467		
宁　　夏							
新疆（兵团）							
新疆（农业）	21 657	16 748	3 757	12 809	40	142	
新疆（畜牧）	50 773	37 513	20 631	13 082	3 535	265	
热 科 院							
广　　州							
南　　京							

2-14续表6

地区	绿色防控技术应用面积（公顷）			秸秆综合利用（公顷）	
	生物防治技术应用面积	物理防治技术应用面积	生物农药应用面积	秸秆还田面积	秸秆饲用面积
全国农垦	**317 040**	**33 265**	**305 232**	**4 524 485**	**287 878**
北京		178	2	91	535
天津					
河北		190	1 220	3 774	3 692
山西				26	14
内蒙古	1 000	1 320		178 548	101 631
辽宁		1 990	250	18 766	9 033
吉林		150		9 387	11 227
黑龙江	237 853		230 000	2 944 533	23 153
上海			19 459	31 553	
江苏				150 260	270
浙江				56	
安徽				9 662	
福建		121	66	16	60
江西	204	1 682	727	35 563	7 166
山东				2 105	291
河南	200	210	236	16 559	2 945
湖北	6 798	4 124	10 324	75 117	15 313
湖南	42 458	9 120	12 218	140	
广东	4 153	63		4 754	3 895
广西	13 744	6 451	6 282	12 586	
海南					
重庆					
四川		94	7		
贵州					
云南					
西藏	10	10	10	2	4
陕西			2		
甘肃	3 660	6 369	2 133	18 526	19 992
青海	3 774		8 507	6 460	4 641
宁夏					
新疆(兵团)				931 763	
新疆(农业)	683	566	3 659	45 104	33 784
新疆(畜牧)	2 503	627	10 130	29 135	50 231
热科院					
广州					
南京					

2－15 绿色食品、有机食品、农产品地理标志情况（一）

项　目	绿色食品认证数（个）	已认证绿色食品产量（吨）	有机食品认证数（个）	已认证有机食品产量（吨）
合计	**1 380**	**12 268 649**	**694**	**1 744 292**
一、农林产品	1 007	8 292 672	495	1 516 841
（一）主要农作物	718	7 423 321	401	1 460 584
1. 水稻	190	2 285 313	87	275 021
2. 小麦	21	401 098	10	11 992
3. 玉米	46	2 510 224	107	786 638
4. 大豆	63	854 585	104	237 563
5. 油料	7	8 559	9	4 325
6. 糖料	9	224 671	2	25 890
7. 药材	14	405	1	10
8. 蔬菜	331	366 935	28	15 810
9. 其他农作物	37	771 531	53	103 336
（二）茶叶	53	4 419	56	1 670
（三）水果	224	743 041	32	54 095
1. 香蕉	1			
2. 苹果	46	55 186	8	12 819
3. 柑、橘、橙、柚	41	141 512	3	223
4. 梨	25	77 694	4	32 112
5. 桃	15	44 827	2	450
6. 葡萄	17	90 110	4	1 878
7. 菠萝				
8. 荔枝	2	28 333		
9. 龙眼	1	218		3
10. 芒果	2	11 565		
11. 西瓜	11	39 413	5	
12. 其他水果	63	254 184	6	6 610
（四）食用菌	12	121 891	6	492
二、水产品	33	39 499	5	3 251
1. 淡水鱼	23	33 072	3	1 828
2. 海水鱼				
3. 虾	1			
4. 蟹	5	617		
5. 甲鱼	1			
6. 贝				
7. 其他水产品	3	5 810	2	1 423

2-15续表

项　　目	绿色食品认证数（个）	已认证绿色食品产量（吨）	有机食品认证数（个）	已认证有机食品产量（吨）
三、畜禽类产品	31	260 549	32	97 004
1. 猪肉	6	1 188		
2. 牛肉	3	20		
3. 牛奶	3	242 878	14	92 802
4. 羊肉	4	165	10	308
5. 禽肉	7	650	2	4
6. 禽蛋	6	15 349	5	3 888
7. 其他畜禽品	2	300	1	3
四、加工品	309	3 675 929	162	127 196
1. 面粉加工类	22	13 711	33	10 009
2. 蔬菜加工类	8	89 942	14	4 027
3. 饮品类	8	110 504	15	1 215
4. 乳制品	24	595 995	24	34 472
5. 果脯类	5	1 495		
6. 酒类	27	6 696	5	41
7. 糖类	11	1 054 353	1	5 246
8. 其他加工品	204	1 803 233	70	72 186

2－16 绿色食品、有机食品、农产品地理标志情况（二）

项　　目	农产品地理标志认证数（个）	农产品地理标志产品面积（公顷）	农产品地理标志产品产量（吨）	绿色食品原料标准化生产基地面积（公顷）
合计	**106**	**822 428**	**4 162 133**	**592 108**
一、农林产品	89	393 185	2 074 894	592 108
（一）主要农作物	37	312 859	997 919	586 853
1. 水稻	21	8 434	178 688	505 469
2. 小麦				2 133
3. 玉米				54 000
4. 大豆	3	173 513	496 493	22 400
5. 油料	2	98 688	175 165	1 018
6. 糖料				
7. 药材	3	13 724	10 973	
8. 蔬菜	3	4 838	87 500	670
9. 其他农作物	5	13 662	49 100	1 163
（二）茶叶	16	2 418	1 422	970
（三）水果	36	77 908	1 075 553	4 285
1. 香蕉				
2. 苹果	7	17 935	245 850	161
3. 柑、橘、橙、柚	1	6 333	251 000	1 857
4. 梨	4	7 116	133 002	716
5. 桃	3	940	19 000	43
6. 葡萄	6	12 751	124 685	
7. 菠萝				100
8. 荔枝				
9. 龙眼				
10. 芒果				766
11. 西瓜	3	4 003	108 500	
12. 其他水果	12	28 831	193 516	642
（四）食用菌				
二、水产品	3	400 000	1 500	
1. 淡水鱼	2	400 000	1 500	
2. 海水鱼				
3. 虾				
4. 蟹				
5. 甲鱼				
6. 贝				
7. 其他水产品	1			

2-16 续表

项　　目	农产品地理标志认证数（个）	农产品地理标志产品面积（公顷）	农产品地理标志产品产量（吨）	绿色食品原料标准化生产基地面积（公顷）
三、畜禽类产品	9	29 243	9 928	
1. 猪肉	1		5 000	
2. 牛肉	1		3 000	
3. 牛奶				
4. 羊肉	3	29 243	1 895	
5. 禽肉				
6. 禽蛋				
7. 其他畜禽品	4		33	
四、加工品	5		2 075 811	
1. 面粉加工类				
2. 蔬菜加工类				
3. 饮品类				
4. 乳制品				
5. 果脯类				
6. 酒类				
7. 糖类				
8. 其他加工品	5		2 075 811	

2－17 农作物种业基本情况

地区	种子播种面积合计（公顷）	#原种播种面积	#良种播种面积	种子生产量合计（吨）
全国农垦	**307 893**	**35 496**	**270 960**	**1 611 370**
北京				
天津				
河北	2 590	194	2 396	14 100
山西	60	40	20	18
内蒙古	985	970	15	1
辽宁	1 834	900	234	861
吉林	50		50	118
黑龙江	48 339	2 856	45 483	156 806
上海	1 900	1 099	801	10 775
江苏	118 289	670	116 899	717 034
浙江	103	19	84	855
安徽	9 506	472	9 035	88 171
福建	1		1	5
江西	337	36	301	519
山东	1 739	875	864	12 300
河南	6 232	2 388	3 845	43 114
湖北	2 264	507	1 757	4 876
湖南	4 347	9	4 337	5 761
广东	53		53	91
广西				
海南				
重庆				
四川	7		7	332
贵州	18	18		88
云南				
西藏				
陕西	11 852	9 864	1 985	88 531
甘肃	3 285	469	2 801	27 848
青海	455	123	332	1 000
宁夏	191		191	1 428
新疆（兵团）	70 800	10 000	60 800	309 400
新疆（农业）	620	18	603	4 250
新疆（畜牧）	22 039	3 970	18 069	123 089
热科院				
广州				
南京				

2－17 续表 1

地　区	种子生产量合计（吨）					
	＃原种生产量	＃良种生产量	水稻	小麦	玉米	大豆
全国农垦	**80 850**	**1 520 028**	**438 141**	**505 123**	**320 706**	**55 774**
北　京						
天　津						
河　北	1 498	12 602		11 967	420	12
山　西						
内蒙古	1					
辽　宁		861	30		671	160
吉　林		118				118
黑龙江	5 058	151 748	81 058	6 589	8 732	55 369
上　海	3 777	6 998	3 321	2 655		
江　苏	5 002	705 705	335 860	268 902		
浙　江	126	728	496	233		
安　徽	4 192	83 850	5 654	78 195		
福　建		5				5
江　西		519	517			2
山　东	1 222	11 078		11 078		
河　南	7 940	35 174		34 025	943	17
湖　北	2 549	2 327	612	1 715		
湖　南	120	5 451	5 296		92	41
广　东		91	91			
广　西						
海　南						
重　庆						
四　川		312	279	11	20	1
贵　州		88	88			
云　南						
西　藏						
陕　西	324	88 207		56 502	28 110	50
甘　肃	13 944	13 497			12 116	
青　海		1 000				
宁　夏		1 428	1 298		130	
新疆（兵团）	35 000	271 000	3 400	31 000	225 000	
新疆（农业）	96	4 154		418	3 736	
新疆（畜牧）		123 089	140	1 834	40 736	
热科院						
广　州						
南　京						

2-17续表2

地　　区	新品种更新更换				加工厂情况	
	总面积（公顷）	#更新面积	#更换面积	更新更换品种数量（个）	加工厂数量（个）	加工厂生产能力（吨）
全国农垦	**109 204**	**96 189**	**45 729**	**154**	**282**	**1 529 539**
北　　京						
天　　津						
河　　北	134		134	6	7	16 005
山　　西						
内 蒙 古						
辽　　宁					3	6 807
吉　　林	417	417		8	2	5 000
黑 龙 江	12 998	12 998	12 998	12	62	213 788
上　　海	343	343	343	9	4	82 880
江　　苏	488	248	240	7	26	320 008
浙　　江						
安　　徽	515	515		4	13	124 750
福　　建						
江　　西					1	
山　　东					2	6 227
河　　南	2 764	783	1 537	35	16	343 481
湖　　北	14 438	5 628	8 217	7	7	5 709
湖　　南	1 870	870	1 000	2	40	187 800
广　　东						
广　　西						
海　　南						
重　　庆						
四　　川						
贵　　州					1	9 000
云　　南						
西　　藏						
陕　　西	153	133	20	3	2	10
甘　　肃	2 250	1 420		35	5	15 075
青　　海					1	
宁　　夏	2 034	2 034		6	7	180
新疆（兵团）	70 800	70 800	21 240	20	82	191 019
新疆（农业）					1	1 800
新疆（畜牧）						
热 科 院						
广　　州						
南　　京						

2-17 续表 3

地区	精选单机		包衣机		加工精选总量（吨）
	精选单机数量（个）	单机加工能力（吨）	包衣机数量（个）	包衣能力（吨）	
全国农垦	**2 702**	**176 827**	**417**	**468 080**	**1 063 804**
北京					
天津					
河北	10	1 578	7	780	5 539
山西					
内蒙古					
辽宁	6	1 004	4	11	1 000
吉林					1 200
黑龙江	151	140 335	69	161 750	143 226
上海	1	5	2	2	156 264
江苏	132	1 108	26	183 000	375 449
浙江					
安徽	147	34	17	85	103 794
福建					
江西					
山东	6	600	3	2 400	
河南	64	28 564	39	34 485	49 450
湖北	2 009	1 143	1	10	2 176
湖南					
广东					
广西					
海南					
重庆					
四川					
贵州					
云南					
西藏					
陕西	10	7	6	12	5 010
甘肃	30	787	6	1 188	10 289
青海	12		1		
宁夏	33	108	13		
新疆（兵团）	88	4	223	84 358	210 019
新疆（农业）	3	1 550			388
新疆（畜牧）					
热科院					
广州					
南京					

2－17 续表 4

地　　区	生产包衣量（吨）	晒场面积（米²）	仓储面积（米²）	库存能力（吨）	种子公司数（个）
全国农垦	**215 037**	**4 473 674**	**901 123**	**1 694 060**	**210**
北　　京					
天　　津					
河　　北	2 122	90 560	14 159	16 000	8
山　　西					
内 蒙 古		27 907	14 720	10 000	1
辽　　宁	1 630	48 170	17 000	4 100	3
吉　　林		2 000	2 500	2 000	
黑 龙 江	83 480	414 910	159 848	213 652	97
上　　海	20	13 600	9 730	45 585	2
江　　苏	14 512	1 315 828	165 313	374 450	4
浙　　江		2 900	1 564		
安　　徽	4 685	119 878	52 653	96 200	16
福　　建					
江　　西			4 365	8 300	
山　　东		53 300	8 680	23 900	2
河　　南	15 362	455 775	56 711	91 995	16
湖　　北		42 933	15 411	18 585	6
湖　　南		21 225	4 498	13 200	1
广　　东		8 000	1 000	100	2
广　　西					
海　　南					
重　　庆					
四　　川			54	3 500	
贵　　州		2 010	3 605	800	
云　　南					
西　　藏			2 000	120	
陕　　西	1 510	32 000	12 223	102 182	2
甘　　肃	2 900	232 977	54 159	71 761	4
青　　海		82 995	11 051	1 400	
宁　　夏		1 070 454	53 360	32 560	2
新疆（兵团）	88 816	406 052	230 106	534 170	41
新疆（农业）		13 000	2 900	6 500	2
新疆（畜牧）		17 200	3 513	23 000	1
热 科 院					
广　　州					
南　　京					

2－17 续表 5

地　区	年末从业人员（人）	技术人员	种子质量检验室数（个）	种子检验人员（人）
全国农垦	**7 754**	**2 068**	**186**	**809**
北　京				
天　津				
河　北	85	25	6	14
山　西				
内蒙古	3			
辽　宁	86	28	3	8
吉　林	8	2		
黑龙江	1 205	380		192
上　海	86	8	4	8
江　苏	1 631	123	25	92
浙　江	38	19	1	1
安　徽	221	50	14	23
福　建				
江　西	7	4		1
山　东	29	7	3	12
河　南	734	100	23	78
湖　北	86	33	6	17
湖　南	1 134	75		
广　东	28	7		
广　西				
海　南				
重　庆				
四　川	64	4		6
贵　州	76	11		
云　南				
西　藏				
陕　西	38	22	2	16
甘　肃	162	108	5	15
青　海	65		2	5
宁　夏	4	2	2	2
新疆（兵团）	1 956	1 055	89	317
新疆（农业）	6	5	1	2
新疆（畜牧）	2			
热科院				
广　州				
南　京				

2－18 农林牧渔业总产值

计量单位：万元

地 区	农林牧渔业总产值	农业产值	林业产值	#橡胶产值
全国农垦	**48 044 788**	**29 520 884**	**1 063 270**	**368 922**
北京	800 189	39 172	2 737	
天津	216 509	10 247		
河北	1 698 942	306 805	7 784	
山西	29 491	13 056	1 332	
内蒙古	1 634 096	988 112	10 581	
辽宁	1 912 268	954 911	25 301	
吉林	337 879	288 369	2 404	
黑龙江	9 149 308	7 203 782	82 441	
上海	836 185	165 976	4 888	
江苏	697 795	433 891	23 235	
浙江	48 993	18 364	2 070	
安徽	272 963	200 218	4 094	
福建	251 047	118 203	9 235	
江西	717 160	356 041	68 311	
山东	16 396	12 853	1 062	
河南	141 393	100 775	649	
湖北	2 821 498	1 292 876	55 118	
湖南	1 804 908	1 229 746	26 717	
广东	1 318 477	704 845	78 623	45 068
广西	1 120 001	364 796	14 613	
海南	1 554 463	958 354	191 957	186 202
重庆	135 154			
四川	19 411	3 491	41	
贵州	125 465	14 481	925	
云南	727 201	275 536	157 537	136 668
西藏	1 830	1 830		
陕西	66 001	49 734	150	
甘肃	498 523	340 305	484	
青海	93 726	62 835	9 452	
宁夏	494 340	223 327	1 501	
新疆(兵团)	16 436 935	11 589 824	210 078	
新疆(农业)	781 041	626 564	64 446	
新疆(畜牧)	949 940	532 476	4 520	
热科院	15 329	1 398	984	984
广州	319 786	37 554		
南京	144	136		

2－18 续表

地　区	农林牧渔业总产值			农林牧渔业商品总产值
	牧业产值	渔业产值	农林牧渔服务业产值	
全国农垦	**11 188 944**	**3 351 256**	**2 920 434**	**22 014 843**
北　京	500 967	2 636	254 676	535 060
天　津	186 088	20 174		
河　北	517 618	739 799	126 936	1 376 510
山　西	13 084	24	1 995	21 663
内蒙古	594 639	3 605	37 158	1 158 496
辽　宁	345 925	512 051	74 080	1 270 044
吉　林	41 333	1 209	4 565	263 633
黑龙江	1 071 631	62 821	728 633	7 746 091
上　海	408 055	248 356	8 910	809 959
江　苏	157 564	83 105		666 650
浙　江	21 300	5 942	1 318	6 447
安　徽	27 949	27 126	13 575	200 270
福　建	92 221	27 191	4 197	171 282
江　西	143 606	105 504	43 698	438 262
山　东	1 315	544	623	6 468
河　南	31 378	4 439	4 153	116 050
湖　北	455 099	932 865	85 540	1 955 997
湖　南	285 932	197 106	65 407	656 801
广　东	413 515	117 612	3 881	1 179 967
广　西	694 794	32 822	12 976	866 070
海　南	378 692	25 460		
重　庆	131 252	3 902		16 145
四　川	4 405	89	11 385	3 130
贵　州	108 394	1 153	513	26 218
云　南	62 058	25 741	206 329	659 959
西　藏				582
陕　西	12 061		4 056	24 316
甘　肃	143 402	54	14 277	414 841
青　海	13 539		7 900	56 242
宁　夏	251 512	8 035	9 965	484 889
新疆(兵团)	3 340 919	152 125	1 143 989	
新疆(农业)	70 295	5 793	13 944	270 796
新疆(畜牧)	385 181	3 905	23 858	328 766
热科院	1 350	61	11 536	1 831
广　州	281 872		360	281 408
南　京		8		

2-19 农场按经济总量（1亿元以上）排序

垦区	农场名称	生产总值（现价）		工业增加值		农业增加值		耕地面积		年平均职工	
		金额（万元）	排序	金额（万元）	排序	金额（万元）	排序	数量（公顷）	排序	数量（人）	排序
河　北	河北省国营柏各庄农场	2 215 569	1	827 855	2	426 317	1	30 348	55	27 326	2
江　西	江西省共青垦殖场	1 539 975	2	920 943	1	77 082	13	8 627	131	45 866	1
河　北	国营中捷友谊农场	957 434	3	732 655	4	62 551	23	6 375	149	23 021	5
河　北	河北省芦台农场	902 542	4	740 424	3	38 527	71	8 077	134	2 200	111
广　西	广西农垦山圩农场有限公司	777 994	5	270 311	6	3 795	344	4 910	164	321	311
湖　北	湖北省国营草埠湖农场	654 500	6	90 383	13	41 469	61	4 900	165	3 620	63
湖　南	湖南省常德市国营西洞庭农场	435 143	7	223 544	8	57 035	33	6 953	144	25 013	3
河　北	河北省南大港农场集团公司	402 000	8	288 000	5	25 372	110	10 540	119	7 034	25
河　北	河北省汉沽农场	371 456	9	160 182	9	47 114	51	7 952	137	2 232	108
辽　宁	大洼县东风农场	311 693	10	257 681	7	54 012	39	5 980	153	3 220	72
北　京	北京市西郊农场有限公司	245 874	11	4 249	97	5 469	334	129	330	1 609	157
辽　宁	大洼县前进农场	235 900	12	25 100	31	45 900	52	2 846	221	2 591	93
辽　宁	大洼县唐家农场	229 935	13	68 915	16	13 680	197	6 047	151	4 423	53
新疆（畜牧）	新疆呼图壁种牛场有限公司	223 794	14	17 706	42	11 061	237	11 206	115	1 913	135
辽　宁	南山农垦有限公司	216 000	15	25 900	29	12 500	215	200	320	686	254
黑龙江	北大荒集团黑龙江友谊农场有限公司	210 622	16	230	229	188 291	2	125 200	1	9 534	17
湖　北	湖北省国营后湖农场	205 608	17	155 458	10	50 150	45	3 019	217	17 895	7
江　苏	江苏省国营东辛农场	195 991	18	103 592	12	22 406	123	9 563	123	2 641	90
河　北	河北省国营察北牧场	194 665	19	58 347	18	96 195	9	11 545	113	1 104	206
辽　宁	盘山坝墙子农垦有限公司	165 222	20	6 013	82	75 749	14	3 546	196	10 080	16
贵　州	贵州南方乳业股份有限公司	154 838	21	17 189	44		366			1 097	208
黑龙江	北大荒集团黑龙江七星农场有限公司	146 089	22			125 509	4	84 303	4	5 020	43
辽　宁	大洼县清水农场	144 348	23	61 445	17	66 850	18	4 365	175	2 887	84
黑龙江	北大荒集团黑龙江八五三农场有限公司	142 316	24	56	264	135 722	3	73 933	8	4 161	56
海　南	海南农垦八一总场有限公司	139 843	25	13 876	56	26 561	105	7 545	138	410	302
江　西	江西云山集团有限责任公司	135 967	26	106 337	11	14 698	183	1 764	254	12 698	14
新疆（农业）	乌苏市哈图布呼农场	132 960	27	21 176	37	8 700	276	9 798	121	12 700	13
辽　宁	大洼县城郊农场	128 009	28	22 472	34	17 385	165	1 051	270	6 930	29
辽　宁	盘山太平农垦有限公司	126 663	29	52 011	20	39 346	69	3 450	202	4 665	48
新疆（农业）	新疆红旗坡农业发展集团有限公司	124 029	30	54	266	6 739	314	16 667	92	3 508	68
黑龙江	北大荒集团黑龙江前锋农场有限公司	123 788	31	351	224	112 864	5	78 774	7	1 423	172
湖　北	湖北省国营运粮湖农场	123 583	32	79 680	14	35 860	77	3 386	205	2 635	91
广　西	广西农垦西江农场有限公司	119 784	33	7 656	77	21 873	124	3 276	208	1 275	188
黑龙江	北大荒农垦集团有限公司八五六农场有限公司	113 550	34	42	272	97 711	7	79 490	6	2 962	81
辽　宁	大洼县新兴农场	113 300	35	20 500	38	35 600	78	3 276	207	8 120	22
内蒙古	巴彦胡硕镇人民政府	112 207	36	36 423	23	12 147	218	6 886	146	2 128	117
黑龙江	北大荒集团黑龙江五九七农场有限公司	111 416	37	189	236	94 722	10	57 586	12	4 538	49

2－19 续表 1

垦区	农场名称	生产总值（现价）		工业增加值		农业增加值		耕地面积		年平均职工	
		金额（万元）	排序	金额（万元）	排序	金额（万元）	排序	数量（公顷）	排序	数量（人）	排序
黑龙江	北大荒农垦集团有限公司八五四农场有限公司	110 965	38	816	178	96 758	8	83 535	5	2 370	102
黑龙江	北大荒集团黑龙江八五九农场有限公司	110 111	39	516	204	97 891	6	85 690	2	1 626	153
海南	海南农垦神泉集团有限公司	109 940	40			50 148	46	857	278	1 248	190
黑龙江	北大荒集团黑龙江宝泉岭农场有限公司	106 687	41			49 389	47	42 974	25	2 808	86
河北	承德御道口农垦实业集团有限公司	106 458	42	74 723	15	23 000	116	2 120	241	750	246
辽宁	大洼县新立农场	106 360	43	14 950	51	37 100	73	3 865	190	152	343
黑龙江	北大荒集团黑龙江勤得利农场有限公司	102 802	44	1 040	167	89 433	11	65 710	9	1 715	145
黑龙江	北大荒集团黑龙江军川农场有限公司	99 604	45	180	238	73 393	16	43 589	24	3 163	74
海南	海南农垦乌石农场有限公司	96 581	46	3 212	107	41 648	58	1 811	251	413	301
黑龙江	北大荒集团黑龙江北兴农场有限公司	95 001	47			65 065	21	38 656	37	2 894	83
海南	海南农垦红明农场有限公司	94 576	48			56 430	34	1 836	250	192	337
广西	广西农垦新兴农场有限公司	94 059	49	27 381	28	7 236	300	52 042	16	216	327
湖北	湖北省国营熊口农场	93 330	50	54 195	19	33 173	84	3 461	201	7 800	23
黑龙江	北大荒集团黑龙江前进农场有限公司	88 014	51	779	180	74 470	15	58 615	11	2 260	106
海南	海南农垦金江农场有限公司	87 035	52	1 749	145	41 491	60	382	306	311	313
广西	广西农垦九曲湾农场有限公司	86 695	53	3 186	109	3 476	346	1 710	257	4 413	54
海南	海南农垦东新农场有限公司	86 663	54	67	258	52 227	41	1 003	272	641	266
江苏	江苏省国营岗埠农场	86 502	55	34 246	25	6 957	306	4 446	173	421	299
黑龙江	北大荒集团黑龙江共青农场有限公司	86 483	56	6	284	43 144	55	37 895	39	2 471	96
黑龙江	北大荒集团黑龙江八五二农场有限公司	86 468	57			77 841	12	85 508	3	6 815	30
黑龙江	北大荒集团黑龙江二九〇农场有限公司	82 259	58	150	247	66 444	19	50 843	17	4 980	44
海南	海南农垦荣光农场有限公司	81 366	59			42 398	57	1 422	263	531	279
海南	海南农垦西达农场有限公司	78 158	60			28 889	96	5 661	157	500	282
黑龙江	北大荒集团黑龙江赵光农场有限公司	78 048	61	548	199	41 075	62	34 834	44	3 549	67
上海	上海花卉园艺（集团）有限公司	77 583	62	−37	367	14 546	186	97	332	1 518	166
湖北	湖北省国营综合农场	77 453	63	17 685	43	9 142	272	454	303	9 025	18
湖北	湖北省国营总口农场	77 268	64	14 735	52	62 533	24	5 723	156	7 012	28
黑龙江	北大荒集团黑龙江洪河农场有限公司	76 183	65			65 513	20	48 838	21	1 059	215
黑龙江	北大荒集团黑龙江绥滨农场有限公司	74 771	66	50	268	57 554	32	36 508	40	2 861	85
黑龙江	北大荒集团黑龙江大兴农场有限公司	74 721	67	618	190	64 603	22	53 333	14	2 068	124
江西	江西桑海集团有限责任公司	74 691	68	15 339	50	14 465	187	294	312	1 314	183
广东	广东省广前糖业发展有限公司	74 674	69	1 100	161	68 818	17	8 791	128	1 180	196
黑龙江	北大荒集团黑龙江新华农场有限公司	74 270	70	1 375	153	54 949	37	35 976	42	2 145	116
海南	海南农垦西联农场有限公司	73 753	71	2 841	113	14 806	182	1 448	260	421	299
黑龙江	北大荒农垦集团有限公司庆丰农场有限公司	72 907	72			56 235	35	49 935	19	1 510	167
江西	国营分宜县介桥垦殖场	72 325	73	4 396	96	1 609	358	729	285	19 500	6
黑龙江	北大荒集团黑龙江饶河农场有限公司	72 209	74			54 697	38	38 616	38	2 965	80

2-19续表2

垦区	农场名称	生产总值（现价）		工业增加值		农业增加值		耕地面积		年平均职工	
		金额（万元）	排序	金额（万元）	排序	金额（万元）	排序	数量（公顷）	排序	数量（人）	排序
黑龙江	北大荒集团黑龙江鹤山农场有限公司	72 041	75	353	223	48 417	49	32 421	51	3 074	76
黑龙江	北大荒集团黑龙江普阳农场有限公司	71 534	76	993	170	53 076	40	32 759	50	2 068	124
黑龙江	北大荒集团黑龙江尖山农场有限公司	71 296	77	131	250	36 843	75	23 783	69	2 391	101
黑龙江	北大荒集团黑龙江二九一农场有限公司	70 922	78	16	280	51 759	43	41 313	27	4 516	50
黑龙江	北大荒集团黑龙江查哈阳农场有限公司	70 393	79	94	255	51 389	44	56 729	13	5 480	41
黑龙江	北大荒农垦集团有限公司八五八农场有限公司	70 250	80	898	174	55 551	36	40 209	31	988	222
辽宁	大洼县平安农场	69 853	81	36 198	24	33 655	83	3 772	192	6 494	32
黑龙江	北大荒集团黑龙江胜利农场有限公司	68 360	82	1 146	160	57 602	30	48 868	20	2 462	97
黑龙江	北大荒集团黑龙江创业农场有限公司	67 821	83	532	202	59 050	27	39 255	35	2 516	95
海南	海南农垦母瑞山农场有限公司	66 992	84			44 798	54	1 907	247	323	310
黑龙江	北大荒集团黑龙江浓江农场有限公司	66 609	85	530	203	59 928	25	40 545	30	1 060	213
上海	光明食品集团上海五四有限公司	66 394	86	5 382	89	11 670	227	1 854	248	2 192	113
湖北	潜江市白鹭湖农场	66 033	87	41 064	21	15 219	179	2 887	219	2 115	121
黑龙江	北大荒集团黑龙江红卫农场有限公司	65 978	88	856	176	59 490	26	41 570	26	1 442	170
辽宁	大洼县榆树农场	63 600	89	3 600	101	43 000	56	5 079	163	2 350	104
黑龙江	北大荒集团黑龙江二道河农场有限公司	63 595	90	396	216	57 807	29	41 071	29	1 325	182
海南	海南农垦红昇农场有限公司	63 506	91	1 710	147	28 290	99	921	275	667	260
黑龙江	北大荒集团黑龙江嫩北农场有限公司	63 440	92	166	244	39 217	70	26 588	59	1 932	132
黑龙江	北大荒农垦集团有限公司八五七农场有限公司	63 314	93	453	210	49 025	48	36 318	41	2 541	94
辽宁	大洼县新开农场	63 239	94	16 980	45	13 499	200	3 434	204	2 727	87
湖北	太湖港农场	62 685	95	17 962	41	16 935	169	3 950	186	24 082	4
黑龙江	北大荒农垦集团有限公司兴凯湖农场有限公司	62 606	96			58 048	28	43 900	23	1 640	149
黑龙江	北大荒集团黑龙江前哨农场有限公司	62 539	97	607	191	57 557	31	39 813	32	1 539	161
广东	广东农垦铜锣湖农场有限公司	62 520	98	32 932	26	11 290	232	774	283	141	347
黑龙江	北大荒集团黑龙江逊克农场有限公司	60 784	99			47 479	50	50 372	18	1 951	131
江苏	江苏省国营滨淮农场	59 832	100	557	198	3 384	348	3 495	198	741	247
湖北	湖北省国营中洲垸农场	59 782	101	3 952	99	22 509	121	3 610	194	6 395	34
湖北	湖北省国营大同湖农场	59 563	102	7 476	78	35 465	80	2 224	236	16 022	8
江苏	江苏省国营黄海农场	57 704	103	7 781	76	9 854	263	10 657	117	2 635	91
黑龙江	北大荒集团黑龙江青龙山农场有限公司	57 667	104	709	185	52 186	42	39 646	34	1 981	129
黑龙江	北大荒集团黑龙江嫩江农场有限公司	56 631	105			36 885	74	30 105	56	1 967	130
海南	海南农垦龙江农场有限公司	56 470	106	807	179	21 647	125	1 389	264	254	320
黑龙江	北大荒集团黑龙江鸭绿河农场有限公司	56 187	107	516	206	45 800	53	33 829	47	967	224
江苏	江苏省国营新曹农场	56 078	108	11 871	64	11 149	234	6 127	150	1 630	152
新疆（农业）	新疆阿瓦缇娜农业发展有限公司	55 694	109			1 792	357	5 196	160	133	351
黑龙江	北大荒集团黑龙江延军农场有限公司	55 552	110	60	260	26 304	107	17 739	86	1 036	217
广西	广西农垦金光农场有限公司	54 918	111	4 817	92	39 530	67	63 425	10	3 129	75

2－19 续表 3

垦区	农场名称	生产总值（现价）		工业增加值		农业增加值		耕地面积		年平均职工	
		金额（万元）	排序	金额（万元）	排序	金额（万元）	排序	数量（公顷）	排序	数量（人）	排序
江　苏	江苏省国营江心沙农场	54 569	112	40 566	22	1 792	356	14 978	30	812	280
黑龙江	北大荒农垦集团有限公司八五〇农场有限公司	54 029	113			40 199	65	33 946	46	1 637	150
上　海	光明食品集团上海农场有限公司	51 954	114	6 697	81	16 738	170	14 276	103	1 312	184
黑龙江	北大荒集团黑龙江七星泡农场有限公司	51 759	115			36 348	76	33 745	48	2 946	82
辽　宁	大洼区高家农场	51 139	116	30 619	27	3 000	351	1 801	252	1 470	168
江　苏	江苏省国营白马湖农场	50 012	117	13 041	59	6 767	313	3 198	211	1 392	176
海　南	海南农垦中坤农场有限公司	49 502	118	5 400	88	16 199	173	787	282	368	307
黑龙江	北大荒集团黑龙江江滨农场有限公司	49 006	119	12	282	39 831	66	25 916	63	2 238	107
广　东	广东省华海糖业发展有限公司	48 923	120	67	259	40 617	64	7 139	142	701	252
辽　宁	大洼县赵圈河苇场	48 900	121			35 500	79	1 949	245	2 441	99
云　南	黎明农场	48 680	122	327	225	33 897	81	2 873	220	6 028	37
云　南	景洪农场	48 340	123	1 284	154	30 412	91	12	347	8 781	19
云　南	弥勒东风农场	48 331	124	2 605	116	38 195	72	468	302	556	272
黑龙江	北大荒集团黑龙江江川农场有限公司	47 837	125	25	277	41 635	59	20 052	78	2 644	89
广　东	广东农垦平岗农场有限公司	47 382	126	2 004	138	39 400	68			308	314
广　东	广东农垦湖光农场有限公司	46 636	127	3 189	108	26 482	106	2 468	229	1 143	201
云　南	勐捧农场	45 938	128	516	204	32 792	86			7 549	24
黑龙江	北大荒集团黑龙江长水河农场有限公司	45 928	129	317	227	30 355	92	26 565	60	1 895	137
辽　宁	锦州小东农工商有限责任公司	45 600	130	510	207	41 000	63	13 444	107	14 094	11
广　西	广西农垦东风农场有限公司	45 508	131	5 376	90	19 677	141	4 156	180	273	317
湖　北	湖北省国营大沙湖农场	45 134	132	16 658	46	19 934	140	3 028	216	15 597	9
新疆（农业）	新疆清源农业发展有限公司	43 841	133	133	249	12 000	219	4 688	169	485	286
黑龙江	北大荒集团黑龙江二龙山农场有限公司	43 620	134	178	240	32 019	87	30 459	53	3 308	71
辽　宁	盘山县大荒农场	43 584	135	25 608	30	8 823	275	4 550	172	8 423	21
黑龙江	北大荒集团黑龙江红星农场有限公司	42 908	136	3 450	103	27 534	103	27 235	58	2 367	103
安　徽	安徽省农垦集团皖河农场有限公司	42 758	137	2 800	114	30 808	90	3 937	187	2 462	97
广　东	广东农垦胜利农场有限公司	42 746	138	5 172	91	18 472	153			558	271
黑龙江	北大荒农垦集团有限公司云山农场有限公司	41 667	139	536	200	31 882	88	33 347	49	1 196	195
广　东	广东省丰收糖业发展有限公司	41 473	140	1 869	140	27 850	102	9 095	126	763	244
云　南	思茅农场	40 813	141	1 205	158	47	365			277	316
辽　宁	大洼县西安农场	40 609	142	50	269	10 172	257	4 815	167	2 985	79
黑龙江	北大荒农垦集团有限公司八五一〇农场有限公司	39 907	143	201	234	20 168	137	19 145	81	1 152	199
云　南	东风农场	39 893	144	389	217	24 393	114	131	329	10 743	15
黑龙江	北大荒集团黑龙江梧桐河农场有限公司	39 316	145	368	219	28 408	98	20 379	77	1 340	179
新疆（畜牧）	察布查尔锡伯自治县种羊场	39 155	146	2 204	130	12 913	210	6 994	143	1 415	174
辽　宁	盘山胡家农垦有限公司	39 027	147	3 670	100	24 967	112	8 073	135	8 594	20
福　建	国营福建省漳浦大南坂农场	38 587	148			10 569	248	525	298	4 136	57

2－19 续表 4

垦区	农场名称	生产总值（现价）		工业增加值		农业增加值		耕地面积		年平均职工	
		金额（万元）	排序	金额（万元）	排序	金额（万元）	排序	数量（公顷）	排序	数量（人）	排序
黑龙江	北大荒集团黑龙江山河农场有限公司	38 470	149	220	232	31 224	89	24 800	66	1 747	142
黑龙江	北大荒集团黑龙江大西江农场有限公司	38 386	150	192	235	25 761	108	21 552	74	1 903	136
广东	广东农垦曙光农场有限公司	38 095	151	1 889	139	22 967	117	23	343	380	306
黑龙江	北大荒集团黑龙江红旗岭农场有限公司	37 947	152			33 163	85	20 568	76	1 611	156
江苏	江苏省国营宝应湖农场	37 853	153	18 805	40	3 249	350	2 210	237	547	275
黑龙江	北大荒农垦集团有限公司八五一一农场有限公司	37 769	154	4 493	95	17 835	160	19 520	80	1 532	162
江苏	江苏省国营新洋农场	37 477	155	13 520	57	2 117	355	3 936	188	1 060	213
新疆(农业)	库车二八台农场	37 331	156			6 483	317	13 678	106	146	345
黑龙江	北大荒集团黑龙江克山农场有限公司	37 239	157	153	246	25 541	109	28 168	57	4 767	45
海南	海南农垦广坝农场有限公司	36 677	158	6 992	80	17 546	163	542	297	162	341
湖北	湖北省国营菱角湖农场	36 484	159	4 600	94	18 781	149	2 266	235	3 868	61
江苏	江苏省国营三河农场	36 044	160	14 404	53	6 167	322	2 798	224	971	223
江苏	江苏省国营临海农场	35 742	161	18 933	39	5 758	328	4 864	166	1 006	220
黑龙江	北大荒集团黑龙江名山农场有限公司	35 591	162	14	281	22 838	119	19 881	79	1 809	139
安徽	安徽省农垦集团十字铺茶场有限公司	35 506	163	22 292	35	6 771	311	231	317	909	226
江苏	江苏省国营弶港农场	35 437	164	12 870	61	6 198	321	3 258	210	764	243
安徽	安徽省农垦集团华阳河农场有限公司	35 061	165	2 292	128	26 619	104	7 290	141	1 361	178
湖北	湖北省国营万福店农场	35 054	166	11 309	66	10 764	243	2 142	239	15 131	10
黑龙江	北大荒集团黑龙江建边农场有限公司	34 766	167	167	243	16 193	174	18 220	84	1 110	204
北京	北京市北郊农场有限公司	34 295	168	404	215	6 941	307			825	237
安徽	安徽省农垦集团寿西湖农场有限公司	34 271	169	14 018	54	11 655	228	3 618	193	2 095	123
广东	广东农垦红峰农场有限公司	34 204	170	5 773	85	12 986	207	12	346	591	269
湖南	回龙圩管理区（永州市回龙圩管理区农垦集团公司）	34 126	171	1 232	156	2 838	352	1 792	253	4 305	55
黑龙江	北大荒农垦集团有限公司八五五农场有限公司	34 077	172			21 228	129	32 068	52	1 612	155
内蒙古	呼伦贝尔农垦三河农牧场有限公司	33 775	173			33 775	82	38 783	36	1 097	208
广东	广东农垦团结农场有限公司	33 696	174	3 225	106	13 105	204	6	348	482	290
黑龙江	北大荒集团黑龙江龙镇农场有限公司	33 534	175	596	196	25 241	111	25 163	64	2 116	120
内蒙古	巴彦淖尔农垦乌兰布和农场有限公司	33 295	176	9 509	70	21 176	130	7 367	140	527	280
广东	广东农垦南华农场有限公司	33 019	177	2 250	129	23 885	115	1 848	249	642	265
黑龙江	北大荒集团黑龙江建设农场有限公司	32 933	178	619	189	22 468	122	24 128	68	1 932	132
广西	广西农垦沙塘农场有限公司	32 622	179	15 525	49	10 906	239	3 554	195	795	240
黑龙江	北大荒集团黑龙江哈拉海农场有限公司	32 347	180	52	267	18 065	158	11 675	112	775	242
湖北	清河农场	32 173	181	10 520	68	18 320	155	2 086	242	6 321	35
江西	九江市国营赛湖农场	32 011	182	24 976	32	7 031	303	730	284	13 406	12
辽宁	辽阳市首山农场	32 008	183	14 000	55	13 008	206	791	281	818	238
广西	广西农垦滨海农场有限公司	31 614	184	2 449	123	14 373	189	17 657	87	1 891	138
上海	光明食品集团上海崇明农场有限公司	30 714	185	10 585	67	5 145	335	11 492	114	1 335	180

2－19 续表 5

垦区	农场名称	生产总值（现价）		工业增加值		农业增加值		耕地面积		年平均职工	
		金额（万元）	排序	金额（万元）	排序	金额（万元）	排序	数量（公顷）	排序	数量（人）	排序
黑龙江	北大荒集团黑龙江襄河农场有限公司	30 656	186			20 926	131	21 031	75	1 154	198
内蒙古	甘河农牧场分公司	30 578	187			29 838	94	30 350	54	1 296	185
贵州	甘肃德联牧业有限公司	30 550	188			17 031	167			208	330
黑龙江	北大荒集团黑龙江荣军农场有限公司	30 511	189	119	252	20 551	133	14 819	101	1 678	147
黑龙江	北大荒集团黑龙江双鸭山农场有限公司	30 410	190			21 423	127	16 771	90	2 209	110
内蒙古	呼伦贝尔农垦那吉屯农牧场有限公司	30 378	191	－231	368	29 839	93	23 361	70	173	340
黑龙江	北大荒集团黑龙江齐齐哈尔种畜场有限公司	30 316	192			12 583	214	4 359	176	1 296	185
云南	勐腊农场	30 122	193	2 089	135	19 282	145	89	333	5 092	42
黑龙江	北大荒集团黑龙江引龙河农场有限公司	30 048	194			20 419	134	26 319	61	1 565	160
广东	广东农垦新时代农场有限公司	29 813	195	2 349	126	11 843	224	15	345	427	298
黑龙江	北大荒集团黑龙江红五月农场有限公司	29 770	196	54	265	19 939	139	18 657	82	1 264	189
广西	广西农垦良圻农场有限公司	29 197	197	3 111	110	19 114	148	41 259	28	4 033	60
广东	广东农垦火星农场有限公司	29 157	198	982	171	12 973	208			484	287
辽宁	大洼区国营二界沟农场	29 000	199			29 000	95	470	301	2 190	114
黑龙江	北大荒集团黑龙江尾山农场有限公司	28 969	200	10	283	17 067	166	16 186	93	901	228
辽宁	盘山县东郭苇场	28 907	201	13 000	60	10 572	247	2 169	238	2 263	105
辽宁	国营盖州市西海农场	28 857	202			28 857	97	695	288	1 670	148
云南	瑞丽农场	28 606	203			18 713	150	183	323	2 646	88
内蒙古	呼伦贝尔农垦上库力农牧场有限公司	28 139	204			28 139	100	39 686	33	1 214	194
福建	福建省程溪农场	28 123	205	22 108	36	6 015	324	39	339	212	328
广东	广东农垦火炬农场有限公司	27 986	206	9 220	71	14 315	191	3 033	215	445	296
北京	北京市南郊农场有限公司	27 890	207			27 890	101			78	359
云南	陇川农场	27 813	208	5 774	84	19 639	142	4 351	177	4 427	52
云南	橄榄坝农场	27 692	209	2 094	134	17 589	162	145	327	6 697	31
新疆（畜牧）	温泉县呼和托哈种畜场管理委员会	27 428	210			24 590	113	9 110	125	4 500	51
广东	广东农垦东方红农场有限公司	27 351	211	4 602	93	20 018	138	3 176	212	486	285
黑龙江	北大荒集团黑龙江红色边疆农场有限公司	27 143	212			18 151	157	24 733	67	1 577	159
黑龙江	北大荒集团黑龙江锦河农场有限公司	27 122	213	490	208	13 250	201	16 751	91	1 394	175
河北	河北省国营海兴农场	27 046	214	15 600	48	10 620	245	2 268	234	1 220	193
广东	广东农垦五一农场有限公司	26 883	215	1 005	169	22 963	118	1 639	258	466	292
新疆（农业）	阿勒泰地区一农场有限责任公司	26 205	216			4 423	341	12 106	110	889	229
湖北	六合垸农场管理委员会	26 109	217	8 146	74	11 268	233	2 270	233	2 197	112
湖北	湖北省国营万丈湖农场	26 081	218	12 007	63	13 080	205	1 438	261	7 030	26
内蒙古	巴彦淖尔市临农农牧业发展有限公司	25 423	219	7 212	79	16 502	172	1 733	256	1 419	173
海南	海南农垦立才农场有限公司	25 154	220	1 203	159	10 332	251	667	291	398	304
江西	国营彭泽县上十岭综合垦殖场	24 950	221	22 680	33	1 090	359	280	313	1 455	169
广东	广东农垦幸福农场有限公司	24 893	222	2 570	119	18 472	153	4 207	178	552	274

2－19 续表 6

垦区	农场名称	生产总值（现价）		工业增加值		农业增加值		耕地面积		年平均职工	
		金额（万元）	排序	金额（万元）	排序	金额（万元）	排序	数量（公顷）	排序	数量（人）	排序
广东	广东农垦建设农场有限公司	24 530	223	2 556	120	13 223	202	3	350	234	325
内蒙古	呼伦贝尔农垦拉布大林农牧场有限公司	24 378	224			21 296	128	35 588	43	1 090	210
云南	勐满农场	24 334	225			21 446	126	60	334	5 998	38
广西	广西农垦龙北农场有限公司	23 988	226	735	184	14 157	193	21 873	73	3 206	73
新疆（农业）	地方国营伊宁县多浪农场	23 968	227	－335	369	6 804	310	2 727	225	810	239
黑龙江	北大荒集团黑龙江富裕牧场有限公司	23 759	228			14 813	181	14 849	100	670	259
海南	海南农垦东路农场有限公司	23 702	229	139	248	20 373	135	278	314	141	347
广东	广东农垦新华农场有限公司	23 623	230	2 179	131	7 898	292	38	341	434	297
海南	海南农垦牛岭农场有限公司	23 547	231	60	261	8 109	288	913	276	122	355
云南	云胶集团江城橡胶公司	22 990	232			18 545	152			2 996	78
黑龙江	北大荒集团黑龙江铁力农场有限公司	22 971	233			20 360	136	15 556	97	1 682	146
内蒙古	呼伦贝尔农垦谢尔塔拉农牧场有限公司	22 681	234	37	273	22 644	120	22 065	72	887	230
黑龙江	北大荒集团黑龙江格球山农场有限公司	22 340	235	58	262	11 852	223	15 176	98	1 124	203
湖北	湖北省国营八里湖农场	22 302	236	5 934	83	9 202	270	1 010	271	7 024	27
宁夏	宁夏农垦前进农场有限公司	22 281	237	2 159	132	17 839	159	6 391	148	492	284
广西	广西农垦红河农场有限公司	22 132	238	601	194	11 356	231	16 984	89	2 059	126
辽宁	国营建平县八家农场	21 999	239	11 675	65	10 324	252	4 047	183	4 036	59
广西	广西农垦垌美农场有限公司	21 806	240	16 403	47	4 184	342	2 437	230	3 035	77
黑龙江	北大荒集团黑龙江龙门农场有限公司	21 786	241	50	269	14 649	184	18 266	83	1 333	181
黑龙江	北大荒集团黑龙江嘉荫农场有限公司	21 673	242			19 542	143	18 031	85	1 919	134
广东	广东农垦金星农场有限公司	21 650	243	602	193	12 404	216	2 341	231	498	283
广西	广西农垦源头农场有限公司	21 649	244	3 290	104	12 386	217	326	310	263	318
新疆（畜牧）	地方新疆维吾尔自治区国营伊犁种马场	21 444	245	658	187	6 285	319	6 906	145	786	241
黑龙江	北大荒集团黑龙江曙光农场有限公司	21 257	246			15 392	177	13 313	108	1 636	151
黑龙江	北大荒集团黑龙江海伦农场有限公司	21 048	247			19 176	147	16 139	95	1 065	211
内蒙古	呼伦贝尔农垦特泥河农牧场有限公司	20 979	248	169	242	20 808	132	26 308	62	932	225
内蒙古	格尼河农牧场有限公司	20 810	249			19 336	144	14 177	104	144	346
辽宁	盘山县羊圈子苇场	20 646	250	5 517	87	13 145	203	3 476	199	1 753	141
北京	北京首农东风资产管理有限公司	20 623	251				366			484	287
广东	广东农垦红阳农场有限公司	20 458	252	2 010	137	11 072	236			208	330
广东	广东农垦和平农场有限公司	20 364	253	379	218	11 562	229	152	326	249	321
云南	坝洒农场	20 350	254			15 058	180			842	234
广西	广西农垦星星农场有限公司	19 949	255			18 567	151	48 745	22	1 442	170
江苏	江苏省国营淮海农场	19 768	256	361	220	8 391	283	5 187	161	716	250
内蒙古	巴彦农牧场分公司	19 622	257			19 187	146	14 783	102	1 150	200
安徽	安徽省农垦集团敬亭山茶场有限公司	19 489	258	1 065	165	11 871	222	646	293	731	249
广东	广东农垦红星农场有限公司	19 411	259	435	212	18 164	156	2 930	218	501	281

2－19 续表 7

垦区	农场名称	生产总值（现价）		工业增加值		农业增加值		耕地面积		年平均职工	
		金额（万元）	排序	金额（万元）	排序	金额（万元）	排序	数量（公顷）	排序	数量（人）	排序
黑龙江	北大荒集团黑龙江汤原农场有限公司	19 355	260			12 760	212	10 267	120	875	231
黑龙江	北大荒集团黑龙江绥棱农场有限公司	19 224	261			17 625	161	16 186	94	1 173	197
广东	广东农垦友好农场有限公司	19 201	262	659	186	15 223	178	1 201	268	467	291
黑龙江	北大荒集团黑龙江依安农场有限公司	18 997	263	159	245	7 638	296	5 962	154	675	258
北京	北京市东郊农场有限公司	18 586	264				366			77	360
广东	广东农垦梅陇农场有限公司	18 178	265	1 864	141	10 086	258	605	295	3 612	64
黑龙江	北大荒集团黑龙江绿色草原牧场有限公司	17 889	266			12 832	211	9 620	122	448	295
辽宁	东港市五四农场集团有限公司	17 862	267	2 392	124	14 240	192	1 248	266	456	294
内蒙古	哈达图农牧场	17 729	268	83	256	17 529	164	22 893	71	754	245
新疆（农业）	温宿县水稻农场	17 714	269	56	263	85	363	1 742	255	29	367
云南	大渡岗茶场	17 615	270	867	175	15 508	176	194	321	6 422	33
宁夏	宁夏农垦暖泉农场有限公司	17 412	271	203	233	15 845	175	5 848	155	564	270
广西	广西农垦昌菱农场有限公司	17 383	272	71	257	12 931	209	52 355	15	2 424	100
宁夏	宁夏农垦平吉堡农场有限公司	17 148	273	435	212	13 807	195	3 824	191	398	304
新疆（农业）	塔城市博孜达克农牧科技有限公司	17 065	274			17 000	168	8 979	127	1 226	192
广东	广东农垦红五月农场有限公司	17 057	275	1 068	164	11 952	220	39	338	236	324
新疆（农业）	巴州沙依东香梨产业发展公司	17 009	276	442	211	4 673	339			67	362
广东	广东农垦红湖农场有限公司	16 998	277	1 394	152	12 623	213	6	349	126	353
内蒙古	巴彦淖尔市狼山农场农牧业发展有限公司	16 995	278	1 250	155	9 950	260	4 676	170	1 525	163
辽宁	凌海市大有农场	16 755	279	12 700	62	3 305	349	2 712	226	3 717	62
云南	勐底农场	16 714	280	1 509	150	9 026	273	566	296	2 153	115
黑龙江	北大荒集团黑龙江宝山农场有限公司	16 612	281	18	279	14 418	188	7 966	136	842	234
辽宁	大洼区国营王家农场	16 561	282	1	285	16 560	171	3 151	213	5 923	39
青海	青海省格尔木农垦（集团）有限公司	15 709	283			14 316	190	3 997	185	212	328
辽宁	阜新市阿尔乡畜牧养殖有限公司	15 694	284			14 642	185	4 058	182	129	352
新疆（畜牧）	新疆霍城县果子沟牧场有限责任公司	15 637	285	26	276	13 916	194	1 320	265	306	315
云南	勐醒农场	15 618	286			10 583	246	26	342	3 558	66
广西	广西农垦三合口农场有限公司	15 488	287	605	192	9 840	264	34 004	45	4 718	47
黑龙江	北大荒集团黑龙江和平牧场有限公司	15 442	288			11 753	226	8 658	129	680	256
广东	广东农垦三叶农场有限公司	15 350	289	2 353	125	8 031	289	983	273	330	309
广东	广东农垦织篢农场有限公司	15 155	290	8 079	75	4 541	340	832	279	242	322
广东	广东农垦水丰农场有限公司	15 148	291	1 075	163	6 965	305			184	338
海南	海南农垦红华农场有限公司	14 949	292			5 774	327	4 046	184	197	335
广西	广西农垦珠光农场有限公司	14 929	293	1 851	142	3 413	347	7 376	139	1 103	207
广东	广东农垦红江农场有限公司	14 823	294	739	183	11 057	238	651	292	152	343
辽宁	国营朝阳县贾家店农场	14 649	295	751	182	9 936	261	1 438	261	1 141	202
江苏	江苏省国营海安农场	14 607	296	13 262	58	480	361	261	315	24	368

2－19 续表 8

垦区	农场名称	生产总值（现价）		工业增加值		农业增加值		耕地面积		年平均职工	
		金额（万元）	排序	金额（万元）	排序	金额（万元）	排序	数量（公顷）	排序	数量（人）	排序
新疆（畜牧）	国营霍尔果斯市莫乎尔牧场	14 604	297	3 066	111	8 023	290	2 651	227	845	233
广　西	广西农垦东方农场有限公司	14 592	298	8 304	73	2 586	354	48	336	2 100	122
甘　肃	甘肃黄羊河农工商（集团）有限责任公司	14 502	299	9 873	69	3 955	343	5 984	152	837	236
广　东	广东农垦大池农场有限公司	14 468	300	3 258	105	4 781	338	230	318	62	364
黑龙江	北大荒农垦集团有限公司海林农场有限公司	14 424	301	599	195	7 909	291	12 084	111	258	319
湖　北	官庄湖农场	14 282	302	2 552	121	8 255	285	3 269	209	5 726	40
河　南	河南省正阳种猪场	14 165	303	180	239	13 589	199	686	289	532	278
江　苏	江苏省国营云台农场	14 158	304	3 545	102	343	362	1 217	267	461	293
湖　北	湖北省国营随阳农场	14 135	305	3 018	112	5 640	329	887	277	3 575	65
辽　宁	铁岭市两家子农垦有限公司	14 120	306	490	209	9 980	259	3 505	197	4 758	46
广　西	广西农垦立新农场有限公司	13 919	307	1 664	148	6 458	318	699	287	205	332
新疆（畜牧）	国营霍尔果斯市格干沟牧场	13 780	308	2 573	118	9 172	271	978	274	1 109	205
甘　肃	甘肃农垦金昌农场有限公司	13 764	309			13 764	196	8 637	130	858	232
宁　夏	宁夏农垦贺兰山农牧场有限公司	13 631	310	1 727	146	8 437	282	4 102	181	229	326
辽　宁	铁岭市种畜场	13 625	311			13 625	198	1 477	259	2 011	127
黑龙江	北大荒集团黑龙江红光农场有限公司	13 602	312			11 136	235	10 891	116	1 277	187
广　西	广西农垦先锋农场有限公司	13 406	313	772	181	8 626	278	1 980	243	2 125	118
黑龙江	北大荒集团黑龙江大山种羊场有限公司	13 295	314			7 152	301	3 438	203	533	277
广　西	广西农垦火光农场有限公司	13 228	315	1 771	144	4 832	337	135	328	1 024	219
广　西	广西农垦荣光农场有限公司	13 089	316	1 495	151	6 509	316	332	308	1 000	221
云　南	双江农场	13 036	317	358	221	10 174	256	317	311	652	262
辽　宁	台安兴华农业有限责任公司	13 000	318	2 100	133	10 900	240	2 322	232	680	256
宁　夏	宁夏农垦灵武农场有限公司	12 970	319	19	278	10 669	244	4 201	179	594	268
广　西	广西农垦黔江农场有限公司	12 828	320	978	172	7 860	293	24 877	65	1 384	177
内蒙古	巴彦淖尔市西山嘴农场有限公司	12 780	321	5 690	86	5 995	325	2 805	223	1 059	215
广　东	广东农垦马鞍山农场有限公司	12 727	322	4 088	98	5 040	336	251	316	45	366
宁　夏	宁夏农垦玉泉营农场有限公司	12 624	323	323	226	11 922	221	1 114	269	123	354
广　东	广东农垦红旗农场有限公司	12 551	324	1 790	143	5 501	331	18	344	237	323
广　东	广东农垦葵潭农场有限公司	12 525	325	2 083	136	7 405	298	411	304	162	341
云　南	孟定农场	12 495	326	357	222	8 457	281	193	322	1 739	143
新疆（农业）	新疆地方国营精河县八家户农场	12 380	327	230	229	935	360	17 551	88	70	361
黑龙江	北大荒集团黑龙江四方山农场有限公司	12 365	328	50	269	7 323	299	8 263	132	401	303
广　西	广西农垦桂北农场有限公司	12 362	329	8 697	72	2 681	353	684	290	902	227
内蒙古	巴彦淖尔农垦哈腾套海农场有限公司	12 253	330			10 334	250	4 751	168	691	253
内蒙古	呼伦贝尔农垦大兴安岭宜里农牧场有限公司	12 227	331			11 817	225	15 017	99	554	273
黑龙江	北大荒集团黑龙江繁荣种畜场有限公司	12 186	332	29	275	7 788	295	9 445	124	1 031	218
广　东	广东农垦大坪农场有限公司	12 094	333	2 508	122	5 610	330	112	331	67	362

2－19 续表 9

垦区	农场名称	生产总值（现价）		工业增加值		农业增加值		耕地面积		年平均职工	
		金额（万元）	排序	金额（万元）	排序	金额（万元）	排序	数量（公顷）	排序	数量（人）	排序
宁夏	宁夏农垦巴浪湖农场有限公司	12 043	334	185	237	10 196	255	2 806	222	484	287
宁夏	宁夏农垦渠口农场有限公司	11 817	335			9 706	266	3 467	200	200	334
江西	江西省国营康山垦殖场	11 756	336	2 791	115	8 965	274	2 601	228	1 597	158
青海	青海省贵南草业开发有限责任公司	11 746	337			10 794	242	8 202	133	1 614	154
黑龙江	北大荒农垦集团有限公司宁安农场有限公司	11 731	338			7 087	302	5 320	159	732	248
甘肃	甘肃条山农工商（集团）有限责任公司	11 720	339	418	214	8 503	280	3 897	189	665	261
内蒙古	内蒙古大兴安岭农垦（集团）有限责任公司欧肯河农牧场分公司	11 672	340			11 378	230	15 786	96	646	263
甘肃	亚盛黄花分公司（国营黄花农场）	11 666	341			9 793	265	5 420	158	313	312
黑龙江	北大荒集团黑龙江红旗农场有限公司	11 600	342			9 489	267	704	286	177	339
山西	临汾市尧都区奶牛场	11 431	343	176	241	53	364	48	337	193	336
广西	广西农垦华山农场有限公司	11 391	344	825	177	6 066	323	332	308	2 214	109
广西	广西农垦前卫农场有限公司	11 363	345	953	173	10 385	249	13 945	105	1 061	212
广东	广东农垦东埔农场有限公司	11 356	346	2 587	117	5 872	326	644	294	60	365
黑龙江	北大荒集团黑龙江五大连池农场有限公司	11 338	347	98	254	6 767	312	10 560	118	1 521	165
内蒙古	东方红农牧场分公司	11 216	348			10 811	241	12 538	109	706	251
云南	勐养农场	11 215	349	1 086	162	8 235	286	54	335	3 329	70
云南	勐撒农场	11 103	350	533	201	7 481	297	382	307	2 122	119
新疆（农业）	新疆三场丰收棉业有限责任公司	11 000	351				366				369
吉林	前郭尔罗斯蒙古族自治县松润农业发展有限公司	10 969	352	584	197	7 858	294	3 371	206	4 106	58
广东	广东农垦红十月农场有限公司	10 899	353	651	188	8 692	277	484	300	135	350
云南	勐省农场	10 810	354	1 225	157	5 482	333	385	305	1 524	164
黑龙江	北大荒集团黑龙江泰来农场有限公司	10 784	355	33	274	8 213	287	6 554	147	204	333
新疆（农业）	地方国营伊宁县青年农场	10 763	356			9 874	262	2 133	240	6 070	36
广东	广东农垦黎明农场有限公司	10 729	357	1 513	149	6 665	315	158	325	93	358
宁夏	宁夏农垦简泉农场有限公司	10 622	358	226	231	9 364	269	1 952	244	94	357
云南	遮放农场	10 503	359			7 030	304	211	319	1 783	140
广东	广东农垦东升农场有限公司	10 480	360	1 044	166	5 495	332	180	324	112	356
内蒙古	巴彦淖尔农垦包尔盖农场有限公司	10 455	361	1 032	168	8 348	284	4 400	174	1 990	128
宁夏	宁夏农垦连湖农场有限公司	10 450	362	241	228	6 894	308	1 949	246	644	264
吉林	四平市国营双辽农场	10 389	363			10 270	254	3 078	214	1 231	191
云南	云胶集团西盟橡胶公司	10 323	364			10 323	253			3 393	69
黑龙江	北大荒集团黑龙江肇源农场有限公司	10 162	365	100	253	8 587	279	4 664	171	343	308
云南	盈江农场	10 103	366	121	251	6 253	320	508	299	1 726	144
云南	潞江农场	10 082	367	2 349	126	3 713	345	39	339	611	267
黑龙江	北大荒集团黑龙江庆阳农场有限公司	10 022	368			9 364	268	5 182	162	681	255
浙江	浙江加华种猪有限公司	10 001	369			6 833	309			141	347

工业部分

3－1　规模以上工业企业基本情况

地　　区	企业数（个）	亏损企业数	工业总产值（现价）（万元）	工业销售产值（现价）（万元）	主营业务收入（万元）
全国农垦	**4 072**	**890**	**107 649 057.82**	**77 816 465.74**	**116 842 016.92**
北　　京	79	23	5 966 749.83	6 435 532.11	7 222 316.48
天　　津	33	15	315 159.00	312 078.70	502 259.50
河　　北	297	40	11 296 119.28	10 912 810.23	10 593 827.84
山　　西	28	1	20 206.61	17 638.85	16 819.85
内 蒙 古	33	2	533 088.77	547 999.59	574 819.27
辽　　宁	108	18	1 813 915.62	1 834 881.90	1 955 227.03
吉　　林	15	1	44 562.56	52 073.94	47 935.37
黑 龙 江	63	31	4 798 286.36	4 869 843.05	8 647 768.63
上　　海	95	23	3 599 511.00	3 605 493.10	7 084 720.60
江　　苏	61	19	3 856 094.00	3 872 875.00	3 849 485.00
浙　　江	3		11 384.81	10 900.44	11 000.44
安　　徽	39	4	136 062.44	134 732.94	159 438.44
福　　建	54	6	301 301.70	300 621.70	292 401.70
江　　西	403	24	6 440 813.00	6 738 857.00	6 767 928.80
山　　东					
河　　南	7		395 743.44	384 930.44	395 019.00
湖　　北	889	160	27 416 058.55	26 836 278.95	26 388 522.47
湖　　南	162	8	3 445 998.00	3 379 211.00	3 140 561.00
广　　东	59	17	2 215 267.10	2 145 054.18	2 399 636.23
广　　西	184	7	2 303 187.00	2 301 906.00	2 357 923.00
海　　南	110	22	447 205.00	435 729.00	597 928.00
重　　庆	8		743 562.00	735 024.00	794 695.00
四　　川	2		452.76	888.82	994.82
贵　　州	8	1	393 747.42	390 291.00	387 801.35
云　　南	28	13	207 361.00	205 220.00	454 655.00
西　　藏					
陕　　西	1		64 829.00	64 829.00	64 829.00
甘　　肃	17	4	241 057.00	249 194.12	224 914.06
青　　海					
宁　　夏	38	10	158 632.00	158 711.00	171 292.00
新疆（兵团）	1 156	373	29 651 681.78		30 854 800.00
新疆（农业）	67	60	87 000.00	87 000.00	87 000.00
新疆（畜牧）	12	3	145 867.22	143 976.68	143 614.04
热 科 院					
广　　州	11	4	591 853.57	645 733.00	645 733.00
南　　京	2	1	6 300.00	6 150.00	6 150.00

3-1续表1

地　　区	主营业务成本（万元）	主营业务费用（万元）	主营业务税金及附加（万元）	主营业务利润（万元）	从业人员年末数（人）
全国农垦	**93 323 590.77**	**6 745 271.25**	**6 095 474.49**	**9 401 059.36**	**622 187**
北　　京	6 832 074.78	376 986.55	23 087.72	183 392.21	23 706
天　　津	443 852.10	57 608.80	2 973.00	166.20	3 164
河　　北	8 871 957.27	393 027.92	394 918.32	867 506.01	36 082
山　　西	12 070.49	504.33	1 610.00	2 719.34	1 352
内 蒙 古	291 749.08	52 374.97	45 830.15	190 214.01	2 643
辽　　宁	1 728 662.92	107 234.57	17 472.02	83 598.63	10 387
吉　　林	37 170.03	3 494.11	165.74	5 785.62	419
黑 龙 江	8 351 966.10	433 988.20	15 283.10	−7 123.70	11 772
上　　海	6 252 163.60	308 608.40	20 591.70	324 284.10	35 921
江　　苏	1 737 642.00	974 128.00	29 837.00	686 068.00	28 302
浙　　江	9 228.90	1 497.65	121.35	550.64	282
安　　徽	132 153.27	9 680.83	1 354.12	3 324.57	1 467
福　　建	215 329.10	17 156.30	11 530.55	14 453.25	5 498
江　　西	5 848 681.69	285 776.37	48 859.82	629 206.68	65 042
山　　东					
河　　南	378 875.00	9 714.96	1 333.34	8 069.66	2 368
湖　　北	17 829 321.94	1 004 229.19	5 066 070.89	1 449 350.04	139 541
湖　　南	2 830 754.00	137 921.20	26 642.80	116 919.70	34 619
广　　东	1 960 591.56	197 268.44	57 134.31	123 111.32	17 567
广　　西	2 126 789.00	139 559.00	16 129.00	209 647.00	24 828
海　　南	559 683.00	22 890.00	3 150.00	12 205.00	7 232
重　　庆	706 246.00	70 026.00	9 746.00	30 952.00	7 260
四　　川	519.23	377.99	13.76	15.65	53
贵　　州	333 606.20	14 806.62	737.51	18 790.89	1 832
云　　南	424 690.00	7 012.00	1 223.00	6 111.00	3 236
西　　藏					
陕　　西	16 916.00	12 247.00	7 616.00	28 666.00	239
甘　　肃	176 349.96	42 145.59	2 524.98	7 741.12	2 905
青　　海					
宁　　夏	127 402.00	12 684.00	6 521.00	17 544.00	1 905
新疆（兵团）	24 273 700.00	2 014 000.00	280 000.00	4 356 300.00	144 006
新疆（农业）	85 000.00	350.00	230.00	1 420.00	1 320
新疆（畜牧）	126 395.55	10 028.26	454.31	10 500.42	3 223
热 科 院					
广　　州	596 450.00	27 374.00	2 296.00	19 613.00	3 932
南　　京	5 600.00	570.00	17.00	−43.00	84

3－1续表2

地　　区	从业人员平均数（人）	从业人员工资总额（万元）	利润总额（万元）	亏损企业亏损额
全国农垦	**610 027**	**4 606 966.35**	**9 499 129.00**	**1 220 748.91**
北　　京	23 879	232 271.40	37 836.37	52 632.22
天　　津	3 348	28 501.29	1 210.20	
河　　北	36 119	228 803.72	801 526.22	16 041.00
山　　西	1 212	5 394.57	1 875.04	
内 蒙 古	2 534	11 904.82	159 358.84	2 052.81
辽　　宁	7 964	58 583.02	178 179.43	7 399.62
吉　　林	415	1 705.32	7 300.47	115.00
黑 龙 江	11 884	94 180.20	－30 522.80	64 171.00
上　　海	35 395	531 632.80	341 745.10	39 397.50
江　　苏	28 406	312 989.00	649 863.00	3 092.00
浙　　江	283	1 821.20	838.13	
安　　徽	1 628	7 331.97	3 556.34	999.46
福　　建	5 500	20 422.10	15 115.25	255.00
江　　西	62 662	241 012.99	558 050.78	2 019.00
山　　东				
河　　南	2 401	11 631.90	8 655.75	
湖　　北	138 086	985 935.03	1 474 718.26	456 044.80
湖　　南	34 197	106 438.30	118 628.10	3 679.00
广　　东	16 953	151 895.13	130 452.08	79 167.18
广　　西	23 278	152 806.00	53 645.00	27 772.00
海　　南	7 086	163 934.00	5 136.00	8 962.00
重　　庆	7 232	51 163.00	31 796.00	
四　　川	53	289.10	21.23	5.00
贵　　州	1 751	13 002.46	24 159.09	
云　　南	3 466	21 755.00	7 799.00	
西　　藏				
陕　　西	239	1 113.00	27 245.00	
甘　　肃	2 923	19 229.48	6 040.22	7 715.29
青　　海				
宁　　夏	1 846	9 918.00	14 964.00	2 733.00
新疆（兵团）	140 985	1 090 882.00	4 434 700.00	433 600.00
新疆（农业）	1 320	5 520.00	1 420.00	1 420.00
新疆（畜牧）	2 936	10 704.55	9 956.90	377.03
热 科 院				
广　　州	3 959	33 710.00	423 950.00	11 003.00
南　　京	87	485.00	－90.00	96.00

3－1续表3

地　　区	应缴税金（万元）	固定资产原值（万元）	生产经营用	固定资产净值（万元）
全国农垦	**3 595 437.47**	**61 184 948.59**	**26 069 602.65**	**17 975 329.28**
北　　京	68 549.28	1 526 008.40	1 506 205.10	951 412.04
天　　津	8 438.60	303 150.70	303 150.70	168 360.70
河　　北	427 360.85	3 100 497.25	3 052 371.91	1 512 367.63
山　　西	1 343.29	18 473.52	3 822.00	11 955.53
内　蒙　古	33 198.69	421 198.75	382 316.42	292 696.83
辽　　宁	10 156.70	777 997.01	250 514.60	457 889.84
吉　　林	1 088.70	69 326.02	65 033.32	32 484.86
黑　龙　江	205 963.00	1 661 180.00	1 661 180.00	863 132.50
上　　海	93 750.80	4 322 217.40	4 322 217.40	2 081 759.00
江　　苏	178 606.00	1 276 365.00	1 276 365.00	582 147.00
浙　　江	391.51	12 731.94		5 623.53
安　　徽	2 207.23	52 624.60	41 918.56	32 296.67
福　　建	9 438.74	115 533.60	92 465.60	59 817.20
江　　西	76 525.20	600 213.51	289 904.40	328 782.52
山　　东				
河　　南	6 185.42	121 485.00	110 175.00	81 583.00
湖　　北	1 050 790.60	11 226 240.89	8 841 241.27	7 624 976.73
湖　　南	887.30	477 321.20	265 295.00	394 447.10
广　　东	40 581.26	751 461.17	713 065.68	354 119.08
广　　西	62 093.00	1 292 246.00	1 220 771.00	817 717.00
海　　南	3 610.00	357 781.00	272 635.00	177 191.00
重　　庆	11 381.00	292 103.00	18 658.00	138 379.00
四　　川	39.56	4 207.51	622.51	3 355.89
贵　　州	4 246.50	155 754.76	130 280.94	127 659.55
云　　南	7 116.00	290 989.00	249 106.00	187 140.00
西　　藏				
陕　　西	7 685.00	17 871.02	11 871.02	5 105.00
甘　　肃	9 067.70	472 975.43	472 083.43	305 941.90
青　　海				
宁　　夏	6 521.00	121 817.00	72 862.00	70 642.00
新疆（兵团）	1 252 800.00	30 890 000.00		
新疆（农业）	230.00	33 800.00	33 800.00	25 130.00
新疆（畜牧）	4 086.54	91 026.43	89 298.79	53 222.53
热　科　院		9 961.48		7 042.65
广　　州	10 866.00	319 130.00	319 130.00	220 611.00
南　　京	232.00	1 260.00	1 242.00	340.00

3-2 国有及国有控股规模以上工业企业基本情况

地区	企业数（个）	亏损企业数	工业总产值（现价）（万元）	工业销售产值（现价）（万元）	主营业务收入（万元）
全国农垦	**951**	**262**	**45 501 292.08**	**38 054 400.61**	**55 976 249.20**
北京	78	22	5 849 010.39	6 325 049.70	7 107 436.81
天津	33	1	31 519.00	312 078.70	502 259.50
河北	10		2 818 211.69	2 810 145.14	2 390 224.75
山西	23	1	11 635.61	9 975.85	9 975.85
内蒙古	9	2	414 232.00	431 265.00	445 286.75
辽宁	23		52 031.60	52 729.00	99 670.50
吉林	1		214.62	1 760.65	1 760.65
黑龙江	63	31	4 798 286.36	4 869 843.05	8 647 768.63
上海	95	23	3 599 511.00	3 605 493.10	7 084 720.60
江苏	15	3	2 929 529.00	2 950 237.00	2 940 291.00
浙江					
安徽	12	4	54 872.40	61 799.90	88 398.40
福建	8		59 988.00	59 346.00	59 138.00
江西	58	15	272 497.00	406 600.00	417 967.30
山东					
河南	3		93 763.44	92 950.44	98 908.00
湖北	50	7	10 860 575.62	10 700 520.40	11 126 455.23
湖南	10		190 650.00	191 078.00	170 725.00
广东	40	16	1 544 033.28	1 479 793.96	1 740 221.82
广西	32	6	979 725.00	962 899.00	1 036 671.00
海南	33	17	347 492.00	336 466.00	505 454.00
重庆	4		611 256.00	587 416.00	600 842.00
四川	2		452.76	888.82	994.82
贵州	8	1	393 747.42	390 291.00	387 801.35
云南	20	10	170 149.00	173 041.00	422 712.00
西藏					
陕西	1		64 829.00	64 829.00	64 829.00
甘肃	17	4	241 057.00	249 194.12	224 914.06
青海					
宁夏	11	5	142 188.00	142 340.00	154 500.00
新疆（兵团）	273	86	8 235 793.00		8 856 500.00
新疆（农业）	2	2	1 200.00	1 200.00	1 200.00
新疆（畜牧）	6	2	140 988.32	139 436.78	142 889.18
热科院					
广州	11	4	591 853.57	645 733.00	645 733.00
南京					

3－2续表1

地　　区	主营业务成本（万元）	主营业务费用（万元）	主营业务税金及附加（万元）	主营业务利润（万元）	从业人员年末数（人）
全国农垦	**43 151 568.11**	**3 776 366.95**	**5 527 091.91**	**2 694 557.67**	**230 012**
北　　京	6 733 508.55	367 275.27	22 951.27	180 668.29	23 454
天　　津	443 852.10	57 608.80	2 973.00	166.20	3 164
河　　北	1 878 859.80	123 218.80	262 613.76	95 238.42	1 645
山　　西	6 392.49	82.33	1 480.00	2 027.34	1 128
内 蒙 古	177 197.73	40 657.00	44 892.10	184 154.19	1 578
辽　　宁	88 156.20	901.00	447.60	5 463.30	473
吉　　林	1 160.26	119.65		561.58	19
黑 龙 江	8 351 966.10	433 988.20	15 283.10	－7 123.70	11 772
上　　海	6 252 163.60	308 608.40	20 591.70	324 284.10	35 921
江　　苏	1 009 413.00	900 042.00	25 015.00	599 728.00	12 421
浙　　江					
安　　徽	83 405.49	4 526.06	458.00	－128.55	422
福　　建	41 114.50	4 708.60	5 758.30	2 940.50	1 071
江　　西	318 384.14	47 861.65	11 910.00	53 045.28	5 834
山　　东					
河　　南	93 339.00	8 928.96	554.34	4 044.66	1 738
湖　　北	4 730 228.37	130 232.15	4 952 379.21	659 906.91	21 982
湖　　南	153 217.00	1 339.00	1 805.00	14 596.00	2 636
广　　东	1 532 726.64	122 183.32	31 648.20	－7 941.03	9 676
广　　西	937 979.00	91 138.00	6 536.00	88 135.00	9 513
海　　南	485 356.00	20 659.00	1 601.00	－2 162.00	4 048
重　　庆	550 250.00	55 205.00	1 423.00	28 199.00	3 924
四　　川	519.23	377.99	13.76	15.65	53
贵　　州	333 606.20	14 806.62	737.51	18 790.89	1 832
云　　南	397 523.00	5 109.00	1 141.00	5 098.00	2 956
西　　藏					
陕　　西	16 916.00	12 247.00	7 616.00	28 666.00	239
甘　　肃	176 349.96	42 145.59	2 524.98	7 741.12	2 905
青　　海					
宁　　夏	115 159.00	10 597.00	5 980.49	15 508.30	1 040
新疆（兵团）	7 518 800.00	934 400.00	96 000.00	363 400.00	61 693
新疆（农业）	1 650.00	23.00	8.00	－481.00	30
新疆（畜牧）	125 924.75	10 003.56	453.59	10 402.22	2 913
热 科 院					
广　　州	596 450.00	27 374.00	2 296.00	19 613.00	3 932
南　　京					

3－2续表2

地　　区	从业人员平均数（人）	从业人员工资总额（万元）	利润总额（万元）	亏损企业亏损额
全国农垦	**226 272**	**2 343 263.06**	**3 073 622.08**	**967 688.53**
北　京	23 629	227 437.95	35 487.85	52 225.12
天　津	3 348	28 501.29	1 210.20	
河　北	1 602	25 843.72	93 079.63	
山　西	987	4 525.57	1 298.04	
内蒙古	1 569	6 003.15	152 467.19	2 052.81
辽　宁	496	1 572.74	5 488.10	
吉　林	19	41.36	561.58	
黑龙江	11 884	94 180.20	−30 522.80	64 171.00
上　海	35 395	531 632.80	341 745.10	39 397.50
江　苏	12 450	194 441.00	593 686.00	70.24
浙　江				
安　徽	422	2 655.21	−21.66	999.46
福　建	1 048	4 573.30	2 815.50	
江　西	7 221	37 950.49	38 661.78	169.00
山　东				
河　南	1 776	9 555.90	4 847.75	
湖　北	20 588	237 487.52	660 265.71	387 219.60
湖　南	2 648	5 076.00	5 292.00	
广　东	9 036	63 710.04	−20 990.43	69 619.48
广　西	8 532	65 812.00	12 601.00	12 026.00
海　南	4 435	151 765.00	133.00	8 962.00
重　庆	3 924	28 464.00	28 758.00	
四　川	53	289.10	21.23	5.00
贵　州	1 751	13 002.46	24 159.09	
云　南	2 956	20 509.00	5 462.00	
西　藏				
陕　西	239	1 113.00	27 245.00	
甘　肃	2 923	19 229.48	6 040.22	7 715.29
青　海				
宁　夏	955	7 585.00	13 326.40	2 321.60
新疆（兵团）	59 900	518 070.00	637 400.00	309 400.00
新疆（农业）	30	98.00	−481.00	
新疆（畜牧）	2 497	8 427.78	9 635.60	331.43
热科院				
广　州	3 959	33 710.00	423 950.00	11 003.00
南　京				

3－2续表 3

地　　区	应缴税金（万元）	固定资产原值（万元）		固定资产净值（万元）
			生产经营用	
全国农垦	**2 205 333.86**	**36 840 580.11**	**18 011 645.95**	**11 527 929.90**
北　　京	67 781.62	1 516 182.26	1 502 701.90	948 868.64
天　　津	8 438.60	303 150.70	303 150.70	168 360.70
河　　北	286 227.41	1 428 036.35	1 424 059.36	650 782.70
山　　西	1 080.65	12 865.52	54.00	8 764.53
内 蒙 古	29 409.00	301 460.30	269 324.30	218 628.50
辽　　宁	149.14	4 916.10	607.00	2 345.10
吉　　林		426.65	412.32	362.52
黑 龙 江	205 963.00	1 661 180.00	1 661 180.00	863 132.50
上　　海	93 750.80	4 322 217.40	4 322 217.40	2 081 759.00
江　　苏	157 230.00	925 821.00	925 821.00	405 524.00
浙　　江				
安　　徽	521.01	29 465.00	25 188.06	19 656.16
福　　建	5 785.90	8 596.60	7 542.60	4 239.20
江　　西	7 966.40	156 283.51	36 550.40	103 125.52
山　　东				
河　　南	5 382.42	41 963.00	39 965.00	16 069.00
湖　　北	854 111.21	5 707 471.79	4 542 866.80	4 156 836.62
湖　　南	14.00	12 275.00	11 565.00	355.00
广　　东	19 610.68	640 800.78	609 114.28	257 384.93
广　　西	52 112.00	797 442.00	765 632.00	426 020.00
海　　南	1 620.00	306 793.00	235 801.00	152 422.00
重　　庆	6 616.00	185 715.00	16 322.00	92 186.00
四　　川	39.56	4 207.51	622.51	3 355.89
贵　　州	4 246.50	148 768.44	130 280.94	120 323.05
云　　南	6 585.00	282 448.00	241 349.00	182 264.00
西　　藏				
陕　　西	7 685.00	17 871.02	11 871.02	5 105.00
甘　　肃	9 067.70	472 975.43	472 083.43	305 941.90
青　　海				
宁　　夏	5 980.49	104 246.84	56 645.14	61 849.36
新疆（兵团）	353 000.00	17 037 000.00		
新疆（农业）	8.00	2 350.00	2 350.00	1 550.00
新疆（畜牧）	4 085.77	78 559.43	77 238.79	43 064.43
热 科 院		9 961.48		7 042.65
广　　州	10 866.00	319 130.00	319 130.00	220 611.00
南　　京				

3-3 工业总产值

地区	总计		其中：国有	
	企业数（个）	工业总产值（现价）（万元）	企业数（个）	工业总产值（现价）（万元）
全国农垦	**9 919**	**116 391 411.53**	**1 046**	**31 014 500.09**
北京	84	5 960 206.97	77	5 631 214.81
天津	33	321 103.20	33	321 103.20
河北	1 286	11 024 618.28	16	2 975 872.69
山西	53	33 222.85	2	175.85
内蒙古	257	577 667.67	14	397 744.00
辽宁	676	2 201 818.26	3	7 551.00
吉林	20	48 295.75	1	242.00
黑龙江	141	4 964 660.06	141	4 964 660.06
上海	113	3 630 262.70		
江苏	307	3 850 869.00	15	2 929 529.00
浙江	13	18 397.66	1	
安徽	146	327 212.00	14	55 683.21
福建	305	410 505.50	58	114 683.70
江西	862	7 785 570.83	104	395 861.17
山东	2	218.88	1	150.88
河南	14	396 534.01	6	96 049.21
湖北	2 452	31 155 099.94	20	147 436.00
湖南	569	5 819 509.20	18	271 751.20
广东	628	2 507 658.59	59	1 558 131.45
广西	353	2 415 039.00	44	993 122.00
海南	112	447 205.00	33	347 492.00
重庆	9	854 126.00	8	61 483.00
四川	2	221.76	1	211.76
贵州	10	390 981.42	8	201 337.42
云南	88	258 398.00	30	175 589.00
西藏				
陕西	2	50 420.00	1	420.00
甘肃	29	260 211.29	29	260 211.29
青海	4	3 146.89		
宁夏	38	158 632.50	10	142 188.00
新疆(兵团)	1 156	29 651 681.78	273	8 235 000.00
新疆(农业)	100	97 147.00	3	4 220.00
新疆(畜牧)	38	170 715.97	10	133 532.62
热科院				
广州	13	591 853.57	13	591 853.57
南京	4	8 200.00		

3－4　按工业主要行业分的工业总产值

地　区	煤炭开采和洗选业		石油和天然气开采业		黑色金属矿采选业	
	企业数（个）	工业总产值（现价）（万元）	企业数（个）	工业总产值（现价）（万元）	企业数（个）	工业总产值（现价）（万元）
全国农垦	**27**	**766 566.19**			**15**	**48 258.66**
北　京						
天　津						
河　北						
山　西						
内蒙古	2	370 311.00			1	786.00
辽　宁						
吉　林						
黑龙江						
上　海						
江　苏						
浙　江						
安　徽						
福　建						
江　西	8	86 314.59			9	39 738.00
山　东						
河　南						
湖　北						
湖　南						
广　东						
广　西					3	3 631.00
海　南						
重　庆						
四　川						
贵　州						
云　南						
西　藏						
陕　西	2	50 420.00				
甘　肃						
青　海						
宁　夏						
新疆（兵团）	15	259 520.60			2	4 103.66
新疆（农业）						
新疆（畜牧）						
热科院						
广　州						
南　京						

3－4续表1

地　　区	有色金属矿采选业		非金属矿采选业		开采专业及辅助性活动	
	企业数（个）	工业总产值（现价）（万元）	企业数（个）	工业总产值（现价）（万元）	企业数（个）	工业总产值（现价）（万元）
全国农垦	**8**	**104 953.23**	**65**	**83 139.63**	**10**	**43 698.00**
北　　京						
天　　津						
河　　北	1	1 111.00	1	839.00		
山　　西						
内 蒙 古			6	165.00		
辽　　宁			3	450.00	1	33 565.00
吉　　林						
黑 龙 江						
上　　海						
江　　苏						
浙　　江						
安　　徽						
福　　建			4	6 169.00		
江　　西	2	62 700.22	15	8 502.00		
山　　东						
河　　南						
湖　　北						
湖　　南			2	40.00		
广　　东			5	6 149.00	9	10 133.00
广　　西	3	17 853.00	13	19 454.00		
海　　南						
重　　庆						
四　　川						
贵　　州						
云　　南						
西　　藏						
陕　　西						
甘　　肃						
青　　海			1	924.00		
宁　　夏			2			
新疆（兵团）	2	23 289.01	12	40 081.79		
新疆（农业）						
新疆（畜牧）			1	365.84		
热 科 院						
广　　州						
南　　京						

3－4 续表 2

地　区	其他采矿业		农副食品加工业		食品制造业	
	企业数（个）	工业总产值（现价）（万元）	企业数（个）	工业总产值（现价）（万元）	企业数（个）	工业总产值（现价）（万元）
全国农垦	**56**	**162 842.22**	**1 664**	**23 210 703.94**	**582**	**10 676 340.61**
北　京			38	4 765 321.32	34	1 022 570.02
天　津			6	63 829.90	11	190 270.50
河　北			108	606 934.00	30	430 415.00
山　西			2	6 365.85	2	180.00
内蒙古	11	11 225.00	106	71 787.00	11	14 626.20
辽　宁			83	772 912.91	36	15 965.40
吉　林			14	16 188.20		
黑龙江			77	4 091 963.37	16	434 697.75
上　海			50	1 580 483.50	28	1 745 792.10
江　苏			25	296 932.00	9	36 180.00
浙　江					1	5 300.00
安　徽			32	69 816.63	11	84 601.27
福　建	3	8 033.00	33	18 564.00	24	11 591.00
江　西	13	49 997.60	87	319 466.38	33	254 171.65
山　东						
河　南	1	4.80	1	50 000.00	2	88 874.70
湖　北	5	46 657.00	415	3 808 991.72	160	2 795 550.72
湖　南	3	1 332.50	137	2 120 805.00	49	550 472.00
广　东	10	17 735.32	78	226 586.64	32	207 241.66
广　西	3	14 434.00	37	873 696.00	5	15 333.00
海　南	5	13 404.00	31	24 065.00	4	9 539.00
重　庆			4	355 542.00	4	497 060.00
四　川			1	10.00		
贵　州	1	19.00	3	46 264.12	4	154 837.70
云　南			13	91 201.00	2	5 903.00
西　藏						
陕　西						
甘　肃			5	41 675.00	5	128 041.20
青　海			1	0.60		
宁　夏	1		6	74 527.60	2	5 835.50
新疆（兵团）			199	2 462 875.00	50	1 493 412.00
新疆（农业）			59	91 684.00	5	135.00
新疆（畜牧）			8	38 248.20	4	109 857.67
热科院						
广　州			5	223 967.00	8	367 886.57
南　京						

3－4 续表 3

地　　区	酒、饮料和精制茶制造业		烟草制品业		纺织业	
	企业数（个）	工业总产值（现价）（万元）	企业数（个）	工业总产值（现价）（万元）	企业数（个）	工业总产值（现价）（万元）
全国农垦	**475**	**2 132 292.49**	**1**	**8 085 921.38**	**367**	**3 899 038.24**
北　　京	3	28 346.84				
天　　津	3	15 445.20			1	12 357.00
河　　北	5	1 851.00			18	48 962.00
山　　西	2	934.00				
内 蒙 古	6	780.00				
辽　　宁	11	20 422.00			1	3 880.00
吉　　林						
黑 龙 江	4	2 425.70			1	
上　　海	7	120 668.40				
江　　苏	6	1 561.00			4	107 071.00
浙　　江	1	380.15				
安　　徽	16	19 107.02			8	23 978.82
福　　建	41	39 453.80			3	18 750.00
江　　西	39	180 233.20			48	792 609.50
山　　东						
河　　南	2	222 010.00			2	190.00
湖　　北	134	969 192.06	1	8 085 921.38	135	630 936.33
湖　　南	63	168 380.00			37	637 421.00
广　　东	27	10 363.37			19	27 758.59
广　　西	23	7 634.00			16	66 592.00
海　　南	13	5 693.00				
重　　庆						
四　　川						
贵　　州	1	235.60				
云　　南	19	42 959.00				
西　　藏						
陕　　西						
甘　　肃	3	5 338.39				
青　　海	1	7.90				
宁　　夏	12	67 123.20				
新疆（兵团）	31	201 441.10			71	1 526 685.00
新疆（农业）	1	175.00			3	1 847.00
新疆（畜牧）	1	131.56				
热 科 院						
广　　州						
南　　京						

3－4 续表 4

地　　区	纺织服装、服饰业		皮革、毛皮、羽毛及其制品和制鞋业		木材加工和木、竹、藤、棕、草制品业	
	企业数（个）	工业总产值（现价）（万元）	企业数（个）	工业总产值（现价）（万元）	企业数（个）	工业总产值（现价）（万元）
全国农垦	**439**	**3 412 783.99**	**60**	**286 012.80**	**475**	**1 640 867.73**
北　　京						
天　　津						
河　　北	26	35 740.00	7	307.00	19	60 219.00
山　　西						
内 蒙 古					2	780.00
辽　　宁	3	1 808.15			27	49 084.66
吉　　林					1	81.00
黑 龙 江					2	227.00
上　　海						
江　　苏	50	38 819.00				
浙　　江						
安　　徽	14	11 654.90			7	2 459.50
福　　建	4	1 143.00	2	5 240.00	38	42 214.00
江　　西	134	2 286 695.30	9	121 361.00	85	226 926.21
山　　东						
河　　南						
湖　　北	109	789 829.88	11	148 639.80	59	300 190.33
湖　　南	8	146 931.00	2	1 331.00	13	33 029.00
广　　东	81	34 147.39	25	7 862.00	58	34 085.38
广　　西	2	533.00	2	862.00	97	799 488.00
海　　南					30	28 188.00
重　　庆						
四　　川						
贵　　州						
云　　南					20	29 013.00
西　　藏						
陕　　西						
甘　　肃						
青　　海						
宁　　夏						
新疆（兵团）	7	65 464.87			9	33 887.65
新疆（农业）			1	210.00	8	995.00
新疆（畜牧）	1	17.50	1	200.00		
热 科 院						
广　　州						
南　　京						

3－4 续表 5

地　　区	家具制造业		造纸和纸制品业		印刷和记录媒介复制业	
	企业数（个）	工业总产值（现价）（万元）	企业数（个）	工业总产值（现价）（万元）	企业数（个）	工业总产值（现价）（万元）
全国农垦	**464**	**2 023 164.78**	**158**	**1 376 135.76**	**116**	**891 394.48**
北　　京						
天　　津			3	18 742.70		
河　　北	88	861 851.00	37	245 358.00	30	19 152.00
山　　西	1	1 200.00	1			
内 蒙 古			1	31 074.18		
辽　　宁	11	3 498.00	3	58 334.00		
吉　　林						
黑 龙 江			1			
上　　海			1	24 880.90	3	21 505.10
江　　苏	3	317.00	10	32 689.00	6	1 058.00
浙　　江	1	300.00	2	654.26		
安　　徽			2	2 169.70	3	266.00
福　　建	12	18 526.00	3	1 157.00	3	494.00
江　　西	25	129 163.20	15	118 033.30	11	264 003.00
山　　东						
河　　南			1	94.74		
湖　　北	274	797 574.03	38	431 702.68	41	494 448.58
湖　　南	11	126 778.00	7	168 008.00	12	76 087.00
广　　东	19	59 605.51	7	8 667.40	2	435.00
广　　西	15	16 090.00	14	172 858.00	1	3 532.00
海　　南	2	4 124.00				
重　　庆						
四　　川						
贵　　州						
云　　南						
西　　藏						
陕　　西						
甘　　肃					1	375.00
青　　海						
宁　　夏						
新疆（兵团）	1	4 137.75	11	61 711.90	3	10 038.80
新疆（农业）						
新疆（畜牧）	1	0.29	1			
热 科 院						
广　　州						
南　　京						

3－4续表6

地　　区	文教、工美、体育和娱乐用品制造业		石油、煤炭及其他燃料加工业		化学原料和化学制品制造业	
	企业数（个）	工业总产值（现价）（万元）	企业数（个）	工业总产值（现价）（万元）	企业数（个）	工业总产值（现价）（万元）
全国农垦	**60**	**194 176.42**	**172**	**7 846 883.98**	**304**	**6 014 781.33**
北　　京						
天　　津	1					
河　　北	16	42 711.00	88	5 408 965.00	41	195 838.00
山　　西					4	720.00
内 蒙 古					3	482.00
辽　　宁			30	441 283.03	29	125 362.28
吉　　林						
黑 龙 江					7	74 663.95
上　　海					6	48 124.70
江　　苏	1	6 127.00			13	9 526.00
浙　　江					1	1 558.00
安　　徽	3	104.90				
福　　建	4	2 095.00			6	47 111.00
江　　西	4	104 028.11			51	350 931.90
山　　东					1	68.00
河　　南						
湖　　北	21	30 824.90	4	6 703.95	37	590 555.10
湖　　南	5	3 295.00	3	41 503.00	8	238 529.00
广　　东	1	30.00			8	1 044 455.00
广　　西	2	474.00	3	5 754.00	14	70 675.00
海　　南						
重　　庆						
四　　川						
贵　　州						
云　　南					2	1 908.00
西　　藏						
陕　　西						
甘　　肃					1	1 517.70
青　　海						
宁　　夏					3	3 973.70
新疆（兵团）	2	4 486.51	44	1 942 675.00	69	3 208 782.00
新疆（农业）						
新疆（畜牧）						
热 科 院						
广　　州						
南　　京						

3－4 续表 7

地　　区	医药制造业		化学纤维制造业		橡胶和塑料制品业	
	企业数（个）	工业总产值（现价）（万元）	企业数（个）	工业总产值（现价）（万元）	企业数（个）	工业总产值（现价）（万元）
全国农垦	**121**	**4 075 882.24**	**16**	**335 576.10**	**324**	**1 832 018.13**
北　　京	3	11 351.00				
天　　津					1	3 549.30
河　　北	1	5 932.00	2	420.00	58	103 075.00
山　　西	1	2 280.00				
内 蒙 古	1	1 855.00			1	685.00
辽　　宁	5	72 961.16	2	9 980.00	7	6 096.80
吉　　林	1	7 500.00			1	95.00
黑 龙 江	5	236 727.78			1	1 387.30
上　　海	3	8 349.70			3	13 247.60
江　　苏	5	2 275 732.00			7	6 870.00
浙　　江					1	612.87
安　　徽	1	4 154.60			2	1 075.00
福　　建	1	205.00			9	4 930.00
江　　西	21	224 364.00	2	38 805.00	18	70 708.00
山　　东						
河　　南	1	30 000.00				
湖　　北	34	669 758.70	7	35 439.00	81	779 742.62
湖　　南	14	317 759.00			14	106 967.00
广　　东	3	2 926.00			14	106 389.54
广　　西	2	4 833.00			11	36 776.00
海　　南					5	326 168.00
重　　庆	1	1 524.00				
四　　川						
贵　　州						
云　　南					3	176.00
西　　藏						
陕　　西						
甘　　肃	4	37 002.00	1	1 500.00		
青　　海						
宁　　夏						
新疆（兵团）	13	159 167.30	2	249 432.10	78	261 424.90
新疆（农业）					6	1 030.00
新疆（畜牧）	1	1 500.00			3	1 012.20
热 科 院						
广　　州						
南　　京						

3-4续表8

地区	黑色金属冶炼和压延加工业		有色金属冶炼和压延加工业	
	企业数（个）	工业总产值（现价）（万元）	企业数（个）	工业总产值（现价）（万元）
全国农垦	**42**	**1 008 341.90**	**67**	**6 650 666.64**
北京				
天津				
河北	10	4 589.00	3	6 568.00
山西				
内蒙古				
辽宁	1	560.00	1	182 900.00
吉林	1	2 779.30	1	219.00
黑龙江				
上海				
江苏				
浙江			2	3 398.50
安徽				
福建	1	1 037.00	1	460.00
江西	2	564.00	5	112 110.64
山东				
河南				
湖北	15	99 392.70	10	79 731.50
湖南	1	10 865.00	12	29 229.00
广东			10	2 448.00
广西	1	22 040.00	1	15 050.00
海南				
重庆				
四川				
贵州				
云南				
西藏				
陕西				
甘肃				
青海				
宁夏				
新疆（兵团）	10	866 514.90	21	6 218 552.00
新疆（农业）				
新疆（畜牧）				
热科院				
广州				
南京				

3－4 续表 9

地　区	金属制品业		通用设备制造业		专用设备制造业	
	企业数（个）	工业总产值（现价）（万元）	企业数（个）	工业总产值（现价）（万元）	企业数（个）	工业总产值（现价）（万元）
全国农垦	**559**	**2 897 510.18**	**176**	**1 254 909.79**	**163**	**931 768.74**
北　京					1	68 909.59
天　津						
河　北	182	388 860.50	59	181 482.00	31	164 471.00
山　西	3	3 447.00				
内蒙古	3	2 734.50				
辽　宁	21	22 090.30	3	1 900.00	21	45 180.30
吉　林						
黑龙江	2	9 572.30			2	6 778.10
上　海	6	38 956.80	2	21 392.70		
江　苏			35	70 949.00	14	27 267.00
浙　江	1	1 399.00				
安　徽	6	29 302.50	2	7 588.40	3	3 800.29
福　建	17	41 208.00			1	7.50
江　西	15	77 533.80	8	383 733.30	12	66 019.00
山　东						
河　南			1	4 794.00		
湖　北	192	1 615 577.88	48	457 950.69	41	312 337.26
湖　南	14	179 726.00	10	113 926.20	13	93 240.00
广　东	32	100 004.00			4	2 878.00
广　西	22	86 679.00	1	324.00	2	1 289.00
海　南						
重　庆						
四　川						
贵　州						
云　南	1	11 009.00			1	3 739.00
西　藏						
陕　西						
甘　肃					1	4 388.00
青　海						
宁　夏						
新疆（兵团）	42	289 409.60	3	2 669.50	16	131 464.70
新疆（农业）						
新疆（畜牧）						
热科院						
广　州						
南　京			4	8 200.00		

3－4 续表 10

地　　区	汽车制造业		铁路、船舶、航空航天和其他运输设备制造业		电气机械和器材制造业	
	企业数（个）	工业总产值（现价）（万元）	企业数（个）	工业总产值（现价）（万元）	企业数（个）	工业总产值（现价）（万元）
全国农垦	**121**	**1 866 348.39**	**104**	**968 648.41**	**126**	**1 872 561.03**
北　京						
天　津						
河　北	20	19 472.00	81	751 373.00	16	94 799.00
山　西						
内蒙古						
辽　宁	3	75.00			3	4 260.00
吉　林						
黑龙江						
上　海					1	12.90
江　苏						
浙　江						
安　徽	1	4 366.00	1	504.31	3	8 330.08
福　建	1	2 335.00			5	7 310.00
江　西	1	275.00	2	120 185.00	11	196 827.00
山　东						
河　南						
湖　北	90	1 807 026.09	11	30 059.10	50	1 277 849.75
湖　南	2	29 271.30	2	65 778.00	11	143 214.00
广　东			6	535.00		
广　西	1	2 520.00			2	2 151.00
海　南			1	214.00		
重　庆						
四　川						
贵　州						
云　南	1	1 008.00				
西　藏						
陕　西						
甘　肃						
青　海						
宁　夏						
新疆（兵团）	1				24	137 807.30
新疆（农业）						
新疆（畜牧）						
热科院						
广　州						
南　京						

3－4 续表 11

地　　区	计算机、通信和其他电子设备制造业		仪器仪表制造业		其他制造业	
	企业数（个）	工业总产值（现价）（万元）	企业数（个）	工业总产值（现价）（万元）	企业数（个）	工业总产值（现价）（万元）
全国农垦	**293**	**2 971 024.98**	**14**	**45 390.20**	**861**	**2 330 954.86**
北　　京					3	60 360.00
天　　津					6	16 244.60
河　　北	185	40 175.00	3	1 143.00	14	17 691.55
山　　西					13	4 006.00
内 蒙 古					6	1 440.00
辽　　宁			1	5 066.00	325	195 551.45
吉　　林						
黑 龙 江						
上　　海						
江　　苏	34	137 338.00			68	739 102.00
浙　　江					2	4 484.56
安　　徽					4	35 463.04
福　　建			2	1 670.00	21	35 217.20
江　　西	14	329 997.00			46	138 976.40
山　　东					1	150.88
河　　南					2	290.00
湖　　北	21	1 933 695.03	6	34 324.20	200	310 487.51
湖　　南	14	22 439.00	2	3 187.00	18	22 772.00
广　　东	4	15 354.45			96	513 791.24
广　　西	3	6 739.00			4	13 773.00
海　　南						
重　　庆						
四　　川					1	211.76
贵　　州					1	189 625.00
云　　南					11	18 623.00
西　　藏						
陕　　西						
甘　　肃					2	7 465.00
青　　海						
宁　　夏					8	2 056.10
新疆（兵团）	18	485 287.50				
新疆（农业）					5	300.00
新疆（畜牧）					4	2 872.57
热 科 院						
广　　州						
南　　京						

3-4 续表 12

地　区	废弃资源综合利用业		金属制品、机械和设备修理业		电力、热力生产和供应业	
	企业数（个）	工业总产值（现价）（万元）	企业数（个）	工业总产值（现价）（万元）	企业数（个）	工业总产值（现价）（万元）
全国农垦	**47**	**572 607.82**	**151**	**262 160.12**	**345**	**4 264 864.09**
北　京						
天　津						
河　北	12	419 835.00	6	9 009.00	31	233 369.23
山　西						
内蒙古	1	700.00	77	7 396.20	4	16 702.00
辽　宁	5	69.00	5	71.00	5	57 160.10
吉　林						
黑龙江					14	95 310.08
上　海			1	1 227.60	2	5 620.70
江　苏						
浙　江						
安　徽					1	4 000.00
福　建	3	22 231.00	1	1 160.00	14	10 760.00
江　西	3	2 705.80	1	5 020.00	41	34 322.13
山　东						
河　南						
湖　北	11	34 087.00	1	223 437.30	17	78 041.82
湖　南	2	18 230.00	3	1 106.00	23	110 003.20
广　东	1	953.00	42	10 188.55	15	45 078.55
广　西	1	2 948.00	1	485.00	10	35 421.00
海　南					13	7 334.00
重　庆						
四　川						
贵　州						
云　南					9	39 597.00
西　藏						
陕　西						
甘　肃					1	6 086.00
青　海					1	2 214.39
宁　夏						
新疆（兵团）	7	66 149.02	2	2 938.47	142	3 481 110.00
新疆（农业）			9	121.00	1	650.00
新疆（畜牧）	1	4 700.00	2		1	2 083.89
热科院						
广　州						
南　京						

3-4 续表 13

地 区	燃气生产和供应业		水的生产和供应业	
	企业数（个）	工业总产值（现价）（万元）	企业数（个）	工业总产值（现价）（万元）
全国农垦	**53**	**471 363.93**	**100**	**224 697.73**
北 京			1	357.00
天 津				
河 北	8	270 605.00	3	4 443.00
山 西				
内 蒙 古			2	839.00
辽 宁	3	16 286.50	4	349.00
吉 林				
黑 龙 江			7	10 906.73
上 海				
江 苏				
浙 江				
安 徽	2	969.66	6	1 309.97
福 建	1	3 700.00	2	850.00
江 西	4	21 508.70	9	17 247.00
山 东				
河 南			1	275.77
湖 北	17	9 326.27	38	103 409.71
湖 南	2	26 587.00	7	15 964.00
广 东	1	1 383.00	2	1 022.00
广 西	3	5 754.00	3	2 273.00
海 南				
重 庆				
四 川				
贵 州				
云 南				
西 藏				
陕 西				
甘 肃				
青 海				
宁 夏				
新疆（兵团）	11	115 243.80	10	64 813.05
新疆（农业）	1		1	
新疆（畜牧）			4	638.50
热 科 院				
广 州				
南 京				

3－5 主要工业产品产量

地　区	原煤 （吨）	铁矿石原矿 （吨）	原盐 （吨）	小麦粉 （吨）	大米 （吨）
全国农垦	**21 870 571**	**1 260 000**	**154 900**	**1 194 196**	**7 827 289**
北　京				211 767	13 680
天　津					9 979
河　北			30 300		345 998
山　西					
内蒙古	15 010 000			46 914	7 369
辽　宁					321 433
吉　林					62 946
黑龙江				413 693	380 238
上　海				220 873	189 017
江　苏				2 420	302 322
浙　江					
安　徽				39 821	89 284
福　建					4 463
江　西	781 571	1 260 000		2 355	190 942
山　东			2 600		
河　南					
湖　北				118 521	1 349 472
湖　南			22 000		4 318 515
广　东					32 910
广　西					52 080
海　南					3 867
重　庆					
四　川					
贵　州					390
云　南					
西　藏					
陕　西	906 100				
甘　肃				157	
青　海			100 000		
宁　夏					8 005
新疆（兵团）	5 172 900			137 183	125 317
新疆（农业）				330	6 000
新疆（畜牧）				162	13 063
热科院					
广　州					
南　京					

3－5 续表 1

地　区	饲料（吨）	配合饲料	混合饲料	精制食用植物油（吨）	成品糖（吨）
全国农垦	**5 739 789**	**3 986 546**	**1 753 242**	**3 741 717**	**3 224 708**
北　京	103 080		103 080	1 504 717	
天　津	39 424	39 424			
河　北	337 463	229 226	108 237	1 066	
山　西	19 500	19 500			
内蒙古	27 265	2 980	24 285	6 237	7 330
辽　宁	87 152	480	86 672	33 445	
吉　林					
黑龙江				1 391 953	
上　海	286 675	201 568	85 107	57 267	1 596 423
江　苏	75 287	46 522	28 765	146 652	
浙　江					
安　徽	47 791	31 691	16 100	9 191	
福　建	25 210	24 297	913		
江　西	91 966	46 198	45 768	29 737	
山　东	2 000	2 000			
河　南	200 000		200 000		
湖　北	1 334 757	981 589	353 168	319 231	95 035
湖　南	168 336	53 265	115 071	8 813	
广　东	169 571	167 554	2 017	9 292	308 454
广　西	131 583	121 748	9 835	30	961 738
海　南					4 312
重　庆	441 403	441 403			
四　川				2	
贵　州	122 532	122 532			
云　南	40 740	40 740			109 248
西　藏					
陕　西					
甘　肃				228	331
青　海					
宁　夏	155 866		155 866		
新疆（兵团）	1 665 206	1 317 314	347 892	221 235	141 767
新疆（农业）				1 150	70
新疆（畜牧）	71 016	550	70 466	1 472	
热科院					
广　州	95 965	95 965			
南　京					

3-5 续表 2

地　区	鲜、冷藏肉（吨）	乳制品（吨）			罐头（吨）	
			液体乳	乳粉		番茄酱罐头
全国农垦	**1 999 386**	**4 738 702**	**4 571 218**	**108 014**	**663 075**	**1 247**
北　京	1 464 598	554 717	543 142	11 572		
天　津		84 188	84 054	134		
河　北	2 338	355 837	321 321	34 516		
山　西		207	207			
内 蒙 古	7 399	5			900	900
辽　宁	69	4 813	4 813			
吉　林						
黑 龙 江		281 794	244 861	36 594		
上　海	123 410	1 324 605	1 316 940	4 111	62 101	
江　苏						
浙　江						
安　徽						
福　建		265	265		18	10
江　西		4 369			5 073	
山　东						
河　南		4 715	4 715			
湖　北	109 846	492 503	446 308		30 661	
湖　南	4 722	4 266	4 266		82 753	337
广　东	5 055	213 175	213 175		2 916	
广　西	66 196	5 278	4 090			
海　南						
重　庆	3 742	295 089	292 164	2 925	7 137	
四　川		1 568	1 568			
贵　州		163 483	163 483			
云　南						
西　藏						
陕　西						
甘　肃		121 014	121 014			
青　海						
宁　夏	1 562	34 930	34 930			
新疆（兵团）	140 929	374 314	357 739	12 769	470 670	
新疆（农业）						
新疆（畜牧）		128 504	127 920	573	846	
热 科 院						
广　州	69 521	289 064	284 244	4 819		
南　京						

3－5 续表 3

地　区	饮料酒（千升）	白酒（折65度，商品量）	啤酒	葡萄酒
全国农垦	**1 883 590**	**761 080**	**1 019 519**	**27 151**
北　京	1 357	1 357		
天　津	6 329			6 329
河　北	4 832	4 832		
山　西	650 000	650 000		
内蒙古	303	292		
辽　宁	54 573	1 985	52 588	
吉　林				
黑龙江				
上　海	77 172	8 575		
江　苏				
浙　江				
安　徽	5 140	1 990		
福　建	6 381	3 779		2 602
江　西	105 640	19 486	86 018	
山　东				
河　南	2 010			2 010
湖　北	687 299	13 222	673 956	
湖　南	13 458	9 093		4 200
广　东	1 467	1 417		
广　西	717	717		
海　南				
重　庆				
四　川				
贵　州				
云　南	7 023	7 023		
西　藏				
陕　西				
甘　肃	21 770	20 570		1 200
青　海				
宁　夏	181 689	286	178 467	2 909
新疆（兵团）	56 341	16 371	28 485	7 900
新疆（农业）	85	85		
新疆（畜牧）	4		4	
热科院				
广　州				
南　京				

3-5续表4

地　区	软饮料（吨）	碳酸饮料类（汽水）	包装饮用水类	果汁和蔬菜汁饮料类
全国农垦	**2 519 800**	**438 702**	**1 085 658**	**84 778**
北　京	4 706		1 334	3 372
天　津	1 049		1 049	
河　北				
山　西				
内蒙古	8 741		8 741	
辽　宁	400		400	
吉　林				
黑龙江	48 711		16 729	15 139
上　海	93 477			333
江　苏				
浙　江	292			292
安　徽				
福　建	8		4	4
江　西	142 150		104 900	37 250
山　东				
河　南				
湖　北	1 884 147	370 856	761 408	6 088
湖　南				
广　东	81			
广　西	84 482		84 482	
海　南	1 907		502	1 405
重　庆				
四　川				
贵　州				
云　南				
西　藏				
陕　西				
甘　肃				
青　海				
宁　夏				
新疆（兵团）	249 649	67 846	106 110	20 896
新疆（农业）				
新疆（畜牧）				
热科院				
广　州				
南　京				

3－5续表5

地区	精制茶（吨）	纱（吨）	布（米）	服装（件）	皮革鞋靴（双）	家具（件）
全国农垦	**27 983**	**991 531**	**831 303 936**	**118 213 714**	**13 792 937**	**7 580 003**
北京						
天津						
河北			632 000	825 500	615 500	4 193 603
山西						595
内蒙古						21 000
辽宁				1 130 500		29 452
吉林						
黑龙江						
上海						
江苏		20 246		1 600 000		
浙江	42					260
安徽	6 124	6 465		1 895 028		
福建	4 679		11 500 000	61 270	5 580 000	281 945
江西	1 135	45 906	2 758 890	68 535 950	288 052	110 795
山东						
河南						
湖北	1 445	162 584	531 956 304	22 252 195	142 050	832 326
湖南	5 046	208 417	73 256 342	5 083 320	1 789 620	56 855
广东	208	6 751		11 726 401	5 377 715	1 926 282
广西	873			150 000		50 910
海南	271					5 000
重庆						
四川						
贵州	32					
云南	8 027					
西藏						
陕西						
甘肃						
青海						
宁夏						
新疆（兵团）	97	537 662	211 200 400	4 951 900		69 980
新疆（农业）		3 500				1 000
新疆（畜牧）				1 650		
热科院						
广州						
南京	4					

3－5 续表 6

地　区	机制纸及纸板（外购原纸加工除外）（吨）	农用氮、磷、钾化学肥料总计（折纯量）（吨）			
			氮肥（折含氮 100%）	磷肥（折五氧化二磷 100%）	钾肥（折氧化钾 100%）
全国农垦	**649 615**	**526 315**	**446 375**	**12 641**	**67 299**
北　京					
天　津	26 025				
河　北	2				
山　西					
内蒙古					
辽　宁	38 738	19 411	1 931	1 585	15 895
吉　林					
黑龙江					
上　海					
江　苏		736	100	486	150
浙　江					
安　徽					
福　建	1 722				
江　西	87 190	2 650	1 787	741	122
山　东					
河　南					
湖　北	160 624	1 419	390	106	923
湖　南	99 764				
广　东	25 234	1 109	480	329	300
广　西	55 294	9 297	6 133	1 655	1 509
海　南		22 415	12 837	3 512	6 066
重　庆					
四　川					
贵　州					
云　南		5 987	5 987		
西　藏					
陕　西					
甘　肃		3 281	1 478	846	957
青　海					
宁　夏					
新疆（兵团）	155 022	456 193	413 014	2 001	41 178
新疆（农业）					
新疆（畜牧）		3 818	2 238	1 380	200
热科院					
广　州					
南　京					

3-5续表7

地　　区	化学农药原药（折有效成分100%）（吨）				化学药品原药（吨）	中成药（吨）
		杀虫剂原药	杀菌剂原药	除草剂原药		
全国农垦	**2 775**	**2 051**	**206**	**518**	**30 777**	**32 633**
北　　京					1	125
天　　津						
河　　北						
山　　西	260			260		
内 蒙 古						95
辽　　宁	12	1	5	6		70
吉　　林						750
黑 龙 江					1 213	
上　　海					168	
江　　苏	2 450	2 000	200	250	12 302	400
浙　　江						
安　　徽						577
福　　建						103
江　　西	44	44			12 551	16 928
山　　东						
河　　南						
湖　　北					4 535	9 570
湖　　南						98
广　　东					7	422
广　　西						
海　　南						
重　　庆						
四　　川						
贵　　州						
云　　南						
西　　藏						
陕　　西						
甘　　肃						2 865
青　　海						
宁　　夏						
新疆（兵团）						444
新疆（农业）						
新疆（畜牧）	9	6	1	2		186
热 科 院						
广　　州						
南　　京						

3-5续表8

地区	塑料制品（吨）	水泥（吨）	砖（块）	瓦（片）	发电量（千瓦·时）	自来水生产量（米^3）
全国农垦	**1 092 428**	**15 428 171**	**3 685 714 355**	**103 597 950**	**113 125 066 318**	**515 398 048**
北京					266 346 100	
天津	1 898					
河北	4 751	43 409			2 651 564 700	2 650 000
山西						
内蒙古	995	592 510	66 990 450		129 312 310	700 000
辽宁	343	536 057	63 814 000	1 840 000	30 230 000	1 945 000
吉林	48	572 480				
黑龙江					231 710 000	25 250 000
上海	7 748					
江苏	1 765		201 256 930			
浙江	521					
安徽	1 043		2 315 000		18 120 000	5 394 640
福建	4 594		53 525 900	177 000	100 328 390	1 896 000
江西	31 665	162 630	203 798 694	19 957 752	620 629 161	2 850 876
山东						
河南						660 459
湖北	459 921	936 295	837 615 912	57 865 398	235 735 647	131 948 278
湖南	35 000		283 746 300	4 655 800	485 204 965	12 168 111
广东	31 471	135 720	416 752 721	16 752 000	988 924 146	629 715
广西	24 297	313 140	32 648		75 779	590 069
海南		700 000	45 060 000		186 220 000	
重庆						
四川						
贵州						
云南	111	373 369	37 670 000		471 444 900	
西藏						
陕西						
甘肃	6 381	846 400			242 806 620	
青海						
宁夏			56 000 000			
新疆（兵团）	474 981	10 216 161	1 381 985 800	2 350 000	106 360 845 100	328 451 400
新疆（农业）	4 555				1 500	263 500
新疆（畜牧）	341		35 150 000		105 567 000	
热科院						
广州						
南京						

3-6 大中型工业

垦 区	企业名称	大型或中型	行业类型
湖 北	湖北中烟工业有限责任公司	大型	卷烟制造
新疆(兵团)	新疆大全新能源股份有限公司	大型	其他非金属矿物制品制造
江 苏	江苏正大天晴药业股份有限公司	大型	生物化学农药及微生物农药制造
新疆(兵团)	新疆农六师铝业有限公司	大型	铝压延加工
新疆(兵团)	新疆生产建设兵团第八师天山铝业有限公司	大型	铝冶炼
新疆(兵团)	新疆梅花氨基酸有限责任公司	大型	食品及饲料添加剂制造
上 海	银蕨农场有限公司（Silver Fern Farm Limited）	大型	牲畜屠宰
黑 龙 江	九三粮油工业集团有限公司	大型	食用植物油加工
湖 北	武汉京东方光电科技有限公司	大型	光电子器件制造
江 苏	南京正大天晴制药有限公司	中型	生物化学农药及微生物农药制造
湖 北	凌云科技集团有限责任公司	大型	金属门窗制造
新疆(兵团)	新疆农六师煤电有限公司	中型	热电联产
新疆(兵团)	新疆西部合盛硅业有限公司	大型	有机化学原料制造
新疆(兵团)	新疆新业能源化工有限责任公司	大型	有机化学原料制造
广 东	广东广垦糖业集团有限公司	大型	制糖业
新疆(兵团)	新疆农六师碳素有限公司	中型	石墨及碳素制品制造
新疆(兵团)	天能化工有限公司	大型	初级形态塑料及合成树脂制造
湖 北	益海嘉里（武汉）粮油工业有限公司	大型	食用植物油加工
新疆(兵团)	石河子市天瑞能源有限公司	中型	火力发电
广 东	广东省广垦橡胶集团有限公司	大型	农产品初加工活动
河 北	蒙牛塞北乳液有限公司	中型	液体乳制造
新疆(兵团)	奎屯锦疆化工有限公司	中型	氮肥制造
新疆(兵团)	天伟化工有限公司	大型	初级形态塑料及合成树脂制造
上 海	光明乳业股份有限公司	大型	液体乳制造
湖 北	康宁显示科技（武汉）有限公司	中型	特种玻璃制造
新疆(兵团)	天辰化工有限公司	大型	初级形态塑料及合成树脂制造
上 海	信联乳业有限公司（Synlait Milk Limited，又名：新莱特）	中型	乳粉制造
黑 龙 江	北大荒完达山乳业股份有限公司	大型	乳粉制造
新疆(兵团)	新疆天富能源股份有限公司	大型	电力供应
湖 北	华润雪花啤酒（武汉）有限公司	大型	啤酒制造
湖 北	武汉统一企业食品有限公司	大型	茶饮料及其他饮料制造
湖 北	武汉回盛生物科技股份有限公司	中型	兽用药品制造
新疆(兵团)	新疆天智辰业化工有限公司	大型	有机化学原料制造
广 东	广东燕塘乳业股份有限公司	大型	液体乳制造
湖 北	TCL 空调器（武汉）有限公司	大型	家用空气调节器制造

企业一览表

增加值		工业总产值		工业销售产值		年末资产总额		所有者权益		年末固定资产原值		从业人员平均数	
金额（万元）	排序	金额（万元）	排序	金额（万元）	排序	金额（万元）	排序	金额（万元）	排序	金额（万元）	排序	数量（人）	排序
7 563 571	1	8 085 921	1	7 916 614	1	6 064 053	1	4 141 834	2	1 192 222	4	4 787	44
2 722 489	2	3 122 749	3	3 094 658	3	5 077 296	2	4 559 514	1	1 174 605	5	33 309	2
696 854	3	651 298	13	1 651 298	6	2 263 164	7	1 392 736	5	531 792	17	4 859	43
650 574	4	3 008 370	4	2 851 043	5	2 570 538	5	793 482	6	1 158 426	6	15 883	11
429 306	5	2 007 043	5	2 908 814	4	3 933 791	4	1 944 088	4	1 969 041	2	30 244	3
353 731	6	852 871	10	835 321	11	644 354	23	416 496	14	882 754	8	33 460	1
335 799	7					514 584	30	361 874	20	333 531	27	6 416	32
316 711	8	3 515 364	2	3 569 882	2	2 303 485	6	415 323	15	509 982	19	2 398	110
300 379	9	1 266 352	7	1 254 675	8	5 053 875	3	2 818 800	3	3 659 521	1	2 747	96
207 868	10	386 341	25	386 341	27	255 909	56	90 755	63	108 487	63	3 368	78
173 985	11	797 039	11	788 595	12	889 661	14	128 881	40	258 717	29	3 529	69
170 258	12	546 942	17	553 128	17	1 670 459	9	571 579	9	1 012 214	7	4 534	48
152 938	13	785 092	12	750 224	13	855 153	17	338 498	22	356 596	26	24 434	4
150 818	14	292 060	34	290 211	34	1 047 821	12	364 862	19	614 933	14	18 511	9
146 829	15	183 178	56	149 184	66	861 108	16	555 410	11	651 609	11	3 695	64
146 413	16	562 212	16	545 653	18	577 512	25	228 140	29	371 316	25	2 604	104
145 448	17	443 602	20	445 584	21	494 504	32	375 360	17	556 779	15	23 490	5
140 224	18	895 699	9	885 029	10	356 736	39	132 920	39	134 245	51	1 172	146
121 307	19	395 323	24	396 427	25	822 722	20	577 966	8	658 242	10	10 824	16
115 708	20	1 042 041	8	1 011 197	9	532 657	29	236 023	27	178 816	41	4 550	46
108 876	21	1 504 360	6	1 385 623	7	144 602	91	95 635	61	32 706	162	310	269
106 265	22	215 362	45	214 770	45	350 167	41	159 981	34	451 507	21	10 303	18
99 972	23	375 046	27	380 886	28	591 605	24	366 560	18	636 816	12	23 106	6
95 852	24	576 018	15	574 975	16	1 493 005	10	782 698	7	199 961	37	2 831	95
93 970	25	237 298	39	237 298	40	668 807	22	213 371	32	511 141	18	528	207
85 543	26	359 143	29	368 422	29	454 091	35	217 761	30	616 217	13	22 547	7
84 208	27					829 276	19	346 774	21	537 828	16	890	157
80 395	28	421 439	23	416 763	22	382 856	38	233 981	28	248 636	31	4 148	54
78 040	29	592 183	14	676 594	14	1 903 067	8	560 437	10	1 668 272	3	11 864	14
76 035	30	193 521	50	192 002	51	161 633	82	106 767	53	104 387	67	1 054	149
72 425	31	271 282	35	271 282	37	165 060	80	96 344	60	79 140	91	2 467	107
70 201	32	131 020	73	124 496	77	239 253	61	156 475	35	43 953	136	370	247
68 059	33	225 341	40	231 361	41	735 630	21	86 173	65	446 013	22	10 819	17
64 856	34	192 209	51	194 974	49	189 292	73	127 299	42	126 758	57	1 803	124
63 566	35	503 295	18	613 491	15	293 052	48	18 666	170	16 130	223	1 200	145

垦　　区	企业名称	大型或中型	行业类型
新疆（兵团）	新疆绿斯特煤化工有限公司	中型	炼焦
江　　苏	江苏正大丰海制药有限公司	中型	生物化学农药及微生物农药制造
新疆（兵团）	新疆伊力特实业股份有限公司	大型	白酒制造
湖　　北	武汉航达航空科技发展有限公司	中型	航空航天器修理
新疆（兵团）	新疆西部合盛热电有限公司	中型	热电联产
新疆（兵团）	新疆大安特种钢有限责任公司	大型	钢压延加工
新疆（兵团）	石河子市西部宁新碳素有限公司	中型	石墨及碳素制品制造
新疆（兵团）	天康生物制药有限公司	中型	兽用药品制造
新疆（兵团）	新疆天业汇合新材料有限公司	大型	其他合成材料制造
新疆（兵团）	阿拉尔市南疆碳素新材料有限公司	中型	石墨及碳素制品制造
贵　　州	贵州省红枫湖畜禽水产有限公司	中型	茶饮料及其他饮料制造
新疆（兵团）	新疆天山盈达碳素有限公司	中型	石墨及碳素制品制造
北　　京	浙江小王子食品有限公司	大型	饼干及其他焙烤食品制造
湖　　北	武汉第二电线电缆有限公司	中型	电线、电缆制造
北　　京	北京二商肉类食品集团有限公司	大型	禽类屠宰
河　　北	唐山市蓝欣玻璃有限公司	中型	技术玻璃制品制造
新疆（兵团）	新疆宣力环保能源有限公司	中型	其他原油制造
新疆（兵团）	新疆锦龙电力集团有限公司	中型	电力供应
新疆（兵团）	新疆生产建设兵团第一师电力有限责任公司	中型	电力供应
新疆（兵团）	新疆西部合盛硅材料有限公司	大型	硅冶炼
上　　海	云南德宏英茂糖业有限公司	大型	制糖业
上　　海	广西凤糖生化股份有限公司	大型	制糖业
新疆（兵团）	新疆昆仑钢铁有限公司	中型	钢压延加工
湖　　北	伟福科技工业（武汉）有限公司	中型	汽车零部件及配件制造
河　　北	旗帜婴儿乳品股份有限公司	中型	乳粉制造
新疆（兵团）	新疆屯南煤业有限责任公司	中型	烟煤和无烟煤开采洗选
江　　西	鸭鸭股份公司	大型	羽毛（绒）制品加工
湖　　北	武汉斯坦雷电气有限公司	中型	汽车零部件及配件制造
广　　州	广州皇上皇集团股份有限公司	中型	肉制品及副产品加工
湖　　北	武汉百事可乐饮料有限公司	大型	碳酸饮料制造
新疆（农业）	新疆三场纺织有限公司	中型	棉纺纱加工
新疆（兵团）	中煤能源新疆天山煤电有限责任公司	中型	烟煤和无烟煤开采洗选
新疆（兵团）	新疆新越丝路有限公司	大型	毛巾类制品制造
北　　京	京粮龙江生物工程有限公司	中型	淀粉及淀粉制品制造
新疆（兵团）	库尔勒金川矿业有限公司	中型	烟煤和无烟煤开采洗选
江　　苏	江苏正大清江制药有限公司	中型	生物化学农药及微生物农药制造

3－6 续表 1

增加值		工业总产值		工业销售产值		年末资产总额		所有者权益		年末固定资产原值		从业人员平均数	
金额（万元）	排序	金额（万元）	排序	金额（万元）	排序	金额（万元）	排序	金额（万元）	排序	金额（万元）	排序	数量（人）	排序
62 731	36	251 755	37	272 284	36	132 091	102	74 417	77	57 442	116	4 358	49
61 007	37	140 660	69	140 660	67	215 574	67	86 310	64	77 321	93	1 436	140
59 648	38	103 858	89	107 613	88	480 508	33	380 606	16	174 942	42	15 747	12
59 189	39	223 437	41	134 782	72	234 733	62	115 929	48	70 117	101	946	154
57 319	40	107 386	84	121 187	79	325 992	46	217 553	31	215 375	35	4 294	50
54 608	41	430 643	21	403 722	23	543 137	27	70 294	82	213 849	36	12 233	13
51 445	42	59 658	139	91 726	103	139 999	95	127 704	41	43 456	138	5 290	37
51 303	43	95 595	102	96 204	96	148 785	85	112 958	49	21 309	203	8 864	19
50 950	44	175 270	57	172 997	57	871 348	15	318 318	24	706 448	9	17 114	10
49 035	45	168 037	60	168 858	58	266 680	52	58 422	96	151 878	46	3 683	65
44 960	46	96 000	100	95 679	98	208 905	68	112 040	50	4 818	261	640	183
44 213	47	170 139	59	199 458	48	249 512	58	118 148	46	82 096	87	3 202	84
43 727	48	84 950	113	85 474	109	115 187	117	85 678	67	50 549	125	1 767	126
43 485	49	255 196	36	255 235	38	129 098	103	67 677	84	10 383	244	693	172
42 111	50	243 762	38	242 169	39	947 144	13	320 712	23	33 761	157	1 737	128
41 731	51	97 525	97	78 137	122	112 686	119	11 381	205	72 175	98	600	187
40 470	52	217 180	44	151 896	62	345 950	42	140 177	38	138 775	49	5 450	36
39 943	53	167 354	61	184 994	54	836 716	18	275 478	25	379 104	23	5 637	34
39 743	54	126 331	75	130 413	74	332 668	43	63 615	91	378 497	24	5 147	41
36 941	55	154 358	64	401 212	24	440 063	37	65 238	89	182 865	39	11 862	15
36 594	56	189 068	52	180 457	56	163 965	81	94 126	62	134 212	52	1 827	122
36 561	57	126 464	74	125 370	76	109 266	122	73 696	78	65 487	105	1 601	134
34 653	58	425 595	22	446 150	20	326 610	45	84 730	68	148 566	47	5 504	35
34 500	59	149 285	66	149 285	65	95 747	128	61 908	93	86 250	79	980	152
33 099	60	146 499	67	150 849	63	119 412	110	53 307	100	48 095	127	745	167
33 068	61	34 440	195	35 623	194	73 256	156	37 740	116	77 268	94	7 336	23
32 652	62	326 524	31	326 524	31	252 316	57	46 560	106	224 686	33	2 679	99
32 032	63	138 606	70	138 606	68	136 577	99	102 797	57	102 092	69	448	229
31 949	64	187 394	53	189 134	52	124 845	105	80 529	71	62 609	106	924	155
29 874	65	100 788	95	119 089	82	93 954	132	32 911	132	26 129	183	1 101	147
29 449	66	31 957	202	26 137	218	40 336	210	18 547	172	40 215	143	690	175
29 101	67	52 484	152	48 015	162	187 793	74	－22 081	276	130 979	54	7 866	21
28 546	68	50 499	156	72 417	125	200 964	69	116 208	47	123 598	58	6 750	28
28 329	69	338 335	30	307 302	33	247 082	59	69 291	83	139 131	48	665	178
28 205	70	30 296	204	28 872	205	63 400	167	53 021	101	44 264	135	7 312	24
28 129	71	91 654	108	91 654	104	119 892	108	50 540	104	17 065	220	955	153

垦区	企业名称	大型或中型	行业类型
新疆(兵团)	新疆宜泰环保能源有限公司	中型	炼焦
上海	青海小西牛生物乳业股份有限公司	中型	液体乳制造
湖北	湖北武汉双汇食品有限公司	中型	肉制品及副产品加工
上海	上海冠生园食品有限公司	中型	糖果、巧克力制造
北京	山东大泽成生物科技有限公司	中型	淀粉及淀粉制品制造
湖北	武汉虹之彩包装印刷有限公司	中型	包装装潢及其他印刷
新疆(兵团)	新疆天展新材料科技有限公司	中型	铝冶炼
宁夏	宁夏西夏嘉酿啤酒有限公司	大型	啤酒制造
新疆(兵团)	新疆生产建设兵团第四师电力有限责任公司	中型	电力供应
广西	广西糖业集团昌菱制糖有限公司	中型	制糖业
湖北	武汉友发包装科技有限公司	中型	塑料薄膜制造
新疆(兵团)	石河子天域新实化工有限公司	中型	初级形态塑料及合成树脂制造
湖北	武汉艾帕克汽车配件有限公司	中型	汽车零部件及配件制造
河北	雪川农业发展股份有限公司	中型	薯类种植
新疆(兵团)	新疆青松建材化工（集团）股份有限公司	中型	水泥制造
黑龙江	丰润生物科技股份有限公司	中型	化学药品原料药制造
湖北	东风（武汉）实业有限公司	中型	汽车零部件及配件制造
新疆(兵团)	新疆中硅科技有限公司	中型	硅冶炼
广西	广西糖业集团大新制糖有限公司	中型	制糖业
新疆(兵团)	新疆天润生物科技股份有限公司	中型	液体乳制造
湖北	蒙牛乳制品武汉有限责任公司	中型	液体乳制造
湖北	武汉龙发包装有限公司	中型	包装装潢及其他印刷
新疆(兵团)	伊犁南岗化工有限责任公司	中型	初级形态塑料及合成树脂制造
广西	广西糖业集团红河制糖有限公司	中型	制糖业
新疆(兵团)	新疆上昵生物科技有限公司	中型	兽用药品制造
湖北	荷贝克电源系统（武汉）有限公司	中型	铅蓄电池制造
新疆(兵团)	新疆恒源水务有限公司	中型	自来水生产和供应
湖北	联塑科技发展（武汉）有限公司	中型	塑料板、管、型材制造
湖北	武汉森六汽车配件有限公司	中型	汽车零部件及配件制造
新疆(兵团)	新疆天康饲料有限公司	中型	其他饲料加工
新疆(兵团)	阿拉尔市中泰纺织科技有限公司	大型	人造纤维（纤维素纤维）制造
湖北	武汉菱电汽车电控系统股份有限公司	中型	汽车车身、挂车制造
湖北	武汉中兴创新材料技术有限公司	中型	环境污染处理专用药剂材料制造
新疆(畜牧)	新疆西域春乳业有限责任公司	中型	农产品初加工活动
湖北	远大生命科学（武汉）有限公司	中型	化学药品制剂制造
广西	广西兴桂纸业有限公司	中型	机制纸及纸板制造

3－6 续表 2

增加值		工业总产值		工业销售产值		年末资产总额		所有者权益		年末固定资产原值		从业人员平均数	
金额（万元）	排序	金额（万元）	排序	金额（万元）	排序	金额（万元）	排序	金额（万元）	排序	金额（万元）	排序	数量（人）	排序
27 721	72	144 105	68	135 222	71	144 878	90	34 891	128	107 421	64	3 328	80
26 897	73	67 137	126	64 521	131	53 619	179	32 150	136	28 583	175	567	195
26 178	74	186 191	54	192 341	50	83 820	145	67 383	85	45 938	131	875	158
26 151	75	85 174	112	81 926	116	222 737	65	121 504	45	38 826	146	503	213
24 800	76	384 075	26	395 461	26	195 997	71	54 031	98	120 293	59	742	168
24 507	77	104 286	88	111 462	86	292 918	49	261 296	26	45 968	130	584	190
24 442	78	108 842	82	107 932	87	147 786	86	81 912	70	58 973	113	2 363	112
24 074	79	59 872	138	60 908	135	71 615	159	40 492	111	46 033	129	429	235
23 572	80	114 864	81	125 475	75	262 145	54	103 247	56	244 512	32	5 231	38
23 198	81	66 280	127	65 900	130	109 276	121	27 074	142	105 818	65	4 076	56
22 668	82	116 185	79	113 968	84	87 082	141	16 881	179	39 592	144	356	253
22 545	83	157 751	63	152 644	61	71 879	158	23 632	152	172 705	43	7 003	25
22 088	84	95 577	103	95 577	99	93 595	133	58 676	94	101 731	70	691	174
22 000	85	133 900	72	133 900	73	192 643	72	85 776	66	76 372	95	756	165
21 762	86	55 268	148	62 595	132	1 081 374	11	505 611	12	86 824	78	4 208	52
21 689	87	221 164	42	185 616	53	327 223	44	105 156	54	25 258	185	805	162
21 424	88	92 705	107	92 705	102	199 675	70	122 853	44	68 878	102	329	262
21 361	89	108 722	83	89 937	105	45 100	194	18 643	171	28 294	176	2 887	94
20 850	90	59 570	140	58 797	139	69 069	163	565	255	28 803	174	3 125	85
20 658	91	164 526	62	163 978	59	89 527	137	36 714	121	44 720	134	7 871	20
20 585	92	95 941	101	95 941	97	67 914	165	13 437	196	52 893	120	402	240
20 132	93	85 234	111	85 234	110	27 335	233	5 404	231	10 466	243	320	265
20 073	94	104 767	86	82 904	113	138 841	96	−43 074	282	126 938	56	6 966	26
19 836	95	56 674	144	55 515	145	54 935	176	29 178	139	56 452	118	3 819	63
19 710	96	33 846	197	36 458	192	41 574	207	20 038	164	43 866	137	3 877	59
19 559	97	104 818	85	103 721	91	60 594	169	30 844	137	35 344	155	616	184
19 453	98	11 638	265	15 862	252	276 127	51	98 643	59	158 736	45	2 908	92
19 368	99	99 274	96	118 830	83	135 962	100	52 987	102	46 712	128	575	192
19 261	100	83 343	115	83 343	111	79 803	149	66 505	88	83 156	85	422	236
19 248	101	173 759	58	156 213	60	261 559	55	77 577	74	36 444	153	6 888	27
18 569	102	217 180	43	224 854	42	534 766	28	123 480	43	506 680	20	20 766	8
18 467	103	79 907	120	79 907	120	176 891	78	140 722	37	13 923	232	836	161
18 282	104	93 703	106	79 170	121	114 393	118	36 058	124	58 500	115	487	218
17 706	105	101 254	93	99 467	93	89 353	138	52 764	103	38 341	148	654	180
17 633	106	40 405	177	42 547	175	48 142	187	21 761	159	12 618	238	368	250
17 466	107	49 902	157	51 540	151	104 296	125	9 874	210	72 278	97	4 689	45

垦　　区	企业名称	大型或中型	行业类型
黑 龙 江	北大荒丰缘集团有限公司	大型	小麦加工
云　　南	云南农垦集团电力公司	中型	水力发电
广　　西	广西糖业集团柳兴制糖有限公司	中型	制糖业
新疆(兵团)	新疆晶和源新材料有限公司	中型	硅冶炼
上　　海	黑龙江省光明松鹤乳品有限责任公司	中型	液体乳制造
广　　州	广州风行乳业股份有限公司	大型	液体乳制造
上　　海	武汉光明乳品有限公司	中型	液体乳制造
新疆(兵团)	新疆锦域纺织有限公司	中型	棉纺纱加工
湖　　北	本田制锁（武汉）有限公司	大型	汽车零部件及配件制造
新疆(兵团)	新疆中基红色番茄产业有限公司	中型	蔬菜、水果罐头制造
北　　京	开封大红门肉类食品有限公司	大型	牲畜屠宰
新疆(兵团)	新疆大黄山豫新煤业有限责任公司	中型	烟煤和无烟煤开采洗选
上　　海	云南西双版纳英茂糖业有限公司	中型	制糖业
新疆(兵团)	新疆石河子花园乳业有限公司	中型	液体乳制造
广　　西	广西农垦明阳生化有限公司（本部）	大型	农产品初加工活动
上　　海	上海梅林正广和（绵阳）有限公司	中型	肉、禽类罐头制造
上　　海	光明乳业（德州）有限公司	中型	液体乳制造
新疆(兵团)	哈密十三师水务管理有限公司	中型	电力供应
上　　海	广西上上糖业有限公司	中型	制糖业
广　　西	广西糖业集团金光制糖有限公司	中型	制糖业
北　　京	山东福宽生物工程有限公司	中型	淀粉及淀粉制品制造
江　　西	江西南昌桑海制药有限责任公司	中型	中成药生产
新疆(兵团)	天能水泥有限公司	中型	水泥制造
新疆(兵团)	新疆和兴恒石新型建材股份有限公司	中型	水泥制品制造
湖　　北	武汉市科达云石护理材料有限公司	中型	密封用填料及类似品制造
湖　　北	武汉祥恒包装有限公司	中型	纸和纸板容器制造
上　　海	江苏淮安苏食肉品有限公司	中型	牲畜屠宰
新疆(兵团)	新疆天富天源燃气有限公司	中型	天然气生产和供应业
新疆(兵团)	新疆屯富热电有限责任公司	中型	热电联产
广　　西	广西糖业集团廖平制糖有限公司	中型	制糖业
新疆(兵团)	新疆生产建设兵团塔什店联合矿业有限责任公司	中型	烟煤和无烟煤开采洗选
湖　　北	湖北天济药业有限公司	中型	中药饮片加工
新疆(兵团)	新疆大黄山鸿基焦化有限责任公司	中型	炼焦
新疆(兵团)	天伟水泥有限公司	中型	水泥制造
江　　西	江西省亚华电子材料有限公司	大型	电子电路制造
江　　西	江西南昌济生制药有限责任公司	中型	中成药生产

3－6 续表 3

增加值		工业总产值		工业销售产值		年末资产总额		所有者权益		年末固定资产原值		从业人员平均数	
金额（万元）	排序	金额（万元）	排序	金额（万元）	排序	金额（万元）	排序	金额（万元）	排序	金额（万元）	排序	数量（人）	排序
17 418	108	125 159	76	122 841	78	498 229	31	－87 287	287	115 027	60	613	185
17 374	109	34 889	194	34 889	196	142 304	94	58 069	97	114 372	61	469	224
17 081	110	711	286	526	285	93 489	134	32 392	135	60 096	108	697	171
17 055	111	80 959	118	47 421	163	288 217	50	80 294	72	4 130	263	3 433	74
16 960	112	97 397	98	88 593	107	111 215	120	111 215	51	52 070	123	685	176
16 945	113	79 239	121	80 162	119	146 897	87	76 362	76	24 849	188	1 480	139
16 891	114	94 608	104	94 643	100	94 356	131	36 441	123	59 801	110	474	221
16 819	115	59 949	137	57 165	142	127 807	104	71 045	80	84 348	82	3 837	61
16 817	116	72 768	123	73 554	124	54 203	178	20 405	163	35 458	154	1 214	144
16 413	117	57 770	143	50 017	154	76 561	153	－38 171	281	105 573	66	2 716	97
16 261	118	458 854	19	475 115	19	45 752	191	18 503	173	16 643	221	650	182
16 109	119	19 659	240	24 631	225	86 517	142	－11 312	273	100 691	72	3 573	68
16 076	120	87 005	109	87 961	108	70 945	161	30 823	138	58 979	112	651	181
15 963	121	85 237	110	83 162	112	45 347	193	28 217	141	25 252	186	5 208	39
15 941	122	45 545	163	45 648	167	12 916	265	－86 513	286	173	286	4 884	42
15 832	123	60 378	136	57 233	141	44 925	195	28 985	140	22 895	194	455	228
15 688	124	101 963	91	98 823	94	40 839	209	16 884	178	40 622	142	590	189
15 619	125	17 146	251	18 190	245	182 755	76	72 349	79	37 365	151	3 830	62
15 609	126	83 157	116	88 631	106	42 723	203	21 505	160	60 105	107	839	160
15 552	127	44 433	166	44 672	169	60 169	170	13 169	197	45 503	132	3 474	73
15 411	128	320 158	32	314 744	32	135 680	101	53 457	99	90 592	75	739	169
15 339	129	36 331	189	37 083	190	55 480	175	37 418	118	10 342	245	421	237
14 843	130	25 760	218	24 415	228	119 193	111	108 589	52	84 615	81	3 329	79
14 784	131	66 102	128	53 473	148	105 227	124	37 466	117	32 867	160	5 166	40
14 462	132	62 391	132	62 391	133	20 323	254	14 537	188	2 697	270	535	205
14 394	133	60 939	133	59 267	137	48 367	186	11 285	206	22 176	198	326	263
14 202	134	203 004	49	216 363	44	59 848	171	26 562	144	37 846	149	900	156
14 174	135	46 875	160	48 563	160	96 424	126	35 443	126	93 207	74	3 412	75
14 148	136	34 367	196	34 686	197	243 619	60	20 915	162	184 015	38	2 523	106
14 144	137	40 410	176	40 380	179	30 865	226	21 353	161	33 090	159	2 704	98
14 106	138	17 774	247	18 972	244	46 585	189	24 003	151	42 560	140	6 652	29
13 964	139	56 533	146	56 533	143	146 009	88	83 210	69	6 063	255	490	215
13 907	140	55 367	147	53 197	149	120 596	106	－80 925	285	179 537	40	4 549	47
13 763	141	30 207	205	31 175	201	95 458	129	35 834	125	103 830	68	3 219	83
13 650	142	136 491	71	136 491	69	9 486	270	2 750	240	3 862	265	1 250	143
13 200	143	31 132	203	33 141	200	89 644	136	37 238	119	12 711	237	593	188

垦　　区	企业名称	大型或中型	行业类型
新疆(兵团)	哈密市盛镁镁业有限公司	中型	镁冶炼
新疆(兵团)	阿拉尔青松化工有限责任公司	中型	初级形态塑料及合成树脂制造
湖　　北	际华三五零六纺织服装有限公司	中型	其他机织服装制造
上　　海	广西凤糖六塘制糖有限责任公司	中型	制糖业
湖　　北	武汉光明乳品有限公司	中型	液体乳制造
湖　　北	湖北东润木业有限公司	中型	胶合板制造
上　　海	天津光明梦得乳品有限公司	中型	液体乳制造
新疆(兵团)	奎屯天北矿业投资有限责任公司	中型	烟煤和无烟煤开采洗选
广　　西	广西糖业集团良圻制糖有限公司	中型	制糖业
河　　北	蒙牛乳业（察北）有限公司	中型	液体乳制造
新疆(兵团)	图木舒克市东恒兴纺织科技有限公司	大型	棉纺纱加工
广　　西	广西糖业集团星星制糖有限公司	中型	制糖业
黑 龙 江	黑龙江省建三江农垦三江热电有限责任公司	中型	热电联产
湖　　北	湖北周黑鸭食品工业园有限公司	中型	肉制品及副产品加工
湖　　北	武汉旭东食品有限公司	中型	水果和坚果加工
新疆(兵团)	新疆兵团建工金石商品混凝土有限责任公司	中型	水泥制品制造
新疆(兵团)	新疆新聚丰特种纱业有限公司	中型	棉纺纱加工
新疆(兵团)	图木舒克市东湖兴纺织有限公司	大型	棉纺纱加工
天　　津	天津海河乳业有限公司	中型	液体乳制造
新疆(兵团)	阿拉尔新农乳业有限责任公司	中型	液体乳制造
辽　　宁	辽宁振兴生态造纸有限公司	中型	机制纸及纸板制造
湖　　北	武汉富拉司特汽车零部件有限公司	中型	汽车零部件及配件制造
湖　　北	武汉艾特纸塑包装有限公司	中型	包装装潢及其他印刷
新疆(兵团)	阿拉尔大漠天然气有限责任公司	中型	天然气生产和供应业
湖　　北	武汉市东西湖自来水公司	中型	自来水生产和供应
上　　海	上海乳品四厂有限公司	中型	液体乳制造
北　　京	北京二商大红门五肉联食品有限公司	中型	牲畜屠宰
上　　海	上海梅林食品有限公司	中型	肉、禽类罐头制造
广　　西	广西糖业集团黔江制糖有限公司	中型	制糖业
新疆(兵团)	新疆天富能源售电有限公司	中型	热电联产
广　　西	广西糖业集团露塘制糖有限公司	中型	制糖业
新疆(兵团)	哈密屹利煤化工有限公司	中型	炼焦
天　　津	天津市利民调料有限公司	中型	酱油、食醋及类似制品制造
上　　海	广西凤糖罗城制糖有限责任公司	中型	制糖业
上　　海	上海联豪食品有限公司	中型	肉制品及副产品加工
黑 龙 江	北大荒薯业集团有限公司	中型	淀粉及淀粉制品制造

3－6续表4

增加值		工业总产值		工业销售产值		年末资产总额		所有者权益		年末固定资产原值		从业人员平均数	
金额（万元）	排序	金额（万元）	排序	金额（万元）	排序	金额（万元）	排序	金额（万元）	排序	金额（万元）	排序	数量（人）	排序
13 076	144	57 841	142	54 837	146	26 959	236	4 109	232	7 076	254	4 168	53
12 657	145	53 512	151	50 186	153	118 182	113	−79 994	284	135 380	50	3 410	76
12 516	146	50 966	154	37 721	188	85 203	144	36 523	122	26 600	180	666	177
12 408	147	39 623	180	39 626	181	52 753	180	39 221	115	17 772	215	471	223
12 388	148	94 608	104	94 643	101	76 972	152	40 261	113	21 439	202	367	252
12 380	149	49 509	158	49 509	156	43 759	197	15 690	182	34 127	156	302	273
12 284	150	83 351	114	82 029	115	68 645	164	14 447	189	59 068	111	474	221
12 247	151	19 362	243	27 117	213	173 584	79	10 941	207	85 678	80	3 094	86
12 234	152	34 955	193	37 906	186	43 460	200	19 561	168	22 070	200	3 303	81
12 012	153	119 939	78	119 577	81	49 211	185	26 751	143	38 842	145	350	256
11 909	154	71 513	124	70 890	126	91 990	135	58 547	95	68 604	103	6 527	31
11 522	155	32 920	200	36 936	191	49 922	182	−27 336	278	31 882	165	2 343	113
11 376	156	27 326	211	25 021	221	63 143	168	16 944	177	70 127	100	385	241
11 317	157	80 492	119	80 492	117	158 347	84	144 197	36	51 477	124	567	195
11 086	158	54 826	149	58 164	140	25 697	240	11 917	202	9 904	246	316	266
11 085	159	35 803	191	26 278	215	69 996	162	9 091	213	19 488	206	2 568	105
11 060	160	70 437	125	68 360	127	80 662	148	24 996	148	44 898	133	4 093	55
10 988	161	101 697	92	101 953	92	118 885	112	33 243	131	101 542	71	7 547	22
10 944	162	50 836	155	50 951	152	27 113	234	−1 605	267	11 826	240	603	186
10 725	163	39 067	182	29 189	204	83 700	146	18 129	175	52 676	121	3 010	89
10 623	164	58 130	141	61 206	134	177 191	77	39 466	114	132 309	53	789	163
10 355	165	44 806	165	41 631	176	48 031	188	32 547	134	31 436	166	561	198
10 335	166	43 978	167	43 978	172	55 607	174	37 194	120	17 435	218	1 098	148
10 208	167	16 561	253	42 799	174	57 621	172	22 363	156	80 739	88	2 226	115
10 104	168	20 403	238	20 403	240	452 421	36	45 048	107	83 990	84	375	246
9 934	169	60 589	134	60 602	136	23 673	245	11 607	203	24 495	191	545	203
9 730	170	361 899	28	356 444	30	50 485	181	33 579	130	20 406	204	546	202
9 725	171	63 481	130	48 779	159	41 986	205	22 069	157	22 144	199	321	264
9 710	172	27 742	207	28 623	206	33 529	221	−1 559	266	19 946	205	2 661	101
9 578	173	115 575	80	119 794	80	137 158	97	104 396	55	223 247	34	4 076	57
9 307	174	26 590	215	24 290	229	24 679	243	9 402	211	27 279	178	2 331	114
9 261	175	104 487	87	104 871	90	56 503	173	−37 692	280	60 091	109	3 525	70
9 030	176	19 641	241	24 526	227	117 365	115	40 530	110	26 273	182	445	231
8 825	177	40 942	174	44 474	170	31 752	224	15 121	184	82 103	86	521	209
8 787	178	43 756	168	45 101	168	19 482	258	12 510	199	2 595	273	307	270
8 766	179	39 390	181	82 061	114	144 295	92	19 158	169	127 239	55	746	166

垦　　区	企业名称	大型或中型	行业类型
湖　　北	武汉和盛汽车零部件有限公司	中型	汽车零部件及配件制造
广　　西	广西化工研究院有限公司	中型	化学药品原料药制造
湖　　北	武汉市玫隆皇冠食品有限公司	中型	糕点、面包制造
广　　西	广西糖业集团达华制糖有限公司	中型	制糖业
湖　　南	常德市伊康食品有限公司	中型	其他罐头食品制造
广　　西	广西糖业集团西江制糖有限公司	中型	制糖业
新疆(兵团)	华芳石河子纺织有限公司	大型	棉纺纱加工
广　　东	广东省东方剑麻集团有限公司（合并）	中型	麻类种植
上　　海	上海爱森肉食品有限公司	中型	牲畜屠宰
新疆(兵团)	新疆顶益食品有限公司	中型	其他方便食品制造
湖　　北	湖北汇东农产品有限公司	中型	蔬菜加工
江　　西	鸿奕实业（九江）有限公司	中型	皮鞋制造
新疆(兵团)	新疆华世丹药业股份有限公司	中型	化学药品制剂制造
湖　　北	建华建材（湖北）有限公司	中型	水泥制品制造
新疆(兵团)	新疆一和生物有限责任公司	中型	淀粉及淀粉制品制造
湖　　北	先惠自动化技术（武汉）有限责任公司	中型	其他未列明通用设备制造业
上　　海	广西凤糖鹿寨纸业有限公司	中型	非木竹浆制造
新疆(兵团)	石河子天富农电有限责任公司	中型	电力供应
黑 龙 江	黑龙江北大荒药业有限公司	中型	化学药品原料药制造
广　　西	广西糖业集团平吉制糖有限公司	中型	制糖业
新疆(兵团)	新疆四方实业股份有限公司	中型	制糖业
新疆(兵团)	新疆川棉纺织服装有限公司	中型	棉印染精加工
湖　　北	武汉东海敏实汽车零部件有限公司	中型	汽车零部件及配件制造
上　　海	广西凤糖鹿寨制糖有限责任公司	中型	制糖业
新疆(兵团)	奎屯锦孚纺织有限公司	大型	棉纺纱加工
新疆(兵团)	乌鲁木齐西城热力有限公司	中型	热力生产和供应
广　　东	广东广垦调丰糖业有限公司	中型	制糖业
新疆(兵团)	新疆双能电力有限责任公司	中型	电力供应
广　　西	广西糖业集团防城精制糖有限公司	中型	制糖业
上　　海	南京光明乳品有限公司	中型	液体乳制造
河　　北	现代牧业（察北）有限公司	中型	牛的饲养
新疆(兵团)	天辰水泥有限责任公司	中型	水泥制造
上　　海	广西田林和平糖业有限公司	中型	制糖业
广　　州	辽宁辉山乳业集团（锦州）有限公司	中型	液体乳制造
云　　南	云南农垦陇川糖厂	中型	制糖业
新疆(兵团)	新疆唐锦纺织有限公司	中型	服饰制造

3－6续表5

增加值		工业总产值		工业销售产值		年末资产总额		所有者权益		年末固定资产原值		从业人员平均数	
金额（万元）	排序	金额（万元）	排序	金额（万元）	排序	金额（万元）	排序	金额（万元）	排序	金额（万元）	排序	数量（人）	排序
8 735	180	37 797	186	37 797	187	78 642	150	46 860	105	31 950	164	522	208
8 728	181	24 919	220	16 759	250	39 864	211	13 822	193	19 113	209	4 224	51
8 537	182	37 070	188	30 674	202	27 076	235	11 391	204	18 050	213	1 359	142
8 512	183	24 319	223	25 283	219	46 336	190	－6 179	270	29 928	172	2 088	118
8 496	184	38 231	185	35 383	195	6 789	274	3 519	236	3 569	267	415	238
8 366	185	23 904	225	24 672	224	20 271	255	9 910	209	17 226	219	2 079	119
8 326	186	96 854	99	107 458	89	75 667	154	23 088	154	78 433	92	6 561	30
8 326	187	16 100	254	13 028	260	63 878	166	－15 755	274	31 409	167	556	200
8 294	188	38 786	183	38 786	184	41 114	208	24 775	149	17 609	216	700	170
8 289	189	41 215	173	54 381	147	23 976	244	3 243	238	24 364	192	3 868	60
8 205	190	40 577	175	40 577	178	22 701	248	8 095	218	2 685	271	380	242
8 176	191	33 438	199	33 438	199	8 272	273	7 593	221	3 989	264	656	179
8 037	192	17 416	250	17 359	247	33 749	220	14 100	191	17 494	217	2 669	100
8 008	193	41 321	172	41 321	177	43 509	199	8 110	217	18 972	210	545	203
7 987	194	40 106	178	38 390	185	41 585	206	25 178	147	27 156	179	2 045	120
7 969	195	33 640	198	33 640	198	42 256	204	35 229	127	12 808	235	779	164
7 939	196	24 881	221	24 894	223	21 514	252	15 175	183	22 782	195	458	226
7 907	197	62 455	131	66 050	129	87 145	140	77 028	75	79 577	89	2 972	90
7 666	198	25 136	219	24 561	226	49 615	183	43 573	109	23 620	193	431	234
7 505	199	21 444	236	22 202	236	15 765	261	－7 523	271	13 934	231	1 647	133
7 495	200	26 726	214	23 171	231	39 289	212	－1 021	265	37 123	152	3 060	88
7 310	201	21 805	235	20 053	241	43 646	198	14 092	192	27 886	177	3 379	77
6 971	202	37 521	187	37 521	189	37 839	214	24 039	150	19 389	208	570	194
6 793	203	27 436	209	27 169	212	32 225	222	19 990	165	24 956	187	574	193
6 774	204	45 104	164	49 014	157	43 174	201	－7 715	272	73 444	96	3 955	58
6 720	205	24 501	222	25 177	220	119 982	107	63 757	90	84 224	83	1 738	127
6 673	206	43 037	169	39 417	182	31 224	225	7 011	223	24 680	190	461	225
6 575	207	45 804	162	47 358	164	142 689	93	－641	263	56 561	117	2 891	93
6 500	208	65 082	129	44 262	171	117 410	114	630	254	58 647	114	2 960	91
6 479	209	39 637	179	39 357	183	17 762	260	7 630	220	15 513	224	332	261
6 328	210	56 661	145	55 681	144	136 595	98	14 690	187	68 434	104	520	210
6 268	211	14 529	258	14 485	257	71 088	160	62 522	92	90 321	76	3 089	87
6 192	212	46 294	161	46 258	166	25 558	241	－48 005	283	37 469	150	490	215
6 057	213	36 138	190	48 783	158	106 304	123	66 751	86	87 849	77	405	239
6 008	214	25 860	217	23 035	233	29 047	228	26 321	145	4 978	260	335	259
5 936	215	22 188	234	16 238	251	83 626	147	12 107	200	30 109	171	1 907	121

垦　区	企业名称	大型或中型	行业类型
新疆（兵团）	新疆臻泰纺织有限公司	中型	棉印染精加工
新疆（兵团）	新疆绿华糖业有限责任公司	中型	制糖业
上　海	广西凤糖融水和睦制糖有限责任公司	中型	制糖业
湖　南	汇美农业科技有限公司	大型	蔬菜、水果罐头制造
广　东	湛江市金丰糖业有限公司	中型	制糖业
浙　江	绍兴御茶村茶业有限公司	中型	茶叶种植
北　京	承德二商大红门肉类食品有限公司	大型	牲畜屠宰
北　京	湖南颐丰食品有限公司	中型	牲畜屠宰
湖　北	武汉蓝盾门业有限公司	中型	金属门窗制造
河　南	孟州市华兴有限责任公司	中型	玉米加工
江　苏	江苏省金象传动设备股份有限公司	中型	机械零部件加工
湖　北	武汉智迅创源科技发展股份有限公司	中型	卫生材料及医药用品制造
上　海	上海思乐得不锈钢制品有限公司	中型	金属制餐具和器皿制造
北　京	陕西蒲城大红门肉类食品有限公司	中型	牲畜屠宰
北　京	河北安平大红门食品有限公司	大型	牲畜屠宰
湖　北	武汉桃李面包有限公司	中型	糕点、面包制造
湖　南	爱可道生物科技有限公司	中型	茶饮料及其他饮料制造
新疆（兵团）	克拉玛依市润泰纺织有限公司	中型	棉纺纱加工
新疆（兵团）	新疆仁和纺织科技有限公司	中型	棉纺纱加工
湖　北	湖北创想三维科技有限公司	中型	计算机外围设备制造
新疆（兵团）	新疆华桉纺织有限公司	中型	棉纺纱加工
湖　北	湖北福好医疗用品有限公司	中型	卫生材料及医药用品制造
湖　北	武汉昊诚能源科技有限公司	中型	锂离子电池制造
江　西	新干县皇城粮油实业有限公司	中型	食用植物油加工
甘　肃	甘肃莫高实业发展股份有限公司	中型	葡萄酒制造
上　海	广州光明乳品有限公司	中型	液体乳制造
新疆（兵团）	新疆六孚纺织工业园有限公司	中型	棉纺纱加工
湖　北	正大饲料（潜江）有限公司	中型	其他饲料加工
湖　北	武汉市博源纸塑彩印制品有限公司	中型	纸和纸板容器制造
广　东	广东广垦华丰糖业有限公司	中型	制糖业
新疆（兵团）	图木舒克市前海棉纺织有限责任公司	中型	棉纺纱加工
新疆（兵团）	新疆中浩纺织有限公司	中型	棉纺纱加工
新疆（兵团）	新疆汉帛纺织有限公司	中型	棉纺纱加工
湖　北	武汉源香食品有限公司	中型	肉制品及副产品加工
湖　北	湖北武功记食品有限公司	中型	肉制品及副产品加工
新疆（兵团）	新疆东纯兴纺织有限公司	大型	棉纺纱加工

3－6 续表 6

增加值		工业总产值		工业销售产值		年末资产总额		所有者权益		年末固定资产原值		从业人员平均数	
金额（万元）	排序	金额（万元）	排序	金额（万元）	排序	金额（万元）	排序	金额（万元）	排序	金额（万元）	排序	数量（人）	排序
5 874	216	103 773	90	112 377	85	73 218	157	19 828	166	33 608	158	2 196	116
5 706	217	24 177	224	24 936	222	44 031	196	13 596	194	21 551	201	2 628	102
5 626	218	22 684	232	22 721	234	25 468	242	14 311	190	16 470	222	437	233
5 550	219	14 698	256	14 698	255	42 853	202	14 696	186	18 042	214	448	229
5 442	220	20 715	237	14 650	256	18 221	259			15 153	225	349	258
5 300	221	5 300	278	4 858	277	26 214	238	17 834	176	8 816	250	300	275
5 206	222	205 122	47	203 658	47	22 649	249	5 490	229	15 098	226	488	217
5 095	223	203 366	48	218 848	43	33 924	219	9 062	214	15 000	229	370	247
5 084	224	26 220	216	26 220	216	30 275	227	8 581	215	2 618	272	531	206
5 000	225	300 000	33	290 000	35	145 177	89	70 927	81	79 302	90	350	256
4 835	226	15 734	255	15 734	254	28 024	230	2 171	243	30 291	169	356	253
4 808	227	17 542	248	17 354	248	36 667	216	32 806	133	12 799	236	376	244
4 732	228	27 693	208	28 467	207	11 736	267	5 407	230	5 728	258	334	260
4 674	229	211 818	46	211 962	46	35 600	217	16 086	181	22 373	197	481	219
4 630	230	151 195	65	149 941	64	25 820	239	12 035	201	13 394	234	692	173
4 521	231	19 631	242	19 631	242	26 765	237	21 898	158	22 526	196	850	159
4 430	232	18 317	244	16 894	249	3 812	278	1 312	247	1 781	277	498	214
4 407	233	51 320	153	42 999	173	37 455	215	7 818	219	29 608	173	2 628	103
4 325	234	30 062	206	29 920	203	32 189	223	6 404	225	19 421	207	2 373	111
4 272	235	35 335	192	36 338	193	27 635	232	3 476	237	272	285	576	191
4 258	236	27 305	212	27 628	209	20 140	257	9 177	212	8 919	249	1 789	125
4 226	237	60 378	135	59 125	138	309 505	47	8 500	216	48 500	126	520	210
4 188	238	22 443	233	22 443	235	28 516	229	23 564	153	7 572	252	458	226
4 040	239	17 483	249	17 483	246	3 278	280	2 512	242	3 278	268	300	275
4 000	240	12 000	264	12 000	263	115 800	116	102 000	58	110 000	62	552	201
3 982	241	53 740	150	52 718	150	34 709	218	−22 417	277	25 732	184	1 046	150
3 928	242	32 612	201	49 594	155	86 048	143	66 618	87	43 288	139	3 626	67
3 730	243	41 445	171	40 256	180	231 582	63	6 525	224	18 955	211	355	255
3 642	244	16 745	252	13 404	258	5 268	276	308	259	2 419	274	376	244
3 642	245	38 611	184	27 551	210	21 277	253	3 763	235	30 577	168	306	271
3 621	246	20 180	239	66 842	128	94 611	130	33 598	129	52 192	122	1 727	129
3 513	247	12 677	261	5 611	276	21 842	251	13 447	195	7 127	253	1 702	132
3 376	248	18 309	245	21 948	238	10 025	269	−906	264	99	288	1 590	135
3 327	249	23 664	227	23 586	230	12 072	266	3 177	239	5 044	259	369	249
3 256	250	23 161	228	22 004	237	23 319	246	1 510	245	12 215	239	368	250
3 135	251	82 903	117	80 241	118	119 609	109	79 062	73	100 394	73	6 059	33

垦　区	企业名称	大型或中型	行业类型
广　西	广西剑麻集团山圩剑麻制品有限公司	中型	麻织造加工
新疆（兵团）	新疆秦天睿晟纺织有限公司	中型	棉纺纱加工
新疆（兵团）	胡杨河天泉水务有限责任公司	中型	自来水生产和供应
江　西	江西井冈山金华泰科技发展有限公司	中型	医疗实验室及医用消毒设备和器具制造
新疆（兵团）	阿拉尔天丰纺织有限责任公司	中型	棉纺纱加工
广　东	湛江华资农垦糖业发展有限公司广丰分公司	中型	制糖业
湖　北	武汉恒康捷餐饮管理有限公司	中型	蔬菜加工
新疆（兵团）	新疆燕京啤酒有限公司	中型	啤酒制造
新疆（兵团）	铁门关市新恒立纺织有限公司	中型	棉纺纱加工
新疆（兵团）	石河子市国能能源投资有限公司	中型	热电联产
江　西	新干县吉盛玻璃有限公司	中型	日用玻璃制品制造
江　西	花桥选矿厂	中型	铁矿采选
上　海	广西凤糖柳江制糖有限责任公司	中型	制糖业
宁　夏	宁夏农垦西夏王酒业有限公司	中型	葡萄酒制造
江　西	江西振新砂轮有限公司	中型	其他非金属矿物制品制造
新疆（兵团）	新疆天绮纺织有限公司	中型	棉纺纱加工
湖　北	潜江市创伟林纸有限公司	中型	木竹浆制造
江　西	新干县亿星电子有限公司	中型	电子电路制造
湖　北	潜江市茂坤纺织有限公司	中型	棉纺纱加工
北　京	丰镇市大红门农牧科技有限公司	大型	猪的饲养
江　西	新干县洋峰粮油食品有限公司	中型	米、面制品制造
新疆（畜牧）	阿勒泰地区一牧场有限责任公司	中型	油料种植
江　西	吉安市慧雅服装有限公司	中型	其他机织服装制造
新疆（兵团）	阿拉尔盛源热电有限责任公司	中型	热电联产
新疆（兵团）	新疆如意纺织服装有限公司	中型	棉纺纱加工
江　西	江西正合生态农业有限公司	中型	其他农业
新疆（兵团）	新疆唐成棉业有限公司	中型	棉纺纱加工
江　西	新干长晶玻璃工艺品有限公司	中型	日用玻璃制品制造
江　西	中氏木业	中型	木竹材林产品采集
江　西	新干县新森木业有限公司	中型	其他木材加工
新疆（兵团）	铁门关市新兴纺织有限公司	中型	棉纺纱加工
广　东	广东半岛糖业有限公司	中型	制糖业
北　京	北京二商穆香源清真肉类食品有限公司	中型	牲畜屠宰
江　西	江西奥鑫水晶制品有限公司	中型	特种玻璃制造
广　州	辽宁辉山乳业集团（沈阳）有限公司	中型	液体乳制造
黑龙江	黑龙江省北大荒米业集团有限公司	中型	稻谷加工
新疆（兵团）	新疆沂利泓生物新材料科技有限公司	中型	食品及饲料添加剂制造

3－6 续表 7

增加值		工业总产值		工业销售产值		年末资产总额		所有者权益		年末固定资产原值		从业人员平均数	
金额（万元）	排序	金额（万元）	排序	金额（万元）	排序	金额（万元）	排序	金额（万元）	排序	金额（万元）	排序	数量（人）	排序
2 997	252	8 562	271	7 211	273	22 486	250	5 680	228	11 060	241	1 553	136
2 944	253	42 180	170	47 299	165	75 369	155	13 069	198	53 133	119	3 252	82
2 882	254	4 662	280	4 662	279	96 369	127	18 248	174	26 453	181	1 806	123
2 670	255	10 285	267	10 285	267	2 865	281	1 599	244	2 865	269	300	275
2 656	256	14 691	257	15 747	253	6 335	275	−1 811	268	10 853	242	1 710	131
2 483	257	27 405	210	26 214	217	27 760	231	10 856	208	326	284	562	197
2 433	258	12 031	263	12 031	262	4 588	277	224	261	1 174	281	1 003	151
2 423	259	7 124	273	9 239	271	54 365	177	40 268	112	38 780	147	2 120	117
2 212	260	22 970	230	28 400	208	15 541	262	6 284	226	13 621	233	2 435	109
2 208	261	6 533	275	9 409	270	223 947	64	−36 972	279	307 314	28	1 717	130
2 207	262	9 992	268	9 992	268	2 294	282	1 235	249	2 294	275	300	275
2 000	263	6 000	277	2 000	283	9 000	271	6 000	227	9 000	248	300	275
1 889	264	10 423	266	10 794	266	10 612	268	7 345	222	14 816	230	476	220
1 786	265	2 460	282	3 857	281	45 710	192	22 794	155	32 719	161	300	275
1 761	266	9 991	269	9 991	269	1 682	284	678	253	1 682	278	300	275
1 682	267	23 083	229	27 217	211	77 253	151	506	256	18 914	212	1 510	138
1 632	268	27 212	213	26 888	214	87 950	139	2 555	241	24 705	189	301	274
1 587	269	6 323	276	6 323	275	999	287	381	257	999	282	300	275
1 455	270	13 698	259	13 077	259	38 550	213	1 305	248	5 985	256	303	272
1 343	271	48 222	159	48 273	161	49 336	184	16 424	180	42 188	141	312	267
1 253	272	6 802	274	6 802	274	1 330	285	365	258	1 330	279	300	275
1 187	273	916	285	78	286	454 143	34	450 949	13	8 417	251	1 423	141
1 125	274	4 687	279	4 687	278	1 189	286	1 200	250	1 189	280	300	275
1 088	275	73 938	122	75 844	123	159 280	83	−19 568	275	250 810	30	3 662	66
915	276	8 310	272	11 310	265	557 531	26	43 582	108	30 276	170	3 496	71
875	277	12 390	262	11 948	264	20 165	256	25 648	146	5 783	257	312	267
872	278	22 817	231	23 072	232	23 027	247	−2 592	269	31 950	163	2 455	108
752	279	4 426	281	4 426	280	1 875	283	1 384	246	1 875	276	300	275
584	280	8 610	270	8 170	272	8 290	272	1 020	251	4 252	262	300	275
482	281	2 458	283	2 458	282	996	288	283	260	996	283	300	275
451	282	18 127	246	20 916	239	15 357	263	701	252	15 049	227	1 531	137
289	283	23 725	226	19 497	243	13 908	264	4 047	233	9 434	247	380	242
204	284	186 188	55	182 424	55	182 784	75	14 949	185	15 024	228	445	231
155	285	1 206	284	1 206	284	3 761	279	4 011	234	3 761	266	300	275
−548	286	100 957	94	96 227	95	263 609	53	172 144	33	70 237	99	511	212
−5 777	287	122 990	77	135 977	70	354 169	40	−325 294	288	168 472	44	560	199
−6 984	288	13 366	260	12 362	261	218 729	66	19 796	167	168	287	3 493	72

建运服部分

4-1 建筑业基本情况

地　区	年末单位数（个）	年末从业人员数（人）	全年从业人员工资总额（万元）	年末固定资产原值（万元）
全国农垦	**2 904**	**324 065**	**2 969 247.60**	**2 306 886**
北　京	1	50	856.00	5 559
天　津	2	193	3 362.60	4 856
河　北	637	9 481	47 691.70	60 404
山　西				
内蒙古	20	319	494.00	1 176
辽　宁	141	6 601	19 367.50	41 361
吉　林	13	148	336.57	737
黑龙江	3	1 772	17 745.39	15 058
上　海	12	473	5 889.50	4 496
江　苏	58	3 137	33 902.00	63 491
浙　江				
安　徽	129	1 547	13 746.09	2 349
福　建	111	1 713	8 442.00	1 934
江　西	77	6 143	21 447.50	26 928
山　东				
河　南	3	333	1 297.00	877
湖　北	671	116 179	894 103.84	776 968
湖　南	62	12 970	43 563.30	28 049
广　东	213	5 887	50 416.40	38 753
广　西	105	5 090	37 659.00	117 569
海　南	146	9 224	47 845.00	226 025
重　庆				
四　川				
贵　州				
云　南	51	539	2 023.00	9 489
西　藏	1	20	190.00	48 306
陕　西	1	4 700	2 174.00	25
甘　肃	2	55	403.00	6 194
青　海				
宁　夏	15	1 515	3 986.00	2 030
新疆（兵团）	382	134 209	1 707 429.20	806 814
新疆（农业）	19	320	538.00	1 769
新疆（畜牧）	29	1 447	4 339.01	15 672
热科院				
广　州				
南　京				

4－1续表

地 区	年末拥有机械设备数（台）	全年施工房屋建筑面积（米²）	房屋建筑竣工面积（米²）	建筑业总产值（万元）
全国农垦	**56 308**	**167 505 187.85**	**84 543 890.16**	**28 877 768.26**
北 京	63			18 438.00
天 津	12			156 481.00
河 北	4 189	603 977.40	187 588.50	783 365.10
山 西				
内 蒙 古	35	4 200.00	4 200.00	2 891.00
辽 宁	858	544 899.70	356 357.00	248 954.40
吉 林	37	6 216.56	6 216.56	786.57
黑 龙 江	991	2 381 817.52	77 426.60	499 875.73
上 海	34	2 999 987.00	1 660.00	240 194.00
江 苏	776	288 900.00	139 000.00	222 482.00
浙 江				
安 徽	146	637 068.00	219 681.00	62 342.77
福 建	123	456 980.00	130 652.00	31 013.00
江 西	4 372	1 954 427.15	1 542 059.15	268 919.05
山 东				
河 南	70	1 900.23	1 900.23	2 004.00
湖 北	13 488	117 271 155.60	71 846 976.60	13 578 880.90
湖 南	12 925	1 105 579.60	760 044.10	215 118.46
广 东	959	545 909.67	476 873.00	248 709.66
广 西	1 212	1 866 071.00	489 549.00	333 944.00
海 南	674	2 125 705.00	853 517.00	504 784.00
重 庆				
四 川				
贵 州				
云 南	68	22 254.00	17 030.00	10 417.00
西 藏				350.00
陕 西	23	2 300.00	2 300.00	5 109.00
甘 肃		63 809.00		35 828.00
青 海				
宁 夏	226	90 000.00	90 000.00	16 734.00
新疆（兵团）	14 479	34 412 406.00	7 228 295.00	11 024 285.00
新疆（农业）	28	7 010.00	6 310.00	341 112.00
新疆（畜牧）	520	112 614.42	106 254.42	24 749.62
热 科 院				
广 州				
南 京				

4－2 国有及国有控股建筑业基本情况

地区	年末单位数（个）	年末从业人员数（人）	全年从业人员工资总额（万元）	年末固定资产原值（万元）
全国农垦	**219**	**141 366**	**1 730 861.38**	**1 051 602**
北京	1	50	856.00	5 559
天津	2	193	3 362.60	4 856
河北	2	32	34.50	490
山西				
内蒙古	1	11	84.00	10
辽宁	5	288	414.00	205
吉林				
黑龙江	3	1 772	17 745.39	15 058
上海	12	473	5 889.50	4 496
江苏	6	340	2 246.00	1 985
浙江				
安徽	4	399	10 184.00	417
福建	1	50	205.00	
江西	9	282	1 081.50	929
山东				
河南	1	57	248.00	677
湖北	20	41 050	420 650.20	287 797
湖南	1	730	62.50	562
广东	4	281	15 864.40	7 989
广西	16	759	5 234.00	34 035
海南	36	1 107	11 077.00	8 983
重庆				
四川				
贵州				
云南	2	6	29.70	27
西藏				14 073
陕西	1	4 700	2 174.00	25
甘肃	2	55	403.00	6 194
青海				
宁夏	2	436	2 379.00	1 212
新疆（兵团）	79	88 185	1 230 450.00	655 772
新疆（农业）	7	14	40.00	127
新疆（畜牧）	2	96	147.09	124
热科院				
广州				
南京				

4-2续表

地　　区	年末拥有机械设备数（台）	全年施工房屋建筑面积（米^2）	房屋建筑竣工面积（米^2）	建筑业总产值（万元）
全国农垦	**14 315**	**122511590.19**	**65 656 305.40**	**18 388 394.28**
北　　京	63			18 438.00
天　　津	12			156 481.00
河　　北	5			50.00
山　　西				
内 蒙 古				—330.00
辽　　宁	20			1 035.00
吉　　林				
黑 龙 江	991	2 381 817.52	77 426.60	499 875.73
上　　海	34	2 999 987.00	1 660.00	240 194.00
江　　苏	31	48 200.00	20 400.00	37 373.00
浙　　江				
安　　徽	1	619 020.00	203 794.00	44 725.00
福　　建				200.00
江　　西	76	18 940.00	18 080.00	3 265.20
山　　东				
河　　南	16			594.00
湖　　北	1 137	91 399 490.67	60 928 659.80	8 856 411.96
湖　　南	11	410.00	282.00	5 784.00
广　　东	28	42 738.00	22 939.00	51 796.30
广　　西	141	1 319 358.00	193 256.00	181 140.00
海　　南	2	1 483 349.00	276 837.00	248 107.00
重　　庆				
四　　川				
贵　　州				
云　　南	1			1 192.00
西　　藏				
陕　　西	23	2 300.00	2 300.00	5 109.00
甘　　肃		63 809.00		35 828.00
青　　海				
宁　　夏	148	90 000.00	90 000.00	16 734.00
新疆（兵团）	11 551	22 041 421.00	3 820 021.00	7 984 359.00
新疆（农业）	4			
新疆（畜牧）	20	750.00	650.00	32.09
热 科 院				
广　　州				
南　　京				

4-3 交通运输业基本情况

地区	年末单位数（个）	年末从业人员数（人）	全年从业人员工资总额（万元）	年末固定资产原值（万元）	年末拥有主要运输工具（台）
全国农垦	**31 615**	**115 444**	**712 390.91**	**3 759 931**	**926 186**
北京	4	1 628	6 785.05	29 399	1 588
天津					
河北	7 077	15 564	86 003.85	166 757	11 579
山西	35	87	265.10	618	41
内蒙古	421	1 841	6 493.63	65 309	1 140
辽宁	2 803	5 995	18 742.53	42 957	4 470
吉林	97	181	628.12	1 670	106
黑龙江	25	2 380	12 570.00	502 820	469
上海	41	4 592	36 979.50	109 835	723
江苏	28	2 356	26 971.00	27 003	759
浙江	2	2	10.80		2
安徽	450	810	4 161.78	6 870	542
福建	705	1 471	7 835.12	5 577	905
江西	380	2 275	7 218.45	15 930	1 161
山东					
河南		33	64.50	123	7
湖北	13 269	54 293	400 867.25	2 588 861	58 264
湖南	109	3 246	11 235.60	24 379	23 013
广东	875	4 158	22 223.29	35 309	2 509
广西	1 282	2 435	14 657.00	24 659	1 497
海南	1 444	6 549	24 917.00	32 227	10 677
重庆	2	424	3 524.00	956	299
四川					
贵州					
云南	1 014	2 076	8 970.00	59 481	4 892
西藏					
陕西					
甘肃	17	24	110.24	397	18
青海					
宁夏	632	1 109	3 887.00	7 240	769
新疆(兵团)					799 824
新疆(农业)	348	551	2 010.50	5 734	227
新疆(畜牧)	554	1 351	5 215.60	5 690	692
热科院					
广州					
南京	1	13	44.00	130	13

4－3续表

地　　区	全年客货运输量		营业总收入（万元）	
	货运量（吨）	客运量（万人）		货运及装卸收入
全国农垦	**21 585 285 158**	**23 609**	**2 775 688.56**	**2 153 615.24**
北　　京	694 764	425	31 593.20	20 427.53
天　　津				
河　　北	318 842 786	235	250 468.15	61 600.37
山　　西	21	5	590.40	383.00
内 蒙 古	5 616 138	67	31 998.10	25 879.26
辽　　宁	17 129 715	986	88 901.20	52 197.30
吉　　林	60 436	63	2 108.06	513.37
黑 龙 江	5 189 800	159	271 011.19	95 676.83
上　　海	2 743 087	1 377	237 017.40	207 530.50
江　　苏	185	103	86 058.00	64 236.00
浙　　江			23.00	
安　　徽	1 593 581	102	9 603.25	6 516.61
福　　建	3 151 490	8 745	16 459.10	14 566.60
江　　西	454 275	90	25 439.63	18 982.53
山　　东				
河　　南		1	100.00	30.00
湖　　北	15 453 620	41	1 402 145.01	1 362 286.54
湖　　南	1 457 532	59	69 108.53	34 020.63
广　　东	5 958 464	822	67 684.38	44 676.70
广　　西	14 463 849	468	44 877.00	40 102.00
海　　南	9 965 593	456	61 946.00	47 808.00
重　　庆	428 878		18 365.00	18 365.00
四　　川				
贵　　州				
云　　南	35 459 100	684	38 012.00	26 488.00
西　　藏				
陕　　西				
甘　　肃	62 480	1	492.42	469.42
青　　海				
宁　　夏	168	217	8 098.00	5 511.00
新疆（兵团）	21 144 274 500	8 495		
新疆（农业）	841 401	4	3 725.50	1 927.00
新疆（畜牧）	1 293 295		9 719.04	3 336.05
热 科 院				
广　　州				
南　　京	150 000	4	145.00	85.00

4-4 国有及国有控股交通运输业基本情况

地区	年末单位数（个）	年末从业人员数（人）	全年从业人员工资总额（万元）	年末固定资产原值（万元）	年末拥有主要运输工具（台）
全国农垦	**229**	**11 050**	**69 098.06**	**673 809**	**4 718**
北京	4	1 628	6 785.05	29 399	1 588
天津					
河北	2	15	63.00	135	
山西					
内蒙古	2	235	1 108.00	4 536	9
辽宁					
吉林					
黑龙江	25	2 380	12 570.00	502 820	469
上海	41	4 592	36 979.50	109 835	723
江苏					
浙江					
安徽					
福建	9	9			
江西	6	248	605.65	950	87
山东					
河南		23	4.50	33	2
湖北	5	51	220.00	1 444	34
湖南	2	8	33.00	172	31
广东	9	742	3 671.63	7 877	654
广西	2	64	323.00	2 973	116
海南	112	131	1 949.00	3 747	227
重庆	2	424	3 524.00	956	299
四川					
贵州					
云南	1	110	617.00	8 286	459
西藏					
陕西					
甘肃	1	4	31.84	2	
青海					
宁夏	1	12	243.00	465	11
新疆（兵团）					
新疆（农业）	2	25	130.00	32	1
新疆（畜牧）	3	349	239.89	147	8
热科院					
广州					
南京					

4－4 续表

地 区	全年客货运输量		营业总收入（万元）	
	货运量（吨）	客运量（万人）		货运及装卸收入
全国农垦	**9 958 784**	**2 710**	**589 713.50**	**360 573.26**
北 京	694 764	425	31 593.20	20 427.53
天 津				
河 北	13 050	1	1 050.00	950.00
山 西				
内 蒙 古	30 000		2 226.00	240.00
辽 宁				
吉 林				
黑 龙 江	5 189 800	159	271 011.19	95 676.83
上 海	2 743 087	1 377	237 017.40	207 530.50
江 苏				
浙 江				
安 徽				
福 建			50.00	
江 西	6 377	52	1 360.82	192.52
山 东				
河 南		1	24.00	
湖 北	45 200	40	4 132.00	1 204.00
湖 南	5		69.03	69.03
广 东	81 083	504	6 100.54	987.43
广 西	269 024	114	1 445.00	480.00
海 南	401 734	27	13 618.00	13 618.00
重 庆	428 878		18 365.00	18 365.00
四 川				
贵 州				
云 南	3 500	10	274.00	10.00
西 藏				
陕 西				
甘 肃	35 000		273.42	273.42
青 海				
宁 夏	3		540.00	540.00
新疆（兵团）				
新疆（农业）			264.00	
新疆（畜牧）	17 278		299.90	9.00
热 科 院				
广 州				
南 京				

4－5 批发零售业基本情况

地区	年末单位数（个）	年末从业人员数（人）	全年从业人员工资总额（万元）	营业网点数（个）
全国农垦	**63 039**	**315 900**	**1 518 292.23**	**78 947**
北京	77	3 897	61 600.16	146
天津	28	2 163	28 550.44	
河北	6 281	22 029	85 751.80	8 227
山西	727	2 381	5 131.70	817
内蒙古	2 343	5 667	20 273.60	1 679
辽宁	6 296	21 685	45 358.62	4 381
吉林	735	1 751	3 497.44	613
黑龙江	149	7 860	68 600.50	456
上海	188	22 125	251 370.10	2 221
江苏	3 813	12 538	99 903.00	3 940
浙江	51	93	320.30	52
安徽	1 725	5 769	14 388.44	2 233
福建	1 422	4 966	12 860.70	924
江西	2 979	14 976	40 442.48	6 731
山东	12	36	175.30	11
河南	181	866	2 672.45	337
湖北	13 333	57 588	272 202.72	15 671
湖南	2 454	8 644	33 269.50	2 176
广东	3 613	12 213	71 861.53	3 690
广西	4 175	12 995	65 953.00	4 214
海南	2 809	52 848	89 546.00	11 370
重庆	2	44	644.00	
四川				
贵州	2	108	474.10	
云南	5 019	9 933	33 630.00	6 011
西藏				
陕西	31	138	680.17	29
甘肃	131	368	2 657.75	90
青海				
宁夏	1 145	2 426	5 853.00	1 177
新疆（兵团）	965	25 142	163 581.10	
新疆（农业）	1 192	2 008	13 521.87	981
新疆（畜牧）	1 108	1 328	5 434.76	712
热科院		11	88.70	2
广州	19	1 230	17 793.00	22
南京	34	74	204.00	34

4－5续表

地　　区	年末固定资产原值（万元）	年末营业用房面积（米^2）	销售总额或营业收入（万元）
全国农垦	**5 530 913.71**	**6 831 417**	**74 279 876.77**
北　　京	357 600.32	276 415	8 846 552.19
天　　津	144 968.30		2 426 442.10
河　　北	182 046.30	687 626	2 597 500.23
山　　西	3 378.33	30 530	247 842.00
内 蒙 古	61 947.80	206 843	284 472.10
辽　　宁	84 509.95	298 089	414 943.57
吉　　林	7 198.67	62 392	7 673.62
黑 龙 江	594 439.17	490 665	9 529 217.77
上　　海	806 625.60	435 016	6 434 432.00
江　　苏	205 946.00	430 992	1 013 229.00
浙　　江	313.00	2 362	1 825.60
安　　徽	19 303.00	164 677	106 121.00
福　　建	42 821.90	99 000	133 489.28
江　　西	50 912.38	333 033	377 667.90
山　　东	77.00	2 355	2 212.60
河　　南	10 449.53	28 506	26 681.83
湖　　北	435 900.00	1 032 355	11 669 446.68
湖　　南	28 885.00	507 308	359 433.40
广　　东	147 764.01	253 558	1 531 774.97
广　　西	83 191.00	396 874	2 068 166.00
海　　南	105 862.00	525 169	1 924 430.00
重　　庆	4 100.00	6 700	21 050.00
四　　川			
贵　　州	1 724.61	12 584	10 770.96
云　　南	81 476.00	307 379	2 438 477.00
西　　藏			
陕　　西	5 601.40	4 129	1 057.77
甘　　肃	5 442.28	13 112	93 892.82
青　　海			
宁　　夏	14 353.00	45 445	41 961.00
新疆（兵团）	1 951 772.40		21 351 020.00
新疆（农业）	24 695.00	101 679	13 608.50
新疆（畜牧）	4 289.78	57 064	8 370.78
热 科 院	21.98	330	695.10
广　　州	62 988.00	16 230	293 469.00
南　　京	310.00	3 000	1 950.00

4－6　国有及国有控股批发零售业基本情况

地　区	年末单位数（个）	年末从业人员数（人）	全年从业人员工资总额（万元）	营业网点数（个）
全国农垦	**1 053**	**86 519**	**628 658.66**	**3 711**
北　京	76	3 897	61 600.16	146
天　津	28	2 163	28 550.44	
河　北	14	203	226.00	14
山　西	5	29	177.48	5
内蒙古	14	465	3 768.00	38
辽　宁	2	555	1 060.00	
吉　林	13	25	30.60	11
黑龙江	149	7 860	68 600.50	456
上　海	188	22 125	251 370.10	2 221
江　苏	3	504	2 662.00	3
浙　江				
安　徽	5	68	641.88	6
福　建	5	41	327.00	1
江　西	101	1 366	4 481.00	370
山　东	2	4	26.80	
河　南	19	230	1 181.15	168
湖　北	14	2 105	34 138.00	15
湖　南				
广　东	26	2 353	17 661.98	72
广　西	30	486	5 353.00	32
海　南	70	27 009	14 974.00	48
重　庆	2	44	644.00	
四　川				
贵　州	2	108	474.10	
云　南	18	604	10 118.00	19
西　藏				
陕　西	2	80	457.47	3
甘　肃	12	226	2 311.43	4
青　海				
宁　夏	4	152	917.00	48
新疆（兵团）	226	12 516	99 090.20	
新疆（农业）	3	57	20.37	1
新疆（畜牧）	1	14	3.00	8
热科院				
广　州	19	1 230	17 793.00	22
南　京				

4-6续表

地　区	年末固定资产原值（万元）	年末营业用房面积（米²）	销售总额或营业收入（万元）
全国农垦	**3 871 920.52**	**1 523 979.89**	**52 565 775.63**
北　京	357 600.32	276 415.45	8 846 552.19
天　津	144 968.30		2 426 442.10
河　北	48.10	370.00	5 932.33
山　西	247.61	1 780.00	3 034.27
内蒙古	23 906.00	24 584.00	212 728.00
辽　宁	369.00	1 955.00	3 000.00
吉　林	60.67	1 600.00	50.00
黑龙江	594 439.17	490 665.00	9 529 217.77
上　海	806 625.60	435 016.00	6 434 432.00
江　苏	15 920.00	6 920.00	90 246.00
浙　江			
安　徽	456.00	8 579.75	11 256.00
福　建	480.00	950.00	7 673.00
江　西	2 614.00	11 522.00	16 215.00
山　东	52.00	375.00	261.00
河　南	9 733.53	22 666.00	13 872.08
湖　北	256 487.00	9 845.00	2 450 046.00
湖　南			
广　东	69 495.28	27 363.58	1 051 221.99
广　西	11 637.00	27 659.00	1 427 404.00
海　南	38 361.00	87 345.00	1 651 403.00
重　庆	4 100.00	6 700.00	21 050.00
四　川			
贵　州	1 724.61	12 584.06	10 770.96
云　南	15 857.00	41 642.00	2 280 058.00
西　藏			
陕　西	5 198.00	700.00	570.00
甘　肃	4 871.53	5 546.05	93 286.84
青　海			
宁　夏	6 613.00	3 667.00	26 714.00
新疆（兵团）	1 437 057.80		15 657 675.10
新疆（农业）		500.00	1 153.00
新疆（畜牧）	10.00	800.00	42.00
热科院			
广　州	62 988.00	16 230.00	293 469.00
南　京			

4－7 餐饮业基本情况

地区	年末单位数（个）	年末从业人员数（人）	全年从业人员工资总额（万元）	营业网点数（个）
全国农垦	**16 162**	**85 540**	**295 424.83**	**20 624**
北京	6	292	2 662.83	8
天津	3	41	323.52	
河北	1 255	9 785	38 177.70	1 300
山西	29	252	973.66	37
内蒙古	1 076	2 806	12 005.50	870
辽宁	1 209	11 823	18 890.50	1 049
吉林	117	410	1 162.50	87
黑龙江	9	270	970.00	27
上海	6	190	1 658.10	4
江苏	558	2 951	15 355.00	294
浙江	18	51	210.20	18
安徽	519	2 118	7 317.76	624
福建	392	1 481	4 955.00	308
江西	837	6 718	17 198.51	1 037
山东	1	25	104.06	
河南	30	222	389.00	28
湖北	3 860	14 009	53 458.33	4 384
湖南	1 068	3 407	3 310.30	2 748
广东	755	5 060	26 581.36	760
广西	573	3 028	13 129.00	1 195
海南	415	8 939	26 504.00	2 366
重庆	2	250	2 032.00	2
四川				
贵州				
云南	1 906	5 816	18 661.00	2 263
西藏				
陕西	17	83	208.46	16
甘肃	34	76	268.36	27
青海	1	3	22.60	1
宁夏	397	1 879	2 784.00	388
新疆（兵团）	47	1 079	5 506.40	
新疆（农业）	500	965	17 381.00	381
新疆（畜牧）	501	1 391	2 597.18	381
热科院				
广州		81	535.00	
南京	21	39	92.00	21

4-7续表

地　区	年末固定资产原值（万元）	年末营业用房面积（米^2）	销售总额或营业收入（万元）
全国农垦	**1 029 008.74**	**2 931 805**	**1 201 430.37**
北　京	38 224.03	46 499	9 343.86
天　津	900.70		3 040.90
河　北	39 247.80	143 274	165 359.52
山　西	512.18	3 678	12 020.59
内蒙古	22 057.80	114 378	30 180.30
辽　宁	35 282.02	100 053	62 934.80
吉　林	1 992.05	17 507	2 148.91
黑龙江	87 770.80	174 800	8 720.25
上　海	2 440.40	14 205	13 010.40
江　苏	46 507.00	81 621	72 789.00
浙　江	615.50	1 838	880.20
安　徽	40 796.00	102 997	25 668.39
福　建	20 641.60	54 546	15 998.50
江　西	36 555.16	152 582	191 378.32
山　东		4 525	395.23
河　南	922.00	9 630	5 645.00
湖　北	105 677.00	514 384	178 650.40
湖　南	33 003.00	87 647	22 973.80
广　东	36 621.75	249 624	110 228.17
广　西	28 275.00	109 273	74 360.00
海　南	96 709.00	306 620	65 532.00
重　庆	5 253.00	31 200	5 702.00
四　川			
贵　州			
云　南	252 812.00	366 267	72 966.00
西　藏			
陕　西	385.00	23 933	525.00
甘　肃	2 629.01	4 178	551.47
青　海	150.00	13 878	30.00
宁　夏	28 688.00	50 942	7 394.00
新疆（兵团）	55 227.30		29 836.40
新疆（农业）	5 624.00	103 573	4 955.50
新疆（畜牧）	3 267.64	46 202	4 338.46
热科院			
广　州	26.00		2 993.00
南　京	196.00	1 950	880.00

4－8　国有及国有控股餐饮业基本情况

地　　区	年末单位数（个）	年末从业人员数（人）	全年从业人员工资总额（万元）	营业网点数（个）
全国农垦	**118**	**4 800**	**24 054.66**	**775**
北　　京	6	292	2 662.83	8
天　　津	3	41	323.52	
河　　北	3	41	101.00	2
山　　西	1	11	25.76	1
内 蒙 古	1	60	210.00	1
辽　　宁				
吉　　林				
黑 龙 江	9	270	970.00	27
上　　海	6	190	1 658.10	4
江　　苏	2	132	589.00	1
浙　　江				
安　　徽	3	273	1 321.00	3
福　　建	3	11	45.00	
江　　西	18	658	2 050.00	62
山　　东				
河　　南	8	40	110.00	6
湖　　北	2	16	71.00	2
湖　　南				
广　　东	15	437	1 625.89	15
广　　西	3	349	2 408.00	607
海　　南	4	521	2 961.00	9
重　　庆	2	250	2 032.00	2
四　　川				
贵　　州				
云　　南	7	293	1 618.00	11
西　　藏				
陕　　西				
甘　　肃	2	11	59.36	1
青　　海	1	3	22.60	1
宁　　夏	4	415	500.00	4
新疆（兵团）	7	354	2 152.60	
新疆（农业）		35		
新疆（畜牧）	8	16	3.00	8
热 科 院				
广　　州		81	535.00	
南　　京				

4－8续表

地　　区	年末固定资产原值（万元）	年末营业用房面积（米²）	销售总额或营业收入（万元）
全国农垦	**292 531.95**	**489 339**	**107 986.21**
北　　京	38 224.03	46 499	9 343.86
天　　津	900.70		3 040.90
河　　北	1 519.00	1 439	416.00
山　　西	25.20	150	435.45
内 蒙 古	392.00	730	767.00
辽　　宁			
吉　　林			
黑 龙 江	87 770.80	174 800	8 720.25
上　　海	244.40	14 205	13 010.40
江　　苏	1 985.00	3 785	4 538.00
浙　　江			
安　　徽	30 829.00	56 864	7 662.00
福　　建			50.00
江　　西	2 712.00	15 065	5 343.00
山　　东			
河　　南	106.00	1 483	238.00
湖　　北	2 128.00	2 264	411.00
湖　　南			
广　　东	1 541.01	10 534	8 301.08
广　　西	4 621.00	18 427	16 127.00
海　　南	30 343.00	70 658	7 663.00
重　　庆	5 253.00	31 200	5 702.00
四　　川			
贵　　州			
云　　南	9 573.00	11 069	3 083.00
西　　藏			
陕　　西			
甘　　肃	2 408.01	300	203.47
青　　海	150.00	13 878	30.00
宁　　夏	24 714.00	15 189	846.00
新疆（兵团）	47 056.80		8 968.80
新疆（农业）			93.00
新疆（畜牧）	10.00	800	
热 科 院			
广　　州	26.00		2 993.00
南　　京			

4－9　服务业基本情况

地　　区	年末单位数（个）	年末从业人员数（人）	全年从业人员工资总额（万元）	营业网点数（个）
全国农垦	**27 446**	**165 168**	**937 039.48**	**31 732**
北　　京	200	11 980	128 840.93	133
天　　津	25	896	17 492.40	
河　　北	7 009	19 624	94 942.60	7 525
山　　西	30	265	1 079.40	77
内 蒙 古	531	1 395	4 081.00	458
辽　　宁	2 436	9 715	24 390.35	2 164
吉　　林	109	263	577.00	105
黑 龙 江	103	6 241	42 742.50	
上　　海	147	5 345	105 768.90	54
江　　苏	2 169	10 875	97 328.00	1 031
浙　　江	24	63	315.30	23
安　　徽	742	2 235	7 882.27	1 040
福　　建	497	1 426	5 132.30	482
江　　西	279	3 455	13 073.80	1 831
山　　东	2	3	15.00	
河　　南	22	373	3 191.27	25
湖　　北	4 253	13 511	53 358.40	4 562
湖　　南	1 039	11 036	17 246.00	237
广　　东	1 685	15 266	147 800.60	1 976
广　　西	1 137	7 152	62 365.00	1 146
海　　南	1 400	11 689	27 286.00	3 660
重　　庆	2	151	1 711.00	2
四　　川	2	7	121.57	5
贵　　州	1	67	1 412.00	
云　　南	2 262	10 589	45 600.00	4 018
西　　藏				
陕　　西	20	152	614.06	20
甘　　肃	46	461	1 947.73	36
青　　海				
宁　　夏	576	2 508	8 575.00	573
新疆（兵团）		15 307		
新疆（农业）	273	664	1 765.80	217
新疆（畜牧）	258	1 151	1 704.08	228
热 科 院				
广　　州	89	1 055	16 650.00	3
南　　京	78	248	2 029.22	101

4－9续表

地　　区	年末固定资产原值（万元）	年末营业用房面积（米²）	销售总额或营业收入（万元）
全国农垦	**4 166 724.31**	**5 582 512**	**7 806 712.61**
北　　京	883 869.55	1 359 839	2 040 831.52
天　　津	89 370.60		236 529.60
河　　北	143 950.00	283 617	792 482.70
山　　西	2 184.76	2 338	16 703.55
内蒙古	7 928.30	38 972	57 363.91
辽　　宁	33 091.60	114 817	70 623.00
吉　　林	896.00	6 188	989.27
黑龙江	155 037.70	80 189	420 301.80
上　　海	1 152 007.00	13 576	228 342.60
江　　苏	250 856.00	244 489	513 396.00
浙　　江	180.00	6 730	1 535.10
安　　徽	36 952.53	62 801	22 334.71
福　　建	16 804.10	21 772	9 928.80
江　　西	11 208.50	84 157	623 547.00
山　　东	5.00	120	40.00
河　　南	5 125.46	24 990	20 481.00
湖　　北	74 263.70	277 431	119 164.80
湖　　南	43 071.60	55 909	327 874.20
广　　东	497 027.94	1 221 022	370 357.59
广　　西	300 387.00	859 272	382 055.00
海　　南	71 754.00	197 511	104 796.00
重　　庆	8 880.00	65 900	5 902.00
四　　川	309.24	619	293.29
贵　　州	28 023.00	22 000	189 625.00
云　　南	162 412.00	422 472	1 067 076.00
西　　藏			
陕　　西	6 812.44	10 058	52 063.61
甘　　肃	9 049.07	17 008	6 505.34
青　　海			
宁　　夏	88 295.00	31 040	14 869.00
新疆（兵团）	213.51		144.69
新疆（农业）	5 156.00	11 785	3 739.50
新疆（畜牧）	2 689.60	21 684	2 124.71
热科院			
广　　州	74 656.00		40 323.00
南　　京	4 257.11	24 207	64 368.32

4-10 国有及国有控股服务业基本情况

地区	年末单位数（个）	年末从业人员数（人）	全年从业人员工资总额（万元）	营业网点数（个）
全国农垦	**956**	**46 653**	**527 551.18**	**617**
北京	199	11 980	128 840.93	132
天津	25	896	17 492.40	
河北	17	193	1 079.50	13
山西	2	122	886.25	2
内蒙古	16	120	630.00	14
辽宁				
吉林				
黑龙江	103	6 241	42 742.50	
上海	147	5 345	105 768.90	54
江苏	6	2 832	3 865.00	3
浙江	1	5	69.50	
安徽	10	374	2 549.92	3
福建	3	50	405.80	3
江西	19	745	1 976.00	17
山东				
河南	9	362	3 134.27	11
湖北	55	842	7 996.00	56
湖南				
广东	94	8 434	115 073.53	99
广西	54	2 288	34 943.00	54
海南	25	1 528	8 562.00	26
重庆	2	151	1 711.00	2
四川	2	7	121.57	5
贵州	1	67	1 412.00	
云南	47	1 515	22 629.00	68
西藏				
陕西	1	57	327.76	1
甘肃	12	409	1 853.03	11
青海				
宁夏	10	854	4 778.00	10
新疆（兵团）				
新疆（农业）				
新疆（畜牧）	3	37	264.10	3
热科院				
广州	89	1 055	16 650.00	3
南京	4	144	1 789.22	27

4-10续表

地　　区	年末固定资产原值（万元）	年末营业用房面积（米²）	销售总额或营业收入（万元）
全国农垦	**3 416 608.30**	**3 648 276**	**4 820 712.07**
北　　京	883 869.22	1 359 839	2 040 831.52
天　　津	89 370.60		236 529.60
河　　北	2 240.00	810	1 264.30
山　　西	1 900.69	816	1 030.14
内 蒙 古	1 339.00	8 373	26 779.00
辽　　宁			
吉　　林			
黑 龙 江	155 037.70	80 189	420 301.80
上　　海	1 152 007.00	13 576	228 342.60
江　　苏	23 768.00	103 246	38 260.00
浙　　江		5 124	198.00
安　　徽	28 769.53	37 490	9 297.71
福　　建	5 910.00	1 490	559.00
江　　西	935.00	5 620	2 777.00
山　　东			
河　　南	5 087.46	24 347	20 280.00
湖　　北	17 466.00	52 479	13 245.00
湖　　南			
广　　东	454 112.29	974 840	235 996.43
广　　西	241 596.00	617 092	175 234.00
海　　南	50 296.00	16 382	61 347.00
重　　庆	8 880.00	65 900	5 902.00
四　　川	309.24	619	293.29
贵　　州	28 023.00	22 000	189 625.00
云　　南	86 726.00	205 510	945 997.00
西　　藏			
陕　　西	6 026.36	5 700	49 537.66
甘　　肃	8 923.07	14 906	6 263.34
青　　海			
宁　　夏	83 294.00	9 471	7 419.00
新疆（兵团）	139.11		93.90
新疆（农业）			
新疆（畜牧）	1 965.92	300	716.46
热 科 院			
广　　州	74 656.00		40 323.00
南　　京	3 961.11	22 157	62 268.32

固定资产投资、外贸出口及科研情况

5－1 固定资产投资完成情况

计量单位：万元

地　区	本年完成投资总额（按工程用途分）				资金来源合计
		第一产业	第二产业	第三产业	
全国农垦	**42 138 823.68**	**4 601 426.20**	**18 734 877.58**	**18 802 519.90**	**38 396 100.57**
北　京	445 091.51	236 486.63	139 382.38	69 222.50	445 091.51
天　津	173 388.01	61 254.00	50 036.56	62 097.45	173 388.01
河　北	4 617 088.35	214 935.47	3 031 695.14	1 370 457.74	4 566 727.35
山　西	1 632.42	1 453.71	5.16	173.55	1 541.49
内蒙古	471 628.61	212 335.75	203 069.90	56 222.96	511 017.41
辽　宁	739 013.40	67 728.77	320 166.45	351 118.18	739 013.40
吉　林	2 583.12	2 162.68	185.00	235.44	2 402.62
黑龙江	1 055 458.35	508 514.28	120 722.47	426 221.60	1 002 193.90
上　海	391 679.90	129 328.60	132 905.60	129 445.70	391 679.80
江　苏	427 911.00	70 644.00	92 522.00	264 745.00	427 911.00
浙　江	7 898.17	7 829.70		68.47	12 403.93
安　徽	67 675.89	43 434.46	19 629.63	4 611.80	59 378.85
福　建	51 525.32	2 200.32	36 809.00	12 516.00	51 095.32
江　西	2 797 061.00	68 828.30	1 958 248.80	769 983.90	2 797 504.97
山　东	8 461.81	5 159.75		3 302.06	8 461.81
河　南	18 311.46	5 532.21	7 807.84	4 971.41	12 453.35
湖　北	12 263 238.00	555 364.00	5 112 766.00	6 595 108.00	8 748 557.00
湖　南	881 320.46	48 890.56	599 171.00	233 258.90	1 507 482.36
广　东	523 278.33	172 546.39	235 499.76	115 232.18	523 278.33
广　西	284 927.00	96 185.00	16 428.00	172 314.00	284 927.00
海　南	532 068.00	133 326.00	59 955.00	338 787.00	531 273.00
重　庆	46 094.00	6 202.00	27 685.00	12 207.00	36 746.00
四　川	1 883.14	1 289.51	2.95	590.68	1 883.14
贵　州	96 001.80	71 341.11	24 418.69	242.00	96 001.45
云　南	112 303.00	48 485.00	11 307.00	52 511.00	112 303.00
西　藏	3 633.00	2 156.00	1 477.00		3 651.00
陕　西	28 471.95	7 697.57	1 565.00	19 209.38	28 471.95
甘　肃	161 280.07	22 775.40	83 641.97	54 862.70	109 812.28
青　海	8 562.86	2 995.86	3 781.00	1 786.00	7 239.75
宁　夏	126 777.40	86 495.20	3 090.90	37 191.30	126 777.40
新疆（兵团）	15 225 019.00	1 272 633.00	6 373 190.00	7 579 196.00	14 643 869.00
新疆（农业）	122 501.93	112 486.83	4 869.00	5 146.10	28 056.23
新疆（畜牧）	161 900.05	94 015.40	43 967.81	23 916.84	122 324.75
热科院	28 700.39			28 700.39	26 727.23
广　州	254 152.48	228 430.24	18 875.57	6 846.67	254 152.48
南　京	302.50	282.50		20.00	302.50

5-1续表

地　　区	国家预算内资金	国内贷款	利用外资	自筹资金	其他资金	当年新增固定资产
全国农垦	**6 805 856.83**	**1 401 515.05**	**319 395.98**	**25 055 572.70**	**4 813 760.01**	**17 781 330.55**
北　　京	3 352.81	75 969.09		348 761.63	17 007.98	372 811.47
天　　津	3 800.00	77 995.78		77 989.23	13 603.00	17 127.00
河　　北	89 401.00	121 920.00		4 292 588.35	62 818.00	1 929 550.35
山　　西	546.00			63.00	932.49	1 069.42
内 蒙 古	180 874.72	92 653.80		185 692.18	51 796.71	465 753.41
辽　　宁	26 788.00	1 800.00		660 464.40	49 961.00	306 290.90
吉　　林	522.93			1 433.25	446.44	1 642.12
黑 龙 江	462 856.97	21 122.14		401 983.88	116 230.91	779 377.21
上　　海	19 656.90	31 470.60		328 909.00	11 643.30	334 760.10
江　　苏	19 501.00			358 570.00	49 840.00	203 671.00
浙　　江	3 322.87			3 866.06	5 215.00	4 448.49
安　　徽	14 873.83	9 648.00		30 176.19	4 680.83	33 552.61
福　　建	5 189.00		640.00	43 850.32	1 416.00	33 329.32
江　　西	329 208.89	3 500.00	133 505.60	2 018 384.50	312 905.98	478 709.00
山　　东	2 004.75			3 937.01	2 520.05	8 198.81
河　　南	429.50			12 012.17	11.68	6 546.17
湖　　北	591 310.00	225 391.00		5 994 806.00	1 937 050.00	4 317 084.00
湖　　南	550 686.00	43 870.00	185 250.00	679 780.36	47 896.00	575 387.96
广　　东	75 011.83	6 080.84		199 313.46	242 872.20	360 982.24
广　　西	9 991.00	43 680.00		218 117.00	13 139.00	216 810.00
海　　南	14 229.00	35 591.00		244 990.00	236 463.00	358 577.00
重　　庆				36 746.00		41 386.00
四　　川	936.70			856.44	90.00	1 087.62
贵　　州		15 649.56		242.00	80 109.89	4 195.41
云　　南	14 869.00	7 854.00		78 618.00	10 962.00	45 154.00
西　　藏	3 242.00			409.00		2 156.00
陕　　西	3 377.00			23 778.95	1 316.00	7 919.95
甘　　肃	9 652.95			97 732.90	2 426.43	95 688.92
青　　海	2 619.75			4 620.00		5 021.34
宁　　夏	13 286.70	20 000.00		93 490.70		19 610.00
新疆(兵团)	4 273 008.00	503 403.00		8 358 816.00	1 508 642.00	6 490 842.00
新疆(农业)	11 949.99	5 900.33		9 358.41	847.50	20 392.88
新疆(畜牧)	42 907.19			48 934.60	30 482.96	95 961.84
热 科 院	25 952.51			341.06	433.66	20 364.51
广　　州	428.04	58 015.91	0.38	195 708.15		125 569.00
南　　京	70.00			232.50		302.50

5-2 国有单位固定资产投资完成情况

计量单位：万元

地区	本年完成投资总额（按工程用途分）				资金来源合计
		第一产业	第二产业	第三产业	
全国农垦	**14 677 661.55**	**2 873 677.94**	**2 547 946.37**	**9 256 037.24**	**15 223 116.11**
北京	442 421.58	234 169.80	139 036.08	69 215.70	442 421.58
天津	173 388.01	61 254.00	50 036.56	62 097.45	173 388.01
河北	333 933.05	3 313.05	226 700.00	103 920.00	324 953.05
山西	1 103.42	924.71	5.16	173.55	1 012.49
内蒙古	402 026.15	167 218.30	189 056.90	45 750.95	431 398.95
辽宁	30 816.90	7 989.27	6 915.00	15 912.63	30 816.90
吉林	1 037.47	814.03		223.44	958.97
黑龙江	1 055 458.35	508 514.28	120 722.47	426 221.60	1 002 193.90
上海	391 679.90	129 328.60	132 905.60	129 445.70	391 679.80
江苏	409 954.00	67 754.00	85 043.00	257 157.00	409 954.00
浙江	6 680.74	6 612.27		68.47	11 186.50
安徽	53 751.13	33 071.32	16 650.12	4 029.69	48 518.70
福建	16 257.32	1 469.32	8 048.00	6 740.00	17 927.32
江西	391 413.12	20 681.00	34 256.00	336 476.12	382 590.89
山东	1 707.12	1 707.12			1 707.12
河南	9 052.96	4 452.21	977.84	3 622.91	5 459.85
湖北	2 738 246.00	94 932.00	243 607.00	2 399 707.00	2 092 255.00
湖南	259 193.86	7 067.56	129 629.00	122 497.30	650 750.86
广东	245 318.49	140 279.89	45 132.04	59 906.56	245 318.49
广西	217 916.00	95 917.00	14 213.00	107 786.00	217 916.00
海南	274 771.00	110 899.00	35 309.00	128 563.00	273 976.00
重庆	39 047.00	5 260.00	24 816.00	8 971.00	31 954.00
四川	1 691.36	1 147.73	2.95	540.68	1 691.36
贵州	96 001.80	71 341.11	24 418.69	242.00	96 001.45
云南	81 286.00	45 303.00	11 264.00	24 719.00	81 286.00
西藏	2 156.00	2 156.00			2 174.00
陕西	28 383.98	7 609.60	1 565.00	19 209.38	28 383.98
甘肃	157 876.43	19 371.76	83 641.97	54 862.70	106 408.64
青海	8 120.86	2 853.86	3 781.00	1 486.00	6 939.75
宁夏	126 257.40	86 495.20	2 570.90	37 191.30	126 257.40
新疆(兵团)	6 168 868.00	517 428.00	876 556.00	4 774 884.00	7 203 950.00
新疆(农业)	114 666.73	108 340.63	2 180.00	4 146.10	20 771.03
新疆(畜牧)	116 907.59	79 290.58	20 031.52	17 585.49	82 640.36
热科院	26 011.67			26 011.67	24 013.60
广州	253 957.66	228 429.24	18 875.57	6 652.85	253 957.66
南京	302.50	282.50		20.00	302.50

5-2续表

地　　区	国家预算内资金	国内贷款	利用外资	自筹资金	其他资金	当年新增固定资产
全国农垦	**5 955 537.21**	**746 554.41**	**912.00**	**6 276 956.28**	**2 243 156.21**	**8 519 848.20**
北　　京	3 012.81	75 969.09		346 431.70	17 007.98	370 978.10
天　　津	3 800.00	77 995.78		77 989.23	13 603.00	17 127.00
河　　北	85 130.00			239 823.05		110 312.35
山　　西	285.00			63.00	664.49	808.42
内 蒙 古	150 041.38	91 841.80		142 196.77	47 319.00	400 068.95
辽　　宁	14 135.00			5 785.90	10 896.00	5 500.30
吉　　林	522.93			212.60	223.44	1 037.47
黑 龙 江	462 856.97	21 122.14		401 983.88	116 230.91	779 377.21
上　　海	19 656.90	31 470.60		328 909.00	11 643.30	334 760.10
江　　苏	19 501.00			340 613.00	49 840.00	203 671.00
浙　　江	3 322.87			2 648.63	5 215.00	3 231.06
安　　徽	14 640.83	4 920.48		25 459.43	3 497.96	28 311.53
福　　建	5 138.00		640.00	11 457.32	692.00	12 751.32
江　　西	305 711.86		272.00	44 205.03	32 402.00	59 037.02
山　　东	1 649.75			57.37		1 444.12
河　　南	236.00			5 212.17	11.68	1 552.67
湖　　北	439 017.00	21 491.00		986 013.00	645 734.00	1 746 468.00
湖　　南	478 291.00			172 433.86	26.00	83 927.46
广　　东	64 758.47	6 080.84		166 997.70	7 481.48	212 586.91
广　　西	9 991.00	43 680.00		154 167.00	10 078.00	156 354.00
海　　南	12 171.00	35 591.00		218 260.00	7 954.00	107 834.00
重　　庆				31 954.00		38 481.00
四　　川	936.70			754.66		895.86
贵　　州		15 649.56		242.00	80 109.89	4 195.41
云　　南	13 962.00	7 638.00		50 043.00	9 643.00	35 756.00
西　　藏	1 765.00			409.00		2 156.00
陕　　西	3 377.00			23 690.98	1 316.00	7 908.98
甘　　肃	6 713.35			97 268.86	2 426.43	94 874.49
青　　海	2 319.75			4 620.00		4 721.34
宁　　夏	13 286.70	20 000.00		92 970.70		16 655.80
新疆(兵团)	3 746 981.00	229 188.00		2 082 010.00	1 145 771.00	3 453 043.00
新疆(农业)	5 661.56	5 900.33		9 137.64	71.50	13 423.68
新疆(畜牧)	42 836.99			16 848.41	22 954.96	66 095.98
热 科 院	23 329.35			341.06	343.19	18 630.17
广　　州	428.04	58 015.79		195 513.83		125 569.00
南　　京	70.00			232.50		302.50

5－3　外贸出口供货商品金额

计量单位：万元

地　　区	外贸出口供货商品金额	农产品	林产品	畜产品	水产品
全国农垦	**1 267 670.78**	**97 501.20**	**292.00**	**75 765.95**	**117 465.20**
北　　京	37 797.90	45.71		25 139.83	
天　　津	7 770.00				
河　　北	295 053.88				4 203.00
山　　西					
内 蒙 古					
辽　　宁	17 065.20				7 000.20
吉　　林					
黑 龙 江	39 472.71	13 884.57		21 899.05	
上　　海	75 427.10	15 977.30			
江　　苏	21 258.00	2 012.00			
浙　　江	120.00	120.00			
安　　徽					
福　　建	1 127.00	303.00			
江　　西	32 709.00		292.00		
山　　东					
河　　南					
湖　　北	175 275.55	12 654.00		5 903.07	55 405.00
湖　　南	35 527.00	5 261.00			
广　　东	432 741.40				50 857.00
广　　西	33 803.00			22 824.00	
海　　南					
重　　庆	4 552.00				
四　　川					
贵　　州					
云　　南	18 852.00	18 852.00			
西　　藏					
陕　　西					
甘　　肃	25 238.04	18 313.62			
青　　海					
宁　　夏	10 078.00	10 078.00			
新疆（兵团）					
新疆（农业）					
新疆（畜牧）	3 803.00				
热 科 院					
广　　州					
南　　京					

5-3续表

地区	工业品	医药	食品	纺织品
全国农垦	**976 646.43**	**7 509.61**	**81 313.68**	**19 497.48**
北京	12 612.36		12 612.36	
天津	7 770.00		2 462.00	4 078.50
河北	290 850.88		23 751.00	89.00
山西				
内蒙古				
辽宁	10 065.00	400.00	900.00	2 197.00
吉林				
黑龙江	3 689.09		2 980.51	
上海	59 449.80			
江苏	19 246.00	125.00	1 628.00	542.00
浙江				
安徽				
福建	824.00			44.00
江西	32 417.00			
山东				
河南				
湖北	101 313.48	466.00	7 045.00	11 369.98
湖南	30 266.00		21 174.00	
广东	381 884.40			613.00
广西	10 979.00			564.00
海南				
重庆	4 552.00		4 552.00	
四川				
贵州				
云南				
西藏				
陕西				
甘肃	6 924.42	6 518.61	405.81	
青海				
宁夏				
新疆(兵团)				
新疆(农业)				
新疆(畜牧)	3 803.00		3 803.00	
热科院				
广州				
南京				

5－4　外贸出口供货商品量情况

种类	地区	计量单位	出口供货商品量	种类	地区	计量单位	出口供货商品量
大豆	全国农垦	吨	81	虾类	全国农垦	吨	9 178
	黑龙江		81		湖北		2 405
玉米	全国农垦	吨	364		广东		6 773
	黑龙江		42	对虾	全国农垦	吨	6 434
	甘肃		322		广东		6 434
蔬菜	全国农垦	吨	36 114	原料药	全国农垦	吨	14 182
	上海		44		湖北		7 500
	江苏		3 020		甘肃		6 682
	湖北		3 785	大米	全国农垦	吨	27 748
	云南		2 917		辽宁		6 300
	甘肃		3 137		黑龙江		21 448
	宁夏		23 211	食用油类	全国农垦	吨	6
水果	全国农垦	吨	22 596		北京		6
	湖南		22 593	乳制品	全国农垦	吨	18 110
	新疆（农业）		3		河北		18 110
猪	全国农垦	头	113 384	罐头	全国农垦	吨	3 458
	湖北		23 096		重庆		3 458
	广西		90 288	茶叶	全国农垦	吨	497
家禽肉	全国农垦	吨	9 472		浙江		42
	北京		9 472		福建		455
蛋类	全国农垦	吨	990	服装	全国农垦	件	2 204 603
	湖北		990		河北		161 603
鱼类	全国农垦	吨	15 616		江苏		180 000
	河北		1 086		广东		1 863 000
	上海		12 165	棉纱	全国农垦	件	2 238 000
	湖北		20		广东		2 238 000
	广东		2 345				

5－5 农垦科研基本情况

地区	科研单位情况				
	科研单位数（个）	职工合计（人）			其他人员（人）
			科技人员（人）	#本科及以上（人）	
全国农垦	**120**	**13 758**	**7 942**	**6 082**	**5 854**
北京	6	1 275	335	97	1 084
天津					
河北	3	33	19	11	12
山西	1	6	3		
内蒙古	4	65	16	8	47
辽宁					
吉林	1	185	56	23	
黑龙江	9	3 022	1 832	795	1 190
上海	17	1 301	1 132	1 019	169
江苏	24	1 861	1 540	1 538	321
浙江					
安徽					
福建					
江西	3	177	117	27	60
山东	1	16	10	3	
河南	3	128	35	13	93
湖北	4	521	378	349	134
湖南	4	89	75	38	17
广东	5	179	126	98	52
广西					
海南	1	185	62		123
重庆	3	87	77	72	10
四川	2	28	7	2	21
贵州					
云南	8	700	456	416	244
西藏					
陕西					
甘肃	3	60	48	47	2
青海	4	920	87	82	830
宁夏	1	7	7		
新疆（兵团）					
新疆（农业）					
新疆（畜牧）	1	20	10	7	13
热科院	12	2 893	1 514	1 437	1 432
广州					
南京					

5-5 续表 1

地区	科研单位情况			
	研究与试验发展经费（万元）	政府拨款	企业自筹	实验地面积（公顷）
全国农垦	**6 004 553.43**	**67 905.50**	**522 093.71**	**18 002.06**
北　　京	28 384.27	290.00	28 094.27	0.60
天　　津				
河　　北	6.00		6.00	23.00
山　　西	44.00		44.00	6.67
内 蒙 古	942.00	332.00	610.00	152.00
辽　　宁				
吉　　林	300.00		300.00	1 186.00
黑 龙 江	32 108.28	13 395.03	18 713.25	4 186.85
上　　海	38 021.00	4 073.00	33 948.00	
江　　苏	428 367.00		428 367.00	536.00
浙　　江				
安　　徽				
福　　建				
江　　西	2 458.20		2 458.20	5.86
山　　东	11.80		11.80	6.20
河　　南	301.00	256.00	45.00	1 008.00
湖　　北	14 089.36	11 936.59	2 152.77	284.00
湖　　南	800.00	16.00	784.00	135.00
广　　东	2 580.16	2 077.79	502.37	145.77
广　　西				
海　　南	2 064.14	252.00	1 812.14	2 702.00
重　　庆	3 666.00	787.00	786.00	15.00
四　　川				2.00
贵　　州				
云　　南	5 237.00	3 414.00	1 823.00	4 909.00
西　　藏				
陕　　西				
甘　　肃	827.49	20.00	807.49	3.40
青　　海	408.00	240.00	168.00	1 193.40
宁　　夏	114.00		114.00	
新疆(兵团)				
新疆(农业)				5.30
新疆(畜牧)	118.00	118.00		0.20
热 科 院	39 607.73	30 698.09	546.42	1 495.81
广　　州				
南　　京				

5－5 续表 2

地　　区	企业科技创新情况			
	科技人员（人）	研究与试验发展经费（万元）	财政经费	企业自筹
全国农垦	**6 765**	**172 105.59**	**23 855.06**	**148 250.53**
北　　京	217	8 653.63	1 842.01	6 811.62
天　　津				
河　　北	823	29 741.00	410.00	29 331.00
山　　西				
内 蒙 古				
辽　　宁				
吉　　林				
黑 龙 江	3 952	97 424.53	16 532.25	80 892.28
上　　海				
江　　苏				
浙　　江	3	73.40		73.40
安　　徽	139	3 464.85	989.80	2 475.05
福　　建				
江　　西	15	2 315.00		2 315.00
山　　东				
河　　南	2	3.00		3.00
湖　　北	202	2 572.00	220.00	2 352.00
湖　　南	5	5.50	5.50	
广　　东	342	8 755.33	508.50	8 246.83
广　　西	523	6 195.00	2 696.00	3 499.00
海　　南				
重　　庆				
四　　川	3	30.00		30.00
贵　　州				
云　　南				
西　　藏	3	300.00	300.00	
陕　　西				
甘　　肃	309	4 561.35	12.00	4 549.35
青　　海				
宁　　夏		3 783.00	339.00	3 444.00
新疆（兵团）				
新疆（农业）				
新疆（畜牧）				
热 科 院				
广　　州	227	4 228.00		4 228.00
南　　京				

附　录

附录一　中华人民共和国 2022 年国民经济和社会发展统计公报

中华人民共和国 2022 年国民经济和社会发展统计公报[1]

国家统计局

2023 年 2 月 28 日

2022 年是党和国家历史上极为重要的一年。党的二十大胜利召开，擘画了全面建设社会主义现代化国家、以中国式现代化全面推进中华民族伟大复兴的宏伟蓝图。面对风高浪急的国际环境和艰巨繁重的国内改革发展稳定任务，在以习近平同志为核心的党中央坚强领导下，各地区、各部门坚持以习近平新时代中国特色社会主义思想为指导，按照党中央、国务院决策部署，统筹国内、国际两个大局，统筹疫情防控和经济社会发展，统筹发展和安全，坚持稳中求进工作总基调，完整、准确、全面贯彻新发展理念，加快构建新发展格局，着力推动高质量发展，加大宏观调控力度，应对超预期因素冲击，经济保持增长，发展质量稳步提升，创新驱动深入推进，改革开放蹄疾步稳，就业、物价总体平稳，粮食安全、能源安全和人民生活得到有效保障，经济社会大局保持稳定，全面建设社会主义现代化国家新征程迈出坚实步伐。

一、综合

初步核算，全年国内生产总值[2] 1 210 207 亿元，比上年增长 3.0%（图 1）。其中，第一产业增加值 88 345 亿元，比上年增长 4.1%；第二产业增加值 483 164 亿元，增长 3.8%；第三产业增加值 638 698 亿元，增长 2.3%。第一产业增加值占国内生产总值比重为 7.3%，第二产业增加值比重为 39.9%，第三产业增加值比重为 52.8%（图 2）。全年最终消费支出拉动国内生产总值增长 1.0 个百分点，资本形成总额拉动国内生产总值增长 1.5 个百分点，货物和服务净出口拉动国内生产总值增长 0.5 个百分点。全年人均国内生产总值 85 698 元，比上年增长 3.0%。国民总收入[3] 1 197 215 亿元，比上年增长 2.8%。全员劳动生产率[4]为 152 977 元/人，比上年提高 4.2%（图 3）。

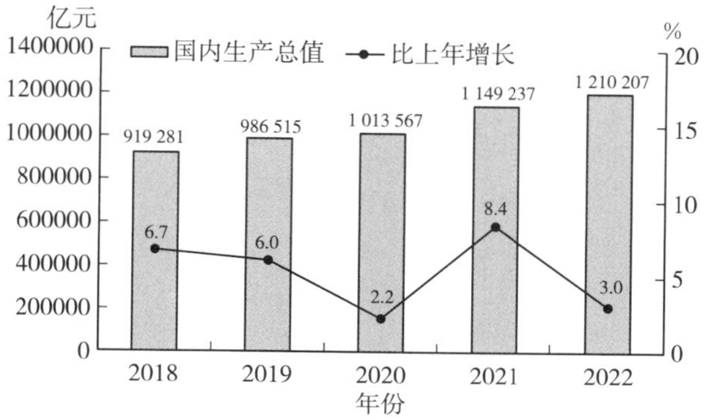

图 1　2018—2022 年国内生产总值及其增长速度

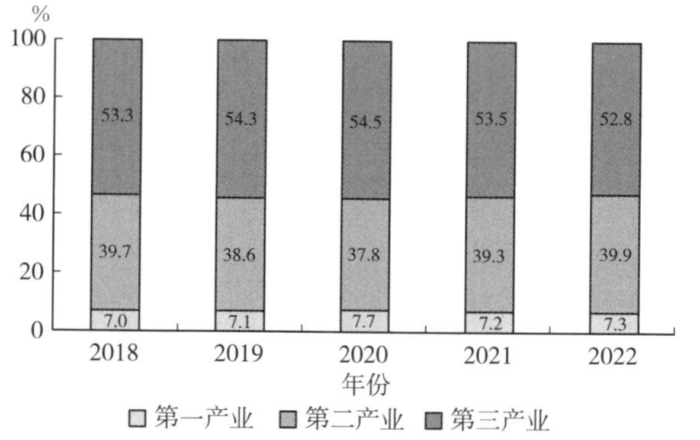

图 2　2018—2022 年三次产业增加值占国内生产总值比重

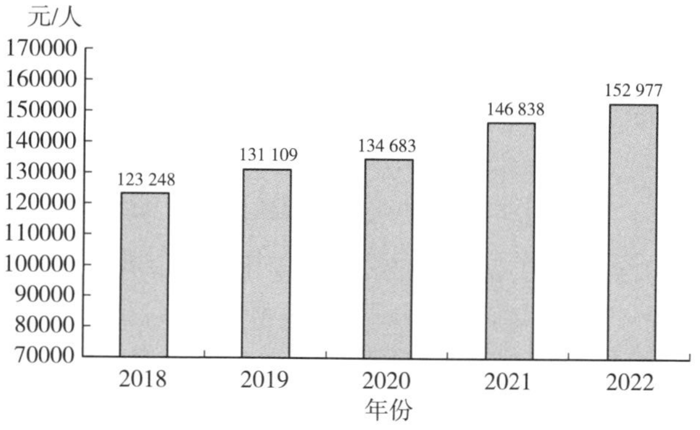

图 3　2018—2022 年全员劳动生产率[5]

年末全国人口[6] 141 175 万人，比上年年末减少 85 万人，其中城镇常住人口 92 071 万人（表 1）。全年出生人口 956 万人，出生率为 6.77‰；死亡人口 1 041 万人，死亡率为 7.37‰；自然增长率为－0.60‰。

表 1　2022 年年末人口数及其构成

指标	年末数（万人）	比重（%）
全国人口	141 175	100.0
其中：城镇	92 071	65.2
乡村	49 104	34.8
其中：男性	72 206	51.1
女性	68 969	48.9
其中：0～15 岁（含不满 16 周岁）[7]	25 615	18.1
16～59 岁（含不满 60 周岁）	87 556	62.0
60 周岁及以上	28 004	19.8
其中：65 周岁及以上	20 978	14.9

年末全国就业人员 73 351 万人，其中城镇就业人员 45 931 万人，占全国就业人员比重为 62.6%。全年城镇新增就业 1 206 万人，比上年少增 63 万人（图 4）。全年全国城镇调查失业率平均值为 5.6%。年末全国城镇调查失业率为 5.5%。全国农民工[8] 总量 29 562 万人，比上年增长 1.1%。其中，外出农民工 17 190 万人，增长 0.1%；本地农民工 12 372 万人，增长 2.4%。

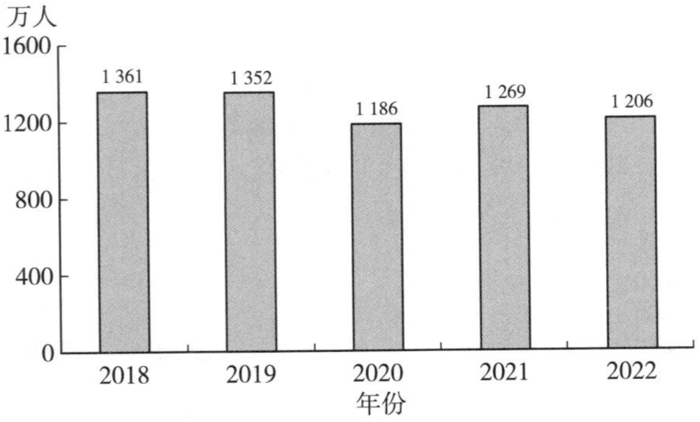

图 4　2018—2022 年城镇新增就业人数

全年居民消费价格比上年上涨 2.0%（图 5，表 2）。工业生产者出厂价格上涨 4.1%。工业生产者购进价格上涨 6.1%。农产品生产者价格[9] 上涨 0.4%。12 月，70 个大中城市中，新建商品住宅销售价格同比上涨的城市数量为 16 个，持平的为 1 个，下降的为 53 个；二手住宅销售价格同比上涨的城市数量为 6 个，下降的为 64 个。

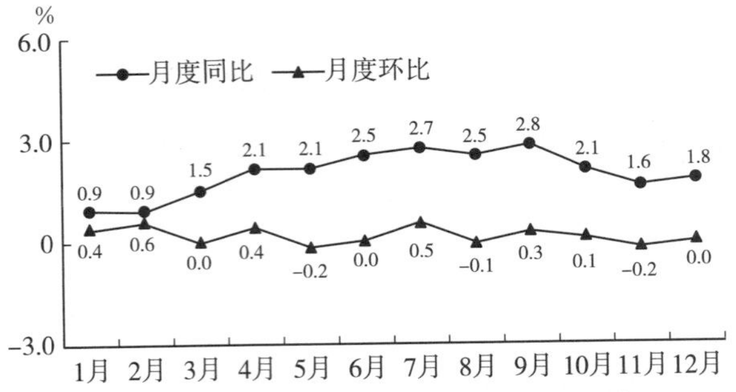

图 5　2022 年居民消费价格月度涨跌幅度

表 2　2022 年居民消费价格比上年涨跌幅度

单位：%

指标	全国	城市	农村
居民消费价格	2.0	2.0	2.0
其中：食品烟酒	2.4	2.6	2.1
衣着	0.5	0.6	0.3
居住[10]	0.7	0.5	1.3
生活用品及服务	1.2	1.2	1.0
交通通信	5.2	5.2	5.0
教育文化娱乐	1.8	1.9	1.7
医疗保健	0.6	0.6	0.8
其他用品及服务	1.6	1.5	2.0

年末国家外汇储备 31 277 亿美元，比上年年末减少 1 225 亿美元（图 6）。全年人民币平均汇率为 1 美元兑 6.726 1 元人民币，比上年贬值 4.1%。

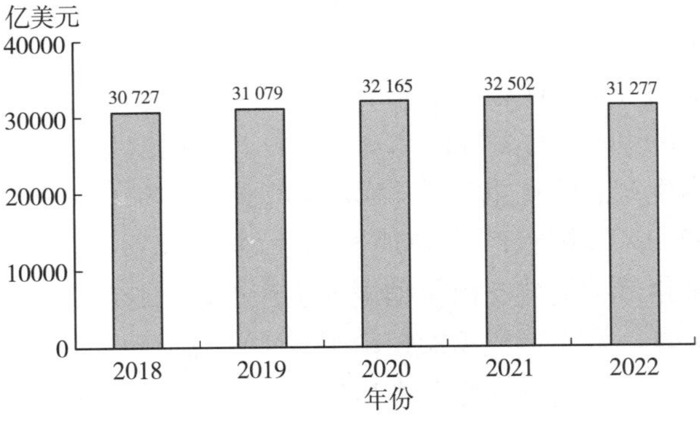

图 6　2018—2022 年年末国家外汇储备

新产业、新业态、新模式较快成长。全年规模以上工业中，高技术制造业[11]增加值比上年增长7.4%，占规模以上工业增加值的比重为15.5%；装备制造业[12]增加值增长5.6%，占规模以上工业增加值的比重为31.8%。全年规模以上服务业[13]中，战略性新兴服务业[14]企业营业收入比上年增长4.8%。全年高技术产业投资[15]比上年增长18.9%。全年新能源汽车产量700.3万辆，比上年增长90.5%；太阳能电池（光伏电池）产量3.4亿千瓦，增长46.8%。全年电子商务交易额[16]438 299亿元，按可比口径计算，比上年增长3.5%。全年网上零售额[17]137 853亿元，按可比口径计算，比上年增长4.0%。全年新登记市场主体2 908万户，日均新登记企业2.4万户，年末市场主体总数近1.7亿户。

城乡区域协调发展稳步推进。年末全国常住人口城镇化率为65.22%，比上年年末提高0.50个百分点（图7）。分区域看[18]，全年东部地区生产总值622 018亿元，比上年增长2.5%；中部地区生产总值266 513亿元，增长4.0%；西部地区生产总值256 985亿元，增长3.2%；东北地区生产总值57 946亿元，增长1.3%。全年京津冀地区生产总值100 293亿元，比上年增长2.0%；长江经济带地区生产总值559 766亿元，增长3.0%；长江三角洲地区生产总值290 289亿元，增长2.5%。粤港澳大湾区建设、黄河流域生态保护和高质量发展等区域重大战略扎实推进。

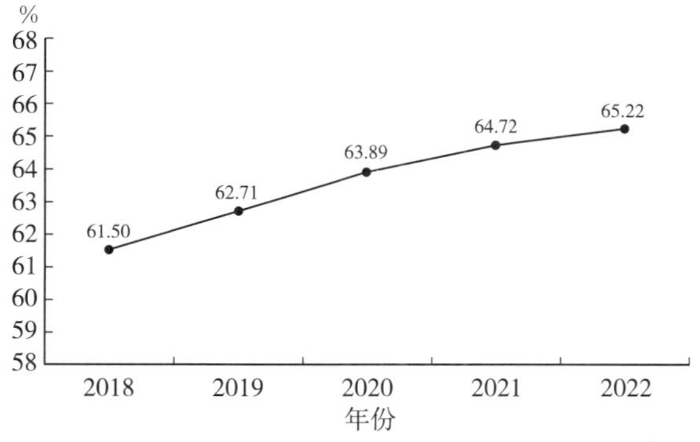

图7　2018—2022年年末常住人口城镇化率

绿色转型发展迈出新步伐。全年全国万元国内生产总值能耗[19]比上年下降0.1%。全年水电、核电、风电、太阳能发电等清洁能源发电量29 599亿千瓦·时，比上年增长8.5%。在监测的339个地级及以上城市中，全年空气质量达标的城市占62.8%，未达标的城市占37.2%；细颗粒物（$PM_{2.5}$）年平均浓度29微克/米^3，比上年下降3.3%。3 641个国家地表水考核断面中，全年水质优良（Ⅰ～Ⅲ类）断面比例为87.9%，Ⅳ类断面比例为9.7%，Ⅴ类断面比例为1.7%，劣Ⅴ类断面比例为0.7%。

二、农业

全年粮食种植面积11 833万公顷，比上年增加70万公顷。其中，稻谷种植面积2 945万公顷，减少47万公顷；小麦种植面积2 352万公顷，减少5万公顷；玉米种植面积4 307万公顷，减少25万公顷；大豆种植面积1 024万公顷，增加183万公顷。棉花种植面积300万公顷，减少3万公顷。油料种植面积1 314万公顷，增加4万公顷。糖料种植面积147万公顷，增加1万公顷。

全年粮食产量68 653万吨，比上年增加368万吨，增产0.5%（图8）。其中，夏粮产量14 740万吨，增产1.0%；早稻产量2 812万吨，增产0.4%；秋粮产量51 100万吨，增产0.4%。全年谷物产量63 324万吨，比上年增产0.1%。其中，稻谷产量20 849万吨，减产2.0%；小麦产量13 772万吨，增产0.6%；玉米产量27 720万吨，增产1.7%。大豆产量2 028万吨，增产23.7%。

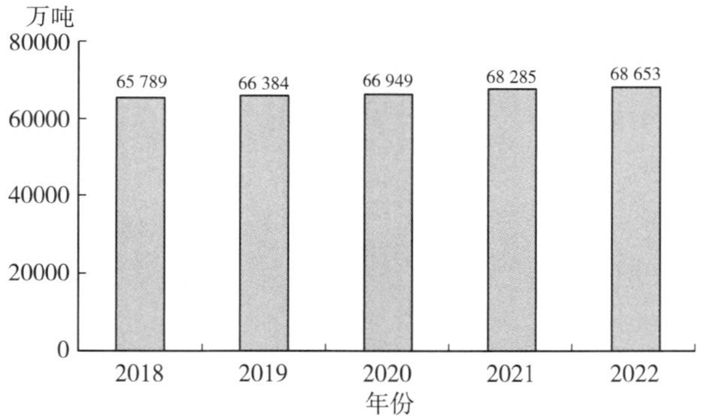

图8　2018—2022年粮食产量

全年棉花产量598万吨，比上年增产4.3%。油料产量3 653万吨，增产1.1%。糖料产量11 444万吨，减产0.1%。茶叶产量335万吨，增产5.7%。

全年猪、牛、羊、禽肉产量9 227万吨，比上年增长3.8%。其中，猪肉产量5 541万吨，增长4.6%；牛肉产量718万吨，增长3.0%；羊肉产量525万吨，增长2.0%；禽肉产量2 443万吨，增长2.6%。禽蛋产量3 456万吨，增长1.4%。牛奶产量3 932万吨，增长6.8%。年末生猪存栏45 256万头，比上年年末增长0.7%；全年生猪出栏69 995万头，比上年增长4.3%。

全年水产品产量6 869万吨，比上年增长2.7%。其中，养殖水产品产量5 568万吨，增长3.2%；捕捞水产品产量1 301万吨，增长0.4%。

全年木材产量10 693万米^3，比上年下降7.7%。

全年新增耕地灌溉面积78万公顷，新增高效节水灌溉面积161万公顷。

三、工业和建筑业

全年全部工业增加值401 644亿元，比上年增长3.4%（图9）。规模以上工业增加值增长3.6%。在规模以上工业中，分经济类型看，国有控股企业增加值增长3.3%；股份制企业增长4.8%，外商及港澳台商投资企业下降1.0%；私营企业增长2.9%。分门类看，采矿业增长7.3%，制造业增长3.0%，电力、热力、燃气及水生产和供应业增长5.0%。

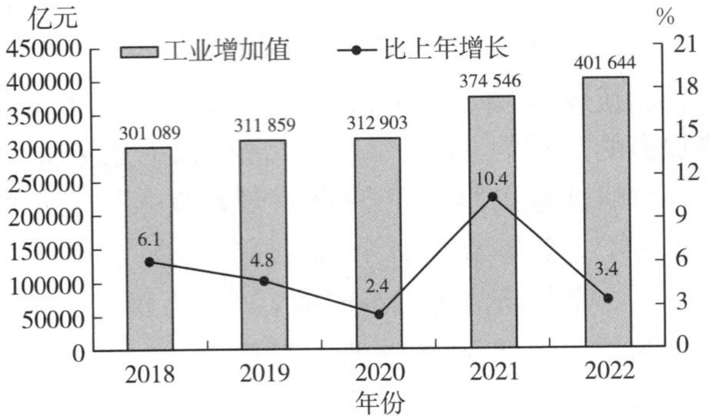

图9　2018—2022年全部工业增加值及其增长速度

全年规模以上工业中，农副食品加工业增加值比上年增长0.7%，纺织业下降2.7%，化学原料和化学制品制造业增长6.6%，非金属矿物制品业下降1.5%，黑色金属冶炼和压延加工业增长1.2%，通用设备制造业下降1.2%，专用设备制造业增长3.6%，汽车制造业增长6.3%，电气机械和器材制造业增长11.9%，计算机、通信和其他电子设备制造业增长7.6%，电力、热力生产和供应业增长5.1%（表3）。

表3　2022年主要工业产品产量及其增长速度[20]

产品名称	单位	产量	比上年增长（%）
纱	万吨	2 719.1	−5.4
布	亿米	467.5	−6.9
化学纤维	万吨	6 697.8	−0.2
成品糖	万吨	1 486.8	2.6
卷烟	亿支	24 321.5	0.6
彩色电视机	万台	19 578.3	5.8
家用电冰箱	万台	8 664.4	−3.6
房间空气调节器	万台	22 247.3	1.9
一次能源生产总量	亿吨标准煤	46.6	9.2
原煤	亿吨	45.6	10.5
原油	万吨	20 472.2	2.9
天然气	亿米^3	2 201.1	6.0
发电量	亿千瓦·时	88 487.1	3.7
其中：火电[21]	亿千瓦·时	58 887.9	1.4
水电	亿千瓦·时	13 522.0	1.0
核电	亿千瓦·时	4 177.8	2.5
风电	亿千瓦·时	7 626.7	16.2
太阳能发电	亿千瓦·时	4 272.7	31.2
粗钢	万吨	101 795.9	−1.7
钢材[22]	万吨	134 033.5	0.3

（续）

产品名称	单位	产量	比上年增长（%）
十种有色金属	万吨	6 793.6	4.9
其中：精炼铜（电解铜）	万吨	1 106.3	5.5
原铝（电解铝）	万吨	4 021.4	4.4
水泥	亿吨	21.3	−10.5
硫酸（折100%）	万吨	9 504.6	1.3
烧碱（折100%）	万吨	3 980.5	2.3
乙烯	万吨	2 897.5	2.5
化肥（折100%）	万吨	5 573.3	0.5
发电机组（发电设备）	万千瓦	18 376.1	15.0
汽车	万辆	2 718.0	3.5
其中：新能源汽车	万辆	700.3	90.5
大中型拖拉机	万台	40.0	−2.8
集成电路	亿块	3 241.9	−9.8
程控交换机	万线	883.8	26.3
移动通信手持机	万台	156 080.0	−6.1
微型计算机设备	万台	43 418.2	−7.0
工业机器人	万套	44.3	21.0
太阳能电池（光伏电池）	万千瓦	34 364.2	46.8
充电桩	万个	191.5	80.3

年末全国发电装机容量 256 405 万千瓦，比上年年末增长 7.8%。其中[23]，火电装机容量133 239万千瓦，增长 2.7%；水电装机容量 41 350 万千瓦，增长 5.8%；核电装机容量 5 553 万千瓦，增长 4.3%；并网风电装机容量 36 544 万千瓦，增长 11.2%；并网太阳能发电装机容量 39 261 万千瓦，增长 28.1%。

全年规模以上工业企业利润 84 039 亿元，比上年下降[24]4.0%。分经济类型看，国有控股企业利润 23 792 亿元，比上年增长 3.0%；股份制企业 61 611 亿元，下降 2.7%，外商及港澳台商投资企业 20 040 亿元，下降 9.5%；私营企业 26 638 亿元，下降 7.2%。分门类看，采矿业利润 15 574 亿元，比上年增长 48.6%；制造业 64 150 亿元，下降 13.4%；电力、热力、燃气及水生产和供应业 4 315亿元，增长 41.8%。全年规模以上工业企业每百元营业收入中的成本为 84.72 元，比上年增加 0.91 元；营业收入利润率为 6.09%，下降 0.64 个百分点。年末规模以上工业企业资产负债率为 56.6%，比上年年末上升 0.3 个百分点。全年全国工业产能利用率[25]为 75.6%。

全年建筑业增加值 83 383 亿元，比上年增长 5.5%（图 10）。全国具有资质等级的总承包和专业承包建筑业企业利润 8 369 亿元，比上年下降 1.2%，其中国有控股企业 3 922 亿元，增长 8.4%。

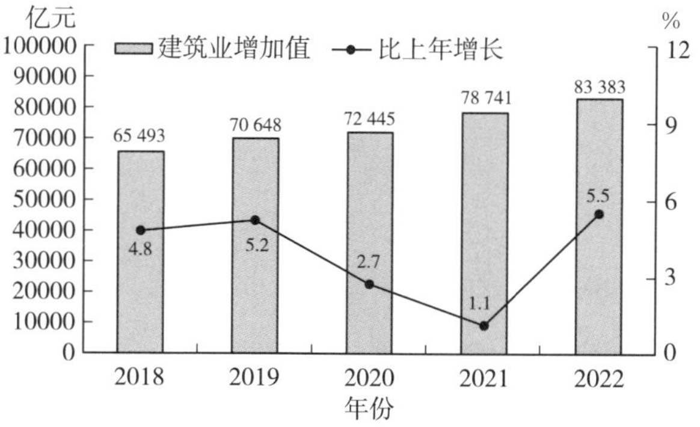

图 10　2018—2022 年建筑业增加值及其增长速度

四、服务业

全年批发和零售业增加值 114 518 亿元，比上年增长 0.9%；交通运输、仓储和邮政业增加值 49 674亿元，下降 0.8%；住宿和餐饮业增加值

17 855亿元，下降 2.3%；金融业增加值 96 811 亿元，增长 5.6%；房地产业增加值 73 821 亿元，下降 5.1%；信息传输、软件和信息技术服务业增加值 47 934 亿元，增长 9.1%；租赁和商务服务业增加值 39 153 亿元，增长 3.4%。全年规模以上服务业企业营业收入比上年增长 2.7%，利润总额增长 8.5%（图 11）。

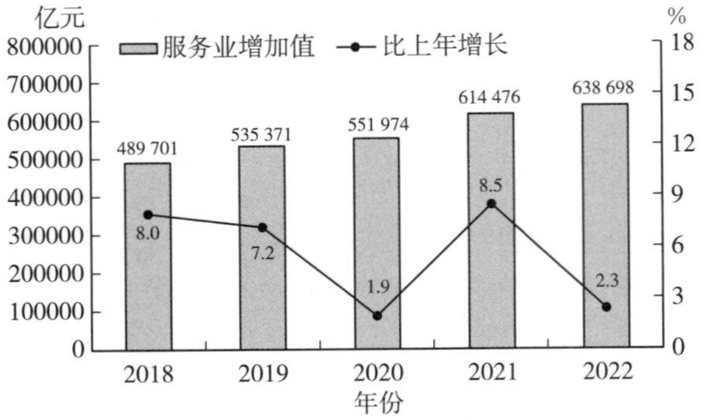

图 11　2018—2022 年服务业增加值及其增长速度

全年货物运输总量[26] 515 亿吨，货物运输周转量 231 744 亿吨・公里（表 4）。全年港口完成货物吞吐量 157 亿吨，比上年增长 0.9%，其中外贸货物吞吐量 46 亿吨，下降 1.9%。港口集装箱吞吐量 29 587 万标准箱，增长 4.7%。

表 4　2022 年各种运输方式完成货物运输量及其增长速度

指标	单位	绝对数	比上年增长（%）
货物运输总量	亿吨	514.7	−3.0
铁路	亿吨	49.3	4.5
公路	亿吨	371.2	−5.5
水路	亿吨	85.5	3.8
民航	万吨	607.6	−17.0
管道	亿吨	8.6	3.1
货物运输周转量	亿吨・公里	231 743.5	3.4
铁路	亿吨・公里	35 906.5	8.2
公路	亿吨・公里	68 958.0	−1.2
水路	亿吨・公里	121 003.1	4.7
民航	亿吨・公里	254.1	−8.7
管道	亿吨・公里	5 621.8	3.7

全年旅客运输总量 56 亿人次，比上年下降 32.7%。旅客运输周转量 12 921 亿人・公里，下降 34.6%（表 5）。

表 5　2022 年各种运输方式完成旅客运输量及其增长速度

指标	单位	绝对数	比上年增长（%）
旅客运输总量	亿人次	55.9	−32.7
铁路	亿人次	16.7	−35.9
公路	亿人次	35.5	−30.3
水路	亿人次	1.2	−28.8
民航	亿人次	2.5	−42.9
旅客运输周转量	亿人・公里	12 921.4	−34.6
铁路	亿人・公里	6 577.5	−31.3
公路	亿人・公里	2 407.5	−33.7
水路	亿人・公里	22.6	−31.7
民航	亿人・公里	3 913.7	−40.1

年末全国民用汽车保有量 31 903 万辆（包括三轮汽车和低速货车 719 万辆），比上年年末增加 1 752 万辆，其中私人汽车保有量 27 873 万辆，增加 1 627 万辆。民用轿车保有量 17 740 万辆，增加 1 003 万辆，其中私人轿车保有量 16 685 万辆，增加 954 万辆。

全年完成邮政行业业务总量[27] 14 317 亿元，比上年增长 4.5%。邮政业全年完成邮政函件业务 9.4 亿件，包裹业务 0.2 亿件，快递业务量 1 105.8亿件（图 12），快递业务收入 10 567 亿元。全年完成电信业务总量[28] 17 498 亿元，比上年增长 21.3%。年末移动电话基站数[29] 1 083 万个，其中 4G 基站 603 万个，5G 基站 231 万个。全国电话用户总数 186 286 万户，其中移动电话用户 168 344万户。移动电话普及率为 119.2 部/百人。固定互联网宽带接入用户[30] 58 965 万户，比上年年末增加 5 386 万户（图 13），其中 100M 速率及以上的宽带接入用户[31] 55 380 万户，增加 5 513 万户。蜂窝物联网终端用户[32] 18.45 亿户，增加 4.47 亿户。互联网上网人数 10.67 亿人，其中手机上网人数[33] 10.65 亿人。互联网普及率为 75.6%，其中农村地区互联网普及率为 61.9%。全年移动互联网用户接入流量 2 618 亿 GB，比上年增长 18.1%。全年软件和信息技术服务业[34] 完成软件业务收入 108 126 亿元，按可比口径计算，比上年增长 11.2%。

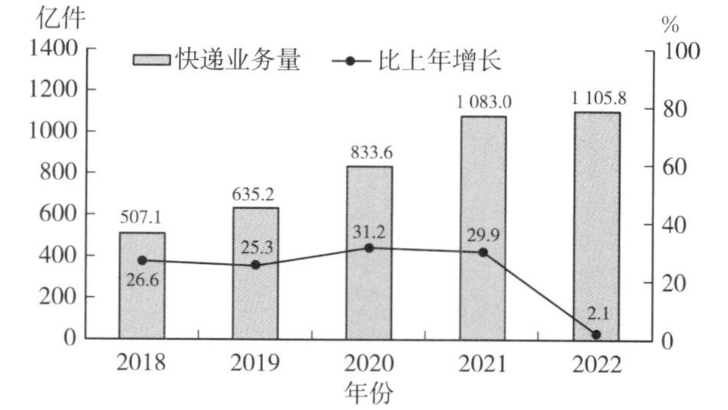

图 12　2018—2022 年快递业务量及其增长速度

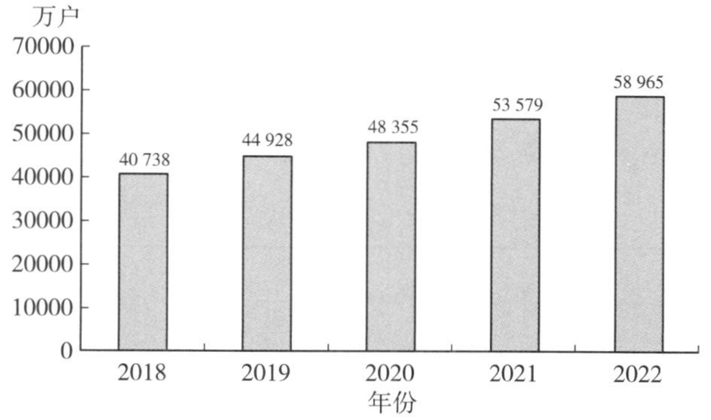

图 13　2018—2022 年年末固定互联网宽带接入用户数

五、国内贸易

全年社会消费品零售总额 439 733 亿元，比上年下降 0.2%（图 14）。按经营地统计，城镇消费品零售额 380 448 亿元，下降 0.3%；乡村消费品零售额 59 285 亿元，与上年基本持平。按消费类型统计，商品零售额 395 792 亿元，增长 0.5%；餐饮收入额 43 941 亿元，下降 6.3%。

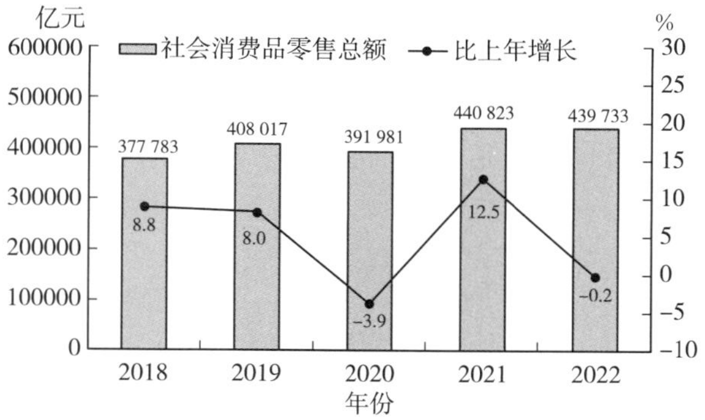

图 14　2018—2022 年社会消费品零售总额及其增长速度

全年限额以上单位商品零售额中，粮油、食品类零售额比上年增长 8.7%，饮料类增长 5.3%，烟酒类增长 2.3%，服装、鞋帽、针纺织品类下降 6.5%，化妆品类下降 4.5%，金银珠宝类下降 1.1%，日用品类下降 0.7%，家用电器和音像器材类下降 3.9%，中西药品类增长 12.4%，文化办公用品类增长 4.4%，家具类下降 7.5%，通信器材类下降 3.4%，石油及制品类增长 9.7%，汽车类增长 0.7%，建筑及装潢材料类下降 6.2%。

全年实物商品网上零售额 119 642 亿元，按可比口径计算，比上年增长 6.2%，占社会消费品零售总额的比重为 27.2%。

六、固定资产投资

全年全社会固定资产投资 579 556 亿元，比上年增长 4.9%。固定资产投资（不含农户）572 138 亿元，增长 5.1%（表 6）。在固定资产投资（不含农户）中，分区域看[35]，东部地区投资增长 3.6%，中部地区投资增长 8.9%，西部地区投资增长 4.7%，东北地区投资增长 1.2%。

表 6　2022 年分行业固定资产投资（不含农户）增长速度

行业	比上年增长（%）	行业	比上年增长（%）
总计	5.1	金融业	10.5
其中：农、林、牧、渔业	4.2	房地产业[39]	−8.4
采矿业	4.5	租赁和商务服务业	14.5
制造业	9.1	科学研究和技术服务业	21.0
电力、热力、燃气及水生产和供应业	19.3	水利、环境和公共设施管理业	10.3
建筑业	2.0	居民服务、修理和其他服务业	21.8
批发和零售业	5.3	教育	5.4
交通运输、仓储和邮政业	9.1	卫生和社会工作	26.1
住宿和餐饮业	7.5	文化、体育和娱乐业	3.5
信息传输、软件和信息技术服务业	21.8	公共管理、社会保障和社会组织	42.1

在固定资产投资（不含农户）中，第一产业投资 14 293 亿元，比上年增长 0.2%；第二产业投资

184 004 亿元，增长 10.3%；第三产业投资 373 842亿元，增长 3.0%（图 15）。民间固定资产投资[36] 310 145 亿元，增长 0.9%。基础设施投资[37]增长 9.4%。社会领域投资[38]增长 10.9%（表 7）。

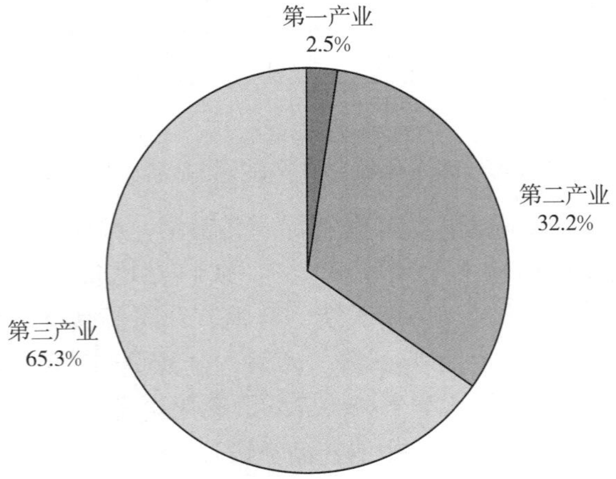

图 15　2022 年三次产业投资占固定资产投资（不含农户）比重

表 7　2022 年固定资产投资新增主要生产与运营能力

指标	单位	绝对数
新增 220 千伏及以上变电设备	万千瓦	25 839
新建铁路投产里程	公里	4 100
其中：高速铁路	公里	2 082
增、新建铁路复线投产里程	公里	2 658
电气化铁路投产里程	公里	3 452
新改建高速公路里程	公里	8 771
港口万吨级及以上码头泊位新增通过能力	万吨/年	25 561
新增民用运输机场	个	6
新增光缆线路长度	万公里	477

全年房地产开发投资 132 895 亿元，比上年下降 10.0%（表 8）。其中，住宅投资 100 646 亿元，下降 9.5%；办公楼投资 5 291 亿元，下降 11.4%；商业营业用房投资 10 647 亿元，下降 14.4%。年末商品房待售面积 56 366 万米^2，比上年年末增加 5 343 万米^2，其中商品住宅待售面积 26 947 万米^2，增加 4 186 万米^2。

表 8　2022 年房地产开发和销售主要指标及其增长速度

（续）

指标	单位	绝对数	比上年增长（%）
投资额	亿元	132 895	−10.0
其中：住宅	亿元	100 646	−9.5
房屋施工面积	万米^2	904 999	−7.2
其中：住宅	万米^2	639 696	−7.3
房屋新开工面积	万米^2	120 587	−39.4
其中：住宅	万米^2	88 135	−39.8
房屋竣工面积	万米^2	86 222	−15.0
其中：住宅	万米^2	62 539	−14.3
商品房销售面积	万米^2	135 837	−24.3
其中：住宅	万米^2	114 631	−26.8
2022 年到位资金	亿元	148 979	−25.9
其中：国内贷款	亿元	17 388	−25.4
个人按揭贷款	亿元	23 815	−26.5

全年全国各类棚户区改造开工 134 万套，基本建成 181 万套；全国保障性租赁住房开工建设和筹集 265 万套（间）。全年全国新开工改造城镇老旧小区 5.25 万个，涉及居民 876 万户。

七、对外经济

全年货物进出口总额 420 678 亿元，比上年增长 7.7%。其中，出口 239 654 亿元，增长 10.5%；进口 181 024 亿元，增长 4.3%（图 16）。货物进出口顺差 58 630 亿元，比上年增加 15 330 亿元（表 9 至表 12）。对“一带一路”[40]沿线国家进出口总额 138 339 亿元，比上年增长 19.4%。其中，出口 78 877 亿元，增长 20.0%；进口 59 461 亿元，增长 18.7%。对《区域全面经济伙伴关系协定》（RCEP）其他成员国[41]进出口额 129 499 亿元，比上年增长 7.5%。

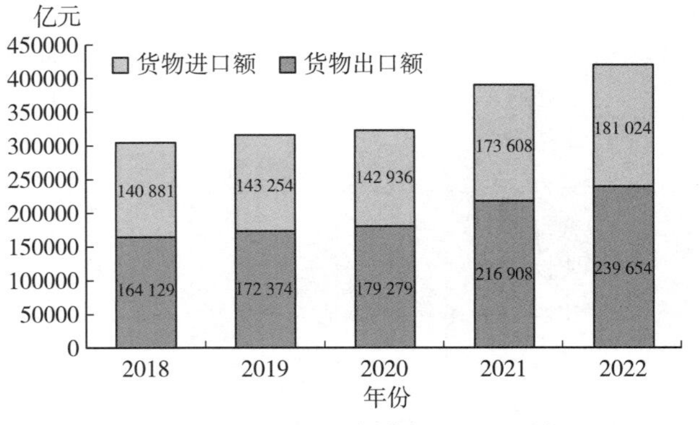

图 16　2018—2022 年货物进出口总额

表 9 2022 年货物进出口总额及其增长速度

指标	金额（亿元）	比上年增长（%）
货物进出口总额	420 678	7.7
货物出口额	239 654	10.5
其中：一般贸易	152 468	15.4
加工贸易	53 952	1.1
其中：机电产品	136 973	7.0
高新技术产品	63 391	0.3
货物进口额	181 024	4.3
其中：一般贸易	115 624	6.7
加工贸易	30 574	−3.2
其中：机电产品	69 661	−5.4
高新技术产品	50 864	−6.0
货物进出口顺差	58 630	35.4

表 10 2022 年主要商品出口数量、金额及其增长速度

商品名称	单位	数量	比上年增长（%）	金额（亿元）	比上年增长（%）
钢材	万吨	6 732	0.9	6 427	22.3
纺织纱线、织物及制品	—	—	—	9 836	4.9
服装及衣着附件	—	—	—	11 713	6.7
鞋靴	万双	929 318	6.6	3 844	24.4
家具及其零件	—	—	—	4 639	−2.5
箱包及类似容器	万吨	297	22.2	2 378	32.6
玩具	—	—	—	3 229	9.1
塑料制品	—	—	—	7 188	12.7
集成电路	亿个	2 734	−12.0	10 254	3.5
自动数据处理设备及其零部件	—	—	—	15 701	−4.7
手机	万台	82 224	−13.8	9 527	0.9
集装箱	万个	321	−33.7	967	−36.1
液晶平板显示模组	万个	164 560	—	1 807	—
汽车（包括底盘）	万辆	332	56.8	4 054	82.2

表 11 2022 年主要商品进口数量、金额及其增长速度

商品名称	单位	数量	比上年增长（%）	金额（亿元）	比上年增长（%）
大豆	万吨	9 108	−5.6	4 085	18.1
食用植物油	万吨	648	−37.6	606	−14.1
铁矿砂及其精矿	万吨	110 686	−1.5	8 498	−27.9
煤及褐煤	万吨	29 320	−9.2	2 855	22.2
原油	万吨	50 828	−0.9	24 350	45.9

（续）

商品名称	单位	数量	比上年增长（%）	金额（亿元）	比上年增长（%）
成品油	万吨	2 645	−2.5	1 309	21.2
天然气	万吨	10 925	−9.9	4 683	30.3
初级形状的塑料	万吨	3 058	−10.0	3 734	−5.5
纸浆	万吨	2 916	−1.8	1 492	15.1
钢材	万吨	1 057	−25.9	1 136	−6.1
未锻轧铜及铜材	万吨	587	6.2	3 610	6.5
集成电路	亿个	5 384	−15.3	27 663	−0.9
汽车（包括底盘）	万辆	88	−6.5	3 529	1.2

表 12　2022 年对主要国家和地区货物进出口金额、增长速度及其比重

国家和地区	出口额（亿元）	比上年增长（%）	占全部出口比重（%）	进口额（亿元）	比上年增长（%）	占全部进口比重（%）
东盟	37 907	21.7	15.8	27 247	6.8	15.1
欧盟	37 434	11.9	15.6	19 034	−4.9	10.5
美国	38 706	4.2	16.2	11 834	1.9	6.5
韩国	10 843	13.0	4.5	13 278	−3.7	7.3
日本	11 537	7.7	4.8	12 295	−7.5	6.8
中国台湾	5 423	7.2	2.3	15 840	−1.8	8.8
中国香港	19 883	−12.0	8.3	527	−16.0	0.3
俄罗斯	5 123	17.5	2.1	7 638	48.6	4.2
巴西	4 128	19.3	1.7	7 294	2.6	4.0
印度	7 896	25.5	3.3	1 160	−36.2	0.6
南非	1 615	18.6	0.7	2 173	2.0	1.2

全年服务进出口总额 59 802 亿元，比上年增长 12.9%。其中，服务出口 28 522 亿元，增长 12.1%；服务进口 31 279 亿元，增长 13.5%。服务进出口逆差 2 757 亿元。

全年外商直接投资[42]新设立企业 38 497 家，比上年下降 19.2%（表 13）。实际使用外商直接投资金额 12 327 亿元，增长 6.3%，折 1 891 亿美元，增长 8.0%。其中，“一带一路”沿线国家对华直接投资（含通过部分自由港对华投资）新设立企业 4 519 家，下降 15.3%；对华直接投资金额 891 亿元，增长 17.2%，折 137 亿美元，增长 18.6%。全年高技术产业实际使用外资 4 449 亿元，增长 28.3%，折 683 亿美元，增长 30.9%。

表 13　2022 年外商直接投资及其增长速度

行业	企业数（家）	比上年增长（%）	实际使用金额（亿元）	比上年增长（%）
总计	38 497	−19.2	12 327	6.3
其中：农、林、牧、渔业	420	−14.5	80	44.6
制造业	3 570	−19.9	3 237	46.1
电力、热力、燃气及水生产和供应业	523	12.5	276	10.8
交通运输、仓储和邮政业	602	−13.1	347	−1.1

（续）

行业	企业数（家）	比上年增长（%）	实际使用金额（亿元）	比上年增长（%）
信息传输、软件和信息技术服务业	3 059	−24.5	1 548	15.1
批发和零售业	10 894	−18.6	961	−12.5
房地产业	581	−48.4	914	−41.8
租赁和商务服务业	7 473	−19.6	2 148	−2.1
居民服务、修理和其他服务业	411	−21.3	19	−38.6

全年对外非金融类直接投资额 7 859 亿元，比上年增长 7.2%，折 1 169 亿美元，增长 2.8%（表 14）。其中，对“一带一路”沿线国家非金融类直接投资额 1 410 亿元，增长 7.7%，折 210 亿美元，增长 3.3%。

表 14　2022 年对外非金融类直接投资额及其增长速度

行业	金额（亿美元）	比上年增长（%）
总计	1 168.5	2.8
其中：农、林、牧、渔业	8.3	−26.5
采矿业	50.1	0.6
制造业	216.0	17.4
电力、热力、燃气及水生产和供应业	35.2	−28.0
建筑业	64.0	14.9
批发和零售业	211.0	19.5
交通运输、仓储和邮政业	45.6	−10.6
信息传输、软件和信息技术服务业	54.9	−27.1
房地产业	24.2	−2.8
租赁和商务服务业	387.6	5.8

全年对外承包工程完成营业额 10 425 亿元，比上年增长 4.3%，折 1 550 亿美元，与上年基本持平。其中，对“一带一路”沿线国家完成营业额 849 亿美元，下降 5.3%，占对外承包工程完成营业额比重为 54.8%。对外劳务合作派出各类劳务人员 26 万人。

八、财政金融

全年全国一般公共预算收入 203 703 亿元，比上年增长 0.6%（图 17），其中税收收入 166 614 亿元，下降 3.5%。全国一般公共预算支出 260 609亿元，比上年增长 6.1%。全年新增减税降费及退税缓税缓费超 4.2 万亿元，其中累计退到纳税人账户的增值税留抵退税款 2.46 万亿元，新增减税降费超 1 万亿元，办理缓税缓费超 7 500 亿元。

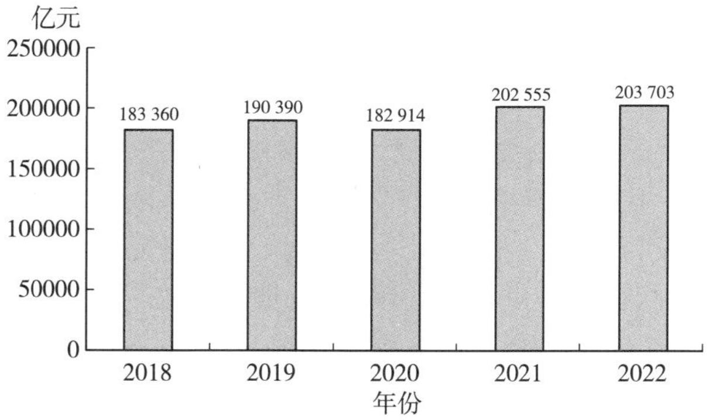

图 17　2018—2022 年全国一般公共预算收入

注：图中 2018—2021 年数据为全国一般公共预算收入决算数，2022 年为执行数。

年末广义货币供应量（M_2）余额 266.4 万亿元，比上年年末增长 11.8%；狭义货币供应量（M_1）余额 67.2 万亿元，增长 3.7%；流通中货币（M_0）余额 10.5 万亿元，增长 15.3%。

全年社会融资规模增量[43] 32.0 万亿元，按可比口径计算，比上年多 0.7 万亿元。年末社会融资规模存量[44] 344.2万亿元，按可比口径计算，比上年年末增长9.6%，其中对实体经济发放的人民币贷款余额212.4万亿元，增长10.9%。年末全部金融机构本外币各项存款余额264.4万亿元（表15），比年初增加25.9万亿元，其中人民币各项存款余额258.5万亿元，增加26.3万亿元。全部金融机构本外币各项贷款余额219.1万亿元，增加20.6万亿元，其中人民币各项贷款余额214.0万亿元，增加21.3万亿元。人民币普惠金融贷款[45]余额32.1万亿元，增加5.6万亿元。

表15　2022年年末全部金融机构本外币存贷款余额及其增长速度

指　　标	年末数（亿元）	比上年年末增长（%）
各项存款	2 644 472	10.8
其中：境内住户存款	1 212 110	17.3
其中：人民币	1 203 387	17.4
境内非金融企业存款	779 398	6.8
各项贷款	2 191 029	10.4
其中：境内短期贷款	560 304	7.7
境内中长期贷款	1 427 739	10.6

年末主要农村金融机构（农村信用社、农村合作银行、农村商业银行）人民币贷款余额267 195亿元，比年初增加24 702亿元。全部金融机构人民币消费贷款余额560 361亿元，增加11 522亿元。其中，住户短期消费贷款余额93 473亿元，减少90亿元；住户中长期消费贷款余额466 888亿元，增加11 613亿元。

全年沪、深交易所A股累计筹资[46] 15 109亿元，比上年减少1 634亿元。沪、深交易所首次公开发行上市A股341只，筹资5 704亿元，比上年增加353亿元，其中科创板股票123只，筹资2 520亿元；沪、深交易所A股再融资（包括公开增发、定向增发、配股、优先股、可转债转股）9 405亿元，减少1 986亿元。北京证券交易所公开发行股票83只，筹资[47] 164亿元。全年各类主体通过沪、深、北交易所发行债券（包括公司债券、资产支持证券、国债、地方政府债券和政策性银行债券）筹资64 494亿元，其中沪、深交易所共发行上市基础设施领域不动产投资信托基金（REITs）13只，募集资金419亿元。全国中小企业股份转让系统[48]挂牌公司6 580家，全年挂牌公司累计股票筹资232亿元。

全年发行公司信用类债券[49] 13.7万亿元，比上年减少1.0万亿元。

全年保险公司原保险保费收入[50] 46 957亿元，按可比口径计算，比上年增长4.6%。其中，寿险业务原保险保费收入24 519亿元，健康险和意外伤害险业务原保险保费收入9 726亿元，财产险业务原保险保费收入12 712亿元。支付各类赔款及给付15 485亿元。其中，寿险业务给付3 791亿元，健康险和意外伤害险业务赔款及给付3 937亿元，财产险业务赔款7 757亿元。

九、居民收入消费和社会保障

全年全国居民人均可支配收入36 883元，比上年增长5.0%，扣除价格因素，实际增长2.9%（图18）。全国居民人均可支配收入中位数[51] 31 370元，增长4.7%。按常住地分，城镇居民人均可支配收入49 283元，比上年增长3.9%，扣除价格因素，实际增长1.9%。城镇居民人均可支配收入中位数45 123元，增长3.7%。农村居民人均可支配收入20 133元，比上年增长6.3%，扣除价格因素，实际增长4.2%。农村居民人均可支配收入中位数17 734元，增长4.9%。城乡居民人均可支配收入比值为2.45，比上年缩小0.05。按全国居民五等份收入分组[52]，低收入组人均可支配收入8 601元，中间偏下收入组人均可支配收入19 303元，中间收入组人均可支配收入30 598元，中间偏上收入组人均可支配收入47 397元，高收入组人均可支配收入90 116元。全国农民工人均月收入4 615元，比上年增长4.1%。全年脱贫县[53]农村居民人均可支配收入15 111元，比上年增长7.5%，扣除价格因素，实际增长5.4%。

图18　2018—2022年全国居民人均可支配收入及其增长速度

全年全国居民人均消费支出 24 538 元，比上年增长 1.8%，扣除价格因素，实际下降 0.2%。其中，人均服务性消费支出[54] 10 590 元，比上年下降 0.5%，占居民人均消费支出的比重为 43.2%。按常住地分，城镇居民人均消费支出 30 391元，增长 0.3%，扣除价格因素，实际下降 1.7%；农村居民人均消费支出 16 632 元，增长 4.5%，扣除价格因素，实际增长 2.5%。全国居民恩格尔系数为 30.5%，其中，城镇为 29.5%，农村为 33.0%。

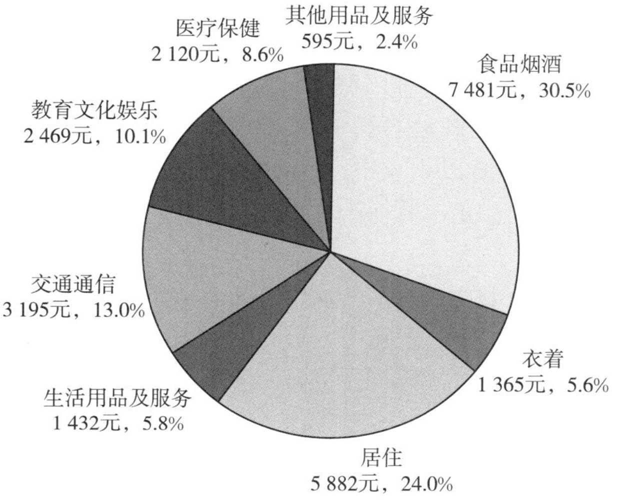

图 19　2022 年全国居民人均消费支出及其构成

年末全国参加城镇职工基本养老保险人数 50 349万人，比上年年末增加 2 275 万人。参加城乡居民基本养老保险人数 54 952 万人，增加 155 万人。参加基本医疗保险人数[55] 134 570 万人，其中参加职工基本医疗保险人数 36 242 万人，参加城乡居民基本医疗保险人数 98 328 万人。参加失业保险人数 23 807 万人，增加 849 万人。年末全国领取失业保险金人数 297 万人。参加工伤保险人数 29 111 万人，增加 825 万人，其中参加工伤保险的农民工 9 127 万人，增加 41 万人。参加生育保险人数 24 608 万人，增加 856 万人。年末全国共有 683 万人享受城市最低生活保障，3 349 万人享受农村最低生活保障，435 万人享受农村特困人员[56]救助供养，全年临时救助[57] 1 083 万人次。全年领取国家定期抚恤金、定期生活补助金的退役军人和其他优抚对象 827 万人。

年末全国共有各类提供住宿的民政服务机构 4.3 万个，其中，养老机构 4.0 万个，儿童福利和救助保护机构 899 个。民政服务床位[58] 849.1 万张，其中，养老服务床位 822.3 万张，儿童福利和救助保护机构床位 10.0 万张。年末共有社区服务中心 2.9 万个，社区服务站 50.9 万个。

十、科学技术和教育

全年研究与试验发展（R&D）经费支出 30 870亿元，比上年增长 10.4%（图 20），与国内生产总值之比为 2.55%，其中基础研究经费 1 951 亿元。国家自然科学基金共资助 5.19 万个项目。截至年末，正在运行的国家重点实验室 533 个，纳入新序列管理的国家工程研究中心 191 个，国家企业技术中心 1 601 家，大众创业万众创新示范基地 212 家。国家科技成果转化引导基金累计设立 36 支子基金，资金总规模 624 亿元。国家级科技企业孵化器[59] 1 425 家，国家备案众创空间[60] 2 441 家。全年授予专利权 432.3 万件，比上年下降 6.0%（表 16）；PCT 专利申请受理量[61] 7.4 万件。截至年末，有效专利 1 787.9 万件，其中境内有效发明专利 328.0 万件。每万人口高价值发明专利拥有量[62] 9.4 件。全年商标注册 617.7 万件，比上年下降 20.2%。全年共签订技术合同 77 万项，技术合同成交金额 47 791 亿元，比上年增长 28.2%。我国公民具备科学素质[63]的比例达到 12.93%。

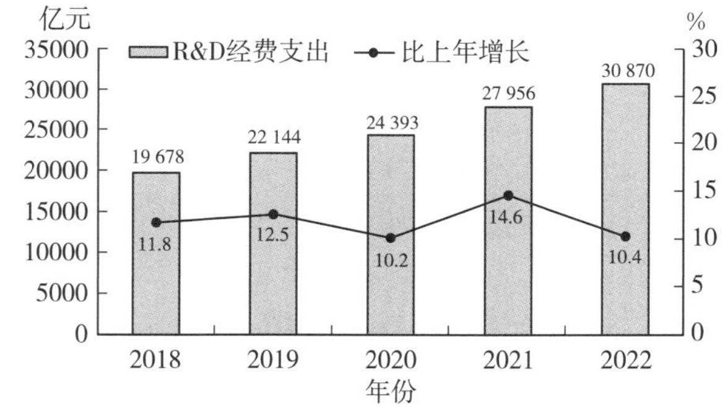

图 20　2018—2022 年研究与试验发展（R&D）经费支出及其增长速度

表 16　2022 年专利授权和有效专利情况

指标	专利数（万件）	比上年增长（%）
专利授权数	432.3	−6.0
其中：境内专利授权	418.7	−5.9
其中：发明专利授权	79.8	14.7
其中：境内发明专利授权	68.9	19.2
年末有效专利数	1 787.9	15.9

（续）

指标	专利数（万件）	比上年增长（%）
其中：境内有效专利	1 671.9	17.0
其中：有效发明专利	421.2	17.1
其中：境内有效发明专利	328.0	21.3

全年成功完成 62 次宇航发射。问天实验舱、梦天实验舱发射成功，神舟十四号、十五号等任务相继实施，中国空间站全面建成。嫦娥五号发现月球新矿物“嫦娥石”。句芒号陆地生态系统碳监测卫星、大气环境监测卫星成功发射运行。长征八号运载火箭实现“一箭 22 星”发射。第三艘航空母舰福建舰下水。国产 C919 大型客机获得型号合格证并交付首架。投入商业运行的华龙一号自主三代核电机组保持安全稳定运行。

年末全国共有国家质检中心 869 家。全国现有产品质量、体系和服务认证机构 1 128 个，累计完成对 94 万家企业的认证。全年制定、修订国家标准 2 266 项，其中新制定 1 382 项。全年制造业产品质量合格率[64]为 93.29%。

全年研究生教育招生 124.2 万人，在学研究生 365.4 万人，毕业生 86.2 万人。普通、职业本专科[65]招生 1 014.5 万人，在校生 3 659.4 万人，毕业生 967.3 万人。中等职业教育[66]招生 650.7 万人，在校生 1 784.7 万人，毕业生 519.2 万人。普通高中招生 947.5 万人，在校生 2 713.9 万人，毕业生 824.1 万人（图 21）。初中招生 1 731.4 万人，在校生 5 120.6 万人，毕业生 1 623.9 万人。普通小学招生 1 701.4 万人，在校生 10 732.0 万人，毕业生 1 740.6 万人。特殊教育招生 14.6 万人，在校生 91.9 万人，毕业生 15.9 万人。学前教育在园幼儿 4 627.5 万人。九年义务教育巩固率为 95.5%，高中阶段毛入学率为 91.6%。

图 21　2018—2022 年本专科、中等职业教育及普通高中招生人数

十一、文化旅游、卫生健康和体育

年末全国文化和旅游系统共有艺术表演团体 2 023个。全国共有公共图书馆 3 303 个，总流通[67] 72 375 万人次；文化馆 3 503 个。有线电视实际用户 1.99 亿户，其中有线数字电视实际用户 1.90 亿户。年末广播节目综合人口覆盖率为 99.6%，电视节目综合人口覆盖率为 99.8%。全年生产电视剧 160 部 5 283 集，电视动画片 89 094 分钟。全年生产故事影片 380 部，科教、纪录、动画和特种影片[68] 105 部。出版各类报纸 266 亿份，各类期刊 20 亿册，图书 114 亿册（张），人均图书拥有量[69] 8.09 册（张）。年末全国共有档案馆 4 136个，已开放各类档案 20 886 万卷（件）。全年全国规模以上文化及相关产业企业营业收入 121 805 亿元，按可比口径计算，比上年增长 0.9%。

全年国内游客 25.3 亿人次，比上年下降 22.1%（图 22）。其中，城镇居民游客 19.3 亿人次，下降 17.7%；农村居民游客 6.0 亿人次，下降 33.5%。国内旅游收入 20 444 亿元，下降 30.0%。其中，城镇居民游客花费 16 881 亿元，下降 28.6%；农村居民游客花费 3 563 亿元，下降 35.8%。

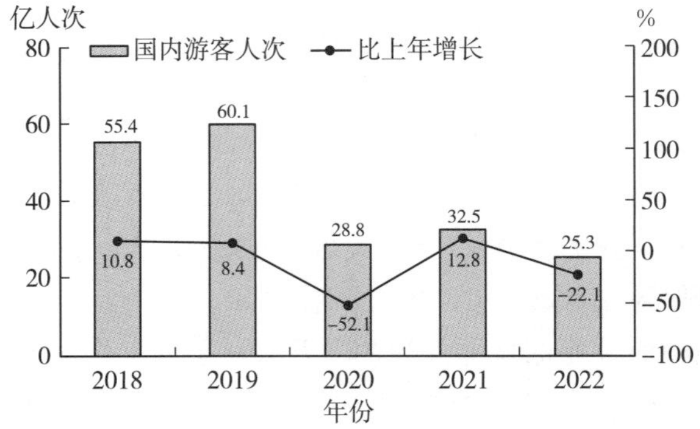

图 22　2018—2022 年国内游客人次及其增长速度

年末全国共有医疗卫生机构 103.3 万个，其中，医院 3.7 万个，在医院中有公立医院 1.2 万个，民营医院 2.5 万个；基层医疗卫生机构 98.0 万个，其中乡镇卫生院 3.4 万个，社区卫生服务中心（站）3.6 万个，门诊部（所）32.1 万个，村卫生室 58.8 万个；专业公共卫生机构 1.3 万个，其中，疾病预防控制中心 3 385 个，卫生监督所（中心）2 796 个。年末卫生技术人员 1 155 万人，其中，执业医师和执业助理医师 440 万人，注册护士

520 万人（图 23）。医疗卫生机构床位 975 万张，其中，医院 766 万张，乡镇卫生院 145 万张。全年总诊疗人次[70]84.0 亿人次，出院人数[71]2.5 亿人。

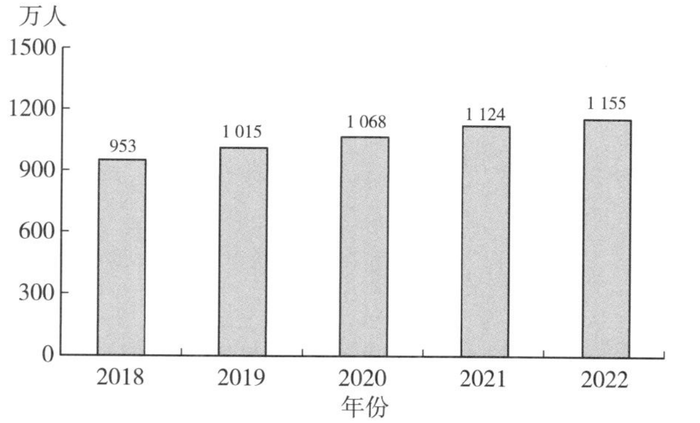

图 23　2018—2022 年年末卫生技术人员人数

年末全国共有体育场地[72]422.7 万个，体育场地面积[73]37.0 亿米²，人均体育场地面积 2.62 米²。全年我国运动员在 15 个运动大项中获得 93 个世界冠军，共创 11 项世界纪录。在北京第 24 届冬季奥林匹克运动会上，我国运动员共获得 9 枚金牌，奖牌总数 15 枚。全年我国残疾人运动员在 5 项国际赛事中获得 41 个世界冠军。在北京第 13 届冬季残疾人奥林匹克运动会上，我国运动员共获得 18 枚金牌，奖牌总数 61 枚，位列冬季残疾人奥林匹克运动会金牌榜和奖牌榜双第一位。

十二、资源、环境和应急管理

全年全国国有建设用地供应总量[74]76.6 万公顷，比上年增长 10.9%。其中，工矿仓储用地 19.8 万公顷，增长 13.2%；房地产用地[75]11.0 万公顷，下降 19.4%；基础设施用地 45.8 万公顷，增长 20.7%。

全年水资源总量 26 634 亿米³。全年总用水量 5 997 亿米³，比上年增长 1.3%。其中，生活用水下降 0.5%，工业用水下降 7.7%，农业用水增长 3.7%，人工生态环境补水增长 8.3%。万元国内生产总值用水量[76]53 米³，下降 1.6%。万元工业增加值用水量 27 米³，下降 10.8%。人均用水量 425 米³，增长 1.3%。

全年完成造林面积 383 万公顷，其中人工造林面积 120 万公顷，占全部造林面积的 31.4%。种草改良面积[77]321 万公顷。截至年末，共有国家公园 5 个。新增水土流失治理面积 6.3 万平方千米。

初步核算，全年能源消费总量 54.1 亿吨标准煤，比上年增长 2.9%。煤炭消费量增长 4.3%，原油消费量下降 3.1%，天然气消费量下降 1.2%，电力消费量增长 3.6%。煤炭消费量占能源消费总量的 56.2%，比上年上升 0.3 个百分点；天然气、水电、核电、风电、太阳能发电等清洁能源消费量占能源消费总量的 25.9%，上升 0.4 个百分点（图 24）。重点耗能工业企业单位电石综合能耗下降 1.6%，单位合成氨综合能耗下降 0.8%，吨钢综合能耗上升 1.7%，单位电解铝综合能耗下降 0.4%，每千瓦・时火力发电标准煤耗下降 0.2%。全国万元国内生产总值二氧化碳排放[78]下降 0.8%。

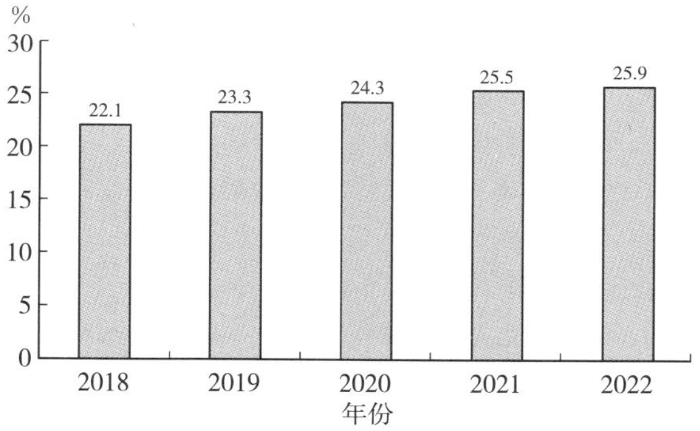

图 24　2018—2022 年清洁能源消费量占能源消费总量的比重

全年近岸海域海水水质[79]达到国家一、二类海水水质标准的面积占 81.9%，三类海水占 4.1%，四类、劣四类海水占 14.0%。

在开展城市区域声环境监测的 320 个城市中，全年昼间声环境质量好的城市占 5.0%，较好的占 66.3%，一般的占 27.2%，较差的占 1.2%，差的占 0.3%。

全年平均气温为 10.51℃，比上年下降 0.02℃。共有 4 个台风登陆。

全年农作物受灾面积 1 207 万公顷，其中绝收 135 万公顷。全年因洪涝和地质灾害造成直接经济损失 1 303 亿元，因干旱灾害造成直接经济损失 513 亿元，因低温冷冻和雪灾造成直接经济损失 125 亿元，因海洋灾害造成直接经济损失 24 亿元。全年大陆地区共发生 5.0 级以上地震 27 次，造成直接经济损失 224 亿元。全年共发生森林火灾 709 起，受害森林面积约 0.5 万公顷。

全年各类生产安全事故共死亡 20 963 人。工矿商贸企业就业人员 10 万人生产安全事故死亡 1.097 人，比上年下降 20.2%；煤矿百万吨死亡

0.054人，上升22.7%。道路交通事故万车死亡1.46人，下降7.0%。

注释：

[1] 本公报中数据均为初步统计数。各项统计数据均未包括香港特别行政区、澳门特别行政区和台湾省。部分数据因四舍五入的原因，存在总计与分项合计不等的情况。

[2] 国内生产总值、三次产业及相关行业增加值、地区生产总值、人均国内生产总值和国民总收入绝对数按现价计算，增长速度按不变价格计算。

[3] 国民总收入，原称国民生产总值，是指一个国家或地区所有常住单位在一定时期内获得的初次分配收入总额，等于国内生产总值加上来自国外的初次分配收入净额。

[4] 全员劳动生产率为国内生产总值（按2020年价格计算）与全部就业人员的比率。

[5] 见注释[4]。

[6] 全国人口是指我国大陆31个省、自治区、直辖市和现役军人的人口，不包括居住在31个省、自治区、直辖市的港澳台居民和外籍人员。

[7] 2022年年末，0～14岁（含不满15周岁）人口为23 908万人，15～59岁（含不满60周岁）人口为89 263万人。

[8] 年度农民工数量包括年内在本乡镇以外从业6个月及以上的外出农民工和在本乡镇内从事非农产业6个月及以上的本地农民工。

[9] 农产品生产者价格是指农产品生产者直接出售其产品时的价格。

[10] 居住类价格包括租赁房房租、住房保养维修及管理、水电燃料、自有住房服务价格。

[11] 高技术制造业包括医药制造业，航空、航天器及设备制造业，电子及通信设备制造业，计算机及办公设备制造业，医疗仪器设备及仪器仪表制造业，信息化学品制造业。

[12] 装备制造业包括金属制品业，通用设备制造业，专用设备制造业，汽车制造业，铁路、船舶、航空航天和其他运输设备制造业，电气机械和器材制造业，计算机、通信和其他电子设备制造业，仪器仪表制造业。

[13] 规模以上服务业统计范围：年营业收入2 000万元及以上的交通运输、仓储和邮政业，信息传输、软件和信息技术服务业，水利、环境和公共设施管理业，卫生行业法人单位；年营业收入1 000万元及以上的房地产业（不含房地产开发经营），租赁和商务服务业，科学研究和技术服务业，教育行业法人单位；年营业收入500万元及以上的居民服务、修理和其他服务业，文化、体育和娱乐业，社会工作行业法人单位。

[14] 战略性新兴服务业包括新一代信息技术产业、高端装备制造产业、新材料产业、生物产业、新能源汽车产业、新能源产业、节能环保产业和数字创意产业八大产业中的服务业相关行业，以及新技术与创新创业等相关服务业。2022年战略性新兴服务业企业营业收入增速按可比口径计算。

[15] 高技术产业投资包括医药制造、航空航天器及设备制造等六大类高技术制造业投资和信息服务、电子商务服务等九大类高技术服务业投资。

[16] 电子商务交易额是指通过电子商务交易平台（包括企业自建平台和第三方平台）实现的商品和服务交易额，包括对单位和对个人交易额。

[17] 网上零售额是指通过公共网络交易平台（主要从事实物商品交易的网上平台，包括自建网站和第三方平台）实现的商品和服务零售额。

[18] 东部地区是指北京、天津、河北、上海、江苏、浙江、福建、山东、广东和海南10省（直辖市）；中部地区是指山西、安徽、江西、河南、湖北和湖南6省；西部地区是指内蒙古、广西、重庆、四川、贵州、云南、西藏、陕西、甘肃、青海、宁夏和新疆12省（自治区、直辖市）；东北地区是指辽宁、吉林和黑龙江3省。

[19] 万元国内生产总值能耗按2020年价格计算。

[20] 2021年部分产品产量数据进行核实调整，2022年产量增速按可比口径计算。

[21] 火电包括燃煤发电量，燃油发电量，燃气发电量，余热、余压、余气发电量，垃圾焚烧发电量，生物质发电量。

[22] 钢材产量数据中含企业之间重复加工钢材。

[23] 少量发电装机容量（如地热等）公报中未列出。

[24] 由于统计调查制度规定的调查范围变动、统计执法、剔除重复数据等因素，2022年规模以上工业企业财务指标增速及变化按可比口径计算。

[25] 产能利用率是指实际产出与生产能力（均以价值量计量）的比率。企业的实际产出是指企业报告期内的工业总产值；企业的生产能力是指报告期内，在劳动力、原材料、燃料、运输等保证供给的情况下，生产设备（机械）保持正常运行，企业可实现并能长期维持的产品产出。

[26] 货物运输总量及周转量包括铁路、公路、水路、民航和管道5种运输方式完成量，2022年增速按可比口径计算。

[27] 邮政行业业务总量按2020年价格计算。

[28] 电信业务总量按上年价格计算。

[29] 移动电话基站数是指报告期末为小区服务的无线收发信设备，处理基站与移动台之间的无线通信，在移动交换机与移动台之间起中继作用，监视无线传输质量的全套设备数。

[30] 固定互联网宽带接入用户是指报告期末在电信企业登记注册，通过xDSL、FTTx＋LAN、FTTH/O以及其他宽带接入方式和普通专线接入公众互联网的用户。

[31] 100M速率及以上的宽带接入用户是指报告期末下行速率大于或等于100Mbit/s的宽带接入用户。

[32] 蜂窝物联网终端用户是指报告期末接入移动通信网络并开通物联网业务的用户。物联网终端即连接传感网络层和传输网络层，实现远程采集数据及向网络层发送数据的物联网设备。

[33] 手机上网人数是指过去半年通过手机接入并使用互联网的人数。

[34] 软件和信息技术服务业包括软件开发、集成电路设计、信息系统集成和物联网技术服务、运行维护服务、信息处理和存储支持服务、信息技术咨询服务、数字内容服务和其他信息技术服务等行业。

[35] 见注释[18]。

[36] 民间固定资产投资是指具有集体、私营、个人性质的内资企事业单位以及由其控股（包括绝对控股和相对控股）的企业单位建造或购置固定资产的投资。

[37] 基础设施投资包括铁路运输业、道路运输业、水上运输业、航空运输业、管道运输业、多式联运和运输代理业、装卸搬运业、邮政业、电信广播电视和卫星传输服务业、互联网和相关服务业、水利管理业、生态保护和环境治理业、公共设施管理业投资。

[38] 社会领域投资包括教育，卫生和社会工作，文化、体育和娱乐业投资。

[39] 房地产业投资除房地产开发投资外，还包括建设单位自建房屋以及物业管理、中介服务和其他房地产投资。

[40] “一带一路”是指“丝绸之路经济带”和“21世纪海上丝绸之路”。

[41]《区域全面经济伙伴关系协定》（RCEP）其他成员国包括印度尼西亚、马来西亚、菲律宾、泰国、新加坡、文莱、柬埔寨、老挝、缅甸、越南、日本、韩国、澳大利亚、新西兰。

[42] 2022年外商投资统计调查制度进行修订，外商直接投资新设立企业数量、实际使用外商直接投资金额为包含银行、证券、保险领域的全口径数据，增速按可比口径计算。

[43] 社会融资规模增量是指一定时期内实体经济从金融体系获得的资金总额。

[44] 社会融资规模存量是指一定时期末（月末、季末或年末）实体经济从金融体系获得的资金余额。

[45] 普惠金融贷款包括单户授信小于1 000万元的小微型企业贷款、个体工商户经营性贷款、小微企业主经营性贷款、农户生产经营贷款、建档立卡贫困人口消费贷款、创业担保贷款和助学贷款。

[46] 沪、深交易所股票筹资额按上市日统计，筹资额包括可转债实际转股金额，2021年、2022年可转债实际转股金额分别为1 342亿元、934亿元。

[47] 北京证券交易所股票筹资额按上市日统计。

[48] 全国中小企业股份转让系统是2012年经国务院批准的全国性证券交易场所。全年全国中小企业股份转让系统挂牌公司累计筹资不含优先股，股票筹资按新增股份挂牌日统计。

[49] 公司信用类债券包括非金融企业债务融资工具、企业债券以及公司债、可转债等。

[50] 原保险保费收入是指保险企业确认的原保险合同保费收入。

[51] 人均可支配收入中位数是指将所有调查户按人均收入水平从低到高（或从高到低）顺序排列，处于最中间位置调查户的人均可支配收入。

[52] 全国居民五等份收入分组是指将所有调查户按人均收入水平从低到高顺序排列，平均分为五个等份，处于最低20%的收入家庭为低收入组，依此类推，依次为中间偏下收入组、中间收入组、中间偏上收入组、高收入组。

[53] 脱贫县包括原832个国家扶贫开发工作重点县和集中连片特困地区县，以及新疆阿克苏地区7个市县。

[54] 服务性消费支出是指住户用于各种生活服务的消费支出，包括餐饮服务、衣着鞋类加工服务、居住服务、家庭服务、交通通信服务、教育文化娱乐服务、医疗服务和其他服务。

[55] 2022 年，基本医疗保险参保人数统计口径发生变化，剔除部分重复参保人数。

[56] 农村特困人员是指无劳动能力，无生活来源，无法定赡养、抚养、扶养义务人或者其法定义务人无履行义务能力的农村老年人、残疾人以及未满 16 周岁的未成年人。

[57] 临时救助是指国家对遭遇突发事件、意外伤害、重大疾病或其他特殊原因导致基本生活陷入困境，其他社会救助制度暂时无法覆盖或救助之后基本生活暂时仍有严重困难的家庭或个人给予的应急性、过渡性的救助。

[58] 民政服务床位除收养性机构外，还包括救助类机构、社区类机构的床位。

[59] 国家级科技企业孵化器是指符合《科技企业孵化器管理办法》规定的，以促进科技成果转化、培育科技企业和企业家精神为宗旨，提供物理空间、共享设施和专业化服务的科技创业服务机构，且经过科学技术部批准确定的科技企业孵化器。

[60] 国家备案众创空间是指符合《发展众创空间工作指引》规定的新型创新创业服务平台，且按照《国家众创空间备案暂行规定》经科学技术部审核备案的众创空间。

[61] PCT 专利申请受理量是指国家知识产权局作为 PCT 专利申请受理局受理的 PCT 专利申请数量。PCT（Patent Cooperation Treaty）即专利合作条约，是专利领域的一项国际合作条约。

[62] 每万人口高价值发明专利拥有量是指每万人口本国居民拥有的经国家知识产权局授权的符合下列任一条件的有效发明专利数量：战略性新兴产业的发明专利；在海外有同族专利权的发明专利；维持年限超过 10 年的发明专利；实现较高质押融资金额的发明专利；获得国家科学技术奖、中国专利奖的发明专利。

[63] 公民具备科学素质是指崇尚科学精神，树立科学思想，掌握基本科学方法，了解必要科技知识，并具有应用其分析判断事物和解决实际问题的能力。公民具备科学素质比例数据是面向 18～69 岁公民开展抽样调查获得的。

[64] 制造业产品质量合格率是指以产品质量检验为手段，按照规定的方法、程序和标准实施质量抽样检测，判定为质量合格的样品数占全部抽样样品数的百分比，统计调查样本覆盖制造业的 29 个行业。

[65] 普通、职业本专科包括普通本科、职业本科、高职（专科）。

[66] 中等职业教育包括普通中专、成人中专、职业高中和技工学校。

[67] 总流通人次是指 2022 年度内到图书馆场馆接受图书馆服务的总人次，包括借阅书刊、咨询问题以及参加各类读者活动等。

[68] 特种影片是指采用与常规影院放映在技术、设备、节目方面不同的电影展示方式，如巨幕电影、立体电影、立体特效（4D）电影、动感电影、球幕电影等。

[69] 人均图书拥有量是指在一年内全国平均每人能拥有的当年出版图书册数。

[70] 总诊疗人次是指所有诊疗工作的总人次数，包括门诊、急诊、出诊、预约诊疗、单项健康检查、健康咨询指导（不含健康讲座、核酸检测）人次。

[71] 出院人数是指报告期内所有住院后出院的人数，包括医嘱离院、医嘱转其他医疗机构、非医嘱离院、死亡及其他人数，不含家庭病床撤床人数。

[72] 体育场地调查对象不包括军队、铁路系统所属体育场地。

[73] 体育场地面积是指体育训练、比赛、健身场地的有效面积。

[74] 国有建设用地供应总量是指报告期内市、县人民政府根据年度土地供应计划依法以出让、划拨、租赁等方式与用地单位或个人签订出让合同或签发划拨决定书、完成交易的国有建设用地总量。

[75] 房地产用地是指商服用地和住宅用地的总和。

[76] 万元国内生产总值用水量、万元工业增加值用水量按 2020 年价格计算。

[77] 种草改良面积是指通过实施播种、栽种等措施增加牧草数量的面积以及通过实施压盐、压碱、压沙，土壤改良，围栏封育等措施使草原原生植被、生态得到改善的面积之和。

[78] 万元国内生产总值二氧化碳排放按 2020 年价格计算。

[79] 近岸海域海水水质采用面积法进行评价。

资料来源：

本公报中城镇新增就业、养老保险、失业保险、工伤保险、技工学校数据来自人力资源和社会保障部；外汇储备、汇率数据来自国家外汇管理局；市场主体、质量检验、国家标准制定修订、制造业产品质量合格率数据来自国家市场监督管理总局；环境监测等数据来自生态环境部；水产品产量、新增高效节水灌溉面积数据来自农业农村部；木材产量、造林面积、种草改良面积、国家公园数据来自国家林业和草原局；新增耕地灌溉面积、水资源总量、用水量、新增水土流失治理面积数据来自水利部；发电装机容量、新增220千伏及以上变电设备、电力消费量数据来自中国电力企业联合会；港口货物吞吐量、港口集装箱吞吐量、公路运输、水路运输、新改建高速公路里程、港口万吨级及以上码头泊位新增通过能力数据来自交通运输部；铁路运输、新建铁路投产里程、增新建铁路复线投产里程、电气化铁路投产里程数据来自中国国家铁路集团有限公司；民航运输、新增民用运输机场数据来自中国民用航空局；管道运输数据来自中国石油天然气集团有限公司、中国石油化工集团有限公司、中国海洋石油集团有限公司、国家石油天然气管网集团有限公司；民用汽车保有量、道路交通事故数据来自公安部；邮政业务数据来自国家邮政局；通信业、软件业务收入、新增光缆线路长度等数据来自工业和信息化部；互联网上网人数、互联网普及率数据来自中国互联网络信息中心；棚户区改造、保障性租赁住房、城镇老旧小区改造数据来自住房和城乡建设部；货物进出口数据来自海关总署；服务进出口、外商直接投资、对外直接投资、对外承包工程、对外劳务合作等数据来自商务部；财政数据来自财政部；新增减税降费及退税缓税缓费数据来自国家税务总局；货币金融、公司信用类债券数据来自中国人民银行；境内交易场所筹资数据来自中国证券监督管理委员会；保险业数据来自中国银行保险监督管理委员会；医疗保险、生育保险数据来自国家医疗保障局；城乡低保、农村特困人员救助供养、临时救助、民政服务数据来自民政部；优抚对象数据来自退役军人事务部；国家自然科学基金资助项目数据来自国家自然科学基金委员会；国家重点实验室、国家科技成果转化引导基金、国家级科技企业孵化器、国家备案众创空间、技术合同等数据来自科学技术部；国家工程研究中心、国家企业技术中心、大众创业万众创新示范基地等数据来自国家发展和改革委员会；专利、商标数据来自国家知识产权局；公民具备科学素质比例数据来自中国科学技术协会；宇航发射数据来自国家国防科技工业局；教育数据来自教育部；艺术表演团体、公共图书馆、文化馆、旅游数据来自文化和旅游部；电视、广播数据来自国家广播电视总局；电影数据来自国家电影局；报纸、期刊、图书数据来自国家新闻出版署；档案数据来自国家档案局；医疗卫生数据来自国家卫生健康委员会；体育数据来自国家体育总局；残疾人运动员数据来自中国残疾人联合会；国有建设用地供应、海洋灾害造成直接经济损失数据来自自然资源部；平均气温、台风登陆数据来自中国气象局；农作物受灾面积、洪涝和地质灾害造成直接经济损失、干旱灾害造成直接经济损失、低温冷冻和雪灾造成直接经济损失、地震次数、地震灾害造成直接经济损失、森林火灾、受害森林面积、生产安全事故数据来自应急管理部；其他数据均来自国家统计局。

附录二 对 2021 年有关数据修订的说明

对 2021 年有关数据修订的说明

原 2021 年农垦禽蛋产量、绿色食品原料标准化面积数值有误，正确数值如下。

1. 2021 年全国农垦禽蛋产量为 44.04 万吨。

2. 2021 年全国绿色食品原料标准化面积为 600.45 千公顷。

图书在版编目（CIP）数据

2023中国农垦统计年鉴 / 中华人民共和国农业农村部农垦局，中国农垦经济发展中心编．—北京：中国农业出版社，2023.10

ISBN 978-7-109-31188-6

Ⅰ.①2… Ⅱ.①中… ②中… Ⅲ.①农垦地区一统计资料一中国一2023一年鉴 Ⅳ.①C832-54

中国国家版本馆CIP数据核字（2023）第191076号

中国农业出版社出版

地址：北京市朝阳区麦子店街18号楼

邮编：100125

责任编辑：李昕昱　文字编辑：孙蕴琪

版式设计：李　文　责任校对：张雯婷

印刷：北京通州皇家印刷厂

版次：2023年10月第1版

印次：2023年10月北京第1次印刷

发行：新华书店北京发行所

开本：889mm×1194mm　1/16

印张：21.25

字数：665千字

定价：398.00元